Der Courtageanspruch des Versicherungsmaklers

Haftungs- und Versicherungsrecht

Rechtliche Probleme der vertraglichen
und außervertraglichen Haftung
sowie des Versicherungsrechts

Herausgegeben von Christoph Brömmelmeyer, Erwin Deutsch,
Hans-Peter Schwintowski und Jochen Taupitz

Band 16

PETER LANG

Britta Netzband

Der Courtageanspruch des Versicherungsmaklers

Grenzen der Vertriebsgestaltungsfreiheit der Versicherer unter besonderer Berücksichtigung des kartellrechtlichen Diskriminierungs- und Behinderungsverbots

PETER LANG

Bibliografische Information der Deutschen Nationalbibliothek
Die Deutsche Nationalbibliothek verzeichnet diese Publikation in der Deutschen Nationalbibliografie; detaillierte bibliografische Daten sind im Internet über http://dnb.d-nb.de abrufbar.

Zugl.: Berlin, Humboldt-Univ., Diss., 2017

11
ISSN 0945-3628
ISBN 978-3-631-74682-0 (Print)
E-ISBN 978-3-631-79053-3 (Epdf)
978-3-631-79054-0 (Epub)
978-3-631-79055-7 (Mobi)
DOI 10.3726/b15639

Peter Lang – Berlin · Bern · Bruxelles · New York · Oxford · Warszawa · Wien

Diese Publikation wurde begutachtet.

www.peterlang.com

Vorwort

Die Arbeit hat der juristischen Fakultät der Humboldt-Universität zu Berlin im Frühjahr 2017 als Dissertation vorgelegen. Gesetzgebung, Literatur und Rechtsprechung wurden bis Dezember 2017 berücksichtigt.

Ich danke meinem Doktorvater, Herrn Prof. Dr. Hans-Peter Schwintowski, ganz herzlich für die Anregung des Themas, das in mich gesetzte Vertrauen sowie die Förderung, die zum Gelingen der Arbeit geführt hat. Herrn Prof. Dr. Patrick C. Leyens danke ich vielmals für die schnelle Erstellung des Zweitgutachtens.

Großer Dank gilt auch meinen ehemaligen Kolleginnen und Kollegen, allen voran Dr. Sarah Sorge, Dr. Mirko Sauer und Dr. Anne-Christin Mittwoch für ihre unermüdliche Unterstützung und die unvergessliche Zeit am Lehrstuhl von Prof. Schwintowski.

Ganz besonders möchte ich meiner Familie danken, vor allem meinem Partner Sven Ilkow für den liebevollen und geduldigen Beistand während der gesamten Promotionszeit.

Inhaltsverzeichnis

Einleitung

A. Untersuchungsgegenstand

Der Versicherungsmakler erfüllt eine Doppelrolle: Er fungiert als Berater und Vermittler von Versicherungsschutz für den Versicherungsnehmer sowie als Vertriebskanal für den Versicherer, z.T sogar mit Abschlussvollmacht.[1] Ihm stehen mithin zwei Marktseiten gegenüber – die Versicherungsnehmer, die die Beratung und Vermittlung von Versicherungsprodukten nachfragen, und die Versicherer, die den Vertrieb ihrer Produkte nachsuchen.[2]

Der Versicherungsmakler wird hierbei im Auftrag und Interesse des Versicherungsnehmers tätig. Seine zentrale Beratungspflicht ist die Empfehlung eines geeigneten Versicherungsvertrages, gestützt auf die Untersuchung einer hinreichenden Zahl von auf dem Markt angebotenen Versicherungsverträgen und von Versicherern (§ 60 Abs. 1 S. 1 VVG[3]).[4] Gleichwohl werden seine Dienste regelmäßig vom Versicherer vergütet. Hierzu vereinbart der Versicherungsmakler mit dem Versicherer Vertriebsabkommen, insbesondere sogenannte *Courtagevereinbarungen* und *Courtagezusagen.*[5] Der Abschluss und die Ausgestaltung von Courtagevereinbarungen mit dem Versicherer hängen dabei häufig von der Größe des Versicherungsmaklers ab. Versicherer klassifizieren Versicherungsmakler nach ihren Umsätzen bzw. nach den von ihnen vermittelten Prämienvolumina in A-, B-, C- oder D-Versicherungsmakler.[6] An dieser Einteilung orientieren sich die Höhe der Courtage und das Angebot von Serviceleistungen der Versicherer für die Vertriebsunterstützung.[7] Die Fähigkeit eines Versicherungsmaklers ein gewisses Prämienvolumen vermitteln zu können, kann vom Versicherer aber auch ganz grundsätzlich zur Bedingung für den Abschluss einer Courtagevereinbarung

---

1 Vgl. Kommission, Sektorenuntersuchung Unternehmensversicherung, Abschlussbericht, KOM/2007/0556 endg., S. 6, Rn. 19.

2 WeKo RPW 2008/2, 260 (262); ähnlich schon die Kommissionsentscheidung vom 24.8.1998, COMP/ IV/M.1280, Rn. 7 – KKR/Willis Coroon: *„brokers act as intermediaries between the supply side (insurance companies) and the demand side (clients seeking insurance)"*; dazu Viertes Kapitel B. III. 1. b).

3 Ausgewiesen werden die Neufassungen durch das Gesetz zur Umsetzung der Richtlinie (EU) 2016/97 des Europäischen Parlaments und des Rates vom 20. Januar 2016 über Versicherungsvertrieb und zur Änderung weiterer Gesetze vom 20.7.2017, BGBl. I 2017, S. 2789.

4 BGH VersR 2012, 619 (620).

5 Im Folgenden zusammengefasst nur Courtagevereinbarung genannt.

6 Vgl. Marfeld, VW 2010, 773; Beenken, Versicherungsvertrieb, Absatz von Versicherungen durch Versicherer und Vermittler in Theorie und Praxis, S. 205.

7 Vgl. Marfeld, VW 2010, 773; Beenken, Versicherungsvertrieb a.a.O., S. 205.

gemacht werden.[8] In der Praxis bilden Courtagevereinbarungen regelmäßig die Grundlage für die Zusammenarbeit, so dass Versicherer ohne eine entsprechende Vereinbarung meist keine Versicherungsanträge von einem Versicherungsmakler entgegennehmen.[9]

Ein Versicherungsmakler muss danach nicht nur Versicherungskunden akquirieren, sondern sich auch um den Zugang zu den Vertriebssystemen der Versicherer durch den Abschluss von Courtagevereinbarungen bemühen. Alternative Vergütungsmodelle, insbesondere die Honorarvermittlung, bei der der Versicherungsnehmer den Versicherungsmakler vergütet, sind in Deutschland bisweilen kaum verbreitet.[10] Der Versicherer hält als Courtageschuldner damit das wohl wichtigste Steuerungsinstrument für den Absatz von Versicherungsprodukten in der Hand, und zwar auf einem Markt, auf dem ein starker Verdrängungswettbewerb zwischen den Versicherungsvermittlern herrscht.[11] Unter diesen Wettbewerbsbedingungen ist die Gefahr eines Interessenkonfliktes unvermeidbar.[12] Der Versicherungsmakler ist einerseits gesetzlich verpflichtet, unabhängig von den Absatzinteressen der Versicherer, dem Versicherungsnehmer einen geeigneten Versicherungsvertrag aus der Breite des Marktes zu empfehlen, andererseits ist er auf die Vertriebskoperation mit den Versicherern angewiesen, wenn er für seine

---

8 Hergert, Wirtschaftswoche, wiwo.de vom 21.03.2009, Warum Versicherer mit einigen Maklern nicht zusammenarbeiten wollen; Evers, VersicherungsJournal Extrablatt, Nr. 4/2009, S. 22.

9 Vgl. Matusche-Beckmann, GS Hübner, S. 171 (173); dieselbe in VersR-HdB, § 5, Rn. 394; Baumann in Looschelders/Pohlmann, VVG, § 59, Rn. 45; Schwintowski in Bruck/Möller, VVG, § 59, Rn. 119; Gruber in Berliner Kommentar, Anhang zu § 48, Rn. 15; Schroeder, Die Vergütung von Versicherungsmaklern, S. 40; dazu Erstes Kapitel B. I. 1.

10 Vgl. dazu Erstes Kapitel B. V.

11 Vgl. Beenken, Der Markt der Versicherungsvermittlung unter veränderten rechtlichen Rahmenbedingungen, S. 3.

12 Zum vergütungsinduzierten Interessenkonflikten der Versicherungsvermittler vgl. ausführlich Icha, Die Nettopolice, Chancen und Herausforderungen für Versicherungsunternehmen, Versicherungsvermittler und Versicherungsnehmer, S. 175 ff.; Schafstädt, Das Spannungsverhältnis zwischen Provisionsberatung und Honorarberatung im Versicherungsmarkt, S. 233; grundlegend zum Interessenskonflikt von Intermediären vgl. Hopt, ZGR 2004, 1 (14 f.), danach bestehen *„prototypisch und systembedingt“* Interessenskonflikte zwischen Kunden auf derselben oder verschiedenen Marktseiten (kollidierende Fremndinteressen) bei Banken, Kommissionären, Mehrfirmenhandelsvertreter, (Handels)Makler und anderen Dienstleistern; Kumpan, Der Interessenkonflikt im Deutschen Privatrecht, vgl. insbesondere S. 239, danach sei es mit der Funktion eines Intermediärs unvereinbar, wenn dieser bei einer Kollision von (Kunden-)Fremdinteressen, insbesondere wenn sich die Kunden auf verschiedenen Marktseiten befinden, verpflichtet wäre, vom Geschäft Abstand zu nehmen. Vielmehr sei es gerade seine Funktion zwischen den Parteien zu vermitteln und sich um einen angemessenen Interessensausgleich zu bemühen.

Dienste eine Vergütung erhalten will. Eine gesetzliche Pflicht der Versicherer zur Zusammenarbeit mit Versicherungsmaklern besteht nicht.

Die vorliegende Arbeit untersucht die Grenzen der Vertriebsgestaltungsfreiheit von Versicherern beim Abschluss von Courtagevereinbarungen mit Versicherungsmaklern. Hierzu werden verschiedene Fallkonstellationen erörtert, in denen ein Versicherungsmakler den Zugang zum oder den Verbleib im Vertriebssystem eines Versicherers zur Durchsetzung von Courtageansprüchen nachsucht.

B. Gang der Untersuchung

Für die vertrags- und kartellrechtliche Untersuchung der Vertriebsgestaltungsfreiheit der Versicherer werden im ersten Kapitel die gesetzlichen Grundlagen für den Versicherungsvertrieb durch Versicherungsmakler, die besonderen vertraglichen Beziehungen des Versicherungsmaklers zu den Versicherungsvertragsparteien sowie die rechtlichen Rahmenbedingungen für den Courtageanspruch erörtert.

Im zweiten Kapitel wird ein Überblick über die Bedingungen, insbesondere die Wettbewerbssituation beim Vertrieb von Versicherungsprodukten durch Versicherungsmakler gegeben.

Im dritten Kapitel erfolgt eine in erster Linie vertragsrechtliche Untersuchung von drei Fallkonstellationen: Es wird zunächst erörtert, ob ein Versicherer einen Versicherungsmakler durch die Kündigung einer Courtagevereinbarung derart aus seinem Vertriebssystem ausschließen kann, dass er künftig nicht mehr zur Courtagezahlung für bereits vermittelte Versicherungsverträge verpflichtet ist. Weiterhin wird untersucht, ob ein Versicherungsmakler im Falle der Übernahme der Verwaltung und Betreuung eines nicht selbst vermittelten Versicherungsvertrages im Auftrag des Versicherungsnehmers eine Folgecourtage bzw. ein Betreuungsentgelt vom Versicherer auch dann verlangen kann, wenn der Versicherer generell oder im Einzelfall nicht mit dem Versicherungsmakler zusammenarbeiten will. Zuletzt wird untersucht, ob ein Versicherungsmakler gegen einen Versicherer dem Grunde nach einen Schadensersatzanspruch haben kann, wenn dieser den Abschluss eines vermittelten Versicherungsantrages willkürlich ablehnt.

Im vierten Kapitel erfolgt eine Auseinandersetzung mit den Grenzen der Vertriebsgestaltungsfreiheit der Versicherer bei der Zusammenarbeit mit Versicherungsmaklervertrieben nach dem kartellrechtlichen Diskriminierungs- und Behinderungsverbot. Bisher fand die kartellrechtliche Verhaltenskontrolle von Versicherern im Bereich des Versicherungsvertriebs kaum Beachtung.[13] Dabei kann die Weigerung eines marktmächtigen oder marktstarken Versicherers, Vertriebsvereinbarungen mit einem Versicherungsmakler einzugehen oder fortzusetzen, grundsätzlich eine Diskriminierung oder unbillige Behinderung des Versicherungsmaklers im Wettbewerb nach §§ 19 Abs. 1, 2 Nr. 1, 20 Abs. 1 GWB, Art. 102

13 Stancke, VersR 2009, 1168 (1177).

S. 2 lit. c) AEUV darstellen.[14] Für die kartellrechtliche Verhaltenskontrolle werden zunächst die Märkte untersucht, auf denen Versicherer Marktmacht entfalten können. Eine marktbeherrschende Stellung von Versicherern liegt in der Regel nicht vor, deshalb soll insbesondere die Möglichkeit der relativen Marktmacht von Versicherern nach § 20 Abs. 1 GWB als Nachfrager von Versicherungsvertriebsleistungen im Fokus der Untersuchung stehen. Wesentlicher Schwerpunkt ist dabei, zu ermitteln, ob die gesetzlichen Vorgaben für den Vertrieb durch Versicherungsmakler nach § 60 Abs. 1 S. 1 VVG und das von der Rechtsprechung geprägte Leitbild vom treuhänderähnlichen Sachwalter kartellrechtliche Implikationen im Hinblick auf den Abhängigkeitstatbestand des § 20 Abs. 1 GWB erzeugen können.

Im fünften Kapitel werden die wesentlichen Ergebnisse der Arbeit unter der genannten Zielsetzung zusammengefasst und ein Ausblick gegeben.

---

14 Stancke, VersR 2009, 1168 (1177); Schwintowski in Bruck/Möller, VVG, § 59, Rn. 123; ders. VUR 2010, 433; OLG München, Urteil vom 10.06.2010, Az. U (K) 5651/09, juris.

Erstes Kapitel: Der Courtageanspruch des Versicherungsmaklers

A. Der Versicherungsmakler

I. Definition

Das Hauptgeschäft des Versicherungsmaklers besteht in der Vermittlung und dem Abschluss von Versicherungsverträgen.[15] Der Versicherungsmakler ist in § 59 Abs. 3 VVG legal definiert. Danach ist Versicherungsmakler, wer gewerbsmäßig für den Versicherungsnehmer die Vermittlung oder den Abschluss von Versicherungsverträgen vornimmt, ohne von einem Versicherer oder von einem Versicherungsvertreter damit betraut zu sein. Als Versicherungsmakler gilt nach § 59 Abs. 3 S. 2 VVG auch, wer gegenüber dem Versicherungsnehmer den Anschein erweckt, er erbringe seine Leistung als Versicherungsmakler.

Versicherungsmakler stehen im Verhältnis zum Versicherer auf der Seite der Versicherungsnehmer.[16] Wegen ihrer umfassenden Pflichten gegenüber dem Versicherungsnehmer werden Versicherungsmakler für den Bereich der Versicherungsverhältnisse der von ihnen betreuten Versicherungsnehmer vom Bundesgerichtshof als dessen *„treuhänderähnliche Sachwalter"* bezeichnet und seien insoweit mit sonstigen Beratern vergleichbar.[17] Der Versicherungsmakler hat gegenüber dem Versicherer keine Tätigkeitspflicht, wohl aber regelmäßig gegenüber dem Versicherungsnehmer.[18]

II. Rechtliche Rahmenbedingungen

Mit der Umsetzung der Richtlinie 2002/92/EG (Insurance Mediation Directive, kurz: IMD)[19] durch das Gesetz zur Neuordnung des Versicherungsvermittlerrechts vom 19.12.2006[20] wurden erstmals explizit Vorschriften für den Versicherungsmakler eingeführt. Bis dahin wurden die Rechte und Pflichten der Versicherungsmakler ausschließlich durch das Handelsrecht, das Gewohnheitsrecht und die Rechtsprechung geprägt.[21]

---

15 BGH VersR 2017, 158 (162).
16 BT-Drucks. 16/1935, S. 22 f.
17 St. Rspr. BGHZ 94, 356 – Sachwalterurteil.
18 BGHZ 94, 356 (359) – Sachwalterurteil m.w.N.; Migsch, VersR 1989, 321 (325).
19 Richtlinie 2002/92/EG des Europäischen Parlaments und des Rates vom 9.12.2002 über Versicherungsvermittlung, ABl. EG v. 15.1.2003, L9/3.
20 BGBl. I 2006, S. 3232.
21 Vgl. zur früheren Rechtslage nur Matusche, Pflichten und Haftung des Versicherungsmaklers, passim.

1. Gesetzliche Grundlagen

a) VVG

§ 59 Abs. 3 VVG definiert den Versicherungsmakler. Nach § 59 Abs. 1 S. 2 VVG n.F. gelten die §§ 1a, 6a, 7a, 7b und 7c VVG n.F. für ihn entsprechend. Die Vorschriften beschreiben den Umfang der Vertriebstätigkeiten und enthalten allgemeine und spezielle Anforderungen an diese, wie insbesondere weitere Informationspflichten gegenüber den Versicherungsnehmern. Die §§ 60 und 61 VVG enthalten Beratungs- und Dokumentationspflichten für den Versicherungsmakler. Nach § 63 VVG ist der Versicherungsmakler zum Schadensersatz verpflichtet, wenn er seinen Pflichten aus den §§ 60 und 61 VVG nicht nachkommt. Gemäß § 67 VVG n.F. darf von den §§ 60 bis 66 VVG nicht zum Nachteil des Versicherungsnehmers abgewichen werden. Gleichwohl sind nach § 65 VVG die §§ 60 bis 63 VVG nicht auf die häufig von Versicherungsmaklern getätigte Vermittlung von Versicherungsverträgen über Großrisiken im Sinn des § 210 Abs. 2 VVG anwendbar, weil Kunden von Großrisiken regelmäßig weniger schutzbedürftig sind als nichtinstitutionelle Versicherungskunden, insbesondere Verbraucher.[22] Unberührt von der Ausnahme in § 65 VVG bleiben aber Verpflichtungen der Versicherungsmakler, die sich aus dem Maklervertrag sowie der hieraus nach der Rechtsprechung folgenden Sachwalterstellung der Versicherungsmakler ergeben.[23] Nach § 209 VVG sind die Vorschriften des VVG ferner nicht auf die Rückversicherung und die Versicherung gegen die Gefahren der Seeschifffahrt (Seeversicherung) anzuwenden. Mithin gelten die §§ 59 ff. VVG n.F. nicht für Rückversicherungsmakler und Versicherungsmakler, die im Bereich der Seeversicherung tätig sind.[24]

b) HGB und BGB

§ 59 Abs. 3 VVG n.F. weicht erheblich von der Definition des Handelsmaklers in § 93 Abs. 1 HGB ab, weil das Kriterium der ständigen Betrauung – das ursprünglich dazu diente, den Versicherungsmakler vom Versicherungsvertreter zu unterscheiden – im Rahmen von § 59 VVG n.F. keine Rolle mehr spielt.[25] Die handelsrechtlichen Vorschriften sind aber weiterhin subsidiär anwendbar, wenn sich aus den spezielleren Vorschriften der §§ 59 ff. VVG n.F. keine Besonderheiten ergeben.[26] Die zivilrechtlichen Vorschriften der §§ 652 ff. BGB gelten nur für den Zivilmakler, vorbehaltlich anderweitiger vertraglicher Vereinbarungen der Parteien.[27] Sie

---

22 Dörner in Prölss/Martin, VVG, § 65, Rn. 3.
23 BT-Drucks. 16/1935, S. 22.
24 BT-Drucks. 16/1935 S. 26.
25 BT-Drucks. 16/1935, S. 22.
26 Matusche-Beckmann in VersR-Hdb, § 5, Rn. 228; Koch, VW 2007, 248 (249) „lex speciales".
27 BGHZ 94, 356 (359) – Sachwalterurteil; Matusche-Beckmann in VersR-Hdb, § 5, Rn. 231; Baumann in Looschelders/Pohlmann, VVG, § 59, Rn. 15.

können aber ergänzend auf den gewerblichen Versicherungsmakler angewendet werden, wenn weder das VVG noch das HGB eine abweichende Regelung treffen.[28]

c) GewO und VersVermV

Bis zur Umsetzung der Richtlinie 2002/92/EG (kurz IMD)[29], novelliert durch die Richtlinie (EU) 2016/97 (kurz IDD)[30], war die Versicherungsvermittlung ein erlaubnisfreies Gewerbe, so dass Versicherungsmakler nach § 14 GewO nur die Aufnahme ihrer Tätigkeit der zuständigen Behörde anzeigen mussten.[31] Mit der IMD sollten einheitliche Anforderungen für alle Versicherungsvermittler in den Mitgliedstaaten geschaffen werden, um den Verbraucherschutz zu verbessern und den Binnenmarktes für Finanzdienstleistungen zu fördern.[32] Heute benötigen gewerblich tätige Versicherungsvermittler eine Gewerbeerlaubnis nach § 34d Abs. 1 GewO n.F.[33] Die gewerberechtlichen Vorschriften für Versicherungsvermittler gelten – anders als die Vorschriften des VVG – nach § 34d Abs. 1 GewO n.F. auch für Rückversicherungsvermittler.

Die Gewerbeerlaubnis erteilt die zuständige Industrie- und Handelskammer. Nach § 34d Abs. 5 GewO n.F. ist eine Erlaubnis zu erteilen, wenn der Vermittler die für den Gewerbebetrieb erforderliche Zuverlässigkeit besitzt (Nr. 1), er in geordneten Vermögensverhältnissen lebt (Nr. 2), den Nachweis einer Berufshaftpflichtversicherung erbringen kann (Nr. 3) und nachweist, dass er vor der Industrie- und Handelskammer erfolgreich die Sachkundeprüfung abgelegt hat (Nr. 4). In der Gewerbeerlaubnis ist gem. § 34d Abs. 1 S. 5 GewO n.F. anzugeben, ob sie einem Versicherungsmakler oder einem Versicherungsvertreter erteilt wurde. § 34d Abs. 1 S. 6 GewO n.F. ordnet nunmehr gesetzlich an, dass es einem Versicherungsvermittler untersagt ist, Versicherungsnehmern, versicherten Personen oder Bezugsberechtigten aus einem Versicherungsvertrag Sondervergütungen zu gewähren oder zu versprechen. Nach Satz 7 ist § 48b VAG n.F. entsprechend anzuwenden. Wurde einem Versicherungsmakler eine Erlaubnis erteilt, so beinhaltet die Erlaubnis nach § 34d Abs. 5 S. 8 GewO n.F. neben der Versicherungsvermittlung

---

28 Vgl. schon zur ergänzenden Anwendung auf den Courtageanspruch Möller in Bruck/Möller, 8. Auflage (1961), Vor § 43–48, Anm. 74; zu den Voraussetzungen des Courtageanspruches ausführlich Erstes Kapitel B. II. m.w.N.

29 Richtlinie 2002/92/EG des Europäischen Parlaments und des Rates vom 9.12.2002 über Versicherungsvermittlung, ABl. EG v. 15.1.2003, L9/3.

30 Richtlinie (EU) 2016/97 des Europäischen Parlaments und des Rates vom 20. Januar 2016 über Versicherungsvertrieb, ABl. EG v. 2.2.2016, L26/19.

31 BT-Drucks. 16/1935, S. 1, 13.

32 8. Erwägungsgrund der IMD.

33 Ausgewiesen in der Neufassung durch das Gesetz zur Umsetzung der Richtlinie (EU) 2016/97 des Europäischen Parlaments und des Rates vom 20. Januar 2016 über Versicherungsvertrieb und zur Änderung weiterer Gesetze vom 20.7.2017, BGBl. I 2017, S. 2789.

die Befugnis, Dritte, die nicht Verbraucher sind, bei der Vereinbarung, Änderung oder Prüfung von Versicherungsverträgen gegen gesondertes Entgelt rechtlich zu beraten. Versicherungsmakler können danach weiterhin Versicherungskunden, die nicht Verbraucher sind, gegen gesondertes Honorar Beratungen über Versicherungsverträge anbieten, auch wenn diese Beratungen rechtlich geprägt sind und mit einer konkreten Vermittlungstätigkeit nicht in Zusammenhang stehen.[34] Hat ein Versicherungsmakler seine Tätigkeit aufgenommen, ist er insbesondere verpflichtet, sich nach § 34d Abs. 10 GewO n.F. unverzüglich in das Vermittlerregister der zuständigen Industrie- und Handelskammer eintragen zu lassen und nachträgliche wesentliche Änderungen der im Register gespeicherten Angaben mitzuteilen.

Gemäß § 34e Abs. 1 GewO n.F. erlässt das Bundesministerium für Wirtschaft und Energie (BMWi) die Verordnung über die Versicherungsvermittlung und -beratung (VersVermV), welche die berufsrechtlichen Anforderungen für Versicherungsvermittler und -berater regelt. Der Pflicht zur sogenannten *Statustransparenz* beim ersten geschäftlichen Kontakt kommt dabei besondere Bedeutung zu. Nach § 11 Abs. 1 Nr. 3 VersVermV (Fassung 2007) haben Versicherungsvermittler den Versicherungsnehmern mitzuteilen, ob sie als Versicherungsmakler oder Versicherungsvertreter nach § 34 d Abs. 1 GewO n.F. bei der zuständigen Behörde gemeldet und in das Register nach § 34 d Abs. 10 GewO n.F. eingetragen sind. Die obligatorische Auskunft über den Vermittlerstatus soll den Versicherungsnehmern Klarheit darüber verschaffen, ob der Versicherungsvermittler auf seiner Seite steht (Versicherungsmakler) oder für den Versicherer tätig ist (Versicherungsvertreter).[35] Ein schuldhafter Verstoß gegen die Informationspflichten aus § 11 Abs. 1 VersVermV (Fassung 2007) stellt nach § 18 Abs. 1 Nr. 1 VersVermV (Fassung 2007) eine Ordnungswidrigkeit i.S.v. § 144 Abs. 2 Nr. 1 b GewO dar.

Das Gesetz zur Umsetzung der Richtlinie (EU) 2016/97 des Europäischen Parlaments und des Europäischen Rates vom 20.1.2016 über Versicherungsvertrieb und zur Änderung des Außenwirtschaftsgesetzes (kurz: Gesetz zur Umsetzung der IDD)[36] macht eine Überarbeitung der VersVermV durch das BMWi erforderlich. Die Verordnungsermächtigung hierzu trat mit § 34e GewO n.F. am 29.7.2017 in Kraft.[37] Das BMWi veröffentlichte einen entsprechenden Referentenentwurf am 24.10.2017.[38] Im Rahmen der Länder- und Verbändeanhörung konnten Stellungnahmen bis zum 24.11.2017 eingereicht werden. Eine vollständige Umsetzung der Vorgaben der IDD bis zum 23.2.2018 wird damit aber wohl nicht mehr erreicht.

34 BT-Drucks. 16/1935, S. 18.

35 BT-Drucks. 16/1935, S. 14; Reiff, VersR 2007, 717 (723); Matusche-Beckmann in VersR-HdB, § 5, Rn. 281.

36 BGBl. I 2017, S. 2789.

37 Art. 6 S. 2 des Gesetzes zur Umsetzung der IDD.

38 Abrufbar unter: https://www.bmwi.de/Redaktion/DE/Artikel/Service/Gesetzesvorhaben/verordnung-zur-umsetzung-der-eu-richtlinie-2016-97.html, Stand: 16.12.2017.

d) Versicherungsaufsichtsrecht

Seit dem 1.1.2016 enthalten die §§ 48 bis 51 VAG n.F.[39] die Vorschriften für Versicherer, die sie bei einer Zusammenarbeit mit Versicherungsvermittlern berücksichtigen müssen.

§ 48 Abs. 1 Nr. 1 VAG n.F. sichert als komplementäre Vorschrift zu § 34 d GewO n.F. die gewerberechtliche Erlaubnispflicht für Versicherungsvermittler ab.[40] Versicherungsunternehmen dürfen danach nur mit solchen gewerbsmäßig tätigen Versicherungsvermittlern zusammenarbeiten, die im Besitz einer Erlaubnis nach § 34d Abs. 1 GewO n.F. sind. Die mit dem Gesetz zur Umsetzung der IDD[41] neu eingeführten §§ 48a bis 48c VAG n.F. enthalten im Wesentlichen korrespondierende Vorschriften zu den Regelungen der GewO. So enthält § 48b VAG n.F. ein gesetzliches Sondervergütungs- und Provisionsabgabeverbot für Versicherer.[42] § 49 VAG enthält Regeln über die Stornohaftungszeit von Versicherungsvermittlern in der Lebens- und substitutiven Krankenversicherung. § 50 VAG bestimmt die Höchstgrenze für Entgelte, die Versicherer für den Abschluss substitutiver Krankenversicherungsverträge an Versicherungsvermittler zahlen dürfen.[43] Nach § 51 VAG sind Versicherer verpflichtet, Beschwerden von Kunden über Versicherungsvermittler zu beantworten. Bei wiederholten Kundenbeschwerden, die für die Beurteilung der Zuverlässigkeit erheblich sein können, haben Versicherer die für die Erlaubniserteilung nach § 34d Abs. 1 S. 1 GewO n.F. zuständige Behörde darüber in Kenntnis zu setzen.

Nach § 305 Abs. 2 Nr. 1 VAG können auch Versicherungsmakler gegenüber der zuständigen Aufsichtsbehörde zur Auskunft verpflichtet sein. Vermitteln sie unerlaubte Versicherungsgeschäfte, kann die Aufsichtsbehörde auch ihnen gegenüber die sofortige Einstellung des Geschäftsbetriebs gemäß § 308 Abs. 4, 1 VAG anordnen. Nach § 332 Abs. 3 Nr. 2b VAG handelt ordnungswidrig, wer vorsätzlich oder fahrlässig einer vollziehbaren Anordnung der Aufsichtsbehörde nach § 308 Abs. 4 Nr. 1 VAG zuwider handelt.

e) IMD, IDD und delegierte Verordnungen

Am 3.7.2012 hatte die Europäische Kommission ihren ersten Vorschlag zur Novellierung der IMD[44] vorgestellt.[45] Die Anwendung der IMD habe unter anderem

---

39 Ausgewiesen in der Neufassung durch das Gesetz zur Umsetzung der Richtlinie (EU) 2016/97 des Europäischen Parlaments und des Rates vom 20. Januar 2016 über Versicherungsvertrieb und zur Änderung weiterer Gesetze vom 20.7.2017, BGBl. I 2017, S. 2789.

40 Schönleiter, GewArch 2007, 265 (271); Matusche-Beckmann in VersR-HdB, § 5, Rn. 262; Dörner in Prölss/Martin, GewO, § 34 d, Rn. 60.

41 BGBl. I 2017, S. 2789.

42 Ausführlich dazu Erstes Kapitel B. IV. 2.

43 Dazu Erstes Kapitel B. IV. 1. a).

44 Richtlinie 2002/92/EG des Europäischen Parlaments und des Rates vom 9.12.2002 über Versicherungsvermittlung, ABl. EG v. 15.1.2003, L9/3.

45 Vorschlag für eine Richtlinie des Europäischen Parlaments und des Rates über Versicherungsvermittlung (Neufassung) vom 3.7.2012, COM (2012) 360 final.

gezeigt, dass eine Reihe von Vorschriften hinsichtlich des Zugangs zur Ausübung der Versicherungs- und Rückversicherungsvermittlungstätigkeit konkretisiert werden müssen und im Interesse des Verbraucherschutzes eine Erweiterung des Geltungsbereichs der IMD auf jede Art des Vertriebs von Versicherungsprodukten erforderlich sei, unabhängig davon, ob der Versicherungsvertrieb durch Versicherungsvermittler oder Versicherungsunternehmen erfolge.[46] In einem Zwischenschritt wurden mit Art. 91 der Richtlinie 2014/65/EU (MiFID 2)[47] vom 15.5.2014 für Versicherungsanlageprodukte (Packaged Retail and Insurance-based Investment Products, kurz PRIIPs oder IBIPs[48]) erste Änderungen vorgenommen. Am 20.1.2016 verabschiedeten das Europäische Parlament und der Europäische Rat schließlich nach vier Jahren Verhandlungen die Richtlinie (EU) 2016/97 (Insurance Distribution Directive, kurz IDD, zuvor sprach man noch von einem Entwurf der IMD 2), mit der die IMD aus dem Jahr 2002 ersetzt wurde. Das durch die MiFID 2 in die IMD bereits eingefügte Kapitel III A. über Versicherungsanlageprodukte wurde mit Inkrafttreten der IDD aufgehoben.

Nicht alle Änderungsvorschläge, die noch im ersten Novellierungsvorschlag der Kommission enthalten waren und gegenüber der ursprünglichen Richtlinie deutlich mehr Transparenz bezüglich Wesen, Struktur und Umfang der Vergütung der Versicherungsvermittler schaffen sollten, konnten sich letztlich politisch durchsetzen. So enthält Art. 19 der IDD, anders als der ursprüngliche Kommissionsvorschlag für die IMD 2[49] in Art. 17 lit. f, keine Pflicht zur Offenlegung des vollständigen Betrags der Vergütung für Versicherungsvermittler. Versicherungsvermittler müssen nach Art. 19 Abs. 1 lit. d-e IDD nur die Vergütungsart – d.h., ob sie eine Provision, Courtage oder Honorar erhalten – und die Herkunft der Vergütung vor Vertragsschluss dem Versicherungsnehmer offenlegen.

Die IDD sieht zudem kein Provisionsverbot vor. Der Kommissionsvorschlag für die IMD 2 regelte ein solches noch für die unabhängige Vermittlung von IBIPs in Art. 24 Nr. 5 lit. b. Gemäß Art. 17 Abs. 3 IDD haben die Mitgliedstaaten nun nur noch allgemein sicherzustellen, dass Versicherungsvertreiber nicht in einer Weise vergütet werden oder die Leistung ihrer Angestellten nicht in einer Weise vergüten oder bewerten, die mit der Pflicht, im bestmöglichen Kundeninteresse zu handeln, kollidiert. Art. 29 Abs. 2 lit. a der IDD regelt ergänzend

---

46 5. Erwägungsgrund des Richtlinienvorschlags vom 3.7.2012, jetzt 7. Erwägungsgrund der IDD.

47 Art. 91 der Richtlinie 2014/65/EU des Europäische Parlaments und des Rates vom 15.5.2014 über Märkte für Finanzinstrumente sowie zur Änderung der Richtlinien 2002/92/EG und 2011/61/EU, ABl. EU L173/349.

48 Zur Definition von Versicherungsanlageprodukten bzw. IBIPs durch die BaFin vgl. Koleick/Gerold/Werner/Gierse, BaFin Journal 8/2017, S. 34.

49 Vorschlag für eine Richtlinie des Europäischen Parlaments und des Rates über Versicherungsvermittlung (Neufassung) vom 3.7.2012, COM (2012) 360 final.

für den Vertrieb von IBIPs durch unabhängige Vermittler, dass Provisionen und Courtagen grundsätzlich zulässig sind, wenn sie keine nachteiligen Auswirkungen auf die Qualität der erbrachten Dienstleistung des Vermittlers haben. Nach Art. 29 Abs. 3 der IDD bleibt es den Mitgliedsstaaten jedoch unbenommen, ein Provisionsverbot national zu regeln. Ferner wurde der Kommission durch Art. 29 Abs. 4 lit. a IDD die Befugnis übertragen, delegierte Rechtsakte zu erlassen, um Kriterien festzulegen, anhand derer beurteilt werden kann, ob sich Anreize, die von einem Versicherungsvermittler oder einem Versicherungsunternehmen gesetzt oder erhalten wurden, nachteilig auf die Qualität der entsprechenden Dienstleistung für den Kunden auswirken. Der Gesamtverband der Deutschen Versicherungswirtschaft e.V. (GDV) äußerte diesbezüglich die Befürchtung, dass auf diesem Wege ein *„faktisches Provisionsverbot"* entstehen könnte, weil nicht auszuschließen sei, dass die Europäische Aufsichtsbehörde für das Versicherungswesen und die betriebliche Altersversorgung (European Insurance and Occupational Pensions Authority, kurz EIOPA) künftig die Kriterien für mögliche *„nachteilige Auswirkungen"* durch eine Leitlinie so umfassend regle, dass so gut wie nie oder nur sehr geringe Provisionen gezahlt werden könnten.[50] Das von der EIOPA veröffentlichte Konsultationspapier zur Umsetzung der Richtlinie[51] bestätigte nach Ansicht des GDV diese Befürchtung, weil die vorgeschlagenen Regelungen mit einem Provisionssystem nur schwer zu vereinbaren seien.[52]

Die IDD trat am 22.2.2016 in Kraft und ist von den Mitgliedsstaaten innerhalb von 24 Monaten, d.h. bis zum 23.2.2018, in nationales Recht umzusetzen. Die Kommission veröffentlichte erst am 21.9.2017 zwei Entwürfe für delegierte Verordnungen zur Ergänzung und Konkretisierung der IDD in Bezug auf die Aufsichts- und Lenkungsanforderungen für Versicherungsunternehmen und Versicherungsvertreiber (EU) 2017/2358 (POG-Verordnung)[53] sowie in Bezug auf die für den Vertrieb von Versicherungsanlageprodukten geltenden Informationspflichten

50 GDV, Mitteilung vom 25.2.2015, Vertriebsvielfalt braucht klare Regeln, abrufbar unter: http://www.gdv.de/2015/02/vertriebsvielfalt-braucht-klare-regeln, Stand: 16.12.2017; vgl. so auch zum EIOPA Konsultationspapier Heukamp/Stepanek, VersR 2017, 193 (197).

51 EIOPA, Consultation Paper on Technical Advice on possible delegated acts concerning the Insurance Distribution Directive, abrufbar unter: https://eiopa.europa.eu/Publications/Consultations/EIOPA-CP-16-006_Consultation_Paper_on_IDD_delegated_acts.pdf, Stand: 16.12.2017.

52 GDV, Mitteilung vom 28.9.2016, EIOPA-Vorschlag bringt faktisches Provisionsverbot, abrufbar unter: http://www.gdv.de/2016/09/eiopa-vorschlag-bringt-faktisches-provisionsverbot/.

53 Delegierte Verordnung (EU) 2017/2358 der Kommission vom 21.9.2017 zur Ergänzung der Richtlinie (EU) 2016/97 des Europäischen Parlaments und des Rates in Bezug auf die Aufsichts- und Lenkungsanforderungen für Versicherungsunternehmen und Versicherungsvertreiber (ABl. L 341 vom 20.12.2017, S. 1)

und Wohlverhaltensregeln (EU) 2017/2358 (IBIP-Verordnung)[54]. Der Ausschuss für Wirtschaft und Währung des Europäischen Parlaments (ECON) hatte am 16.10.2017 über die delegierten Verordnungen abgestimmt und die Kommission dazu aufgefordert, zu prüfen, ob die Anwendung (nicht die Umsetzung) der delegierten Verordnungen bzw. der IDD auf den 1.10.2018 verschoben werden kann und entsprechende Änderungsanträge beschlossen.[55]

f) Gesetz zur Umsetzung der IDD in Deutschland

Der Bundestag hat am 20.7.2017 die IDD in deutsches Recht umgesetzt.[56] Das Gesetz zur Umsetzung der IDD bringt eine Vielzahl an Neuerungen für den Versicherungsvertrieb. Die Vorgaben der IDD über die Anforderungen an Versicherungsvermittler werden weitgehend in § 34 d GewO n.F. geregelt. Zudem wird die Ermächtigungsgrundlage in der GewO für den Erlass der VersVermV erweitert (nun § 34e GewO n.F.), um weitere Einzelheiten insbesondere zur Weiterbildung und zur Vermeidung von Interessenskollisionen regeln zu können. Darüber hinausgehende, von der IDD vorgegebene Verhaltens- und Informationspflichten werden in den §§ 1a, 6a, 7a, 7b und 7c VVG n.F. normiert und gelten gemäß § 59 Abs. 1 S. 2 VVG n.F. entsprechend für den Versicherungsmakler.[57] Die Umsetzung der IDD nahm der Gesetzgeber zudem zum Anlass, neue Regeln für die Honorarberatung einzuführen, um diese im Versicherungsbereich weiter zu stärken. In der GewO werden dazu die Regelungen zum Versicherungsberater neu gefasst und im VAG korrespondierende Vorschriften für Versicherer eingeführt.[58]

Das Umsetzungsgesetz tritt am 23.2.2018 in Kraft; die Verordnungsermächtigung in der GewO n.F. ist bereits nach Verkündung des Gesetzes am 29.7.2017 in Kraft getreten. Auch das Provisionsabgabe- und Sondervergütungsverbot ist unmittelbar nach Verkündung des Gesetzes in Kraft getreten, da die bis dato existierenden Verordnungen bereits zum 1.7.2017 aufgehoben wurden.[59]

---

54 Delegierte Verordnung (EU) 2017/2359 der Kommission vom 21.9.2017 zur Ergänzung der Richtlinie (EU) 2016/97 des Europäischen Parlaments und des Rates in Bezug auf die für den Vertrieb von Versicherungsanlageprodukten geltenden Informationspflichten und Wohlverhaltensregeln (ABl. L 341 vom 20.12.2017, S. 8).

55 ECON Beschlussfassung und Änderungsanträge vom 16.10.2017 (englisch) abrufbar unter http://www.emeeting.europarl.europa.eu/committees/agenda/201710/ECON/ECON(2017)1016_1/sitt-6833492, Stand: 16.12.2017.

56 Gesetz zur Umsetzung der Richtlinie (EU) 2016/97 des Europäischen Parlaments und des Rates vom 20.1.2016 über Versicherungsvertrieb und zur Änderung weiterer Gesetze vom 20.7.2017, BGBl. 2017 Teil I, S. 2789.

57 Entwurf eines Gesetzes zur Umsetzung der Richtlinie (EU) 2016/97 des Europäischen Parlaments und des Rates vom 20.1.2016 über Versicherungsvertrieb und zur Änderung des Außenwirtschaftsgesetzes, BT-Drucks. 18/11627, S. 1.

58 Regierungsbegründung BT-Drucks. 18/11627, S. 1, 34 f. 38 f.

59 Art. 5, BR-Drucks. 74/17, S. 48 f.

2. Das Doppelrechtsverhältnis des Versicherungsmaklers

Der Versicherungsmakler befindet sich in einem *„interessenbedingt modifizierten bzw. relativierten Doppelrechtsverhältnis“*[60] zum Versicherungsnehmer einerseits und zum Versicherer andererseits.[61] Er wird im Auftrag und Interesse des Versicherungsnehmers tätig, zugleich wohnt aber auch seiner Beziehung zum Versicherer ein gewisses Vertrauensverhältnis inne.[62]

a) Rechtsbeziehung zum Versicherungsnehmer

Tritt ein Versicherungsnehmer mit Versicherungsbedarf an einen Versicherungsmakler heran, schließen die Parteien ausdrücklich oder konkludent einen Maklervertrag. Der Maklervertrag ist ein Geschäftsbesorgungsvertrag mit dienst- und werkvertraglichen Elementen (§§ 675, 611, 631 BGB),[63] wobei unterschiedlich beurteilt wird, ob die dienst- oder die werkvertraglichen Elemente überwiegen.[64] Der Maklervertrag begründet ein Dauerschuldverhältnis.[65] Er regelt Inhalt und Umfang der vom Versicherungsmakler geschuldeten Tätigkeiten, insbesondere seine Pflichten zur Beschaffung, Ausgestaltung und Abwicklung von Versicherungsschutz.[66]

Die Pflichten des Versicherungsmaklers reichen weit. Schon nach dem Sachwalterurteil des Bundesgerichtshofes[67] aus dem Jahr 1985 wird der Versicherungsmakler

---

60 Werber, Von der Unabhängigkeit eines Versicherungsmaklers im „Doppelrechtsverhältnis“, in: Beiträge über den Versicherungsmakler, S. 185 (192); ausführlich zur Herleitung aus den §§ 93 ff. Matusche, a.a.O., S. 38 m.w.N.

61 H.M. OLG Frankfurt a.M. VersR 1995, 92 (93); bestätigt Nichtannahmebeschluss des BGH vom 19. 10. 1994, Az. IV ZR 39/94, ebenda; Bruck/Möller, 8. Auflage (1961), VVG, Vor §§ 43–48, Rn. 37 ff.; Matusche a.a.O., S. 37 ff.; dieselbe in VersR-HdB, § 5, Rn. 373; Werber, VW 1988, 1159 (1160); Gruber in Berliner Kommentar, VVG, Anhang zu § 48 Rn. 12; Reif in MüKo-VVG, § 59, Rn. 43; Schwintowski in Bruck/Möller, VVG, § 59, Rn. 125; Dörner in Prölss/Martin, VVG, § 59, Rn. 112; Baumann in Looschelders/Pohlmann, VVG, § 59, Rn. 36; Michaelis in Schwintowski/Brömmelmeyer, VVG, § 59, Rn. 12; Baumann, Versicherungsvermittlung durch Versicherungsmakler, S. 164; Zinnert, Recht und Praxis des Versicherungsmaklers, S. 56; Schulz, Der Versicherungsmakler im Doppelrechtsverhältnis, S. 159 ff.; a.A. Odendahl, ZfV 1993, 390.

62 Trinkhaus, Provision und Abfindung der Versicherungsvermittler, S. 133; Bruck/Möller, 8. Auflage (1961), Vor §§ 43–48, Rn. 37 ff.

63 BGH VersR 1971, 714 (715); Schwintowski in Bruck/Möller, VVG, § 59, Rn. 82; Dörner in Prölss/Martin, § 59, Rn. 48; Karle, VersR 2001, 825 (825 f.); Matusche, a.a.O., S. 28 ff.; dieselbe VersR-HdB, § 5, Rn. 270.

64 Matusche-Beckmann in VersR-HdB, § 5, Rn. 270 m.w.N.

65 Gruber in Berliner Kommentar, Anh. zu § 48, Rn. 5; Matusche-Beckmann in VersR-HdB, § 5, Rn. 271 m.w.N.

66 Matusche-Beckmann in VersR-HdB, § 5, Rn. 270, 274 ff.

67 BGHZ 94, 356, 359 f. – Sachwalterurteil; dem folgend BGH VersR 2009, 1495; BGH VersR 2014, 625; BGH NJW 2016, 3366 (3367).

als Interessen- und Abschlussvertreter des Versicherungsnehmers tätig und hat als Vertrauter und Berater des Versicherungsnehmers individuellen, für das betreffende Objekt passenden Versicherungsschutz oft kurzfristig zu besorgen. Anders als der Handels- und Zivilmakler sei er danach dem Versicherungsnehmer üblicherweise zur Tätigkeit verpflichtet, meist sogar zum Abschluss des gewünschten Versicherungsvertrages. Der Versicherungsmakler habe von sich aus das zu deckende Risiko zu untersuchen, das betroffene Objekt zu prüfen und den Versicherungsnehmer als seinen Auftraggeber ständig, unverzüglich und ungefragt über die für ihn wichtigen Zwischen- und Endergebnisse seiner Bemühungen, Deckungsschutz zu besorgen und zu unterrichten. Wegen dieser umfassenden Pflichten bezeichnet der Bundesgerichtshof den Versicherungsmakler für den Bereich der Versicherungsverhältnisse des von ihm betreuten Versicherungsnehmers auch als dessen treuhänderähnlichen Sachwalter, der insoweit mit sonstigen Beratern verglichen werden kann. Dies gelte trotz der in vielen Ländern praktizierten Übung, dass Versicherungsmakler von den Versicherern vergütet werden.[68] Umgekehrt folgt aus der Rechtsprechung des Bundesgerichtshofes, dass sich der Maklerauftrag regelmäßig nur auf das Risiko und Objekt bezieht, für das der Versicherungsmakler den Auftrag erhalten hat, und keine Verpflichtung besteht, im Rahmen des ersten Kontakts die gesamte Versicherungssituation des Kunden ungefragt einer umfassenden Prüfung zu unterziehen.[69]

Die §§ 60 und 61 VVG normieren heute die wesentlichen Pflichten des Versicherungsmaklers nach dem Maklervertrag im Stadium der Vertragsanbahnung.[70] Die gesetzlichen Regelungen haben in weiten Teilen nur klarstellenden Charakter und bleiben vielfach hinter dem zurück, was der Versicherungsmakler aufgrund seiner Rolle als treuhänderähnlicher Sachwalter nach dem Maklervertrag bereits zu leisten hat.[71] Die Verpflichtungen des Versicherungsmaklers, die sich im Weiteren aus dem Maklervertrag und seiner hieraus nach der Rechtsprechung folgenden Sachwalterposition ergeben, bleiben unberührt.[72] § 63 VVG ist lex specialis gegenüber § 280 Abs. 1 BGB.[73]

Hinzukommen seit der Umsetzung der IDD weitere Beratungs-, Informations- und Wohlverhaltenspflichten des Versicherungsmaklers nach den §§ 1a, 6a, 7a, 7b und 7c VVG n.F. sowie der VersVermV bei der Vertragsanbahnung. So regelt insbesondere § 1a Abs. 1 S. 1 VVG i.V.m. § 59 Abs. 1 S. 2 VVG n.F., dass der

68 St. Rspr. BGHZ 94, 356 (359 f.) – Sachwalterurteil; BGH VersR 2009, 1495; BGH VersR 2014, 625; BGH VersR 2017, 158 (160).

69 OLG Hamm VersR 2016, 529 (530) m.w.N.

70 Reiff in MüKo-VVG, § 60, Rn. 15.

71 So wohl Reiff in MüKO-VVG, § 60, Rn. 28; a.A. Schmidt, Beratungsgrundlage und Empfehlung beim Vertrieb von Finanzprodukten, S. 204.

72 Vgl. Gesetzesbegründung zum Ausnahmetatbestand in § 65 VVG BT-Drucks. 16/1935, S. 26; ähnlich Reiff in MüKo-VVG, § 60, Rn. 28; a.A. Schmidt, a.a.O., S. 204.

73 Matusche-Beckmann in VersR-HdB, § 5, Rn. 331.

Versicherer bei seiner Vertriebstätigkeit gegenüber Versicherungsnehmern stets ehrlich, redlich und professionell, in deren bestmöglichem Interesse handeln muss. Zur pflichtauslösenden Vertriebstätigkeit des Versicherungsmaklers gehören nicht nur die Beratung, sondern auch die Vorbereitung von Versicherungsverträgen einschließlich Vertragsvorschlägen, der Abschluss von Versicherungsverträgen sowie das Mitwirken bei der Verwaltung und Erfüllung von Versicherungsverträgen, insbesondere im Schadensfall gemäß § 1a Abs. 1 S. 2 VVG n.F. Nach der Gesetztesbegründung wird hierdurch jedoch nicht ausgeschlossen, dass sich aus dem nationalen Recht weiterhin Grenzen ergeben, insbesondere aus § 3 RDG. So kann die Schadensregulierung eines Versicherungsmaklers für einen Versicherer nach der Rechtsprechung des Bundesgerichtshofes immernoch eine unzulässige Rechtsdienstleistung sein.[74]

Mit der Einführung der Wohlverhaltenspflichten in § 1a Abs. 1 S. 1 VVG ist nach der Gesetztesbegründung nur eine geringfügige Änderung des deutschen Rechts verbunden.[75] Bereits nach den Grundsätzen von Treu und Glauben (§ 242 BGB), die das deutsche Zivilrecht beherrschen, müsse in vertraglichen Beziehungen weitgehend entsprechend gehandelt werden, auch wenn möglicherweise keine völlige Deckungsgleichheit zwischen den Grundsätzen, die auf der Basis des § 242 BGB entwickelt worden sind, und der Regelung des Art. 17 Abs. 1 IDD bestehe. Werde zudem berücksichtigt, dass nach der geltenden Fassung der §§ 6 Abs. 1, 61 Abs. 1 VVG bereits die Verpflichtung besteht, dass die Wünsche und Bedürfnisse des Versicherungsnehmers zu erfragen sind und ein darauf abgestimmter Rat zu erteilen ist, könne davon ausgegangen werden, dass auch jetzt schon ehrlich, redlich und professionell beraten werden muss. Mit den Vorgaben des geltenden VVG wäre eine nicht ehrliche, unprofessionelle und unredliche Beratung schon heute kaum vereinbar und könnte zu Schadensersatzansprüchen führen. Ferner enthalte nach der Regierungsbegründung die IDD selbst kaum Anhaltspunkte dafür, wie der europäische Gesetzgeber die unbestimmten Rechtsbegriffe auslegt. Der 46. Erwägungsgrund der IDD treffe nur die Aussage, dass jedenfalls die Vergütungspolitik von Versicherungsvertreibern in Bezug auf ihre Angestellten oder Vertreter nicht die Möglichkeit ausschließe, im Einklang mit dem besten Interesse des Versicherungsnehmers zu handeln, oder sie daran hindere, eine geeignete Empfehlung abzugeben oder Informationen in einer Form zur Verfügung zu stellen, die redlich, eindeutig und nicht irreführend sind. Dem könne entnommen werden, dass jedenfalls keine *„provisionsgesteuerte“* Beratung erfolgen soll. Das entspreche auch dem geltenden deutschen Recht, nach dem für den zu erteilenden Rat die Wünsche und Bedürfnisse des Versicherungsnehmers maßgeblich sind. Soweit verlangt werde, dass bei der Vertriebstätigkeit im *„bestmöglichen Interesse“* des Versicherungsnehmers gehandelt werden muss, sei zu beachten, dass bei der Erteilung eines Rates oder einer Empfehlung (wohl schon nach geltendem Recht) die Wünsche des

---

74 BGH GRUR 2016, 820.
75 BT-Drucks. 18/11627, S. 42.

Versicherungsnehmers zu berücksichtigen sind. Was das *„bestmögliche Interesse"* des Versicherungsnehmers ist, sei daher nicht ausschließlich nach objektiven Maßstäben zu bestimmen.[76]

Der Versicherungsnehmer erteilt dem Versicherungsmakler in der Regel eine Vollmacht zum Abschluss von Versicherungsverträgen (nicht nur für den Fall des Vermittlerwechsels) und gelegentlich auch Vollmachten zur Abgabe oder Entgegennahme von Willenserklärungen im Rahmen des Zahlungsverkehrs und zur Schadenregulierung.[77] Die Vollmacht des Versicherungsmaklers kann jederzeit vom Versicherungsnehmer widerrufen werden und erlischt mit der Beendigung des Maklervertrages (§ 168 BGB).[78]

Nach Abschluss des vermittelten Versicherungsvertrages trifft den Versicherungsmakler die Pflicht zur versicherungstechnischen Betreuung des Vertrages im Sinne eines Dauerschuldverhältnisses.[79] Im Rahmen der laufenden Betreuung und Verwaltung hat er das versicherte Risiko zu überwachen, bei Risikoveränderungen den Versicherungsnehmer hierauf ungefragt hinzuweisen und auf eine ggf. erforderliche Anpassung hinzuwirken, d.h. er ist insgesamt zur fortlaufenden und ständigen Betreuung des Versicherungsnehmers verpflichtet.[80]

b) Rechtsbeziehung zum Versicherer

Der Versicherungsmakler tritt zum Versicherer in eine durch die gesetzlichen Vorschriften der §§ 93 ff. HGB *„stark verdichtete Rechtsbeziehung"*.[81] Nimmt der Versicherungsmakler zum Versicherer Kontakt auf, um einen Versicherungsvertrag zu vermitteln, entsteht daher ein vertragsähnliches Schuldverhältnis, ohne dass es dazu einer ausdrücklichen Verabredung der Parteien bedarf.[82] Die

---

76 BT-Drucks. 18/11627, S. 42.

77 Matusche-Beckmann in VersR-HdB, § 5, Rn. 273; Dörner in Prölss/Martin, VVG, § 59, Rn. 55.

78 Matusche-Beckmann in VersR-HdB, § 5, Rn. 272.

79 BGH VersR 1967, 686; BGH VersR 2017, 158 (162).

80 BGH VersR 2017, 158 (162), OLG Düsseldorf VersR 2000, 54; a.A. wohl noch zur alten Rechtslage OLG Frankfurt a.M. VersR 2006, 1546; Reimer in Ebenroth/Boujong/Joost/Strohn, HGB, § 98, Rn. 34 m.w.N.

81 So ausdrücklich OLG Frankfurt a.M. VersR 1995, 92 (93).

82 OLG Frankfurt a.M. VersR 1995, 92 (93), bestätigt durch Nichtannahmebeschluss des BGH vom 19.10.1994, Az. IV ZR 39/94, ebenda; Trinkhaus, a.a.O., S. 133; Matusche, a.a.O., S. 37 ff.; dieselbe in VersR-HdB, § 5, Rn. 369 ff; Werber, VW 1988, 1159 (1160); Baumann, a.a.O., S. 164; Zinnert, Recht und Praxis des Versicherungsmaklers, S. 56; Reif in MüKo-VVG, § 59, Rn. 43; Schwintowski in Bruck/Möller, VVG, § 59, Rn. 125; Michaelis in Schwintowski/Brömmelmeyer, VVG, § 59, Rn. 12; Schulz, Der Versicherungsmakler im Doppelrechtsverhältnis, S. 159 ff.; kritisch zum Pflichtumfang Dörner in Prölss/Martin, VVG, § 59, Rn. 112; Baumann in Looschelders/Pohlmann, VVG, § 59, Rn. 36; grundsätzlich ablehnend Odendahl, ZfV 1993, 390.

Vermittlungsbemühungen des Versicherungsmaklers müssen dazu nicht erfolgreich sein.[83] Ein vertragsähnliches Schuldverhältnis entsteht nur dann nicht, wenn der Versicherer von vornherein die Zusammenarbeit generell oder mit diesem Versicherungsmakler ablehnt.[84]

Der aus dem Schuldverhältnis zwischen Versicherungsmakler und Versicherer resultierende Pflichtenumfang wird in der Literatur unterschiedlich beurteilt. *Matusche-Beckmann* geht davon aus, dass den Versicherungsmakler auch im Verhältnis zum Versicherer eine Interessenwahrnehmungspflicht treffe, die jedoch geringer ausgeprägt sei, als die Pflicht zur Interessenwahrnehmung für den Versicherungsnehmer.[85] Im Vordergrund der Interessenwahrnehmung für den Versicherer stünden daher lediglich Auskunfts- und Mitteilungspflichten des Versicherungsmaklers, da der Versicherer keiner Beratung durch den Versicherungsmakler bedarf.[86] *Dörner* lehnt hingegen eine allgemeine Interessenwahrnehmungspflicht des Versicherungsmaklers gegenüber dem Versicherer ausdrücklich ab und beschränkt die Pflichten des Versicherungsmaklers gegenüber dem Versicherer auf Rücksichtnahme- und Informationspflichten.[87]

Zur Ausgestaltung ihrer Rechtsbeziehung bzw. um ihre Zusammenarbeit zu koordinieren, schließen Versicherungsmakler und Versicherer in der Praxis häufig Rahmenvereinbarungen.[88] Rahmenvereinbarungen können Courtagevereinbarungen, Maklerdeckungskonzepte oder allgemeine Kooperationsabkommen sein.[89] Die Parteien regeln damit insbesondere die Höhe der Courtage, die Voraussetzungen für eine Zusammenarbeit, die Vereinbarung von Zusatzleistungen, wie die Policierung, das Prämieninkasso oder die Schadensregulierung.[90] Begrenzt werden die vereinbarten Pflichten mit dem Versicherer durch die Funktion des

---

83 Vgl. nur Matusche-Beckmann in VersR-HdB, § 5, Rn. 371.

84 Matusche-Beckmann in VersR-HdB, § 5, Rn. 371, dort Fn. 7; vgl. auch schon Bruck/Möller, 8. Auflage (1961), VVG, Vor §§ 43–48, Rn. 37 ff. zur Ablehnung des Vertragsabschluss; im Handelsmaklerrecht soll nach Reiner in Ebenroth/Boujong/Joost/Strohn, HGB, § 93, Rn. 41 hingegen ein Protest, eine Verwahrung oder ein Vorbehalt des Gegenkontrahenten das Entstehen eines vertragsähnlichen Rechtsverhältnis grundsätzlich nicht verhindern.

85 Matusche-Beckmann in VersR-HdB, § 5, Rn. 375.

86 Matusche-Beckmann in VersR-HdB, § 5, Rn. 376.

87 Dörner in Prölss/Martin, VVG, § 59, Rn. 113; Baumann in Looschelders/Pohlmann, VVG, § 59 Rn. 37.

88 Schwintowski in Bruck/Möller, VVG, § 59, Rn. 119; Matusche-Beckmann, GS Hübner, 2012, S. 171 (173); Dörner in Prölss/Martin, VVG, § 59, Rn. 113; Baumann, a.a.O., S. 182.

89 Dörner in Prölss/Martin, VVG, § 59, Rn. 113.

90 Dörner in Prölss/Martin, VVG, § 59, Rn. 113; die Schadensregulierung im Auftrag des Versicherers ist seit der BGH GRUR 2016, 820 allerdings nur noch eingeschränkt möglich, denn sie gehört im Regelfall nicht als Nebenleistung zum Berufs- oder Tätigkeitsbild des Versicherungsmaklers nach § 5 Abs. 1 RDG.

Versicherungsmaklers als Sachwalter des Versicherungsnehmers.[91] Regelungsgegenstand von Rahmenabkommen dürfen danach nur Pflichten sein, welche die Sachwalterstellung des Versicherungsmaklers nicht beeinträchtigen.[92] Versicherer können Versicherungsmaklern in sogenannte *Maklerklauseln* ebenfalls Vollmachten erteilen.[93] Hat ein Versicherungsmakler ausnahmsweise eine Abschlussvollmacht vom Versicherer erhalten,[94] muss er alle Umstände, die einer Mitteilungspflicht an den Versicherer unterliegen können, sorgfältig abwägen, bevor er im Namen des Versicherers mit dem Kunden einen Vertrag schließt.[95]

B. Der Courtageanspruch

I. Anspruchsgrundlagen

Abweichend von § 99 HGB richtet sich der Courtageanspruch des Versicherungsmaklers, anders als der des Handelsmaklers, nicht gegen beide Parteien des vermittelten Versicherungsvertrages, sondern allein gegen den Versicherer.[96] Eine Regelung zum Rechtsgrund des Courtageanspruches des Versicherungsmaklers gegen den Versicherer sieht das Gesetz nicht vor.

1. Courtagevereinbarungen und -zusagen

In der Praxis schließen Versicherer und Versicherungsmakler üblicherweise eine Courtagevereinbarung oder der Versicherer erteilt dem Versicherungsmakler eine Courtagezusage.[97] Die Parteien regeln in diesen Rahmenabkommen die Voraussetzungen und die Höhe des Courtageanspruchs.[98] Für die Entstehung des Courtageanspruchs ist eine ausdrückliche Abrede aber nicht erforderlich. Versicherer nehmen jedoch Anträge eines Versicherungsmaklers in der Regel nur entgegen,

---

91 Vgl. nur Trinkhaus, a.a.O., S. 133; Matusche, a.a.O., S. 37.

92 Dörner in Prölss/Martin, VVG, § 59, Rn. 113.

93 Zur Inkassovollmacht OLG Köln r+s 1986, 144; OLG Oldenburg VersR 1999,884.

94 Es liegt in diesen Fällen eine Doppelvertretung vor, auf die § 181 BGB anzuwenden ist. Die Doppelvertretung ist nur zulässig, wenn die Parteien dies ausdrücklich gestatten, um eine Interessenkollision zu vermeiden, vgl. Sieg, ZfV 1982, 143 (165 f.); Matusche-Beckmann in VersR-HdB, § 5, Rn. 385; Zinnert, Recht und Praxis des Versicherungsmaklers, S. 648.

95 Matusche-Beckmann in VersR-HdB, § 5, Rn. 386.

96 BGHZ 94, 356 – Sachwalterurteil; BGH VersR 2005, 550; OLG Hamm VersR 1995, 658.

97 Aus der Unterscheidung Vereinbarung und Zusage ergeben sich keine Konsequenzen für diese Arbeit.

98 Matusche-Beckmann in VersR-HdB, § 5, Rn. 393; Dörner in Prölss/Martin, VVG, § 59, Rn. 117; Baumann in Looschelders/Pohlmann, VVG, § 59, Rn. 45; Schwintowski in Bruck/Möller, VVG, § 59, Rn. 119.

wenn sie eine Courtagevereinbarung getroffen haben.[99] Die Courtagevereinbarung bildet dann die Rechtsgrundlage für den Courtageanspruch.[100]

a) Inhalt

Versicherer und Versicherungsmakler schließen Courtageabkommen meist rückwirkend für die gesamte Zeit ihrer Zusammenarbeit, damit alle vom Versicherungsmakler eingereichten Versicherungsanträge von der Vereinbarung erfasst und entsprechend abgerechnet werden können. Courtageabkommen werden in der Praxis immer umfangreicher. Sie umfassen eine Vielzahl an Pflichten für die Vertragsparteien, wenngleich ein Großteil gesetzliche Bestimmungen und von der Rechtsprechung entwickelte Grundsätze wiedergibt. Im Folgenden kann daher nur ein Überblick über die in der Praxis beobachteten, üblicherweise getroffenen Regelungen gegeben werden.

Versicherer verpflichten sich in Courtagevereinbarungen in der Regel nicht, künftig alle vom Versicherungsmakler vermittelten Versicherungsverträge abzuschließen und durchzuführen. Die Parteien können abweichend aber auch verbindliche Annahmeregeln verabreden.[101] Meist behält sich der Versicherer jedoch vor, vom Versicherungsmakler eingereichte Anträge ohne eine Begründung zurückzuweisen. Die vereinbarte Höhe der Courtage hängt jeweils vom vermittelten Versicherungsprodukt ab. Courtagesätze werden meist tabellarisch in einem gesonderten Dokument vom Versicherer beigefügt.

Versicherer versprechen herkömmlicherweise zudem, die Unabhängigkeit des Versicherungsmaklers durch keine Bestimmung im Courtageabkommen oder durch zukünftige Handhabungen des Geschäftsverkehrs zu beeinträchtigen oder auf die formelle und materielle Rechtsstellung des Versicherungsmaklers Einfluss zu nehmen. Es wird insbesondere keine Pflicht zur Vermittlung von Versicherungskunden mit dem Versicherungsmakler vereinbart. Der Versicherungsmakler soll in der Regel nicht berechtigt sein, im Namen des Versicherers Verträge mit Dritten abzuschließen, es sei denn, dem Versicherungsmakler wurde ausnahmsweise eine Abschlussvollmacht erteilt.

Ferner verpflichten sich Versicherungsmakler in Courtagevereinbarungen regelmäßig, ihre gewerberechtliche Erlaubnis nach § 34d Abs. 1 GewO n.F. nachzuweisen; dies mindestens dadurch, dass sie dem Versicherer ihre Versicherungsvermittlernummer mitteilen. Änderungen oder das Erlöschen der Gewerbeerlaubnis versprechen sie den Versicherungsgesellschaften anzuzeigen. Außerdem verlangen Versicherer vom Versicherungsmakler regelmäßig in das Auskunftsverfahren

---

99 Matusche-Beckmann in VersR-HdB, § 5, Rn. 393.

100 Vgl. Matusche-Beckmann, GS Hübner, S. 171 (173); dieselbe in VersR-HdB, § 5, Rn. 394; Baumann in Looschelders/Pohlmann, VVG, § 59, Rn. 45; Schwintowski in Bruck/Möller, VVG, § 59, Rn. 119; Gruber in Berliner Kommentar, Anhang zu § 48, Rn. 15; Schroeder, a.a.O., S. 40.

101 Dörner in Prölss/Martin, VVG, § 59, Rn. 119.

der AVAD (Auskunftsstelle über Versicherungs-/Bausparkassenaußendienst und Versicherungsmakler in Deutschland e.V.) einzuwilligen. Das AVAD-Auskunftsverfahren ist eine von der Versicherungsaufsichtsbehörde geförderte Selbsthilfeeinrichtung der Versicherungsbranche, die den Zweck verfolgt, Daten über Beschwerden gegen Versicherungsvermittler zu erfassen. Die AVAD wird von den am Auskunftsverkehr teilnehmenden Versicherungsunternehmen sowie von den im Einzelfall zugelassenen Versicherungsvermittlungsgesellschaften über jede Aufnahme und über die Beendigung der Zusammenarbeit mit einem Versicherungsvermittler unterrichtet (bei Versicherungsmaklern bezieht sich die Unterrichtung auf die Zusage und auf den Widerruf der Courtage) sowie über Probleme bei Provisionen, Stornos und Straftaten des Versicherungsvermittlers.[102]

Der Versicherungsmakler verpflichtet sich zudem regelmäßig, dem Versicherer seine Maklervollmachten vorzulegen, aus der sich seine Bevollmächtigung zur Entgegennahme von Informationen für den Kunden ergibt, die der Versicherer dem Versicherungsnehmer nach § 7 VVG i.V.m. der VVG-InfoV übermitteln muss.[103] Der Versicherer stellt häufig durch die Vereinbarung weiterer Klauseln sicher, dass die Informationen nach § 7 VVG i.V.m. der VVG-InfoV an den Versicherungsnehmer vor Abgabe der Vertragserklärung übergeben werden. Um die tatsächliche Übermittlung der Informationen zu gewährleisten, können die Parteien für den Fall einer Zuwiderhandlung Sanktionen vereinbaren.[104]

Der Versicherungsmakler wird in der Regel dazu verpflichtet, nur die von der Versicherungsgesellschaft zur Verfügung gestellte Angebotssoftware und Werbematerialien zu benutzen. Es können außerdem Regelungen für die technische Zusammenarbeit bei der Verwaltung der abgeschlossenen oder nachträglich vom Versicherungsmakler zur Betreuung übernommenen Verträge getroffen werden. Versicherer versprechen überdies häufig ausdrücklich, dass unabhängig vom Bestehen der Courtagevereinbarung Courtage solange gezahlt werden soll, wie der vom Versicherungsmakler vermittelte oder in Betreuung übernommene Versicherungsvertrag besteht, Prämienzahlungen auf dem Konto der Gesellschaft eingehen (Schicksalsteilungsgrundsatz) und eine Maklervollmacht nachgewiesen wird.[105] Geregelt werden kann außerdem die Pflicht des Versicherers zur Nachbearbeitung und Stornogefahrmitteilung. Zusätzliche Abreden können bezüglich der Vertragsdokumentation, dem Prämieninkasso, der Schadensregulierung und Betreuung bei Lebens- und Krankenversicherungen getroffen werden.[106] Allerdings ist die rechtlich geprägte Schadensregulierung im Auftrag des Versicherers seit der Entscheidung des Bundesgerichtshofes vom 14.1.2016, Az. I ZR 107/14 nur

102 AVAD, abrufbar unter: www.avad.de, Stand: 16.12.2017.
103 Baumann in Höra, AnwaltsHdB–VersR, § 4, Rn. 10.
104 Dazu Meixner/Steinbeck, Allgemeines Versicherungsvertragsrecht, § 5, Rn. 56.
105 Vgl. auch Matusche-Beckmann in VersR-HdB, § 5, Rn. 396.
106 Dörner in Prölss/Martin, VVG, § 59, Rn. 113.

noch eingeschränkt möglich, denn sie gehört im Regelfall nicht als Nebenleistung zum Berufs- und Tätigkeitsbild des Versicherungsmaklers i.S.v. § 5 Abs. 1 RDG.[107]

Für den Fall, dass der Versicherungsvertrag beendet wird, vereinbaren die Parteien eine Stornohaftungszeit und legen Rückzahlungsfristen fest. Zur Sicherung von Rückforderungsansprüchen wird vereinbart, dass die Versicherungsgesellschaft prozentual eine Stornoreserve zurückhält. Alternativ können auch andere Sicherheiten verabredet werden, die abhängig von der Zustimmung der Gesellschaften sind. Die Weitergabe der Courtage an Untervermittler soll die Rückzahlungspflicht eines Obervermittlers grundsätzlich nicht berühren.

Schließlich kann sich der Versicherer ausdrücklich verpflichten, während der Dauer der Vereinbarung, Kundenschutz zu gewährleisten. Dies bedeutet, dass die Versicherungsgesellschaft weder selbst noch über Dritte an Kunden des Versicherungsmaklers herantreten wird. Die Kündigung des Courtageabkommens oder der Widerruf einer Courtagezusage ist vereinbarungsgemäß häufig jederzeit, ohne Angabe von Gründen möglich. Die Parteien können aber auch eine Einschränkung der Kündigungsmöglichkeiten durch Kündigungsfristen vereinbaren.[108]

b) Kritik

Courtagevereinbarungen wurden in der Vergangenheit häufig kritisiert, weil sie angeblich die Gefahr erhöhten, dass Versicherer durch das Versprechen besonders hoher Courtagesätze in der Vereinbarung Einfluss auf das Empfehlungsverhalten der Versicherungsmakler ausüben könnten.[109] Die Verabredung von Courtagesätzen, die vor allem weit über dem Marktdurchschnitt liegen, könnte Versicherungsmakler dazu verleiten, bestimmte Versicherungsgesellschaften zu bevorzugen, während die Angebote anderer, möglicherweise besser geeigneter Gesellschaften unberücksichtigt blieben.[110]

Dieser Kritik kann nicht zugestimmt werden. Ihr liegt die Annahme zugrunde, es entstehe die latente Gefahr eines Interessenkonfliktes beim Versicherungsmakler erst, wenn er mit dem Versicherer Courtagesätze schriftlich vereinbart. Die Gefahr, dass sich ein Versicherungsmakler von seinem Courtageinteresse leiten lässt, wird aber nicht erst durch die schriftliche Vereinbarung der Courtagehöhe geschaffen oder gesteigert,[111] sondern wohnt bereits dem courtagebasierten

---

107 BGH GRUR 2016, 820.

108 Vgl. auch Zinnert, Recht und Praxis des Versicherungsmaklers, S. 943, Nr. 7 Mustertext.

109 Möller in Bruck/Möller, 8. Auflage (1961), VVG, Vor §§ 43–48, Rn. 28 m.w.N.; Zinnert, Recht und Praxis des Versicherungsmaklers, S. 941; Matusche-Beckmann in VersR-HdB, § 5, Rn. 393; vgl. dazu auch Schulz, Der Versicherungsmakler im Doppelrechtsverhältnis, S. 204 ff. m.w.N.

110 Möller in Bruck/Möller, 8. Auflage (1961), VVG, Vor §§ 43–48, Rn. 28; Zinnert, Recht und Praxis des Versicherungsmaklers, S. 941.

111 Wie hier Schulz, Der Versicherungsmakler im Doppelrechtsverhältnis, S. 205.

Vergütungssystem per se inne.[112] Courtagevereinbarungen erfüllen in der Praxis vielmehr eine wichtige Funktion. Durch sie können insbesondere im Versicherungsmassengeschäft Geschäftsabläufe standardisiert und Courtagesätze sowie weitere Regelungen zwischen Versicherungsmaklern und Versicherer dem Beweis zugänglich gemacht werden.[113]

Die Höhe der Courtage von Versicherungsmaklern ist zudem im Bereich der Privaten Krankenversicherung (PKV) durch den Gesetzgeber beschränkt, so dass zumindest dort eine Überschreitung des Marktniveaus nicht mehr zu erwarten ist. Auch im Lebensversicherungsbereich sind „Exzesse" kaum mehr möglich, weil für Versicherer bilanzrechtlich ein Höchstzillmersatz gilt, der sich unmittelbar auf das Courtageniveau auswirkt.[114] Im Übrigen stehen ausreichend zivilrechtliche Sanktionsmöglichkeiten zur Verfügung, für den Fall, dass der Versicherungsmakler, geleitet durch sein Courtageinteresse, den Versicherungskunden fehlerhaft berät.[115]

Um der systemimmanenten und damit schlicht unvermeidbaren Gefahr eines Interessenkonflikts des Versicherungsmaklers zu begegnen, wurde lange eine gesetzliche Pflicht zur Offenlegung der Courtagehöhe als aussichtsreicher Ansatz erwogen.[116] Dem kann insoweit zugestimmt werden, als dass Versicherungsmakler, die Courtagesätze deutlich über dem Marktdurchschnitt verlangen, jedenfalls bei einer Pflicht zur Offenlegung ihrer vereinnahmten Courtage, durchaus Schwierigkeiten hätten, sich mit überhöhten Forderungen langfristig am Markt durchzusetzen.[117]

2. Anspruchsgrundlage bei Fehlen von Courtagevereinbarungen

Haben Versicherer und Versicherungsmakler keine Courtagevereinbarung getroffen, ist die Rechtsgrundlage für den Courtageanspruch gegen den Versicherer umstritten. Der Rechtsgrund wird auf Gewohnheitsrecht[118], Handelsbrauch[119],

---

112 Ausführlich zu den Fallgruppen von Interessenskonflikten von Finanzintermediären vgl. Hopt, ZGR 2004, 1 (7 ff.); allgemein zum Interessenkonflikt Kumpan, Der Interessenkonflikt im Deutschen Privatrecht, S. 21 ff.

113 Wie hier Schulz, Der Versicherungsmakler im Doppelrechtsverhältnis, S. 205 f.

114 Dazu Erstes Kapitel B. IV. 1. b).

115 Wie hier Zinnert, Recht und Praxis des Versicherungsmaklers, S. 292; ähnlich Schulz, Der Versicherungsmakler im Doppelrechtsverhältnis, S. 205; vgl. zur Haftung beispielhaft LG Itzehoe VuR 2011, 312.

116 Vgl. noch Art. 17 des Novellierungsvorschlags IMD 2 vom 3.7.2012, COM (2012) 360 final, 2012/0175 (COD).

117 A.A. wohl Schulz, Der Versicherungsmakler im Doppelrechtsverhältnis, S. 208, er hält den Kontrollmechanismus durch eine Offenlegungspflicht für beschränkt.

118 Möller in Bruck/Möller, 8. Auflage (1961), VVG, vor §§ 43 bis 48, Anm. 73; Zinnert, Recht und Praxis des Versicherungsmaklers, S. 292; Boesen, VersR 2000, 1063 (1064); Schroeder, a.a.O., S. 50; LG Hamburg MDR 1961, 945.

119 Gauer, Der Versicherungsmakler und seine Stellung in der Versicherungswirtschaft, S. 66 f.

eine *„Übung im Versicherungsvertragsrecht“*[120], den Versicherungsvertrag (der als ein konkludent zugunsten Dritter geschlossener Vertrag auszulegen sei)[121], den Rechtsgedanken aus §§ 354 Abs. 1 HGB, 653 Abs. 1 BGB[122] sowie den Maklervertrag gestützt.[123] Zunehmend wird vertreten, dass eine (ausdrückliche oder konkludente) Abrede zwischen Versicherungsmakler und Versicherer über die Courtageschuld des Versicherers, z.T. unter Berücksichtigung der „Übung im Versicherungsvertragsrecht“, die Rechtsgrundlage des Courtageanspruches bildet.[124] Die folgenden Erwägungen sprechen für letztere Ansicht, der im Rahmen dieser Arbeit gefolgt werden soll.

Der zwischen Versicherungsmakler und Versicherungsnehmer geschlossene Maklervertrag kann nicht Rechtsgrund für einen Zahlungsanspruch gegen den Versicherer sein, weil die Begründung einer Verpflichtung Dritter durch fremden Vertrag gegen elementare Grundsätze der Privatautonomie verstoßen würde.[125] Der Maklervertrag ist kein Vertrag zu Lasten Dritter.[126] Auch der Versicherungsvertrag vermag nicht als Rechtsgrundlage für den Courtageanspruch dienen, denn ohne eine Andeutung der Courtagezahlungspflicht des Versicherers im Versicherungsvertrag werden die Grenzen zulässiger Vertragsauslegung überspannt.[127] Handelsbräuche und Verkehrssitten dienen wiederum dazu, Willenserklärungen oder Handlungen von Vertragsparteien auszulegen, nicht aber dazu, um sie zu ersetzen und einen Anspruch zu begründen.[128] Eine handelsrechtliche Übung ist ebenfalls keine Rechtsquelle, sondern nur ein tatsächliches Verhalten, das keinen Anspruch begründen kann.[129] Die Entstehung von Gewohnheitsrecht als Rechtsgrundlage

---

120 BGHZ 94, 356 – Sachwalterurteil; OLG Frankfurt a.M. VersR 1995, 92 (93).

121 OLG Frankfurt a.M. VersR 1995, 92; OLG Hamm VersR 1995, 658; Baumann, a.a.O., S. 286 ff; Karle, VersR 2001, 825 (827); Kollhosser in Prölss/Martin, 27. Auflage (2004), VVG, Anh. zu §§ 43–48, Rn. 29.

122 Gruber in Berliner Kommentar, Anhang zu § 48, Rn. 15 weist ausdrücklich darauf hin, dass die Dispositivnormen gesetzlich vertypte Vertragsinhalte darstellen; vgl. auch BGH VersR 1993, 878; Umhau, Vergütungssysteme für die Versicherungsvermittlung im Wandel, S. 11 f.

123 Gauer, a.a.O., S. 65.

124 Dörner in Prölss/Martin, VVG, § 59, Rn. 117 f.; zuvor schon OLG Düsseldorf VersR 2001, 1043 (1048); Mischg, VersR 1989, 321 (323); Dreher, VersR 2000, 666 (672); mittlerweile so wohl auch Reiner in Ebenroth/Boujong/Joost/Strohn, HGB, § 98, Rn. 30; Sonnenberg, Vertriebskostentransparenz bei Versicherungsprodukten, S. 142; ähnlich Rixecker in Langheid/Rixecker, VVG, § 59, Rn. 9; a.A. ausdrücklich Schulz, Der Versicherungsmakler im Doppelrechtsverhältnis, S. 177.

125 Mischg, VersR 1989, 321 (322).

126 OLG Frankfurt a.M. VersR 1995, 92 (93); Mischg, VersR 1989, 321 (322); Schroeder, a.a.O., S. 50.

127 Gruber in Berliner Kommentar VVG, Anhang zu § 48 Rn. 15; a.A. Baumann, a.a.O., S. 286.

128 Dörner in Prölss/Martin, 28. Auflage (2010), § 59, Rn. 118; Schroeder, a.a.O., S. 44 ff.

129 Dörner in Prölss/Martin, VVG, § 59, Rn. 118.

setzt wiederum eine lang dauernde, tatsächliche Übung voraus und die Überzeugung der beteiligten Verkehrskreise, durch die Einhaltung der Übung bestehendes Recht zu befolgen (opinio necessitatis).[130] Der Versicherer zahlt mit Zustimmung der beteiligten Verkehrskreise die Courtage des Versicherungsmaklers schon seit Mitte des 17. Jahrhunderts.[131] Ob deshalb tatsächlich Gewohnheitsrecht entstanden ist oder nur ein Handelsbrauch, wird von Teilen der Literatur und Rechtsprechung zu Recht bezweifelt,[132] insbesondere weil die Entstehung und Geltung eines solchen Gewohnheitsrechts bisher nicht hinreichend nachgewiesen sei.[133]

Eine Rechtspflicht zur Zahlung von Courtage aufgrund eines konkludent vereinbarten vertraglichen Anspruchs auf Courtage zwischen Versicherer und Versicherungsmaklers überzeugt schon nach den Ausführungen von *Dörner*:[134] Der Versicherungsmakler wolle den Versicherungsvertrag dem Versicherer ganz offensichtlich nur gegen Vergütung zuführen (vgl. Rechtsgedanke aus §§ 354 Abs. 1 HGB, 653 Abs. 1 BGB) und dem Versicherer sei dies selbstverständlich auch bewusst. Eine bilaterale Courtageabsprache komme daher (dem Grunde nach) konkludent zustande, wenn der Versicherungsmakler im Hinblick auf eine konkrete Vermittlung mit dem Versicherer in Kontakt tritt und dieser den Versicherungsantrag annimmt. Die umständliche dogmatische Herleitung der Rechtsgrundlage für den Courtagezahlungsanspruch gegen den Versicherer in Literatur und Rechtsprechung sei allein dem Umstand geschuldet, dass bei der Annahme einer vertraglichen Absprache zwischen Versicherer und Versicherungsmakler der Interessen- und Loyalitätskonflikt des Versicherungsmaklers deutlich in Erscheinung trete. Dabei handle es sich aber um ein Sachproblem, das sich aus der historisch gewachsenen Rolle des Versicherungsmaklers, aus den Usancen in diesem Bereich und insbesondere aus der weiterhin bestehenden Vergütungspraxis ergebe und das unabhängig von der dogmatischen Begründung der Rechtsbeziehung zwischen Versicherungsmakler und Versicherer bewältigt werden müsse. Die Rolle des Versicherungsmaklers als Partei des Versicherungsnehmers ändere letztlich nichts daran, dass Versicherungsmakler und Versicherer in eine schuldrechtliche Vertragsbeziehung zueinander treten. Versicherungsmakler, Versicherer und Versicherungsnehmer nutzten vielmehr nur ihre privatrechtlichen

---

130 BVerfG NJW 2009, 1473 (1469); BGHZ 37, 219 (222), KG BB 2004, 1521 (1522).

131 Möller in Bruck/Möller 8. Auflage (1961), VVG, Vor §§ 43–48, Anm. 73; Baumann, a.a.O., S. 284 ff.; Schroeder, a.a.O., S. 42 (44) m.w.N.; vgl. dazu auch Viertes Kapitel B. III. 1. b) cc).

132 So OLG Düsseldorf VersR 2001, 1043 (1048); Baumann, a.a.O., S. 285 f.; Dörner in Prölss/Martin, VVG, § 59, Rn. 117 f.; Dreher, VersR 2000, 666 (672); Sonnenberg, a.a.O., S. 135 ff.; Mischg, VersR 1989, 321 (324).

133 Dreher, VersR 2000, 666 (672); Mischg, VersR 1989, 321 (324); Dehner, NJW 1997, 18 (Fn. 102).

134 Dörner in Prölss/Martin, VVG, § 59, Rn. 118 und 28. Auflage (2010), VVG, § 59, Rn. 69.

Gestaltungsmöglichkeiten, weshalb es einer gewohnheitsrechtlichen Begründung nicht bedürfe.[135]

Ein vertraglicher Anspruch auf Courtage ist, im Vergleich zum gewohnheitsrechtlichen Ansatz, in seinen Auswirkungen zudem kalkulierbarer.[136] Hauptinhalt der konkludenten Vereinbarung zwischen Versicherungsmakler und Versicherer ist in Ermangelung weitergehender oder abweichender Vereinbarungen die Festlegung der Courtageschuld des Versicherers.[137]

II. Anspruchsvoraussetzungen

Weder das VVG noch die §§ 93–103 HGB enthalten nähere Bestimmungen zu den Entstehungsvoraussetzungen des Courtageanspruches, so dass § 652 Abs. 1 BGB ergänzend herangezogen werden kann.[138] Der Versicherungsmakler hat danach eine auf den Abschluss des Versicherungsvertrages gerichtete Vermittlungstätigkeit zu entfalten, der Versicherungsvertrag muss zustande gekommen und die Vermittlungstätigkeit muss für den Vertragsabschluss mit diesem Versicherer kausal gewesen sein.[139] Die Mitursächlichkeit der Vermittlungsbemühungen des Versicherungsmaklers beim Zustandekommen des Versicherungsvertrages genügt.[140] Am endgültigen Vertragsschluss hat er nicht unbedingt mitzuwirken, ausreichend ist die abschlussreife Vorbereitung des Versicherungsvertrages, so dass er ohne Weiteres zustande kommen kann.[141] Der abgeschlossene Versicherungsvertrag braucht zwar nicht vollständig mit dem vom Versicherungsmakler verhandelten Vertragsentwurf übereinzustimmen, wohl aber in seinen wesentlichen Punkten.[142] Kausalität liegt regelmäßig nicht vor, wenn der Versicherungsnehmer mit einem anderen Versicherer als dem vom Versicherungsmakler empfohlenen einen

---

135 Dörner in Prölss/Martin, VVG, § 59, Rn. 118 und 28. Auflage (2010), VVG, § 59, Rn. 69.

136 So auch Reiner in Ebenroth/Boujong/Joost/Strohn, HGB, § 98, Rn. 30.

137 Mischg, VersR 1989, 321 (323).

138 BGH VersR 2005, 406; Möller in Bruck/Möller 8. Auflage (1961), VVG, Vor §§ 43–48, Anm. 74; Dörner in Prölss/Martin, VVG, § 59, Rn. 83; Matusche-Beckmann in VersR-HdB, § 5, Rn. 395; Reiff, VersR 2012, 645 (646).

139 Matusche-Beckmann in VersR-HdB, § 5, Rn. 395; Dörner in Prölss/Martin, VVG, § 59, Rn. 124; Schwintowski in Bruck/Möller, VVG, § 59, Rn. 130; Baumann in Looschelders/Pohlmann, VVG, § 59, Rn. 48; OLG Hamm VersR 1995, 658.

140 OLG Koblenz VersR 2012, 1256; Dörner in Prölss/Martin, VVG, § 59, Rn. 124; Schwintowski in Bruck/ Möller, VVG, § 59, Rn. 130; Baumann in Looschelders/Pohlmann, VVG, § 59, Rn. 48; Matusche-Beckmann in VersR-HdB, § 5, Rn. 395.

141 Dörner in Prölss/Martin, VVG, § 59, Rn. 124; Schwintowski in Bruck/Möller, VVG, § 59, Rn. 130; Baumann in Looschelders/Pohlmann, VVG, § 59, Rn. 48; Matusche-Beckmann in Vers-HdB, § 5, Rn. 395.

142 Matusche-Beckmann in VersR-HdB, § 5, Rn. 395.

Versicherungsvertrag schließt.[143] Mehrere gleichzeitig eingeschaltete Versicherungsmakler müssen sich die Courtage teilen.[144]

Eine weitere, allerdings nicht durch § 652 Abs. 1 BGB geregelte Voraussetzung für den Courtageanspruch ist, dass die Versicherungsprämie vom Versicherungsnehmer geleistet werden muss. Die Courtage teilt das Schicksal der Prämie *„im Guten wie im Bösen"* – dies ist der sogenannte *„Schicksalsteilungsgrundsatz"*.[145] Der Courtageanspruch geht danach unter, soweit der Prämienanspruch des Versicherers gegen den Versicherungsnehmer *ex nunc* oder *ex tunc* wegfällt (z.B. infolge Anfechtung, Rücktritt, Widerspruch oder Widerruf)[146], der Versicherungsnehmer die Prämie nicht leistet oder sich der Anspruch durch Prämienherabsetzung verringert.[147] Der Schicksalsteilungsgrundsatz wird in der Regel ausdrücklich in Courtageabkommen vereinbart.[148] Wurde eine Vereinbarung nicht getroffen, ist § 92 Abs. 4 HGB analog anzuwenden, wonach der Courtageanspruch erst im Zeitpunkt der Prämienzahlung durch den Versicherungsnehmer entsteht.[149] Die Prämienzahlung wird entweder als unmittelbare Voraussetzung für den Courtagezahlungsanspruch oder als aufschiebende bzw. auflösende Bedingung i. S. v. § 158 Abs. 1 und 2 BGB qualifiziert.[150]

Hat der Versicherungsmakler Zahlungen des Versicherers erhalten, obwohl die Prämienzahlung durch den Versicherungsnehmer nicht erbracht wurde, ist der Versicherungsmakler nach § 812 Abs. 1 S. 2, 1. Alt. und Abs. 2 BGB zur Erstattung der gezahlten Courtage bzw. Courtageteile verpflichtet.[151]

---

143 Matusche-Beckmann in VersR-HdB, § 5, Rn. 395; Dörner in Prölss/Martin, VVG, § 59, Rn. 124; Schwintowski in Bruck/Möller, VVG, § 59, Rn. 130; LG Berlin JR 1930, 423.

144 Matusche-Beckmann in VersR-HdB, § 5, Rn. 395; Dörner in Prölss/Martin, VVG, § 59, Rn. 124; Baumann in Looschelders/Pohlmann, VVG, § 59, Rn. 48; Schwintowski in Bruck/Möller, VVG, § 59, Rn. 130.

145 OLG München VersR 1975, 150 (151); OLG Hamm NJW-RR 1994, 1306; Matusche-Beckmann in VersR-HdB, § 5, Rn. 396; Dörner in Prölss/Martin, VVG, § 59 Rn. 125; Schwintowski in Buck/Möller, VVG, § 59, Rn. 130; Baumann in Looschelders/Pohlmann, VVG, § 59, Rn. 50.

146 OLG München VersR 1975, 150 (151); OLG Hamm NJW-RR 1994, 1306.

147 OLG München VersR 1975, 150 (151), Matusche-Beckmann in VersR-HdB, § 5, Rn. 396; Dörner in Prölss/Martin, VVG, § 59, Rn. 125.

148 Matusche-Beckmann in VersR-HdB, § 5, Rn. 396.

149 OLG Hamm NJW-RR 1994, 1306; Matusche-Beckmann in VersR-HdB, § 5, Rn. 396; Dörner in Prölss/Martin, VVG, § 59, Rn. 125; kritisch Dehner, NJW 1997, 18 (27).

150 Dörner in Prölss/Martin, VVG, § 59, Rn. 125; Matusche-Beckmann in VersR-HdB, § 5, Rn. 396; zur auflösenden Bedingung: OLG Köln, VersR 2007, 836 (837); Möller in Bruck/Möller, 8. Auflage (1961), VVG, Vor §§ 43–48, Anm. 95.

151 OLG München VersR 1975, 150; OLG Hamm NJW-RR 1994, 1306; Matusche-Beckmann in VersR-HdB, § 5, Rn. 398; Sieg, VersR 1993, 1198.

III. Anspruchsinhalt

Die Courtage setzt sich grundsätzlich aus einem Vermittlungs- und einem Betreuungsanteil zusammen.

1. Vermittlungs- und Betreuungsanteil

Versicherungsmakler und Versicherer können vereinbaren, wofür die Courtage gezahlt werden soll, jedenfalls solange, wie die Sachwalterstellung des Versicherungsmaklers durch diese Vereinbarung nicht beeinträchtigt wird.[152] Fehlt es an einer ausdrücklichen Vereinbarung der Parteien, ist durch Auslegung der Vertragsbeziehung unter Berücksichtigung der Usancen auf dem Versicherungsmarkt zu ermitteln, was mit der Courtage abgegolten werden soll.[153] Die Courtage enthält danach regelmäßig einen Vermittlungs- und einen Betreuungsanteil.[154] Das Vermittlungsentgelt wird für die erfolgreiche Vermittlung des Versicherungsvertrages gezahlt (auch *Erfolgsvergütung* oder *Abschlusscourtage* genannt), während das Betreuungsentgelt die weitere Verwaltung des Versicherungsvertrages und die Betreuung des Versicherungsnehmers entlohnt (auch *Verwaltungsentgelt* oder *Bestandspflegegeld* genannt).[155]

In den verschiedenen Versicherungssparten finden sich unterschiedliche Courtagesysteme, bei denen Vermittlungs- und Betreuungsanteil unterschiedlich hoch ausfallen. Bei der Vermittlung von Lebens- und Krankenversicherungsverträgen wird das „*System der einmaligen Abschlusscourtage*" praktiziert, d.h., der Versicherer zahlt dem Versicherungsmakler für den einmaligen Vermittlungserfolg entweder die gesamte oder eine verhältnismäßig hohe Abschlusscourtage und in den Folgejahren nur noch eine relativ geringe Courtage für Betreuungs- und Verwaltungstätigkeiten.[156] In der Regel ist durch die Einmalzahlung der Abschlusscourtage auch der gesamte Betreuungs- und Verwaltungsaufwand des Versicherungsmaklers in der Folgezeit abgegolten, weil der Versicherungsmakler nach Vertragsschluss

---

152 Dörner in Prölss/Martin, VVG, § 59, Rn. 126.

153 Dörner in Prölss/Martin, VVG, § 59, Rn. 126; Matusche-Beckmann in VersR-HdB, § 5, Rn. 402.

154 BGH VersR 1986, 58 (59); BGH VersR 1986, 236 (237); OLG Hamm VersR 1995, 658; Dörner in Prölss/Martin, VVG, § 59, Rn. 126; ausführlich Matusche-Beckmann in VersR-HdB, § 5, Rn. 403 ff.; a.A. Odendahl, ZfV 1993, 390 (391); Möller in Bruck/Möller, 8. Auflage (1961), VVG, Vor §§ 43–48, Anm. 71 f.; ähnlich Jabornegg, VersRdschau 1988, 339 (343 f.)

155 BGH VersR 1986, 236 (237); OLG Hamm VersR 1995, 658 (658); OLG Hamm VersR 1987, 155 (156); LG Hagen VersR 1986, 144 (145); AG Stuttgart VersR 1992, 609 (610); Gruber in Berliner Kommentar, Anh. zu § 48 Rn. 16; Dörner in Prölss/Martin, VVG, § 59, Rn. 126; ausführlich Matusche-Beckmann in VersR-HdB, § 5, Rn. 403 ff.

156 Dörner in Prölss/Martin, VVG, § 59, Rn. 131; Matusche-Beckmann in VersR-HdB, § 5, Rn. 408.

keine nennenswerten Betreuungsleistungen für Lebens- und private Krankenversicherungsverträge erbringt.[157] Sollen kleinere, laufende Betreuungsentgelte bzw. Folgecourtagen gezahlt werden, z.B. für die Prüfung interner Tarifwechsel und der Leistungsregulierung in der PKV, regeln dies die Parteien meist ausdrücklich in einer Bestandspflegevereinbarung.[158] Bemessungsgrundlage der Courtage in der Lebensversicherung ist die im Versicherungsvertrag festgelegte Versicherungssumme.[159] In der Krankenversicherung ist üblicherweise die Courtage in einer bestimmten Anzahl von Monatsbeiträgen festgelegt.[160]

Bei der Verteilung von Vermittlungs- und Betreuungsanteil im Bereich der Sachversicherungen ist zwischen Einjahresverträgen und Mehrjahresverträgen zu unterscheiden.[161] Bei Einjahresverträgen mit Verlängerungsklausel sind die Courtagesätze über die Vertragslaufzeit gleichbleibend hoch (*„System der gleichbleibend hohen Courtagen“*).[162] Die Courtage, die im ersten Vertragsjahr gezahlt wird, vergütet die Vermittlungsleistung, während die Courtage, die in den Folgejahren gezahlt wird, hälftig aus einem Vermittlungs- und Bestandspflegeanteil besteht.[163] Bei Mehrjahresverträgen wird hingegen im ersten Versicherungsjahr eine erhöhte Abschlusscourtage gezahlt (*„System der erhöhten Abschlusscourtage“*) und in den Folgejahren eine geringere Folgecourtage.[164] Das Verhältnis von Vermittlungs- und Betreuungsanteil in der Folgecourtage ist 50:50.[165] Bemessungsgrundlage für die Courtage ist die vom Versicherungsnehmer zu zahlende Prämie.[166]

2. Folgecourtage bei Vermittlerwechsel

In der Praxis kommt es nicht selten vor, dass ein Versicherungsnehmer die Zusammenarbeit mit einem Versicherungsvermittler während der Laufzeit des Versicherungsvertrages beendet und einen neuen Vermittler mit der Betreuung und

157 Baumann/Beenken/Sandkühler, HdB-Maklermanagement, S. 160.

158 Schroeder, a.a.O., S. 62 f. m.w.N., hält aber grundsätzlich eine ausdrückliche Bestandpflegevereinbarung nicht für erforderlich.

159 Zinnert, Recht und Praxis des Versicherungsmaklers, S. 309.

160 Zinnert, Recht und Praxis des Versicherungsmaklers, S. 309.

161 Matusche-Beckmann in VersR-HdB, § 5, Rn. 409.

162 Dörner in Prölss/Martin, § 59, Rn. 132; Matusche-Beckmann in VersR-HdB, § 5, Rn. 410.

163 BGH VersR 2005, 550; Dörner in Prölss/Martin, VVG, § 59, Rn. 132; Matusche-Beckmann in VersR-HdB, § 5, Rn. 410; Zinnert, Recht und Praxis des Versicherungsmaklers, S. 308.

164 Dörner in Prölss/Martin, § 59, Rn. 132; Matusche-Beckmann in VersR-HdB, § 5, Rn. 411.

165 OLG Hamm VersR 1995, 658; OLG Hamm VersR 1987, 155 (156), AG Stuttgart VersR 1992, 609 (610); Dörner in Prölss/Martin, § 59, Rn. 132; Matusche-Beckmann in VersR-HdB, § 5, Rn. 411.

166 Zinnert, Recht und Praxis des Versicherungsmaklers, S. 308.

Verwaltung seiner Versicherungsangelegenheiten beauftragt. Es kann sich hierbei um die Übertragung eines Vertrages, der von einem Versicherungsvertreter vermittelt wurde, auf einen Versicherungsmakler (sogenannter *Maklereinbruch*) oder von einem Versicherungsmakler auf einen anderen Versicherungsmakler (sogenannter *Maklerwechsel*) handeln.[167]

Bei einem Maklerwechsel kann der Versicherungsnehmer den alten Maklervertrag fristlos und ohne wichtigen Grund kündigen, weil es sich bei Maklerverträgen um Dienste höherer Art im Sinne von § 627 Abs. 1 BGB handelt.[168] Die herrschende Meinung in Rechtsprechung und Schrifttum vertritt den Standpunkt, dass durch Allgemeine Geschäftsbedingungen das außerordentliche Kündigungsrecht des § 627 Abs. 1 BGB grundsätzlich nicht ausgeschlossen werden kann;[169] es besteht aber weiterhin die Möglichkeit § 627 Abs. 1 BGB individualvertraglich auszuschließen.[170] Der Versicherungsnehmer bleibt daneben stets zur unabdingbaren Kündigung aus wichtigem Grund nach § 626 BGB berechtigt.[171]

Wurde der Versicherungsvertrag von einem Versicherungsvertreter vermittelt, kann der Versicherungsnehmer die Betreuung und Verwaltung seiner Verträge ebenso ohne Weiteres auf einen Versicherungsmakler übertragen. Zusatzvereinbarungen des Vertreters mit dem Versicherungsnehmer, die eine dauerhafte Betreuung durch den Vertreter festschreiben, sind unzulässig.[172] Das ehemalige Bundesaufsichtsamt für das Versicherungswesen (BAV) hatte derartige Zusatzvereinbarungen als aufsichtsbehördlich zu beanstandenden Missstand angesehen, weil sie die Freiheit der Versicherungsunternehmen, selbst zu entscheiden, wem sie die Betreuung der Versicherungsverträge bzw. Bestände übertragen, einschränkten.[173]

a) Usancen

Wird der Versicherungsvertrag nach einem Vermittlerwechsel vom neuen Verwalter bzw. Betreuer nicht umgedeckt, ist die (Folge-)Courtage zwischen dem neuen und dem alten Vermittler angemessen aufzuteilen. Hierzu haben sich am Markt Usancen herausgebildet,[174] die der GDV unter Einbeziehung der Erfahrungen und Erkenntnisse des BDVM bereits 1988 wie folgt zusammengefasst hatte:[175]

---

167 Zinnert, Recht und Praxis des Versicherungsmaklers, S. 323.

168 LG Braunschweig, Urteil vom 25.1.2012, Az. 22 O 1431/11, juris; Dörner in Prölss/Martin, VVG, § 59 Rn. 109; Baumann in Looschelders/Pohlmann, VVG, § 59, Rn. 35.

169 Vgl. BGH NJW 2010, 1520 (1522) m.w.N.

170 Dörner in Prölss/Martin, VVG, § 59 Rn. 109.

171 Dörner in Prölss/Martin, VVG, § 59 Rn. 109.

172 Müller-Stein, VersR 1990, 561.

173 BAV Rundschreiben R 2/78, VerBAV 1978, 131; vgl. dazu Müller-Stein, VersR 1990, 561.

174 Ausführlich dazu Schroeder, a.a.O., S. 70 ff. m.w.N.

175 GDV Rundschreiben vom 22.2.1988 (M-Tgb-Nr. 27/88), VW 1988, 783.

„II. [...]Bei einem Vermittlerwechsel sind verschiedene Fallgestaltungen zu unterscheiden: 1. Wechsel vom Vertreter zu einem Versicherungsmakler. Erfolgt während der Laufzeit einjähriger Versicherungsverträge ein Wechsel, so behält der Ursprungsvermittler, der Vertreter, die gesamte Provision bis zum Ablauf des Versicherungsvertrages. Ab neuem Versicherungsjahr erhält der Makler die Courtage. Dies gilt auch, wenn der Versicherungsvertrag aufgrund einer Verlängerungsklausel weiterbesteht. Bei Vermittlerwechsel während der Laufzeit mehrjähriger Versicherungsverträge ist die Praxis nicht ganz einheitlich. Überwiegend verbleibt bis zum regulären Kündigungstermin der Versicherungsverträge die gesamte Provision dem Vertreter. Dies geschieht entweder in der Weise, daß die Versicherungsunternehmen bis zu diesem Termin die Provision an den Vertreter zahlen oder daß die Versicherungsunternehmen den Makler verpflichten, aus seiner Courtage die Restansprüche des Vertreters in vollem Umfang zu befriedigen. Nach dem regulären Kündigungstermin erhält allein der Makler die Courtage. Nicht selten werden die restlichen Provisionsansprüche des Vertreters ab Vermittlerwechsel aufgeteilt. Dies geschieht häufig durch eine Pauschalzahlung des Maklers, mit der die Restansprüche des Vertreters abgegolten werden. Die prozentuale Verteilung zwischen Vermittlungs- und Verwaltungsentgelt ist wegen des Zinseffektes und des Stornorisikos schwierig. Aus Vereinfachungsgründen wird häufig von einer Aufteilung der Restprovisionsansprüche des Vertreters im Verhältnis von 50/50 ausgegangen. Diese Usancen gelten nicht für die Lebens- und Krankenversicherung. Der Ursprungsvermittler hat aufgrund des dort herrschenden Provisionssystems die Abschlußvergütung bereits in vollem Umfang erhalten. Der Makler erhält ab dem Zeitpunkt der Übernahme der Verwaltung das weitere Entgelt. Hinsichtlich der Vermittlungsvergütung aus Vertragserhöhungen aufgrund einer Dynamik-Klausel gelten unterschiedliche Regelungen. 2. Wechsel vom Makler zu einem anderen Makler Bei einem Vermittlerwechsel während der Laufzeit einjähriger Verträge wird entsprechend Ziffer II./1. verfahren. Bei Wechsel während der Laufzeit mehrjähriger Versicherungsverträge erfolgt überwiegend eine Aufteilung der Restcourtage-Ansprüche des ersten Maklers ab dem nächsten Versicherungsjahr bis zum regulären Kündigungstermin. Auch hier wird im Regelfall aus Vereinfachungsgründen die Aufteilung im Verhältnis 50/50 erfolgen. Im Bereich der Lebens- und Krankenversicherung gelten diese Usancen nicht. Hier sind die unter Ziff. II./1. genannten Überlegungen zu beachten. Für die Versicherungsunternehmen maßgeblicher Zeitpunkt des Vermittlerwechsels ist die Vorlage der Vollmacht des neuen Vermittlers. Es wird davon ausgegangen, daß der Versicherungsnehmer nicht gleichzeitig mehrere Versicherungsvermittler mit der Vermittlung und Verwaltung seiner Versicherungsverträge beauftragen möchte. Mögliche Ansprüche, die über die in Ziffer II. genannten hinausgehen, kann der alte Makler allenfalls noch gegenüber seinem Kunden, nicht aber gegenüber dem Versicherungsunternehmen geltend machen.“[176]

---

176 GDV Rundschreiben vom 22.2.1988 (M-Tgb-Nr. 27/88), VW 1988,783.

Diese Usancen sind unverbindliche Handelsübungen[177] und besitzen keine, die Beteiligten bindende Rechtsnormqualität.[178] Nach der Rechtsprechung des Bundesgerichtshofes kommt es für die Auslegung der vom Versicherungsmakler abgeschlossenen Verträge, insbesondere für die Bemessung und die zeitliche Reichweite des Courtageanspruchs, aber entscheidend auf die Usancen und auf die in den Kreisen der Versicherungsmakler, der Versicherer und der versicherten Wirtschaft herrschenden Auffassungen an.[179] Regelungen in den Courtageabkommen der Parteien über die Aufteilung der Courtage beim Vermittler- bzw. Betreuerwechsel gehen den Usancen jedoch grundsätzlich vor.[180] Wurde weder eine Vereinbarung zwischen den Parteien getroffen noch ein eindeutiger Handelsbrauch oder Usance festgestellt, ist über die Aufteilung unter sachgerechter Interessenabwägung der Parteien nach Treu und Glauben zu entscheiden.[181] Dabei kann den Usancen weiterhin Bedeutung zukommen. So hatte der Bundesgerichtshof in einem Fall die Usancen beim Maklerwechsel – bei einjährigen Sachversicherungsverträgen mit Verlängerungsklausel – entsprechend zur Bestimmung der zeitlichen Reichweite des Courtageanspruchs eines Erstmaklers herangezogen, nachdem ein Versicherer selbst die Verwaltung des vermittelten Versicherungsvertrages übernommen hatte.[182]

b) Umdeckung des Versicherungsvertrages

Deckt der vom Versicherungsnehmer beauftragte Versicherungsmakler den übernommenen Versicherungsvertrag um, steht ihm fortan die vollständige Courtage aus der Vermittlung des neuen Versicherungsvertrages zu.[183] Der vom ursprünglichen Vermittler (Vertreter oder Versicherungsmakler) vermittelte Versicherungsvertrag ist als Voraussetzung für seinen Courtageanspruch weggefallen.[184] Ein Ausnahmefall kann jedoch dann vorliegen, wenn die Umdeckung treuwidrig zu Lasten des ursprünglichen Vermittlers erfolgte.[185] Ein Ausnahmefall kann auch dann vorliegen, wenn der ursprüngliche und der neue Versicherungsvertrag wesentlich identisch sind, so dass anzunehmen ist, dass der neue Versicherungsvertrag

177 Vgl. zur Abgrenzung von Handelsbräuchen nach § 346 HGB ausführlich Drittes Kapitel B. II.

178 Zinnert, Recht und Praxis des Versicherungsmaklers, S. 324.

179 BGH NJW 1986, 1036 (1037); BGH VersR 2005, 550 (551).

180 So auch Dörner in Prölss/Martin, VVG, § 59, Rn. 134.

181 BGH VersR 2005, 550 (552); Dörner in Prölss/Martin, VVG, § 59, Rn. 136; ausführlich Schroeder, a.a.O., S. 70 ff. m.w.N.

182 BGH VersR 2005, 550 (552).

183 Dörner in Prölss/Martin, VVG, § 59, Rn. 140; Schwintowski in Bruck/Möller, VVG, § 59, Rn. 109; Matusche-Beckmann in VersR-HdB, § 5, Rn. 414; Schroeder, a.a.O., S. 80.

184 Matusche-Beckmann in VersR-HdB, § 5, Rn. 414.

185 Matusche-Beckmann in VersR-HdB, § 5, Rn. 414 unter Verweis auf BGHZ 124, 10 (15), VersR 1994, 92 (94).

noch auf die Vermittlungsbemühungen des ursprünglichen Vermittlers zurückgeht.[186] Dem ursprünglichen Vermittler kann dann gegen den neuen Versicherer ein Anspruch auf Courtage zustehen, beschränkt auf den Vermittlungsanteil.[187]

IV. Gesetzliche Beschränkungen

1. Beschränkungen der Courtagehöhe

Die maximale Courtagehöhe, die ein Versicherer einem Versicherungsmakler zahlen kann, ist in bestimmten Sparten beschränkt.

a) Private Krankenversicherung

Durch das Gesetz zur Novellierung des Finanzanlagenvermittler- und Vermögensanlagenrechts vom 6.12.2011[188] wurde die Provisions- bzw. Courtagehöhe für den Bereich der substitutiven privaten Krankenversicherung für alle Vermittlertypen begrenzt. Nach § 50 Abs. 1 S. 1 VAG dürfen Versicherungsunternehmen nunmehr Versicherungsvermittlern für den Abschluss von substitutiven privaten Krankenversicherungen in einem Geschäftsjahr keine Abschlussprovisionen oder sonstige Vergütungen gewähren, die insgesamt 3 % der Bruttobeitragssumme des Neuzugangs übersteigen. Die Bruttobeitragssumme entspricht der über 25 Jahre hochgerechneten Erstprämie ohne Zuschläge. Damit entspricht die Deckelung einer durchschnittlichen Abschlussprovision von neun Monatsbeiträgen (9/(12 × 25) = 3 %).[189]

Nach § 50 Abs. 1 S. 3 VAG dürfen die in einem Geschäftsjahr für den Abschluss von substitutiven privaten Krankenversicherungen an einen einzelnen Versicherungsvermittler gewährten Zahlungen und sonstigen geldwerten Vorteile 3,3 % der Bruttobeitragssumme des vermittelten Geschäfts nicht übersteigen. Satz 4 bestimmt, dass die im Einzelfall für den Abschluss gewährte Abschlussprovision und sonstige Vergütung 3,3 % der Bruttobeitragssumme des vermittelten Vertrages nicht übersteigen darf. Auf diese Weise will der Gesetzgeber verhindern, dass im Einzelfall doch Abschlussprovisionen abgerechnet werden können, die neun Monatsbeiträge substantiell übersteigen.[190] Bestandspflegeprovisionen und Vergütungen, die keinen unmittelbaren Zusammenhang mit einem konkreten Vertragsschluss haben, werden von der Regelung nicht erfasst.[191] Ein Verstoß führt nach

---

186 OLG Hamm OLGR 1994, 97; Matusche-Beckmann in VersR-HdB, § 5, Rn. 414.
187 Matusche-Beckmann in VersR-HdB, § 5, Rn. 414; Dörner in Prölss/Martin, VVG, § 59, Rn. 141.
188 BGBl. I 2011, S. 2481.
189 Beschlussempfehlung und Bericht des Finanzausschusses, BT-Drucks. 17/7453, S. 77.
190 Beschlussempfehlung und Bericht des Finanzausschusses, BT-Drucks. 17/7453, S. 77.
191 Beschlussempfehlung und Bericht des Finanzausschusses, BT-Drucks. 17/7453, S. 77.

§ 50 Abs. 3 VAG zur Unwirksamkeit der Vereinbarungen zwischen Versicherer und Versicherungsvermittler.

b) Lebensversicherung

Das Rundschreiben 5/95[192] des ehemaligen Bundesaufsichtsamts für das Versicherungswesen (BAV), das eine Begrenzung der Abschlusskosten in der Lebensversicherung vorsah, wurde von der Bundesanstalt für Finanzdienstleistungsaufsicht (BaFin) im Jahr 2008 aufgehoben. Zur Begründung führte die BaFin aus, dass mit der VVG Reform und der VVG-InfoV Offenlegungspflichten für Lebensversicherer eingeführt wurden, die eine höhere Transparenz und Vergleichbarkeit hinreichend gewährleisteten. Zudem habe der Einfluss europäischer Anbieter auf dem Lebensversicherungsmarkt die Konkurrenzsituation der Versicherungsunternehmen erheblich verändert, so dass ein aufsichtsrechtlicher Eingriff als entbehrlich angesehen wurde. Die Aufrechterhaltung des Rundschreibens 5/95 wurde zudem im Hinblick auf die Entbürokratisierung sowie den Abbau des Verwaltungsaufwands bei der Überprüfung der Begrenzungsregelung von der BaFin für nicht mehr vertretbar gehalten.[193]

Die Höhe von Provisionen und Courtagen für die Vermittlung von Lebensversicherungsverträgen hat der Gesetzgeber oder die Aufsichtsbehörde auch nicht anderweitig begrenzt. Mit dem Gesetz zur Absicherung stabiler und fairer Leistungen für Lebensversicherte (Lebensversicherungsreformgesetz – LVRG) vom 1.8.2014[194] wurde der Höchstzillmersatz von 40 Promille auf 25 Promille in § 4 der Deckungsrückstellungsverordnung (DeckRV) gesenkt. Das bedeutet aber nicht, dass keine höheren Provisionen als 25 Promille gezahlt werden dürfen, sondern nur, dass Abschlusskosten bis zu dieser Höhe von Versicherern bilanziell geltend gemacht werden können. Faktisch kann sich diese Beschränkung aber durchaus auf das Courtageniveau auswirken, denn Versicherer müssen bei höheren Courtagen nun mehr Abschlusskosten auf die Laufzeit des Vertrages verteilen, was insbesondere vor dem Hintergrund der Entscheidung des Oberlandesgerichts Köln vom 2.9.2016 schwieriger werden dürfte.[195] Das Gericht hatte entschieden, dass die sogenannte *zweiwegige* Verrechnung von Abschlusskosten, jedenfalls in den ersten fünf Vertragsjahren, eine unangemessene Benachteiligung der Versicherungsnehmer darstellt und damit unzulässig ist.[196] Danach können Abschlusskostenanteile, die nach geltendem Aufsichtsrecht nicht gezillmert werden dürfen, auch nicht auf die gesamte Vertragslaufzeit, sondern allenfalls auf die nach Ablauf der ersten fünf Vertragsjahre verbleibende Restlaufzeit des Vertrages

---

192 VerBAV 1995, 366 f.

193 BaFin, Mitteilung der Aufhebung des Rundschreibens 5/1995 des ehemaligen BAV, GF: VA 21 – A – 2007/0107, 22.2.2008, VerBAV 1995, 366.

194 BGBl. I 2014, S. 1330.

195 OLG Köln VersR 2016, 1551.

196 OLG Köln VersR 2016, 1551.

verteilt werden.[197] Diese Beschränkung der Verteilungsmöglichkeiten erhöht den Kostendruck auf Versicherer und kann in der Konsequenz zur Reduzierung von Provisionen und Courtagen führen.

2. Sondervergütungs- und Provisionsabgabeverbot

Die auf dem Verordnungswege erlassenen Sondervergütungs- und Provisionsabgabeverbote haben weite Teile des Versicherungsvertriebs geprägt.[198] Die Gestaltung neuer Geschäfts- und Vergütungsmodelle war aufgrund der Verbote für Versicherungsvermittler lange Zeit nur begrenzt möglich. Der Gesetzgeber hat sich, trotz heftiger Kritik, im Rahmen der Umsetzung der IDD jedoch entschieden, das Sondervergütungs- und Provisionsabgabeverbot aufrechtzuerhalten, so dass die Beschränkungen für alternative Vergütungsmodelle weiterhin bestehen.

a) Rechtsgrundlage

§ 298 Abs. 4 S. 1 VAG ermächtigt das Bundesministerium der Finanzen (BMF) durch Rechtsverordnungen für einzelne Versicherungszweige den Versicherungsunternehmen und Vermittlern von Versicherungsverträgen zu untersagen, dem Versicherungsnehmer in irgendeiner Form Sondervergütungen zu gewähren. Die entsprechenden Rechtsverordnungen wurden in der Lebens- und Krankenversicherung bereits 1934 von der Reichsaufsichtsbehörde erlassen,[199] 1982 ordnete das BAV ein Provisionsabgabeverbot auch für die Sachversicherung[200] an. Die Verordnungen wurden am 1.7.2017 aufgehoben.[201] Die Verordnungsermächtigung des BMWi in § 298 Abs. 4 VAG a.F. wird mit dem Umsetzungsgesetz zur IDD am 23.2.2018 aufgehoben.

Das Sondervergütungs- und Provisionsabgabeverbot wird künftig auf einfachgesetzlicher Ebene in § 48b Abs. 1 VAG n.F. und in § 34d Abs. 1 S. 7 GewO n.F. verankert sein.

---

197 OLG Köln VersR 2016, 1551, Ls.1.

198 Dreher/Hoffmann/Kling, Kartell- und Wettbewerbsrecht der Versicherungsunternehmen, S. 238, Rn. 35.

199 Bekanntmachung des Reichsaufsichtsamts vom 8.3.1934 über das Verbot von Sondervergütungen und Begünstigungsverträgen in der Lebensversicherung, VA 1934, 99 f.; Bekanntmachung des Reichsaufsichtsamts für Privatversicherung vom 6.6.1934 über das Verbot von Sondervergütungen und Begünstigungsverträgen in der Krankenversicherung, Veröffentlichungen des Reichsaufsichtsamtes für Privatversicherung VA 1934, S. 100.

200 BAV, Verordnung über das Verbot von Sondervergütungen und Begünstigungsverträgen in der Schadenversicherung vom vom 17.8.1982, BGBl. I 1982, S. 1243.

201 Verordnung zur Aufhebung der Verordnungen nach dem Versicherungsaufsichtsgesetz vom 16.12.2015, BGBl. I S. 2347.

Nach § 34d Abs. 1 S. 6 GewO n.F. ist es Versicherungsvermittlern untersagt, Versicherungsnehmer, versicherte Personen oder Bezugsberechtigte aus einem Versicherungsvertrag Sondervergütungen zu gewähren oder zu versprechen. § 48b VAG n.F. ist nach § 34d Abs. 1 S. 7 GewO n.F. entsprechend anzuwenden. § 48b Abs. 1 S. 1 VAG n.F. untersagt korrespondierend auch den Versicherungsunternehmen Versicherungsnehmern, versicherten Personen oder Bezugsberechtigten aus einem Versicherungsvertrag Sondervergütungen zu gewähren oder zu versprechen.[202] Dieses Verbot gilt nach Satz 2 auch für die Angestellten von Versicherungsunternehmen und Versicherungsvermittlern. Eine entgegenstehende vertragliche Vereinbarung ist gemäß Satz 3 unwirksam. § 48b Abs. 2 S. 1 VAG n.F. konkretisiert den Begriff der Sondervergütung. Sondervergütung ist danach jede unmittelbare oder mittelbare Zuwendung neben der im Versicherungsvertrag vereinbarten Leistung, insbesondere jede vollständige oder teilweise Provisionsabgabe, sonstige Sach- oder Dienstleistung, die nicht die Versicherungsleistung betrifft sowie die Rabattierung auf Waren oder Dienstleistungen, sofern sie nicht geringwertig ist. Als geringwertig gelten nach Satz 2 Belohnungen oder Geschenke zur Anbahnung oder anlässlich eines Vertragsabschlusses, soweit diese einen Gesamtwert von 15 Euro pro Versicherungsverhältnis und Kalenderjahr nicht überschreiten. Nach § 48b Abs. 3 VAG n.F. wird die Gewährung von Provisionen an Versicherungsnehmer, die gleichzeitig Vermittler des betreffenden Versicherungsunternehmens sind, vom Sondervergütungsverbot ausgenommen. Insofern sei nach der Gesetzesbegründung der Schutzzweck der Norm nicht betroffen. § 48b Abs. 4 S. 1 VAG n.F. regelt, dass Absatz 1 keine Anwendung findet, soweit die Sondervergütung zur dauerhaften Leistungserhöhung oder Prämienreduzierung des vermittelten Vertrags verwendet wird. Nach § 48b Abs. 4 S. 2 VAG n.F. bleiben die §§ 138 Abs. 2, 146 Abs. 2 S. 1, 161 Abs. 1 und 177 Abs. 1 VAG unberührt. Absatz 4 Satz 2 stellt damit klar, dass die für die Lebensversicherung, die substitutive Krankenversicherung und die Unfallversicherung mit Prämienrückgewähr gesetzlich vorgesehenen besonderen Gleichbehandlungsgrundsätze sowie der Gleichbehandlungsgrundsatz für Versicherungsvereine auf Gegenseitigkeit unverändert erhalten bleiben.[203]

Die gesetzliche Neuregelung des Sondervergütungs- und Provisionsabgabeverbotes soll für die Marktteilnehmer Rechtssicherheit schaffen.[204] Z.T. bleiben jedoch Auslegungsfragen offen. So ist für die Gestaltung von neuen Geschäftsmodellen und Vertriebssystemen insbesondere fraglich, wie die

202 Ausführlich dazu vgl. Schwintowski, ZfV 2017, 714, Fortsetzung 740, Schwintowski entwickelt hierzu das „Konzept der kundeninduzierten Prämienreduktion", wonach Versicherungsvermittler dem Kunden unmittelbar Sondervergütungen gewähren dürfen, soweit diese zur dauerhaften Prämienreduzierung des vermittelten Vertrages verwendet werden.

203 Gesetzesbegründung, BT-Drucks. 18/11627, S. 40.

204 BT-Drucks. 18/11627, S. 40.

Ausnahmeregelung in § 48b Abs. 4 VAG n.F. auszulegen ist. Der Gesetzesbegründung kann hierzu nur entnommen werden, dass Sondervergütungen, die langfristig dem Versicherungsverhältnis zugutekommen, keine Fehlanreize für den Verbraucher schaffen. Zudem lege die Regelung die Grundlage für das Durchleitungsgebot in § 48c VAG n.F.[205]

In der Praxis wurde die Formulierung des Ausnahmetatbestandes in § 48b Abs. 4 VAG n.F. zu Recht als unscharf kritisiert, weil letztlich jede Zahlung an den Kunden zumindest indirekt zu einer Prämienreduzierung führen kann.[206] Einige Onlinemakler beabsichtigten daher weiterhin ein Geschäftsmodell zu praktizieren, bei dem sie die gesamte Courtage an die Versicherungsnehmer auskehren und für ihren Betreuungsaufwand ein jährliches Honorar erheben.[207] Nach der Stellungnahme der BaFin im Oktober 2017[208] dürfte eine solche Rechtsansicht jedoch nicht der künftige Aufsichtspraxis entsprechen.[209] Die BaFin hatte verkündet, dass eine dauerhafte Reduzierung der Prämie oder Erhöhung der Leistung nur vom Versicherer gewährt werden darf, da Prämie und Leistung auf einer schuldrechtlichen Vereinbarung zwischen Versicherer und Versicherungsnehmer beruhen. Die vollständige oder teilweise Provisionsabgabe an einen Versicherungskunden vom Vermittler, ohne dass der Vertrag zwischen Versicherer und Versicherungsnehmer abgeändert wird, reiche hingegen für die Anwendung des Ausnahmetatbestandes nicht aus. Will ein Vermittler auf seine Abschlussprovision verzichten und soll diese zur Prämienreduzierung verwendet werden, müsse dies der Versicherer im Versicherungsvertrag dokumentieren.[210]

Im Ergebnis ist danach jede Form der unmittelbaren Provisionsweitergabe durch den Versicherungsvermittler – jedenfalls ohne Änderung des Vertrages zwischen Versicherer und Versicherungskunden – unzulässig und eine direkte Ausschüttung von Courtagen, wie die einiger Onlinemakler, nicht mehr möglich.[211] Ferner hängt es vom Willen des Versicherers ab, ob ein Versicherungsmakler zulässigerweise auf seine Provision bzw. Courtage zugunsten seines Kunden verzichten kann. Einen Anspruch auf die Änderung des Versicherungsvertrages gegen den Versicherer hat der Versicherungsmakler nicht. Anders als der Versicherungsberater hat der Versicherungsmakler auch keinen Anspruch auf die

205 BT-Drucks. 18/11627, S. 40.

206 Meyer, VersicherungsJournal vom 31.7.2017, abrufbar unter: http://vjournal.de/-129555, Stand: 16.12.2017.

207 Meyer, VersicherungsJournal vom 31.7.2017, abrufbar unter: http://vjournal.de/-129555, Stand: 16.12.2017.

208 Temmen, BaFin Journal 10/2017, S. 21 (23).

209 A.A. vgl. aber (noch) Schwintowski, ZfV 2017, 714, Fortsetzung 740.

210 Zudem sollen Bündel- und Bestandskundenrabatte nicht von der Ausnahme erfasst sein, vgl. BaFin Journal 10/2017, S. 21 (23).

211 Vgl. so auch Meyer, VersicherungsJournal vom 23.8.2017, abrufbar unter: http://vjournal.de/-129745, Stand: 16.12.2017 unter Verweis auf eine Aussage des BaFin Sprechers Dirk Temme; a.A. Schwintowski, ZfV 2017, 714, Fortsetzung 740.

Durchleitung der Provision an den Versicherungsnehmer nach § 48c VAG n.F.[212] Versicherungsvermittler werden nicht vom Wortlaut des § 48c VAG n.F. erfasst. Auch dem Hinweis im Regierungsentwurf, der Ausnahmetatbestand in § 48b Abs. 4 VAG n.F. bilde zugleich die Grundlage für das Durchleitungsgebot in § 48c VAG n.F., kann nichts anderes entnommen werden. Er bezieht sich nur auf den Versicherer, weil dieser zur Durchleitung bzw. Ausschüttung von Provisionen an den Versicherungsnehmer verpflichtet ist, wenn er über die Vermittlung eines Bruttoproduktes von einem Versicherungsberater in Kenntnis gesetzt wurden. Ein Versicherungsmakler kann somit im Falle der Vermittlung eines Bruttotarifs seine Courtage nicht an den Versicherungsnehmer weiterleiten und diesem ein alternatives Vergütungsmodell anbieten, solange der Versicherer ihm diese Möglichkeit nicht einräumt.

b) Rechtsfolgen

aa) Aufsichtsrecht

Verstößt ein Versicherungsvermittler gegen das Sondervergütungs- und Provisionsabgabeverbot aus § 34d Abs. 1 S. 7 GewO n.F. begeht er gemäß § 144 Abs. 2 Nr. 7 GewO eine Ordnungswidrigkeit, die mit einer Geldbuße von bis zu fünftausend Euro gemäß § 144 Abs. 4 GewO geahndet werden kann. Nach Ansicht des DIHK könnten beharrliche Verstöße eines Versicherungsvermittlers gegen das Provisionsabgabeverbot zudem Rückschlüsse auf dessen Zuverlässigkeit zulassen und entsprechende Konsequenzen für die Gewerbeerlaubnis haben.[213] Die Aufsicht hat die lokal zuständige IHK.[214]

Verstößt ein Versicherer gegen das Sondervergütungs- und Provisionsabgabeverbot in § 48b Abs. 1 VAG n.F., begeht er gemäß § 332 Abs. 1 Nr. 2a VAG ebenfalls eine Ordnungswidrigkeit, die mit einer Geldbuße von bis zu fünfzigtausend Euro nach § 332 Abs. 5 VAG geahndet werden kann. Verstöße werden von der BaFin verfolgt.[215] Die BaFin beabsichtigt ihr Vermittlerrundschreiben 10/2014 (VA)[216] zeitnah im Hinblick auf die neuen Gesetzesvorgaben zu überarbeiten und zu veröffentlichen.

---

212 Vgl. auch Schwintowski, ZfV 2017, 714 (717).

213 So Meyer, VersicherungsJournal vom 23.8.2017, abrufbar unter: http://vjournal.de/-129745, Stand: 16.12.2017.

214 Temmen, BaFin Journal 10/2017, S. 21 (23).

215 Temmen, BaFin Journal 10/2017, S. 21 (23); vgl. aber auch Ansicht DIHK bei Meyer, VersicherungsJournal vom 23.8.2017, abrufbar unter: http://vjournal.de/-129745, Stand: 16.12.2017.

216 BaFin, Rundschreiben 10/2014 (VA) vom 23.12.2014, Zusammenarbeit mit Versicherungsvermittlern, Risikomanagement im Vertrieb, GZ: VA 35-I 4105-2014/0049 (im Folgenden kurz: Vermittlerrundschreiben).

bb) Zivilrecht

Nach § 48b Abs. 1 S. 3 VAG n.F. ist eine dem Sondervergütungs- und Provisionsabgabeverbot entgegenstehende vertragliche Vereinbarung unwirksam. Damit sind die zivilrechtlichen Vereinbarungen künftig nichtig, die eine Provisionsteilung bzw. -abgabe ermöglichen. Der Bundesgerichtshof vertrat vor der Normierung noch die Ansicht, dass das Provisionsabgabeverbot im Lebensversicherungsbereich gerade kein gesetzliches Verbot mit Nichtigkeitsfolge i. S. d. § 134 BGB enthalte.[217] Die Zivilgerichte werden die gesetzliche Neuregelung bei ihrer Rechtsprechung künftig berücksichtigen müssen, mit der Konsequenz, dass im Falle der Vertragsstornierung der Versicherungsvermittler gegenüber dem Versicherer zur Herausgabe der vollständig gezahlten Provisionen verpflichtet ist, ohne selbst den Versicherungsnehmer zur Herausgabe weitergegebener Provisionen in Anspruch nehmen zu können (§ 817 S. 2 BGB).[218] Der Versicherungsvermittler trägt damit das Risiko einer unzulässigen Provisionsweitergabe.

cc) Wettbewerbsrecht

§ 48b VAG n.F. stellt nach der Gesetzesbegründung ausdrücklich eine Marktverhaltensregel dar.[219] Anders sah dies noch das Oberlandesgericht Köln für alle im Verordnungswege vom Reichsaufsichtsamt erlassenen Provisionsabgabeverbote. Es wies die Klage eines Versicherungsvermittlers gegen einen Onlinekonkurrenten ab, der den Vorwurf erhob, die Provisionsweitergabe sei unlauter und verstoße gegen § 3a UWG.[220] Die BaFin erwartet, dass es nun häufiger wettbewerbsrechtliche Auseinandersetzungen zwischen Mitbewerbern im Versicherungsvertrieb geben wird, die Verstöße gegen das Provisionsabgabeverbot zum Gegenstand haben.[221] Sie geht daher davon aus, dass sich damit das gesetzliche Sondervergütungs- und Provisionsabgabeverbot ohne die Notwendigkeit aufsichtsrechtlicher Eingriffe der BaFin und IHKs schnell durchsetzen wird.[222]

c) Wirksamkeit

Schon Anfang der 90er Jahre wurde im Regierungsentwurf für das 3. DurchführungsG/EWG zum VAG die Aufhebung der Ermächtigungsgrundlage für die Provisionsabgabeverbote vorgeschlagen, weil es in einer wettbewerbsorientierten Wirtschaft nicht Aufgabe des VAG sei, Provisionseinkünfte der Versicherungsvermittler zu sichern, sondern die Belange der Versicherungsnehmer zu wahren.[223]

---

217 BGH VersR 2004, 1029; Heukamp/Stepanek, VersR 2017, 193 (194).
218 Heukamp/Stepanek, VersR 2017, 193 (195).
219 Begründung des Regierungsentwurfes, BT Drucks. 18/11627, S. 40.
220 OLG Köln VersR 2017, 227; hierzu auch Heukamp/Stepanek, VersR 2017, 193 (195).
221 Temmen, BaFin Journal, 3/2017, S. 23.
222 Temmen, BaFin Journal, 3/2017, S. 23.
223 BT Drucks. 12/6959, S. 22, 83.

Der Finanzausschuss des Bundestags lehnte die Aufhebung jedoch ab und empfahl die Ermächtigung beizubehalten.[224] Er begründete seine Empfehlung damit, dass eine Aufhebung des Provisionsabgabeverbotes trotz verstärkten Wettbewerbs die Lage der Versicherungskunden nicht unbedingt verbessern würde.[225] Eine Aufhebung, so befürchtete der Ausschuss, könnte dazu führen, dass sich die Markttransparenz, die schon durch die Aufhebung der Tarifkontrolle der Aufsichtsbehörden (Deregulierung des Versicherungsmarktes)[226] vermindert werde, noch weiter zurückgehen könnte.[227] Außerdem bestünde die Gefahr, dass Versicherungsvermittler bei Abgabe eines Teils ihrer Provision nicht mehr die gleiche Mühe für eine kundenorientierte Beratung aufwenden würden.[228] Ferner hatte sich der Ausschuss bei seiner Entscheidung davon leiten lassen, dass eine Aufgabe des Verbots die Existenz vieler Versicherungsvermittler gefährden würde.[229] Der Gesetzgeber kam letzlich der Empfehlung des Finanzausschusses nach und behielt die Ermächtigungsgrundlage für die Provisionsabgabeverbote bei. Der EUGH hatte zudem im Jahr 1993 in seiner *Meng*-Entscheidung geurteilt, dass das deutsche Provisionsabgabeverbot mit dem Europarecht – Art. 3 lit. f, 5 II und 85 EWGV – vereinbar sei.[230] Die Entscheidung beruhte im Wesentlichen darauf, dass die europarechtlichen Wettbewerbsvorschriften einer staatlichen Regelung zum Provisionsabgabeverbot für Versicherungsvermittler nicht entgegenstehen, wenn jeder Zusammenhang mit einem von Art. 85 Abs. 1 EWGV erfassten Verhalten von Unternehmen fehle.[231]

Gleichwohl verbreitete sich in den folgenden Jahren in Literatur und Rechtsprechung die Kritik, dass die aufsichtsrechtlichen Provisionsabgabeverbote gegen höherrangiges Recht verstoßen. In erster Linie wurde und wird dies mit einem verfassungswidrigen Eingriff in die Berufsausübungsfreiheit begründet sowie der Unvereinbarkeit der Verbote mit dem europäischen Kartellrecht.[232] Gegen die

---

224 BT-Drucks. 12/7595, S. 109.
225 BT-Drucks. 12/7595, S. 109.
226 Vgl. zur Deregulierung des Versicherungsmarktes Viertes Kapitel A. II.
227 BT-Drucks. 12/7595, S. 109.
228 BT-Drucks. 12/7595, S. 104, 109.
229 BT-Drucks. 12/7595, S. 104.
230 EUGH VersR 1994, 161; ausführlich dazu Dreher/Hoffmann/Kling, a.a.O., S. 243.
231 Ausführlich dazu Dreher/Hoffmann/Kling, a.a.O., S. 243.
232 VG Frankfurt a.M. VersR 2012, 358; OLG Düsseldorf, Urteil vom 28.9.2012, Az.: I 16 U 124/11, 16 U 124/11, Rn. 21, juris; OLG Köln VersR 2017, 227; offengelassen BGH VersR 2004, 1029; Dreher, VersR 2001, 1 ff.; Winter, VersR 2002, 1055 ff.; Kirscht, Versicherungskartellrecht: Problemfelder im Lichte der Europäisierung, S. 144; Saller, VersR 2010, 1249 ff.; Dreher/Hoffmann/Kling, a.a.O., S. 234, Rn. 22 ff.; Schwintowski VuR 2012, 239 (242); ders. ZfV 2014, 576; Stancke in Bürkle, Compliance in Versicherungsunternehmen, § 13 Kartellrecht, Rn. 125 f.; Klinge, VuR 2008, 125 ff.; Icha, a.a.O., S. 117 ff.; a.A. LG Düsseldorf VersR 2007, 1109 (1110); Martinek/Oechsler, Die EG-kartellrechtliche Stellung der deutschen Versicherungsvermittler, S. 97 ff.; Kollhosser in Prölls, VAG, § 81, Rn. 96.

Meng-Entscheidung des EUGH wird vorgebracht, dass sich seither sowohl das Europarecht als auch die europäische Rechtsprechung weiterentwickelt haben, und insbesondere die Preisbindung der zweiten Hand nach Art. 4a der Vertikal-GVO[233] eine Kernbeschränkung des Wettbewerbs darstelle.[234] Allerdings wird auch gesehen, dass sich die Nachfolgevorschrift zu Art. 85 EWGV in Art. 101 Abs. 1 AEUV ebenfalls nicht gegen staatliche Maßnahmen richtet, so dass sich an der Grundlage für die *Meng*-Entscheidung nichts geändert hat.[235]

Das Verwaltungsgericht Frankfurt urteilte schließlich am 24.10.2011, dass das bußgeldbewährte Provisionsabgabeverbot in der Lebensversicherung nicht dem verfassungsrechtlichen Grundsatz der Bestimmtheit von Eingriffsnormen genügt.[236] In der Verordnung hätte der Verordnungsgeber klarstellen müssen, was im Bereich des Verkaufs oder der Vermittlung von Lebensversicherungen eine Sondervergütung an die Versicherten sein soll; die Verordnung beschränke sich jedoch auf die Wiedergabe des Wortlauts der gesetzlichen Ermächtigung.[237] Das Gericht wendete die Verordnung daher nicht an, womit in den darauffolgenden Jahren ein Bedeutungsverlust der Provisionsabgabeverbote insgesamt, d.h. auch im Bereich der Kranken- und Schadensversicherung, einherging.[238] Gegen das Urteil des Verwaltungsgerichts Frankfurt a.M. hatte die BaFin zunächst Sprungrevision eingelegt, diese aber zurückgezogen und seither als zuständige Aufsichtsbehörde davon abgesehen, gegen etwaige Verstöße vorzugehen.[239]

Die BaFin führte sodann ein Konsultationsverfahren zum Provisionsabgabeverbot durch, an dem sich Vermittlerverbände und Verbände der Versicherungswirtschaft beteiligten. Nach Auswertung der Stellungnahmen und rechtlicher Prüfung kam sie zu dem Ergebnis, dass es zumindest keine zwingenden Gründe dafür gebe, die Provisionsabgabeverbote aufzuheben; sollten sie jedoch weiterhin Bestand haben, müssten sie unter Berücksichtigung der Ausführungen des Verwaltungsgerichts Frankfurt a.M. zum Bestimmtheitsgrundsatz modifiziert werden.[240]

Das Oberlandesgericht Köln kam im Jahr 2016 in einer viel beachteten Entscheidung jedoch zu dem Ergebnis, dass die Provisionsabgabeverbote den Verbraucherschutz nicht fördern würden, sondern in erster Linie den finanziellen Interessen

---

233 Verordnung (EU) Nr. 330/2010 v. 20.4.2010 über die Anwendung von Artikel 101 Abs. 3 AEUV auf Gruppen von vertikalen Vereinbarungen und abgestimmten Verhaltensweisen, ABl, EU v. 23.4.2010, L 102/1 (Vertikal-GVO).

234 Vgl. nur Schwintowski ZfV 2014, 636 (637 f.); Heukamp/Stepanek, VersR 2017, 193 (197).

235 Heukamp/Stepanek, VersR 2017, 193 (197).

236 VG Frankfurt a.M. VersR 2012, 358 (360); dazu Schwintowski VuR 2012, 239 (240 ff.); ders. ZfV 2014, 576 bzw. 636; Michaelis/Reichow, ZfV 2012, 469.

237 VG Frankfurt a.M. VersR 2012, 358 (360).

238 Heukamp/Stepanek, VersR 2017, 193 (194).

239 So LG Köln, Urteil vom 14. 10.2015, Az. 84 O 65/15, juris (OLG Köln VersR 2017, 227 vorausgehend); Schwintowski, ZfV 2014, 576.

240 BaFin, Jahresbericht 2012, S. 88.

der Versicherungsvermittler dienen.[241] Es hält die Offenlegung der Courtagehöhe statt eines Provisionsabgabeverbotes für die zielführende Lösung:

> *„Der Verbraucher kann eine informationsgeleitete Entscheidung im Gegenteil besser dann treffen, wenn ihm der Preis für das Produkt als solches sowie die für die Beratung und/oder sonstigen Leistungen des Versicherungsvermittlers anfallenden Kosten bekannt sind. Das gegenwärtige System ist jedenfalls bezüglich der Versicherungsmaklercourtagen, die von den Versicherungsunternehmen den Versicherungsmaklern gezahlt werden, und deren Höhe gegenüber den VN weder absolut noch relativ offengelegt wird, gerade nicht transparent. Auch die Qualität – und Zielrichtung – der Beratung kann unter Umständen abhängig davon sein, ob der Makler an dem Produkt selbst eher viel oder wenig verdient. Die Gefahr, dass der Makler die Beratung an den eigenen finanziellen Interessen ausrichtet statt an denen seiner Kunden, ist jedenfalls nicht von der Hand zu weisen. Insgesamt werden sich bei einer Bemessung der Entgelte für die Beratungsleistungen nach den Regeln des freien Wettbewerbs am Markt langfristig angemessenere Beträge entwickeln als durch das ‚Provisionsabgabeverbot', das in erster Linie die finanziellen Interessen der bereits am Markt befindlichen Versicherungsvermittler absichert."*

Nach der Entscheidung des Verwaltungsgerichts Frankfurt a.M. und in der Erwartung, dass der Gesetzgeber im Zuge der Umsetzung der IDD das Provisionsabgabeverbot nicht wieder einführt bzw. aufleben lassen wird, hatten insbesondere Versicherungsmakler im Internet neue Geschäftsmodelle entwickelt, die eine Provisionsabgabe voraussetzten.[242] Diese sind gemäß der BaFin-Stellungnahme zu § 48b VAG n.F.,[243] wonach die Reduzierung der Prämie nur vom Versicherer gewährt werden darf, nicht mehr zulässig

Das nunmehr in § 48b VAG n.F. und § 34d Abs. 1 S. 6 GewO n.F. geregelte Sondervergütungs- und Provisionsabgabeverbot bleibt weiterhin umstritten, denn ob das Verbot einer verfassungsrechtlichen und wettbewerbsrechtlichen Überprüfung standhält, vermag derzeit niemand rechtssicher zu beurteilen.[244] Insbesondere die verfassungsrechtliche Rechtfertigung der Verbote wird weiterhin in Frage gestellt, d.h. der Vorwurf, dass die Verbote keinen legetimen Zweck verfolgen, der einen Eingriff in die Berufsausübungsfreiheit der Vermittler rechtfertigt.[245] Weder die Regierungsbegründung zum Gesetzentwurf[246] noch die Empfehlung des Wirtschaftsausschusses[247] setzen sich mit der

---

241 OLG Köln VersR 2017, 227.

242 Vgl. Dreher/Hoffmann/Kling, a.a.O., S. 237, der auf sogenannte *Cashback-Makler* im Internet verweist, die ca. 90 % der Courtage an ihre Kunden zahlen.

243 BaFin Journal 10/2017, S. 21 (23).

244 Brömmelmeyer, VUR 2017, 1 (2); Heukamp/Stepanek, VersR 2017, 193 (196); Reiff/Köhne, VersR 2017, 649 (658); Köhne, ZfV 2017, 121.

245 Brömmelmeyer, VUR 2017, 1 (2); Heukamp/Stepanek, VersR 2017, 193 (196); a.A. Schwintowski, ZfV 2017, 740.

246 BT-Drucks. 18/11627, S. 40.

247 BT-Drucks. 18/13009, S. 54.

verbraucherschützenden Wirkung des Verbotes auseinander. Der Bundesrat[248] hatte die Bundesregierung deshalb in seiner Stellungnahme aufgefordert, zu prüfen, ob das Provisionsabgabeverbot notwendig und sinnvoll ist und ob Wettbewerb, Beratungsqualität und Transparenz von Vertriebskosten zugunsten der Verbraucher dadurch sichergestellt würden, denn nach Ansicht des Bundesrates sei ein verbraucherschützender Effekt nicht erkennbar. Die Bundesregierung sollte zudem auch alternative Maßnahmen in Betracht ziehen.[249] Die Gegenäußerung der Bundesregierung war:[250]

> *„Aus Sicht der Bundesregierung ergibt sich folgender verbraucherschützender Effekt: Es wird vermieden, dass bei einer in Aussicht gestellten Provisionsabgabe der Verbraucher bei Abschluss eines Versicherungsvertrags eher auf die Provisionsabgabe achtet als auf den für ihn passenden Versicherungsschutz. Die Provisionsweitergabe als Verkaufsargument wird verhindert.“*
>
> *Darüber hinaus ist aus Sicht der Bundesregierung keine alternative Maßnahme ersichtlich, die gleichermaßen verbraucherschützende Wirkung entfaltet, zugleich schnell und effektiv wirkt und die Versicherungsunternehmen weniger belastet.“*

Zudem erhebt ein Teil der Literatur weiterhin den Vorwurf, dass das Provisionsabgabeverbot gegen europäisches Wettbewerbsrecht verstößt.[251] Die Kommission hält jedenfalls Verbote von Provisionsrabatten durch Versicherer, soweit sie zur Ausschaltung des Preiswettbewerbs unter den Vermittlern geeignet sind, für nicht mit dem europäischen Wettbewerbsrecht vereinbar (Preisbindung der zweiten Hand), erkennt aber auch das gesetzliche Provisionsabgabeverbot in Deutschland an.[252] In der Literatur wird zudem angeführt, dass nach der jüngsten Rechtsprechung des Europäischen Gerichtshofes über die Anforderungen an staatliche Eingriffe in die europarechtlichen Grundfreiheiten, das Provisionsabgabeverbot mit dem Binnenmarkt, insbesondere der Dienstleistungsfreiheit nach Art. 26 Abs. 2 AEUV nicht vereinbar sei.[253] Ökonomisch wird das Provisionsabgabeverbot kritisiert, weil es den Wettbewerb im Versicherungsvermittlermarkt behindere, so dass Markteffizienzen nicht ausgenutzt werden könnten.[254] Der fehlende Wettbewerb schütze schwache Vermittler und lasse Preise entstehen, die über den Wettbewerbspreisen

---

248 BR-Drucks. 74/1/17, S. 7 f.

249 BR-Drucks. 74/1/17, S. 7 f.

250 BT-Drucks. 18/11627, S. 59.

251 Brömmelmeyer, VUR 2017, 1 (2); Heukamp/Stepanek, VersR 2017, 193 (196); Reiff/Köhne, VersR 2017, 649 (658); a.A. Schwintowski, ZfV 2017, 740 (741).

252 Kommission, Sektorenuntersuchung Unternehmensversicherung, Abschlussbericht, KOM/2007/0556 endg., S. 7.

253 Brömmelmeyer, VUR 2017, 1 (2) m.w.N.; Heukamp/Stepanek, VersR 2017, 193 (197) m.w.N.

254 Reiff/Köhne, VersR 2017, 649 (658).

liegen.[255] Ferner wird bezweifelt, dass die politische Zielsetzung, die Honorarberatung zu stärken, unter der Geltung des Provisionsabgabeverbotes erreicht werden kann, weil das Verbot Versicherungsmaklern wesentliche Handlungsspielräume im Hinblick auf Beratungsangebote nimmt.[256] Im Ergebnis sprechen mithin eine Vielzahl überzeugender Argumente gegen eine verfassungsrechtliche und wettbewerbsrechtliche Legitimierung der gesetzlichen *Wiederauflage* des Sondervergütungs- und Provisionsabgabeverbotes in der Versicherungswirtschaft.[257]

V. Alternativen zum Courtagemodell und Zusatzvergütungen

Alternative Vergütungsmodelle zur courtagebasierten Vergütung für Versicherungsmakler existieren nur wenige.

1. Honorarvereinbarungen mit dem Versicherungsnehmer

Versicherungsmakler und Versicherungsnehmern können – unabhängig davon, ob es sich beim Versicherungsnehmer um einen Verbraucher oder einen Gewerbetreibenden handelt – grundsätzlich Honorarvereinbarungen schließen. Der Gesetzentwurf der Bundesregierung zur Umsetzung der IDD[258] sah in § 34d Abs. 1 S. 6 GewO noch ein Honorarannahmeverbot für Versicherungsvermittler im Verbraucherkundengeschäft vor. Versicherungsvermittler sollten ausschließlich vom Versicherungsunternehmen, mit dem sie zusammenarbeiten, vergütet werden dürfen. Versicherungsmaklern wäre es danach nicht mehr möglich gewesen, sogenannte *Nettotarife* gegen Honorar im Privatkundengeschäft zu vermitteln. Auf diese Weise wollte die Bundesregierung eine klare Trennung zwischen Versicherungsvermittlern und Versicherungsberatern gewährleisten.[259] Der Bundestag folgte schließlich jedoch der Beschlussempfehlung des Ausschusses für Wirtschaft und Energie, wonach Versicherungsmaklern auch weiterhin die Möglichkeit eingeräumt werden sollte, gegenüber Verbrauchern sowohl auf Provisions- als auch auf Honorarbasis tätig werden zu können.[260]

a) Begriffe

Es ist grundsätzlich zwischen der Honorarberatung und der Honorarvermittlung zu unterscheiden. Gegenstand einer Honorarvereinbarung mit dem Versicherungsnehmer kann beides sein. Im Rahmen der Arbeit sollen die dazu vom Institut

---

255 Reiff/Köhne, VersR 2017, 649 (658).
256 Vgl. Köhne, ZfV 2017, 121.
257 So auch Heukamp/Stepanek, VersR 2017, 193 (197).
258 BT-Drucks. 18/11627.
259 BT-Drucks. 18/11627, S. 34.
260 BT-Drucks. 18/13009, S. 50.

für Versicherungswissenschaft an der Universität zu Köln verwendeten Begriffsdefinitionen und Abgrenzungskriterien Anwendung finden:[261]

Honorarberatung ist danach eine Dienstleistung, die einen Beratungserfolg zum Ziel hat, der implizit oder explizit in einem Beratungsvertrag zwischen Versicherungsnehmer und Versicherungsmakler vereinbart werden kann. Inhalt der Beratung könne beispielsweise *„die Risikoexploration, die Beratung zu Versicherungskonzepten, die Versicherer- und Produktauswahl, die fachliche Produktberatung, der Antragsaufnahme- und Vertragsabschlussprozess, Vertragsänderungen, Schadens- und Leistungsregulierungen, Vertragsbeendigungen oder Zweitmeinungen zur Leistung eines Versicherungsvermittlers"* sein. Im Mittelpunkt stehe die Beratung, um eine Entscheidung des Versicherungsnehmers vorzubereiten, nicht aber die Vermittlung eines konkreten Versicherungsvertrages.[262] Problematisch sei die Abgrenzung in Fällen, bei denen nicht von vornherein feststeht, ob ein Beratungs- oder ein Vermittlungserfolg geschuldet ist.[263]

Honorarvermittlung ist danach die Beratung des Versicherungsnehmers mit dem Ziel der anschließenden Vermittlung eines oder mehrerer Versicherungsverträge. Die vermittlungsbegleitende Beratung könne in *„vermittlungsakzessorische"* und *„vermittlungsadditive"* Beratung unterschieden werden. Die *„vermittlungsakzessorische"* Beratung umfasse die anlass- und produktbezogene Beratung, zu der der Versicherungsmakler nach § 61 Abs. 1 VVG sowie als treuhänderähnlicher Sachwalter bei der Vermittlung verpflichtet ist. Die *„vermittlungsadditive"* Beratung bewege sich im Rahmen der rechtlich erlaubten Beratung und ergebe sich im Wesentlichen aus einer erweiterten, anlassbezogenen Bedarfssituation beim Kunden. Anlässe für eine solche Beratung könne beispielsweise eine umfassende Risiko- und Vorsorgeberatungen sein.[264]

Ein *Nettoprodukt – auch Nettopolice oder Nettotarif* genannt – ist danach ein Tarif, der weder Provisions- bzw. Courtagekosten noch damit im Zusammenhang stehende Kosten enthält.[265] Die Bundesregierung hat in ihrem Entwurf für ein Gesetz zur Umsetzung der IDD in der Begründung Nettoprodukte gleichermaßen als *„Versicherungsprodukte, die keine Provisionen enthalten (Nettoprodukte)"* definiert.[266] Im Gegensatz zum Nettoprodukt spricht man vom *Bruttoprodukt* (auch *Bruttoprämien, Bruttotarife* oder *Bruttopolice* genannt), wenn der Versicherer die durch Versicherungsvermittler erzeugten Abschluss- und Vertriebskosten pauschal in die Prämie einkalkuliert.[267] Das Gesetz zur Umsetzung der IDD führt mit

261 Beenken u.a., IVK 1/2012, S. 3 ff. m.w.N.

262 Beenken u.a., IVK 1/2012, S. 3 ff.

263 Beenken u.a., IVK 1/2012, S. 3; Beenken/Wende, IVK 1/2016, S. 6; so auch Schroeder a.a.O., S. 94.

264 Beenken u.a., IVK 1/2012, S. 3; ders., Der Markt der Versicherungsvermittlung unter veränderten rechtlichen Rahmenbedingungen, S. 43.

265 Beenken u.a. IVK 1/2012, S. 7.

266 BT-Drucks. 18/11627, S. 35.

267 Reiff, VersR 2012, 645; Icha, a.a.O., S. 20.

§ 48c Abs. 1 S. 1 VAG n.F. eine Legaldefinition für den Begriff des Bruttoproduktes ein: *„eine Versicherung [...], die Zuwendungen enthält, die nicht dem Versicherungsvertrag zugutekommen (Bruttotarif)"*.

b) Honorarberatung

aa) Zulässigkeit

Nach § 34 d Abs. 1 S. 8 GewO n.F. haben Versicherungsmakler mit Gewerbeerlaubnis die Befugnis, Dritte, die nicht Verbraucher sind, bei der Vereinbarung, Änderung oder Prüfung von Versicherungsverträgen gegen gesondertes Entgelt rechtlich zu beraten. Mit der Erlaubnis sollte nach der Gesetzesbegründung dem Versicherungsmakler gesetzlich die Möglichkeit eingeräumt werden, Unternehmen zu beraten, auch wenn die Beratung rechtlich geprägt ist und mit einer konkreten Vermittlungstätigkeit nicht in Zusammenhang steht.[268] Die Vertretung von Versicherungsnehmern und Geltendmachung von Ansprüchen im Schadensfall sollte dem Versicherungsmakler aber weiterhin nur als Annextätigkeit erlaubt sein, wenn sie in Zusammenhang mit einer makelnden Tätigkeit erfolgt.[269] Für den Versicherungskunden kann der Versicherungsmakler danach im Schadensfall im Rahmen einer gem. § 5 Abs. 1 RDG erlaubten Nebenleistung schadensregulierend tätig werden. Nach der jüngeren Rechtsprechung des Bundesgerichtshofes gehört eine schadensregulierende Tätigkeit für den Versicherer dagegen nicht zum gesetzlichen Leitbild des Versicherungsmaklers und kann damit im Regelfall auch nicht als Nebenleistung zum Berufs- oder Tätigkeitsbild des Versicherungsmaklers angesehen werden.[270]

Die rechtlich geprägte Beratung von Verbrauchern ist danach nicht erlaubt, sofern sie unabhängig von einer tatsächlichen oder angestrebten Abschlussvermittlung gegen gesondertes Entgelt erfolgt.[271] Beratungsbefugnisse werden dem Versicherungsmakler hier nur nach § 5 Abs. 1 RDG als Nebenleistung eingeräumt.[272]

bb) Problem der Doppelvergütung

Im Anschluss an eine Honorarberatung kann es zur Vermittlung eines Versicherungsvertrages kommen. Der Versicherungsmakler würde im Falle der Vermittlung eines Bruttotarifs neben dem Beraterhonorar vom Versicherungsnehmer

268 BT-Drucks. 16/1935, S. 18.
269 BT-Drucks. 16/1935, S. 18.
270 BGH GRUR 2016, 820.
271 LG Saarbrücken VersR 2016, 921 (924) zur Beratung zum Tarifwechsel in der PKV; ausführlich Ruttloff, GewArch 2009, 59 (60); Schroeder, a.a.O., S. 107.
272 Ausführlich Ruttloff, GewArch 2009, 59; Schroeder, a.a.O., S. 144 ff. (insbes. 149 ff.) m.w.N.

zusätzlich eine Courtage vom Versicherer erhalten. Allgemein anerkannt ist, dass der Versicherungsmakler in diesen Fällen den Versicherungsnehmer darüber zu informieren hat, dass er neben seinem Beratungshonorar eine Courtage vom Versicherer erhält.[273] Rechtsfolge einer versteckten Entgegennahme der Courtage wäre die Verwirkung des Honoraranspruches des Versicherungsmaklers gegen den Versicherungsnehmer entsprechend § 654 BGB.[274] § 654 BGB enthält den Grundsatz, wonach der Makler seinen Anspruch auf Honorar verliert, wenn er dem Inhalt des Vertrags zuwider auch für den anderen Teil tätig gewesen ist. Der Versicherungsmakler soll dem gesetzlichen Leitbild folgend mithin die vertragliche Nebenpflicht haben, seinem Kunden deutlich zu machen, dass er für seine Bemühungen in derselben Angelegenheit auch von der anderen Vertragspartei, d.h. dem Versicherer, entlohnt wird.[275] Der Versicherungsmakler ist zudem grundsätzlich zur Herausgabe der zusätzlich vom Versicherer erhaltenen Courtage an den Versicherungsnehmer verpflichtet, denn nach §§ 667, 675 BGB hat ein Versicherungsmakler seinem Auftraggeber alle Vorteile herauszugeben, die ihm im Zusammenhang mit einer entgeltlichen Geschäftsbesorgung zugewandt werden.[276] Unberührt bleibt hiervon nur die Vergütung, die der Versicherungsmakler vom Versicherer für zusätzliche Dienstleistungen erhält, wie beispielsweise das Prämieninkasso.[277]

Problematisch ist jedoch, dass der Versicherungsmakler, wenn er die vom Versicherer gezahlte Courtage an den Versicherungsnehmer herausgibt, gegen das nunmehr in § 48b VAG n.F. und § 34d Abs. 1 S. 6 GewO n.F. gesetzlich geregelte Sondervergütungs- und Provisionsabgabeverbot verstößt. Das Verbot ist auf die Weitergabe der Courtage bei gleichzeitigem Erhalt eines Honorars grundsätzlich anwendbar, d.h. auch auf den Fall, dass Courtage und Honorar verrechnet werden.[278] Dem kann nicht entgegengehalten werden, dass durch das Provisionsabgabeverbot nur sachlich nicht gerechtfertigte Begünstigungen der Versicherungsnehmer verhindert werden sollen, die Herausgabe der Courtage wegen §§ 667, 675 BGB

---

273 Schwintowski, VersR 2009, 1333 (1334); Enke, Die Zulässigkeit der Honorarberatung durch den Versicherungsmakler; S. 179; Dörner in Prölss/Martin, VVG, § 59, Rn. 88; Krauß, Die Vergütung des Versicherungsmaklers im Rahmen internationaler Entwicklungen, S. 94.

274 Dörner in Prölss/Martin, VVG, § 59, Rn. 88; Krauß, Die Vergütung des Versicherungsmaklers im Rahmen internationaler Entwicklungen, S. 94; Schwintowski, VersR 2009, 1333 (1334); Schafstädt, a.a.O., S. 121.

275 Krauß, a.a.O., S. 94.

276 Dörner in Prölss/Martin, VVG, § 59, Rn. 88; Schellack, Die Vergütung der Dienste des Versicherungsmaklers, in Drees/Koch/Nell, Aktuelle Probleme des Versicherungsvertrags- und Vermittlerrechts, S. 197 (225 ff.); Schroeder, a.a.O., S. 117 ff.; a.A. Schwintowski, VersR 2009, 1333 (1334); Enke, a.a.O., S. 179; Baumann in Looschelders/Pohlmann VVG, § 59, Rn. 26.

277 Dörner in Prölss/Martin, VVG, § 59, Rn. 88.

278 Noch zur alten Verordnung Beenken/Wende, IVK 1/2016, S. 6; a.A. Schellack, a.a.O., S. 197 (225 ff.); Dörner in Prölss/Martin, VVG, § 59, Rn. 104; Baumann, a.a.O. S. 335.

aber auf einer Rechtspflicht beruhe und mithin nicht individualvertraglich vereinbart werde.[279] Der Versicherungsmakler vereinbart mit dem Versicherungsnehmer das Beratungshonorar individualvertraglich und diese Vereinbarung ist ursächlich für die von den Parteien gewollte Rechtfolge der Vorteilsherausgabe nach §§ 667, 675 BGB im Falle einer erfolgreichen Vermittlung. Die Rechtsfolge wird mithin von den Vertragsparteien bewusst durch den Abschluss der Honorarvereinbarung herbeigeführt. § 667 BGB ist zudem keine zwingende Vorschrift,[280] so dass es den Parteien frei stünde, die Herausgabepflicht vertraglich abzubedingen. Die Vereinbarung eines Beratungshonorars hat damit jedenfalls immer dann von vornherein eine wirtschaftliche Begünstigung des Versicherungsnehmers zum Ziel, wenn das vereinbarte Honorar niedriger ausfällt als eine vom Versicherer zu erwartende Courtage für die Vermittlung eines Vertrages.[281]

Das Provisionsabgabeverbot erfasst zudem grundsätzlich jede Form der Sondervergütung. Der Wortlaut des Gesetztes (bzw. zuvor der Verordnungen) differenziert nicht zwischen einer freiwilligen Provisions- bzw. Courtageweitergabe und einer gesetzlichen Herausgabepflicht. Für einen Verstoß genügt es, wenn das wirtschaftliche Ergebnis einer Vereinbarung mit dem Kunden der *„Hingabe von Teilen"* der Courtage entspricht.[282] Von einer Sondervergütung ist die Rechtsprechung z.B. auch in einem Fall ausgegangen, in dem der Versicherungsnehmer ein Vermittlungsunternehmen als 100%iges Tochterunternehmen gegründet hatte und über einen Gewinnabführungsvertrag verdiente Provisionen an die Mutter zurückführte.[283] Das Gericht betonte, dass es allein auf die wirtschaftliche Betrachtungsweise ankomme.[284] Verboten ist damit nicht nur die direkte Weitergabe von Courtageteilen, sondern auch Umgehungstatbestände, wie die Verrechnung von Honorar- und Courtageansprüchen.[285]

Ferner werden weder Transparenz noch Beratungsqualität durch eine Vermischung von Courtage und Honorar gesteigert.[286] Zwar erhöhen Honorarvereinbarungen für den Versicherungsnehmer die Transparenz hinsichtlich des von ihm zu zahlenden Honorars; die Weitergabe von Courtageteilen, insbesondere deren Höhe

279 So aber Schellack, a.a.O., S. 197 (225 ff.); Dörner in Prölss/Martin, VVG, § 59, Rn. 104; Schroeder, a.a.O., S. 128 f.; Schwintowski, VUR 2012, 239 (241); Icha, a.a.O., S. 234; im Ergebnis auch Schafstädt, a.a.O., S. 124; zuletzt Conreder/Schild, jM 2016, 366 (367).

280 BGH WM 1989, 1813.

281 Vereinbaren die Parteien ein höheres Honorar als die Courtage, könnte dies gegen eine Einordnung der Tätigkeit als bloße Annextätigkeit i.S.v. § 5 RDG sprechen, Ruttloff, GewArch 2009, 59 (62) m.w.N.

282 Vgl. KG Berlin VersR 1995, 445 (446).

283 LG Düsseldorf, VersR 2007, 1109.

284 LG Düsseldorf, VersR 2007, 1109; vgl. auch OLG Düsseldorf, Urteil vom 28.9.2012, Az. I-16 U 124/11, 16 U 124/11, juris; OLG Hamburg VersR 1995, 817, für den Fall, dass der Vermittler bei Neuverträgen die ersten Versicherungsprämien selbst zahlt.

285 Beenken/Wende, IVK 1/2016, S. 2.

286 Icha, a.a.O. S. 233 f.

und Verrechnung, erschließen sich dem Versicherungsnehmer jedoch nicht ohne Weiteres.[287] Das muss jedenfalls solange gelten, wie der Versicherungsmakler die vom Versicherer gezahlte Courtage dem Kunden nicht offenzulegen hat. Letztlich bestätigen die Auslegungshinweise der BaFin zum Sondervergütungs- und Provisionsabgabeverbot diese Rechtsansicht, denn danach ist jede direkte Weitergabe von Provisionen unzulässig.[288] Es kann damit nicht mehr darauf ankommen, ob die Weiterleitung auf einer Verrechnung mit bereits gezahlten Honoraren beruht.

c) Honorarvermittlung

Die Honorarvermittlung von Nettoprodukten begegnet grundsätzlich keinen rechtlichen Bedenken.

aa) Nettoprodukte

Versicherungsmakler, die Nettoprodukte vermitteln, durften schon nach Ansicht des ehemaligen BAV selbstständige Honorarvereinbarungen mit Versicherungskunden treffen.[289] Der III. Zivilsenat des Bundesgerichtshofes hat dies mit seiner Entscheidung vom 20.1.2005 bestätigt und seine Rechtsprechung in fünf weiteren Urteilen von 2005 bis 2007 fortgesetzt.[290]

Bei der Vermittlung einer Nettopolice mit selbstständiger Vergütungsvereinbarung gilt aber anders als bei Bruttopolicen der Schicksalsteilungsgrundsatz nicht.[291] Kündigt der Versicherungsnehmer den Versicherungsvertrag, entfällt daher der Honoraranspruch des Versicherungsmaklers nicht. Die Honorarvereinbarung wurde gesondert zwischen Versicherungsmakler und Versicherungsnehmer geschlossen und bleibt damit vom späteren Schicksal des wirksam geschlossenen Versicherungsvertrags unberührt.[292] Auf die Nichtgeltung des Schicksalsteilungsgrundsatzes hat der Versicherungsmakler den Versicherungsnehmer vor Vertragsschluss jedoch ausdrücklich hinzuweisen.[293]

In Deutschland werden Nettotarife bisweilen jedoch nur selten von Versicherungsgesellschaften angeboten; anders in Ländern, in denen teilweise gesetzlich angeordnete Provisionsverbote gelten.[294] Nettotarife existieren hierzulande

---

287 Icha, a.a.O. S. 234.

288 Erstes Kapitel B. IV. 2. a).

289 So schon VerBAV 1996, 222.

290 BGH VersR 2005, 404, 406; BGH VersR 2005, 978; BGH VersR 2005, 1144; BGH NJW-RR 2005, 1425; BGH VersR 2007, 1127.

291 Vgl. nur BGH VersR 2005, 404.

292 Reiff, VersR 2012, 645 (646).

293 Generell OLG Karlsruhe VersR 2012, 856; nur ausnahmsweise BGH VersR 2007, 1127.

294 Z.B. in Finnland, vgl. § 24 des finnischen Vermittlergesetzes 570/2005, abrufbar unter:http://www.finlex.fi/fi/laki/alkup/2005/20050570, Stand 16.12.2017 oder in England, vgl. Retail Distribution Review (RDR) der britischen Aufsichtsbehörde FSA bzw. heute FCA, http://www.fca.org.uk, Stand 16.12.2017.

vornehmlich im Industriekundengeschäft, wo große Maklerfirmen große Gewerbekunden gegen Honorar beraten; im Privatkundengeschäft spielen Nettotarife bisweilen keine nachweisbare Rolle.[295] Zwar nehmen die Nettoproduktangebote für Lebensversicherungsverträge tendenziell zu,[296] doch werden bei einer Gesamtbetrachtung des deutschen Versicherungsmarktes weiterhin der weit überwiegende Teil aller Lebensversicherungen als Bruttopolicen von den Versicherungsgesellschaften vertrieben.[297] Eine Untersuchung des Instituts für Versicherungswissenschaft an der Universität zu Köln aus dem Jahr 2015 ergab, dass der kumulierte Marktanteil der befragten Versicherer, die überhaupt Nettotarife anbieten, in der Lebensversicherung bei 20,3 %, bei der PKV nur bei 0,5 % und auch bei der Schadenversicherung bei nur 0,5 % liegt.[298]

bb) Direktversicherungen

In der Praxis bieten Versicherungsmakler, insbesondere im Bereich hochgradig standardisierter Massenversicherungen wie der Risikolebensversicherung, ihren Kunden zunehmend auch die Vermittlung von Direktversicherungen als unentgeltlichen Service an.[299] In diesen Produktsegmenten herrscht eine hohe Markttransparenz und viele Versicherungskunden wollen auf die günstigen Angebote der Direktversicherer nicht verzichten.[300] Ob Versicherungsmakler für diesen Service von ihren Kunden ein gesondertes Honorar verlangen können, ist noch nicht abschließend geklärt. Nach Einschätzung des ehemaligen BAV war die Honorarberatung nur für *„abschlusskostenfreie Tarife, in die namentlich keine Provision eingerechnet wird“*, gegenüber Verbrauchern zulässig.[301] Bei Direktversicherungen werden in die Tarife zwar keine Abschlusskosten für Provisionen einkalkuliert, gewisse Vertriebskosten wie Kosten für Telefonmarketing, Internetauftritt aber auch Kosten für die Verwaltung und Betreuung der Versicherungsverträge, die jedenfalls auch mit dem Ziel der Vertragsfortsetzung erbracht werden, sind aber praktisch immer enthalten.[302] Dies gilt jedoch auch für Nettotarife.[303] Nach der Definition des Gesetzgebers sind Nettoprodukte alle *„Versicherungsprodukte, die*

---

295 Beenken u.a., IVK 1/2012, a.a.O., S. 14.
296 Zu den Ursachen vgl. Beenken/Wende, IVK 1/2016, S. 9.
297 BGH VersR 2014, 64 (67); LG Düsseldorf, Urteil vom 2.4.2014, Az. 23 S 150/13, juris; Beenken/Wende, IVK 1/2016, S. 7 f.
298 Beenken/Wende, IVK 1/2016, S. 8.
299 Baumann/Beenken/Sandkühler, HdB-Maklermanagement, S. 166.
300 Zunehmend bieten Direktversicherer in der Praxis Versicherungsmaklern sogar kleine Courtagesätze oder Aufwandsentschädigungen für die erfolgreiche Vermittlung an, vgl. Baumann/Beenken/Sandkühler, HdB-Maklermanagement, S. 165.
301 VerBAV 1996, 222.
302 Baumann/Beenken/Sandkühler, HdB-Maklermanagement, S. 166.
303 Vgl. Beenken u.a., IVK 1/2012, S. 7; vgl. ausführlich zu den Kostenbestandteilen der Nettopolice Icha, a.a.O., S. 14.

keine Provisionen enthalten".[304] Es kommt mithin für die Zulässigkeit der Honorarvermittlung nicht darauf an, dass der Versicherungstarif völlig abschlusskostenfrei ist.[305] Die Honorarvermittlung von Direktversicherungstarifen, die keine Provisionen enthalten, ist danach grundsätzlich zulässig[306]

2. Besondere Vergütungsmodelle

a) Selbstständige Kostenausgleichsvereinbarungen

Selbstständige Kostenausgleichsvereinbarungen werden derzeit von einigen ausländischen Lebensversicherungsunternehmen über personell verbundene Versicherungsvertriebe sowie über Versicherungsmakler in Deutschland für Nettotarife in der Lebens- und Rentenversicherung angeboten.[307] Kostenausgleichsvereinbarungen sind rechtlich separate Vereinbarungen zum Ausgleich von Abschlusskosten, die über den Versicherer abgerechnet werden, d.h. der Versicherungsnehmer verpflichtet sich, neben der Versicherungsprämie einmalig oder ratierlich einen Beitrag zum Ausgleich der Abschlusskosten an den Versicherer zu zahlen, den dieser (oder ein externer Dienstleister) wiederum an den Versicherungsvermittler weiterleitet. Der Schicksalsteilungsgrundsatz gilt hierbei nicht, da aufgrund der Vertragsgestaltung von Kostenausgleichsvereinbarungen diese wie eine gesonderte Honorarvereinbarung mit dem Versicherungsmakler wirken, weshalb der Versicherungsnehmer auch bei Änderung oder vorzeitiger Beendigung des Versicherungsvertrags zur Zahlung des Kostenausgleichs verpflichtet bleibt.[308]

Die Zulässigkeit von Kostenausgleichsvereinbarungen war lange umstritten, bis der Bundesgerichtshof im Jahr 2014 einen generellen Verstoß dieses Vergütungsmodells gegen § 169 Abs. 3 S. 1, Abs. 5 S. 2 VVG verneinte.[309] Die nachträgliche Tilgung von Abschlusskosten durch Kostenausgleichsvereinbarungen sei zulässig, weil sich § 169 Abs. 5 S. 2 VVG nur auf Brutto- und eben nicht auch auf die mit der Kostenausgleichsvereinbarung angebotenen Nettotarife beziehe. Der Bundesgerichtshof stellte zudem fest, dass Kostenausgleichsvereinbarungen nicht generell wegen fehlender Transparenz nach § 307 Abs. 1 S. 2 BGB unwirksam sind. Unwirksam sei allerdings ein Ausschluss des Kündigungsrechts für bzw. in

---

304 BT-Drucks. 18/11627, S. 35.

305 Dazu noch Beenken u.a., IVK 1/2012, S. 7.

306 Offen gelassen Baumann/Beenken/Sandkühler, HdB-Maklermanagement, S. 166.

307 Beenken in Praxishandbuch Vermittlerrecht, S. 327.

308 Insgesamt Beenken in Praxishandbuch Vermittlerrecht, S. 327 f.; vgl. auch Beenken/Radtke, Studie Betriebswirtschaftliche Konsequenzen eines Systemwechsels in der Vergütung von Versicherungsvermittlern, 2013, S. 51 f.

309 BGH VersR 2014, 567 m.w.N.; vgl. auch Anm. zum Urteil Reiff, VersR 2014, 571; zu den Anforderungen an die Belehrung über das Widerrufsrecht beim Abschluss einer fondsgebundenen Rentenversicherung mit Kostenausgleichsvereinbarung, vgl. u.a. BGH VersR 2014, 824; BGH NJW-RR 2015, 655; BGH VersR 2015, 829.

Kostenausgleichsvereinbarungen, weil hierdurch der Versicherungsnehmer unangemessen benachteiligt werde.[310]

b) Skalierbare Courtagen

Nach *Beenken*[311] werden sogenannte *„skalierbare Courtagen"* von wenigen, eher kleinen Versicherungsgesellschaften in der Unfallversicherung angeboten. Dem Versicherungsmakler werde ein Bruttotarif zur Verfügung gestellt, dem eine Nettokalkulation zugrunde liegt, wodurch der Versicherungsmakler einen Handlungsspielraum hat, die Höhe seiner Courtage nach eigenem Ermessen (und innerhalb der vom Versicherer vorgegebenen Grenzen) zu bestimmen. Eine gesonderte Honorarvereinbarung zwischen Versicherungsnehmer und Versicherungsmakler werde nicht geschlossen, weshalb auch der Schicksalsteilungsgrundsatz anwendbar bleibt.

3. Zusatzvergütungen und Incentives

Zusatzvergütungen müssen unterschieden werden: Zum einen kann der Versicherungsmakler Zusatzvergütungen für Dienstleistungen erhalten, die er für den Versicherer zusätzlich erbringt, zum anderen kann es sich dabei um Entgelte handeln, die als Anreiz zum Absatz von Versicherungsprodukten vom Versicherer gezahlt werden.[312]

Zusätzlich übernommene Aufgaben sind z.B. das Prämieninkasso, die Policenausstellung, die Schadensregulierung[313], aber auch die Betreuung in der Lebens- und Krankenversicherung, für die der Versicherer erhöhte Folgecourtagen oder Betreuungsentgelte an den Versicherungsmakler zahlt.[314] Die Sachwalterstellung des Versicherungsmaklers wird dadurch grundsätzlich nicht berührt.[315]

Zusatzcourtagen oder Bonifikationen sind hingegen Vertriebsanreize, die nach Umsätzen gestaffelt werden.[316] Auch materielle Anreize wie Reisen oder Sachgeschenke (sogenannte *Incentives*[317]) werden von Versicherern als Anreiz

---

310 BGH VersR 2014, 567 (569).

311 Beenken in Praxishandbuch Vermittlerrecht, S. 331; vgl. auch Beenken/Radtke, a.a.O. S. 51.

312 Baumann/Beenken/Sandkühler, HdB-Maklermanagement, S. 154.

313 Die Schadensregulierung im Auftrag des Versicherers ist seit der BGH-Entscheidung vom 14.1.2016, Az. I ZR 107/14, GRUR 2016, 820 allerdings nur noch eingeschränkt möglich, denn sie gehört im Regelfall nicht als Nebenleistung zum Berufs- oder Tätigkeitsbild des Versicherungsmaklers nach § 5 Abs. 1 RDG

314 Baumann/Beenken/Sandkühler, HdB-Maklermanagement, S. 157 ff.

315 Baumann/Beenken/Sandkühler, HdB-Maklermanagement, S. 157; differenziert zum Status Stancke, VersR 2012, 1346 (1352 f.).

316 Baumann/Beenken/Sandkühler, HdB-Maklermanagement, S. 154.

317 Vgl. zur Definition der Incentive-Reise BMF- Schreiben vom 14.10.1996, Az. IV B 2 – S 2143 – 23/96, BStBl. I S. 1192.

ausgelobt.[318] Umsatzbezogene Anreize können das Empfehlungsverhalten eines Versicherungsmaklers beeinflussen.[319] Der Gesamtverband der Deutschen Versicherungswirtschaft (GDV) hat – ohne sich jedoch gegen Vertriebsanreize generell zu wenden – in Nummer 9 des Verhaltenskodexes für seine Mitglieder daher aufgenommen:

> *„Vereinbarungen zwischen Versicherungsunternehmen und Versicherungsmaklern über umsatzbezogene Zusatzvergütungen, d.h. Vergütungen über die vertragsgemäße Courtagevereinbarung hinaus, können die Unabhängigkeit des Versicherungsmaklers tangieren. Es ist daher darauf zu achten, dass solche Vereinbarungen die Unabhängigkeit des Maklers und das Kundeninteresse nicht beeinträchtigen.“*[320]

Der Versicherungsmaklerverband VDVM hat in dem Verhaltenskodex für seine Mitglieder eine Selbstverpflichtung aufgenommen, keine Zuwendungen, Geschenke oder sonstige Vorteile anzunehmen, die geeignet sind, geschäftliche Entscheidungen in unlauterer Weise zu beeinflussen.[321] Aufgrund der vielfach negativen Presse, insbesondere wegen exklusiver Incentive-Reisen von Versicherungsvermittlern, sah sich die BaFin zu einer Empfehlung an die beaufsichtigten Versicherungsunternehmen im Umgang mit Incentives im Vertrieb veranlasst. Versicherer sollen danach durch interne Richtlinien definieren, welche Incentives zulässig sind und welche nicht, sowie die Gefahrenpotenziale der Incentives analysieren.[322]

4. *Aufwendungsersatz und Service-Fees*

Der Versicherungsmakler kann nach *Zinnert*[323] vom Versicherungskunden Aufwendungen ersetzt verlangen, wenn er gem. § 652 Abs. 2 BGB mit dem Kunden darüber eine Vereinbarung getroffen hat. Der Anspruch auf Aufwendungsersatz habe keinen Vergütungscharakter im Hinblick auf die Vermittlungsbemühungen des Versicherungsmaklers, sondern stelle eine Erstattung der vom Versicherungsmakler aufgewendeten Kosten für Zusatzdienste dar. Ersatzfähige Aufwendungen können danach insbesondere Fremdleistungen sein, wie beispielsweise Sachverständigengutachten, wenn die Parteien die Beauftragung des Experten verabredet haben. Keine ersatzfähigen Aufwendungen seien hingegen laufende Kosten des Versicherungsmaklers, wie Personal oder Büromiete.

---

318 Baumann/Beenken/Sandkühler, HdB-Maklermanagement, S. 154.

319 Ähnlich auch Schroeder, a.a.O., S. 155 f.

320 GDV, Verhaltenskodex Vertrieb, Ziff. 9, abrufbar unter: http://www.gdv.de/wp-content/uploads/2012/11/GDV-Verhaltenskodex-Vertrieb-2012n.pdf, Stand: 16.12.2017.

321 VDVM, Code of Conduct, Nr. 6, abrufbar unter: http://www.vdvm.de, Stand: 16.12.2017.

322 BaFin/Temmen, Incentives im Vertrieb – Empfehlungen der BaFin für einen besseren Verbraucherschutz, BaFin Journal 10/2013, S. 9 f.

323 Insgesamt Zinnert, Recht und Praxis des Versicherungsmaklers, S. 237 f.

Versicherungsvermittler haben mit Versicherungsnehmern überdies zunehmend sogenannte *Service-Fees* für einfache Hilfeleistungen, d.h. Leistungen, die keine Rechtsdienstleistungen sind, vereinbart. Gezahlt werden Service-Fees u.a. für das Sichten und Ordnen vorhandener Versicherungsunterlagen, die Erstellung eines Versicherungsstatus ohne Bewertung der Versicherungsbedingungen im Einzelnen, die Übernahme der Aktenführung für den Versicherungsnehmer und die allgemeine Beratung zu Unternehmens- und Sicherheitsfragen.[324] Problematisch kann die Wirksamkeit von Service-Fee-Vereinbarungen sein, wenn damit Hilfeleistungen vergütet werden, die der Versicherungsmakler bereits aufgrund des Maklervertrages dem Versicherungsnehmer zu erbringen hat und die deshalb bereits durch eine Courtagezahlung des Versicherers abgegolten werden.[325]

C. Zusammenfassung und Zwischenergebnis

Der Versicherungsmakler ist treuhänderähnlicher Sachwalter seines Kunden, d.h. er berät und vermittelt Versicherungsverträge im Interesse der Versicherungsnehmer. Seine Beratungs- und Vermittlungsleistung vergütet jedoch der Versicherer – der Kontrahent seines Auftraggebers. Der Versicherer hält damit das wohl wichtigste Steuerungsinstrument beim Versicherungsvertrieb durch Versicherungsmakler in der Hand – die Courtage.

Alternative Vergütungsmodelle für Versicherungsmakler haben sich in Deutschland bisher kaum herausgebildet oder durchsetzten können. Dies lag und liegt zum einen am Provisionsabgabeverbot für Versicherungsvermittler und zum anderen am geringen Angebot von Nettotarifen auf dem deutschen Versicherungsmarkt. Es besteht daher in der Regel weder derzeit noch künftig die Möglichkeit für Versicherungsmakler von der Vermittlung von Bruttotarifen gegen Courtage vollständig zur Honorarvermittlung von Nettotarifen bzw. zur Honorarberatung zu wechseln.[326] Ferner bleibt die Vermittlung von Bruttotarifen gegen Courtage aus Maklersicht solange erforderlich, wie Bruttotarife notwendigerweise in die vom Versicherungsmakler gemäß § 60 Abs. 1 S. 1 VVG zu bildende Beratungsgrundlage einbezogen werden müssen.[327]

---

324 Schroeder, a.a.O., S. 153 f.

325 Schroeder, a.a.O., S. 154.

326 Beenken/Wende, IVK 1/2016, S. 22.

327 Wie hier auch Beenken/Brühl/Wende, VW 2011, 200; Beenken/Wende, IVK 1/2016, a.a.O., S. 11.

Zweites Kapitel: Versicherungsvertrieb durch Versicherungsmakler

Bereits die Europäische Kommission hatte herausgestellt, dass Versicherungsmakler eine Doppelrolle erfüllen. Sie fungieren sowohl als Kundenberater für den Versicherungsnehmer als auch als Vertriebskanal für die Versicherer z.T. mit Abschlussvollmacht.[328]

A. Negatives Nachfrageumfeld

Der Absatz von Versicherungsprodukten findet in der Regel in einem negativen Nachfrageumfeld statt, d.h. Versicherungsprodukte werden von Versicherungskunden nur selten nachgefragt und müssen vom Versicherungsmakler aktiv verkauft werden.[329] Die Ursachen hierfür sind vielfältig, gründen aber im Wesentlichen auf dem Umstand, dass Versicherungsprodukte Rechtsprodukte sind, die rechtlich durch den Versicherungsvertrag und faktisch durch Informationen repräsentiert werden, die auf Trägermedien gespeichert sind.[330] Versicherungsprodukte sind *„immaterielle"*[331] Waren, die weder angefasst noch ausprobiert werden können.[332] Die Tauglichkeit eines Versicherungsproduktes wird z.T. durch komplexe und für den Versicherungsnehmer nur schwer verständliche Allgemeine Versicherungsbedingungen (AVB) beschrieben.[333] Der Versicherungsschutz ist für den Versicherungsnehmer bei Abschluss des Versicherungsvertrags zunächst abstrakt oder bleibt es sogar für die gesamte Vertragslaufzeit, wenn der Versicherungsfall nicht eintritt.[334] Der Besitz von Versicherungsprodukten verspricht dem Käufer

---

328 Kommission, Sektorenuntersuchung Unternehmensversicherung, Abschlussbericht, KOM/2007/0556 endg., S. 6; ähnlich schon Deckers, Die Abgrenzung des Versicherungsvertreters vom Versicherungsmakler, S. 7, der den Versicherungsvermittler generell als *„Beschaffungsorgan"* für den Versicherungsnehmer und *„Absatzhelfer"* für den Versicherer bezeichnet; ähnlich Beenken, Der Markt der Versicherungsvermittlung unter veränderten rechtlichen Rahmenbedingungen, S. 14: *„Der Vermittlungsmarkt kann in einen Beschaffungsmarkt und in einen Absatzmarkt unterteilt werden."*

329 Habschick/Evers, Studie im Auftrag des BMELV, S. 74.

330 Dreher, Die Versicherung als Rechtsprodukt, S. 148; Farny, Versicherungsbetriebslehre, S. 584.

331 Farny, Versicherungsbetriebslehre, S. 584.

332 Vgl. nur Reiff in VersR-HdB, § 5, Rn. 2.

333 Reiff in VersR-HdB, § 5, Rn. 2, ders. in MüKo-VVG, Vor § 59 bis 68, Rn. 7.

334 Dreher, a.a.O., S. 147.

zudem kein Prestige.[335] Im Gegenteil, insbesondere Verbraucher verbinden mit Versicherungen – anders als beispielsweise mit Bankprodukten – nichts Positives; sie werden eher mit Tabus assoziiert, wie Schaden und Leid.[336] Hinzu kommt, dass die Einsicht beim potentiellen Versicherungskunden, dass Versicherungsbedarf besteht, erst durch den Versicherungsvermittler geweckt werden muss, so dass in der Regel keine Eigeninitiative vom Versicherungskunden, vor allem im Privatkundengeschäft, ausgeht.[337] Zusätzlich verringert die lange Vertragsbindung, insbesondere bei Lebensversicherungsverträgen, die Attraktivität von Versicherungsprodukten grundsätzlich.[338] Gleichermaßen bildet der Umstand, dass ohne die Mitwirkung des potentiellen Versicherungskunden diesem kein geeignetes Versicherungsprodukt angeboten werden kann, eine Hürde beim Versicherungsvertrieb.[339] Versicherungsprodukte sind danach kein selbstwerbendes, von möglichen Versicherungskunden nachgefragtes Gut, sondern müssen aktiv und daher regelmäßig durch Versicherungsvermittler verkauft werden.

B. Konkurrierende Vertriebsformen

Versicherungsmakler treten mit einer Vielzahl von Versicherungsvertriebsformen in Konkurrenz. Versicherer können ihr Vertriebssystem frei wählen und entscheiden, ob sie mit Versicherungsvertretern (Ausschließlichkeits- oder Mehrfachvertretern) oder Versicherungsmaklern zusammenarbeiten wollen oder völlig neue Vertriebsformen wie den Direktvertrieb wählen.[340] Sie praktizieren zunehmend eine sogenannte *Multi-Verkaufskanal-Strategie*, d.h. sie vertreiben ihre Produkte nicht nur über einen Vertriebskanal, sondern parallel über verschiedene Vertriebskanäle, die sie strategisch entwickeln (Vertriebswegemix).[341] Nicht jedes Versicherungsunternehmen arbeitet jedoch mit Versicherungsmaklern zusammen. Einige Versicherungsgesellschaften setzten ihre Produkte weiterhin ausschließlich über Versicherungsvertreter ab. Einige Versicherungsgesellschaften, sogenannte *Maklerversicherer*, arbeiten wiederum ausschließlich mit Versicherungsmaklern (teilweise aber auch mit Mehrfachvertretern) zusammen, weil sie über kein eigenes Vertriebssystem (Direktvertrieb oder Ausschließlichkeitsvertreter) verfügen.

---

335 Delisle in Handwörterbuch der Versicherung, S. 3; Reiff in MüKo-VVG, Vor § 59 bis 68, Rn. 7.

336 Habschick/Evers, Studie im Auftrag des BMELV, S. 74.

337 Delisle in Handwörterbuch der Versicherung, S. 3; Reiff in MüKo-VVG, Vor § 59 bis 68, Rn. 7.

338 Delisle in Handwörterbuch der Versicherung, S. 3.

339 Maleri, Grundzüge der Dienstleistungsproduktion, S. 87 f.

340 BGH VersR 2013, 841 (842); Schwintowski in Bruck/Möller, § 59, Rn. 122.

341 So u.a. Schweizerische Wettbewerbskommission (WeKo) RPW 2008/2, 260 (263).

I. Unternehmenseigene Absatzformen der Versicherer

Unternehmenseigene Absatzformen werden rechtlich und faktisch als Teil des Versicherungsunternehmens behandelt.[342]

1. Versicherungsaußendienst

Angestellte Mitarbeiter des Versicherers im Außendienst werden als Versicherungsaußendienstangestellte oder Versicherungsangestellte im (Werbe-)Außendienst bezeichnet. Versicherungsaußendienstangestellte, die im Gegensatz zum Innendienst in der Regel nicht in verwaltende Tätigkeiten eingebunden sind, vermitteln Versicherungsschutz direkt an Bestands- aber auch an Neukunden. Zudem beraten und betreuen sie Versicherungskunden, besichtigen Risiken, regulieren Schäden und unterstützen neue Versicherungsvermittler fachlich und organisatorisch (sogenannte *Vermittlerbetreuer*).[343]

2. Direktvertrieb

Direktvertrieb bezeichnet den Direktverkauf von Versicherungsprodukten durch eigene angestellte Mitarbeiter des Versicherers an Versicherungskunden ohne den Einsatz von Versicherungsvermittlern oder besondere Außendienstorganisationen.[344] Durch den Verzicht auf Versicherungsvermittler entfallen die Kosten für Provisionen und Courtagen, wodurch Direktversicherer ihre Produkte meist preiswerter anbieten können als Versicherer mit externen Vertriebsorganisationen.[345] Der Direktvertrieb ist weitgehend mit dem Direktverkauf von Versicherungsprodukten durch Versicherungsaußendienstangestellte vergleichbar.[346] Der Unterschied zum vermittelnden Versicherungsaußendienst besteht aber in der Regel darin, dass sich beim Direktvertrieb der Versicherungskunde an das Versicherungsunternehmen wendet, während der Versicherungsaußendienstangestellte den Kontakt zum Versicherungskunden sucht.[347]

Mit dem Begriff *„Direktvertrieb"* wird in der versicherungsrechtlichen Literatur häufig der Absatz einfach strukturierter, wenig beratungsintensiver

---

342 Farny, Versicherungsbetriebslehre, S. 744.

343 Janott in Handwörterbuch der Versicherung, S. 1159 ff. (1166); vgl. auch Lau, Das Wettbewerbsverbot in Versicherungsagenturverträgen, S. 47 m.w.N.

344 Farny, Versicherungsbetriebslehre, S. 744; Sieg, ZfV 1988, 263 (274); Weiss, ZVersWiss 1988, 217 (226 f.); zunehmend wird beobachtet, dass Direktversicherer kleine Courtagesätze oder Aufwandsentschädigungen für die erfolgreiche Vermittlung von Versicherungsverträgen anbieten, vgl. Baumann/Beenken/Sandkühler, HdB-Maklermanagement, S. 165.

345 Reiff in VersR-Hdb, § 5, Rn. 3, ders. in MüKo-VVG, Vor § 59 bis 68, Rn. 8.

346 Lau, a.a.O., S. 47.

347 Weiss, ZVersWiss 1988, 217 (227); Lau, a.a.O., S. 47.

Versicherungsprodukte im Fernabsatz, z.B. per Post, Telefon oder über das Internet bezeichnet.[348] Den Direktverkauf von Versicherungsprodukten bieten aber auch international tätige Unternehmensversicherer[349] sowie Rückversicherer[350] ihren Kunden an. Im Rahmen dieser Arbeit soll als *„Direktvertrieb"* oder auch *„Eigenvertrieb"* der Vertrieb aller Produktarten bezeichnet werden, die vom Versicherer unmittelbar, d.h. ohne Einschaltung externer Dritter, an den Versicherungskunden verkauft werden.

II. Versicherungsvermittler

Nach der Legaldefinition in § 59 Abs. 1 S. 1 VVG und § 34 d Abs. 1 S. 2 GewO n.F. sind Versicherungsvermittler Versicherungsmakler und Versicherungsvertreter.

1. Versicherungsvertreter

Versicherungsvertreter ist nach § 59 Abs. 2 VVG, wer von einem Versicherer oder einem Versicherungsvertreter damit betraut ist, gewerbsmäßig Versicherungsverträge zu vermitteln oder abzuschließen. Er ist zudem regelmäßig Handelsvertreter nach §§ 92 Abs. 2, 84 ff. HGB.

Versicherungsvertreter sind häufig exklusiv für einen Versicherer als sogenannte Einfirmen- oder Ausschließlichkeitsvertreter tätig.[351] Für sie gilt nach § 86 Abs. 1 Hs. 2 HGB ein Wettbewerbsverbot, auch ohne eine besondere Vereinbarung mit dem Versicherer, wobei die Wettbewerbsverbote in Agenturverträgen regelmäßig deutlich über das gesetzliche Wettbewerbsverbot hinausgehen.[352] Nur in Ausnahmefällen ist eine sogenannte *Ventillösung* vorgesehen, d.h. der Vertreter darf ein Risiko bei einem anderen Versicherer andienen, wenn sein Versicherer das Risiko nicht zeichnen will und der Vermittlung an den anderen Versicherer zustimmt.[353]

Versicherungsvertreter können auch für mehrere Versicherungsunternehmen als sogenannte *echte* oder *unechte Mehrfachvertreter* tätig werden.[354] Unechte

348 Vgl. nur Weiss, ZVersWiss 1988, 217 (227); Knospe, VW 2007, 1513; Reiff in MüKo-VVG, Vor §§ 59 bis 68, Rn. 8 f.

349 Abschlussbericht der Kommission zur Sektorenuntersuchung Unternehmensversicherungen, KOM/2007/0556 endg., S. 6, Rn. 18, abrufbar unter: http://ec.europa.eu/competition/sectors/financial_services/inquiries/business.html, Stand: 16.12.2017.

350 Kommission v. 23.8.1998, COMP/M.1307, Rn. 22– Marsh&McLennan/Sedgwick.

351 Vgl. zur Anzahl der gebundenen Versicherungsvermittler Statistik des Deutschen Industrie- und Handelskammertages (DIHK), Zweites Kapitel B. III. 1.

352 Dörner in Prölss/Martin, VVG, § 59, Rn. 14; ausführlich Lau, a.a.O., S. 158 ff. m.w.N.

353 Dörner in Prölss/Martin, VVG, § 59, Rn. 14; Schönleiter, GewArch 2007, 268.

354 Vgl. Dörner in Prölss/Martin, VVG, § 59, Rn. 14; Reiff in MüKo-VVG, Vor § 59 bis 68, Rn. 12.

Mehrfachvertreter vermitteln Versicherungsprodukte im Auftrag mehrerer Versicherer, die nicht miteinander konkurrieren; häufig handelt es sich hierbei um Konzernvertreter, die nur formal für mehrere Versicherer tätig werden.[355] Echte Mehrfirmenvertreter dürfen hingegen – ähnlich wie der Versicherungsmakler – für eine Vielzahl konkurrierender Versicherer tätig werden, weil sie keinem gesetzlichen oder vertraglichen Wettbewerbsverbot unterliegen.[356] Für sie gelten ebenfalls die §§ 84 Abs. 1, 92 Abs. 1 HGB.[357]

2. Abgrenzung des Vertreters vom Versicherungsmakler

Versicherungsvertreter und Versicherungsmakler erfüllen im Wesentlichen die gleiche Funktion. Sie führen die Parteien des Versicherungsvertrages, den Versicherer und den Versicherungsnehmer zusammen und übernehmen die laufende Betreuung und Verwaltung der abgeschlossenen Versicherungsverträge.[358] Versicherungsmakler und Versicherungsvertreter haben daher auch weitgehend die gleichen gesetzlichen Beratungs-, Dokumentations- und Berufspflichten nach dem VVG, der GewO und der VersVermV.

Versicherungsvertreter und Versicherungsmakler unterscheiden sich jedoch in einem wesentlichen Punkt voneinander: Der Versicherungsvertreter wird vom Versicherer mit der Vermittlung von Versicherungsschutz betraut und steht in dessen Lager; der Versicherungsmakler wird hingegen vom Versicherungsnehmer beauftragt und ist dessen treuhänderähnlicher Sachwalter.[359] Den Versicherungsmakler trifft, anders als den Versicherungsvertreter, gegenüber dem Versicherer insbesondere keine Tätigkeitspflicht, wohl aber gegenüber dem Versicherungsnehmer.[360]

In der Praxis kann die materiell-rechtliche Abgrenzung der Vermittlertypen schwer fallen, weil eine Vielzahl vertraglicher Gestaltungsmöglichkeiten von Versicherungsmaklern, Versicherungsvertretern und den Versicherungsvertragsparteien bei der Zusammenarbeit genutzt wird. Die materiell-rechtliche Einordnung hat dabei unabhängig von der Eintragung im Vermittlerregister zu erfolgen, da die Eintragung nur der *„formalen Statusklarheit“* dient.[361] Zur Bestimmung des materiell-rechtlichen Vermittlertypus müssen daher alle Umstände des Einzelfalls

355 Dörner in Prölss/Martin, VVG, § 59, Rn. 14.

356 Dörner in Prölss/Martin, VVG, § 59, Rn. 14 m.w.N.

357 Reiff in MüKo-VVG, Vor §§ 59 bis 68, Rn. 12.

358 Matusche-Beckmann in VersR-HdB, § 5, Rn. 196.

359 BGHZ 94, 356 – Sachwalterurteil; BT-Drucks. 16/1935, S. 22.

360 BGHZ 94, 356 (359)– Sachwalterurteil m.w.N.; Migsch, VersR 1989, 321 (325); vgl. auch Reiff in MüKo-VVG, Vor §§ 59 bis 68, Rn. 12.

361 Weber, VersR 2014, 412 (417); BGH VersR 2012, 619 (621); BGH NJW 2014, 669 (670); ausführlich Deckers, Die Abgrenzung des Versicherungsvertreters vom Versicherungsmakler, S. 55 ff.

herangezogen werden.[362] Erst eine hinreichende Anzahl verschiedener Merkmale kann die Zuordnung zu einem der gesetzlichen Versicherungsvermittlertypen ermöglichen.[363]

Wer z.B. regelmäßig nur die Verträge eines Versicherers vermittelt, ist häufig Versicherungsvertreter, denn ein Versicherungsmakler hat die Pflicht, seinem Kunden einen Versicherungsvertrag aus der Breite des Markts zu empfehlen.[364] Ein Versicherungsmakler vermittelt zudem meist nur ein bestimmtes Angebot eines Versicherers, d.h. er berücksichtigt nicht zwingend alle Produkte eines Versicherers, während der Versicherungsvertreter tendenziell die komplette Angebotspalette eines Versicherers seinem Kunden anbietet.[365] Für eine Tätigkeit als Versicherungsmakler kann zudem der Verweis auf die Geltung der §§ 93 ff. HGB, die Bezeichnung der Vergütung als *„Courtage"*, das Fehlen von Wettbewerbsverboten und der Verschwiegenheitspflicht nach § 90 HGB sprechen.[366] Dem Handelsvertreter obliegen nach § 86 Abs. 2 HGB Nachrichts- und Informationspflichten gegenüber dem Unternehmer, so dass bei Fehlen einer diesbezüglichen Regelung in der Courtagevereinbarung von der Maklereigenschaft ausgegangen werden kann.[367] Die in der Vertriebsvereinbarung auferlegten Pflichten können grundsätzlich Anhaltspunkte für ein Handelsvertreterverhältnis geben.[368] Ohne Aussagekraft ist hingegen grundsätzlich der Umfang des vom Versicherungsmakler vermittelten Geschäfts, Meldungen an die Auskunftsstelle AVAD[369], die Bezeichnung als *„Vertriebspartner"*, die Gewährung von Vorschüssen sowie die Nutzung von Antragsformularen des Versicherers oder die Bezeichnung als *„Betreuer"* auf dem Versicherungsschein.[370] Auch die Bezeichnung des Vermittlers als *„Partner"* oder *„Vertrieb"* des Versicherers hat nur begrenzte Aussagekraft, da hierbei ein weiteres wirtschaftliches Verständnis zugrunde zu legen ist.[371] *„Vertrieb"* meint nichts anderes als die Vermittlung von Versicherungsverträgen.[372]

---

362 BGH NJW 1992, 2818 (2819); OLG Düsseldorf, Urteil vom 22.12.2011, Az. I 16 U 133/10, BeckRS 2012, 00828; bestätigt OLG Düsseldorf NJW-RR 2016, 1315; Werber, VersR 2014, 412 (413); Matusche-Beckmann in VersR-HdB § 5, Rn. 194.

363 Werber, VersR 2014, 412 (417); Schroeder, a.a.O., S. 32.

364 Werber, VersR 2014, 412 (417); BGH VersR 2012, 619 (620).

365 OLG Düsseldorf, Urteil vom 22.12.2011, Az. I 16 U 133/10, BeckRS 2012, 00828; Anm. dazu Teichmann, ZVertriebsR 2012, 111; vgl. auch Weber, VersR 2014, 412 (418); BGH VersR 2012, 619 (621).

366 OLG Düsseldorf, Urteil vom 22.12.2011, Az. I 16 U 133/10, BeckRS 2012, 00828.

367 OLG Düsseldorf NJW-RR 2016, 1315 (1316).

368 OLG Düsseldorf NJW-RR 2016, 1315 (1316).

369 Auskunftsstelle über den Versicherungs-/Bausparkassenaußendienst und Versicherungsmakler in Deutschland e.V. (AVAD).

370 OLG Düsseldorf, Urteil vom 22.12.2011, Az. I 16 U 133/10, BeckRS 2012, 00828; OLG Düsseldorf NJW-RR 2016, 1315 (1317); LG Köln VersR 2012, 701; zu den Antragsformularen auch BGH VersR 2012, 619.

371 Werber, VersR 2014, 412 (417).

372 Werber, VersR 2014, 412 (417).

3. *Entscheidungszwang für einen Vermittlerstatus*

Versicherungsvermittler unterliegen nach § 34d Abs. 1 GewO n.F. einem Entscheidungszwang im Hinblick auf ihren Vermittlerstatus. Sie müssen sich bei Beantragung der Gewerbeerlaubnis entscheiden, ob sie als Versicherungsmakler oder Versicherungsvertreter tätig sein wollen.[373]

a) Grundsatz der Polarisierung

Die statusrechtliche Einordnung der Versicherungsvermittlertypen durch die GewO soll für den Kunden Transparenz darüber schaffen, auf wessen Seite der Vermittler steht.[374] Für Versicherungsnehmer komme es entscheidend darauf an, zu wissen, ob sie es mit einem Versicherungsvermittler zu tun haben, der über Produkte eines breiten Spektrums von Versicherungsunternehmen oder über Produkte einer bestimmten Anzahl von Versicherungsunternehmen berät.[375]

Mischformen – wie der Makleragent – waren bereits nach Ansicht des früheren Bundesaufsichtsamtes für das Versicherungswesen (BAV) eine unerwünschte Erscheinung, weil sie die Gefahr von Interessenskollisionen und einer Täuschung der Versicherungsnehmer mit sich bringen.[376] Makleragenten wurden als Missstand angesehen, der das BAV berechtigen sollte, gegen Versicherer, die Agenturverträge oder agenturähnliche Vereinbarungen mit Maklern abschließen oder unterhalten, geeignete Maßnahmen nach § 81 Abs. 2 S. 1 VAG a.F. (§ 298 Abs. 1 VAG n.F.) zu ergreifen.[377] Das BAV empfahl, dass Versicherungsunternehmen darauf verzichten sollten, mit Versicherungsvermittlern, die als Makler firmieren oder sich im Geschäftsverkehr als solche gerieren, agenturmäßige oder agenturähnliche vertragliche Bindungen einzugehen oder zu unterhalten.[378] Die Versicherungsbranche hat sich im Rahmen ihrer Wettbewerbsrichtlinien selbst dazu verpflichtet, keine Vertreterverträge mit Versicherungsmaklern einzugehen.[379]

b) Konsequenzen bei statuswidrigem Verhalten

Statuswidriges Verhalten kann verschiedene rechtliche Konsequenzen nach sich ziehen.[380]

---

373 BGH VersR 2014, 64 (65); BGH GRUR 2016, 820.

374 18. Erwägungsgrund IMD; BT-Drucks. 16/1935, S. 14.

375 So 18. Erwägungsgrund IMD.

376 BAV Rundschreiben R 3/61, VerBAV 1961, 38 (39).

377 BAV Rundschreiben R 3/61, VerBAV 1961, 38 (39).

378 BAV Rundschreiben R 3/61, VerBAV 1961, 38 (39).

379 Wettbewerbsrichtlinien der Versicherungswirtschaft, Ziffer 11, Stand 1.9.2006, abrufbar unter: http://www.versicherungsgesetze.de/wettbewerbsrichtlinien/, Stand: 16.12.2017.

380 Ausführlich Cornelissen, Die gewerberechtliche Erlaubnis zur Versicherungsvermittlung und -beratung unter besonderer Berücksichtigung des Polarisationsprinzips, S. 285 ff.

aa) Aufsichtsrecht

Nach § 144 Abs. 1 Nr. 1 j GewO handelt ordnungswidrig, wer vorsätzlich oder fahrlässig ohne die erforderliche Erlaubnis nach § 34d Abs. 1 GewO den Abschluss von Versicherungsverträgen vermittelt. Beharrlich wiederholte Verstöße gegen § 144 Abs. 1 GewO stellen gem. § 148 Nr. 1 GewO eine Straftat dar.

Schönleiter[381] ist der Ansicht, *„erforderlich"* meine nur, dass bei Aufnahme der Tätigkeit überhaupt eine Vermittlererlaubnis nach § 34d Abs. 1 GewO n.F. vorzuliegen habe, eine weitergehende Differenzierung zwischen Maklererlaubnis und Vertretererlaubnis nach § 144 Abs. 1 Nr. 1 j GewO sei nicht vorgesehen. Sinn und Zweck des Ordnungswidrigkeitsverfahrens sei schließlich, denjenigen zu sanktionieren, der gar keine Erlaubnis besitze. Makler- und Vertretererlaubnis werden unter identischen Voraussetzungen erteilt (§ 34d Abs. 5 GewO n.F.), weshalb der im Rahmen des Ordnungswidrigkeitsverfahrens relevante *„Unwertgehalt"* primär darin bestehe, dass die Vermittlungstätigkeit ohne Erlaubnis ausgeübt wird und nicht darin, dass die jeweils zutreffende Erlaubnis fehlt. Die Industrie- und Handelskammern (IHK) seien daher nicht verpflichtet, ein Ordnungswidrigkeitsverfahren anzustrengen, wenn ein Vermittler eine *„falsche"* Erlaubnis nutzt. Es sei zudem praxisfern, den IHKs eine Ermittlungspflicht aufzuerlegen, wonach sie in jedem Einzelfall herauszufinden hätten, ob sich ein Versicherungsvermittler im Geschäftsleben entsprechend der ihm erteilten Erlaubnis – d.h. als Versicherungsmakler oder Versicherungsvertreter – verhält. Schließlich überprüften die IHKs schon bei der Erlaubniserteilung nicht, ob der Antragssteller tatsächlich als Versicherungsmakler oder als Versicherungsvertreter tätig werden will. Die zivilrechtlichen Sanktionsmöglichkeiten würden den Versicherungsnehmern letztlich auch ausreichend Schutz bieten.[382]

Der Auffassung von *Schönleiter* ist entgegenzuhalten, dass der Normverweis in § 144 Abs. 1 Nr. 1 j GewO auf § 34d Abs. 1 GewO n.F. keine Einschränkung vorsieht. Der Wortlaut von § 144 Abs. 1 Nr. 1 j GewO verweist auf den gesamten materiell-rechtlichen Inhalt des § 34 d Abs. 1 GewO und knüpft damit auch an den Typenzwang bzw. die Typenspezifität der Erlaubnis an.[383] Mit der Einführung von § 34d GewO n.F. wurde zudem nicht nur eine Berufszugangsregel geschaffen, sondern auch eine verbraucherschützende Vorschrift.[384] Versicherungsnehmer sind danach nicht nur vor unsachkundigen oder unversicherten Versicherungsvermittlern ohne Erlaubnis zu schützen, sondern auch vor unzuverlässigen Vermittlern mit einer Erlaubnis, die darüber täuschen, in wessen Lager sie stehen.[385] Versicherungsvermittler, die einer statuswidrigen Vermittlungstätigkeit nachgehen,

381 Schönleiter in Landmann/Rohmer, GewO, § 34 d, Rn. 159.
382 Schönleiter in Landmann/Rohmer, GewO, § 34 d, Rn. 159.
383 So im Ergebnis auch Böckmann/Ostendorf, VersR 2009, 154 (156); Dörner in Prölss/Martin, GewO, § 34 d, Rn. 33; vgl. auch BGH VersR 2014, 64 (65).
384 Vgl. 8. Erwägungsgrund der IMD.
385 Ähnlich zum Schutzzweck BGH VersR 2014, 64 (65).

riskieren damit das Begehen einer Ordnungswidrigkeit.[386] Zudem stellt ein solches Verhalten ein deutliches Indiz für die mangelnde Zuverlässigkeit des Vermittlers dar, mit der Konsequenz, dass dem Versicherungsvermittler die Erlaubnis nach §§ 48, 49 VwVfG entzogen werden kann.[387] Letztlich käme sogar eine Betriebsuntersagung nach § 15 Abs. 2 GewO oder als *ultima ratio* eine Gewerbeuntersagung nach § 35 GewO wegen Unzuverlässigkeit in Betracht.[388]

bb) Zivilrecht

Statuswidriges Verhalten von Versicherungsvermittlern kann zudem zivilrechtlich sanktioniert werden. Auf einen Versicherungsvertreter, der sich als Versicherungsmakler geriert, ist insbesondere die Anscheinshaftung nach § 59 Abs. 3 Satz 2 VVG anzuwenden.[389] Ein Versicherungsmakler, der mit einem Versicherer enge agenturvertragliche oder agenturvertragsähnliche Bindungen eingeht, gibt seine Unabhängigkeit auf und ist seinem Kunden nach § 63 VVG zum Ersatz des Schadens verpflichtet, der infolge einer Falschberatung entsteht. Besteht im Einzelfall sogar eine *„unechte Verflechtung"* zwischen Versicherungsmakler und dem Versicherer und wurde ein Honorar mit dem Versicherungsnehmer vereinbart, steht dem Versicherungsmakler gegebenenfalls ein Maklerlohnanspruch nach § 652 BGB nicht zu.[390] Ein Verstoß gegen die §§ 34d Abs. 1 S. 1, Abs. 7 Satz 1, 2 GewO n.F. sowie § 11 Abs. 1 VersVermV (Fassung 2007) als verbraucherschützende Vorschriften kann zudem einen Schadensersatzanspruch nach § 823 Abs. 2 BGB begründen.[391] Der Maklervertrag mit dem Versicherungsnehmer bleibt bei einem Verstoß gegen § 34d GewO jedoch unberührt.[392] Der Versicherungsnehmer kann den Maklervertrag in diesem Fall aber aus wichtigem Grund kündigen oder die Anfechtung erklären.[393]

Statuswidriges Verhalten eines Versicherungsvermittlers kann zudem vertragliche Vereinbarungen mit dem Versicherer verletzten. Beispielsweise kann ein Versicherungsvertreter, der gegenüber Versicherungskunden wie ein unabhängiger Makler auftritt, Bedingungen des Agenturvertrages verletzen.[394] Da Versicherer nach § 48 Abs. 1 VAG n.F. nicht mit Versicherungsvermittlern, die keine Gewerbeerlaubnis für ihre Tätigkeit besitzen, kooperieren dürfen, könnten sie wohl auch

---

386 Böckmann/Ostendorf, VersR 2009, 154 (156); Dörner in Prölss/Martin, GewO, § 34 d, Rn. 54; vgl. auch BGH VersR 2014, 64(65).

387 Böckmann/Ostendorf, VersR 2009, 154 (156); vgl. auch BGH VersR 2014, 64(65).

388 Vgl. grundsätzlich dazu Dörner in Prölss/Martin, GewO, § 34 d, Rn. 54; Schönleiter in Landmann/Rohmer, GewO, § 34 d Rn. 162 f.

389 Schönleiter in Landmann/Rohmer, GewO, § 34 d, Rn. 159.

390 BGH VersR 2012, 619.

391 Dörner in Prölss/Martin § 34 d, GewO, Rn. 57; Schönleiter in Landmann/Rohmer, GewO, § 34 d Rn. 166.

392 BGHZ 78, 263 (269) zu § 34 c GewO; Sprau in Palandt, BGB, § 652, Rn. 8.

393 Dazu Dörner in Prölss/Martin, VVG, § 59, Rn. 110.

394 Böckmann/Ostendorf, VersR 2009, 154(157).

die Zusammenarbeit mit einem statuswidrig agierenden, unzuverlässigen Vermittler beenden.[395]

Die Berufshaftpflichtversicherung für Versicherungsvermittler könnte zudem für Schäden des Versicherungsnehmers, die infolge statuswidrigen Verhaltens entstehen, den Deckungsschutz verweigern.[396] Nach einer Entscheidung des Obersten Gerichtshofs in Österreich gewährt die dort gleichermaßen gesetzlich vorgeschriebene Berufshaftpflichtversicherung für Versicherungsmakler jedenfalls keinen Deckungsschutz für Schäden infolge einer Tätigkeit als Agent.[397]

cc) Wettbewerbsrecht

§ 34d Abs. 1 GewO n.F. stellt nach ständiger Rechtssprechung eine Marktverhaltensregel i.S.v. von § 3a UWG dar, die den Verbraucher vor der Gefährdung seiner Rechtsgüter durch unzuverlässige Personen schützen soll.[398] Eine Vermittlungstätigkeit, die die Grenzen der Erlaubnis überschreitet, erfolgt ohne Gewerbeerlaubnis und damit in wettbewerbswidriger Weise, so dass Unterlassungs- und Schadensersatzansprüche nach §§ 8 Abs. 1, 9, 10 UWG geltend gemacht werden können.[399]

c) Zusammenfassung

Nach dem Grundsatz der Polarisierung in der GewO hat sich ein Versicherungsvermittler bei der Aufnahme seiner Tätigkeit zu entscheiden, ob er als Versicherungsmakler oder Versicherungsvertreter tätig sein will. Unterhält ein gewerblicher Versicherungsmakler dennoch agentur- oder agenturvertragsähnliche Anbindungen an einen Versicherer, kann dies eine Ordnungswidrigkeit darstellen und sowohl zivilrechtliche als auch wettbewerbsrechtliche Konsequenzen nach sich ziehen.

4. Besondere Vertriebsformen

Unter den gesetzlich normierten Versicherungsvermittlertypen existieren einige besondere Vertriebsformen.

---

395 Ähnlich wie hier Böckmann/Ostendorf, VersR 2009, 154 (157).

396 Böckmann/Ostendorf, VersR 2009, 154 (157).

397 OGH VersR 2016, 418.

398 BGH VersR 2013, 1578; BGH VersR 2014, 1002 (1003, Rn. 16); BGH, GRUR 2014, 398 (401, Rn. 19); LG Wiesbaden GRUR-RR 2008, 359 (360); vgl auch Bornkamm in Köhler/Bornkamm, UWG, § 3 a, Rn. 1.147; Schönleiter in Landmann/Rohmer, GewO, § 34 d, Rn. 164; Böckmann/Ostendorf, VersR 2009, 154 (156).

399 BGH VersR 2014, 64 (65); Böckmann/Ostendorf, VersR 2009, 154 (156); Dörner in Prölss/Martin, GewO, § 34 d, Rn. 56; vgl. auch Schönleiter in Landmann/Rohmer, GewO, § 34 d, Rn. 159.

a) Strukturvertriebe

Eine besondere Vertriebsform stellen die sogenannten *Strukturvertriebe* dar. Sie sind vornehmlich im Privatkundengeschäft anzutreffen und verfügen über ein breites Sortiment an Versicherungs- und Finanzdienstleistungen. Strukturvertriebe werden entweder als Versicherungsvertreter (Einfirmen- oder Mehrfachvertreter, z.B. DVAG, AWD) tätig, können sich aber auch als unabhängige Versicherungsmakler organisieren.[400]

Eine allgemeinverbindliche Definition des Strukturvertriebs gibt es nicht.[401] Strukturvertriebe sind im Wesentlichen gekennzeichnet durch einen hierarchischen Aufbau mit verschiedenen Stufen und Anreizsystemen.[402] Die Struktur ist progressiv und pyramidenartig.[403] Es finden sich nicht selten fünf, sechs oder noch mehr Strukturstufen.[404] Die oberste Stufe bildet die Führungsspitze, die in aller Regel mit Organisations- und Koordinierungsaufgaben betraut ist, während die eigentliche Vermittlung in den unteren Struktureinheiten erfolgt.[405] Auf den untersten Ebenen sind häufig nebenberufliche Mitarbeiter als Untervermittler tätig, die Versicherungskunden meist im eigenen Freundes- und Bekanntenkreis werben. Sie können bei guten Verkaufserfolgen oder der Gewinnung neuer Mitarbeiter eine Beteiligung an den Abschlüssen der betreuten Mitarbeiter erhalten.[406]

b) Branchenfremder Vertrieb

Beim branchenfremden Vertrieb werden die Absatzmöglichkeiten branchenfremder Wirtschaftsunternehmen genutzt, die keine Versicherungsvermittlung betreiben, wie beispielsweise Kaufhäuser, Kreditkartenorganisationen, Autohäuser, Reisebüros, Banken, Sparkassen und sonstige Finanzdienstleister.[407] Vor allem der Versicherungsvertrieb über Banken und Sparkassen ist von großer Bedeutung, insbesondere im Bereich der Lebensversicherung mit einem Vertriebswegeanteil am Neugeschäft von 19,9 % im Jahr 2016.[408] Banken und Sparkassen vermitteln in der

400 Jacob, VersR 2007, 1164.
401 Schulz, Der Strukturvertrieb von Versicherungen, S. 23 f.
402 Farny, Versicherungsbetriebslehre, S. 752; Schulz, Der Strukturvertrieb von Versicherungen, S. 28.
403 Schulz, Der Strukturvertrieb von Versicherungen, S. 28; Nastold in Martinek/Semler/Flohr, HdB-Vertriebsrecht, § 49, Rn. 115.
404 Schulz, Der Strukturvertrieb von Versicherungen, S. 29 f. m.w.N.; Nastold in Martinek/Semler/Flohr, HdB-Vertriebsrecht, § 49, Rn. 115.
405 Nastold in Martinek/Semler/Flohr, HdB-Vertriebsrecht, § 49, Rn. 115.
406 Nastold in Martinek/Semler/Flohr, HdB-Vertriebsrecht, § 49, Rn. 73; Schulz, Der Strukturvertrieb von Versicherungen, S. 29.
407 Reiff, WM 2006, 1701 (1705); vgl. weitere Beispiele in der Gesetzesbegründung zur VVG-Reform 2008, BT-Drucks. 16/1935, S. 20.
408 Vgl. GDV, Statistisches Taschenbuch 2017, S. 13; zur Zunahme der Bedeutung schon Reiff, WM 2006, 1701 (1705).

Regel Produkte eines Versicherungskonzerns, so dass für sie die Möglichkeit der erlaubnisfreien Versicherungsvermittlung als Einfirmen- bzw. Ausschließlichkeitsvertreter nach § 34d Abs. 7 GewO n.F. unter dem Haftungsdach des Versicherers besteht.[409] Produktakzessorische Vermittler wie Reisebüros können nach § 34d Abs. 6 GewO n.F. von der Erlaubnispflicht befreit werden[410] oder sind nach § 34d Abs. 8 GewO[411] n.F. bereits nicht erlaubnispflichtig tätig.

c) Firmenverbundene Vermittler

Firmenverbundene Vermittler werden in der Regel für einen Versicherungskunden tätig und stellen eine Art ausgegliederter Versicherungsabteilung des Versicherungskunden dar.[412] Sie benötigen eine Gewerbeerlaubnis, in der Regel eine Vermittlererlaubnis als Versicherungsmakler.[413] Es existieren schätzungsweise rund 250 dieser großbetrieblichen Versicherungsmakler auf dem Versicherungsmarkt.[414]

d) Vergleichsportale und FinTechs

In der jüngeren Zeit nimmt der Vertrieb von Versicherungsprodukten durch das Internet stark zu. Hierbei spielen nicht nur Direktversicherer, sondern auch Onlinevergleichsportale wie check24.de und Onlinemakler wie knip.de oder clark.de (auch *FinTechs* oder *InsurTechs* genannt) eine zunehmend größere Rolle. FinTechs oder InsurTechs bieten ihren Kunden meist über webbasierte Applikationen den Vergleich von Versicherungsproduktangeboten sowie eine Vielzahl weiterer Beratungs- und Betreuungsdienstleistungen an. Das Landgericht München bestätigte jüngst, dass Onlinevergleichsportale als Versicherungsmakler i.S.v. § 34d GewO bzw. § 59 Abs. 3 VVG tätig sein können.[415] Sie haben daher gleichermaßen den Versicherungsnehmer nach § 11 VersVermV (Fassung 2007) beim ersten Geschäftskontakt klar, verständlich und in Textform über ihren Vermittlerstatus aufzuklären. Zudem treffen sie als Onlinemakler die Beratungspflichten nach § 61 VVG.

Mit der Einführung der weiten Begriffsdefinition für den Versicherungsvertrieb aus Art. 2 Abs. 1 Nr. 1 IDD in § 1a VVG n.F. und § 34d Abs. 1 GewO n.F. wird nunmehr klargestellt, dass auch Vergleichsportale und andere FinTechs Versicherungsvertreiber sind, soweit der Kunde die Möglichkeit hat, über die Website einen Versicherungsvertrag direkt oder indirekt abzuschließen. Die Definition in § 59 Abs. 2 und 3 VVG habe nach Ansicht der Bundesregierung den Betreiber einer

---

409 Jacob, VersR 2007, 1164; Reiff, WM 2006, 1701 (1706).
410 Schönleiter in Landmann/Rohmer, GewO, § 34 d, Rn. 93.
411 Sogenannte *Bagatellvermittler*, vgl. BT-Drucks. 16/1935, S. 20.
412 Schönleiter in Landmann/Rohmer, GewO, § 34, Rn. 57.
413 Schönleiter in Landmann/Rohmer, GewO, § 34, Rn. 57; Michaelis in Schwintowski/Brömmelmeyer, VVG, § 59, Rn. 30.
414 Schönleiter in Landmann/Rohmer, GewO, § 34, Rn. 57.
415 LG München VersR 2016, 1315.

Website bisher nicht ohne weiteres erfasst. Gemäß § 59 Abs. 1 S. 3 VVG n.F. ist Versicherungsvermittler daher nun auch, wer eine Vertriebstätigkeit im Sinne von § 1a Abs. 2 VVG n.F. ausführt, ohne dass die Voraussetzungen nach § 59 Abs. 2 oder 3 VVG vorliegen. Für die Betreiber von Websites, die Versicherungsvertriebsleistungen erbringen, gelten damit zukünftig alle Regelungen des VVG, die auch für die *analoge* Versicherungsvermittlung gelten, insbesondere die Beratungs- und Dokumentationspflichten nach § 61 VVG.[416]

5. Weitere Akteure im Marktumfeld der Versicherungsvermittler

Versicherungsmakler konkurrieren zudem mit Versicherungsberatern und Vermittlern substituierbarer oder ergänzender Produktangebote zum Versicherungsangebot. Weiterhin spielen sogenannte *Tippgeber* beim Vertrieb von Versicherungen eine Rolle.

a) Versicherungsberater

Gemäß § 59 Abs. 4 VVG ist Versicherungsberater, wer gewerbsmäßig Dritte bei der Vereinbarung, Änderung oder Prüfung von Versicherungsverträgen oder bei der Wahrnehmung von Ansprüchen aus Versicherungsverträgen im Versicherungsfall berät oder gegenüber dem Versicherer außergerichtlich vertritt, ohne von einem Versicherer einen wirtschaftlichen Vorteil zu erhalten oder in anderer Weise von ihm abhängig zu sein. Die Versicherungsberatung wurde bereits von der weiten Begriffsdefinition der Versicherungsvermittlung in der IMD erfasst, weshalb die Vorschriften für Versicherungsvermittler entsprechend für Versicherungsberater anzuwenden waren. Die IDD hat hieran im Wesentlichen nichts geändert. Die für Versicherungsmakler geltenden Vorschriften in den §§ 60 Abs. 1 S. 1, 61 Abs. 1, 62 bis 65 und 67 VVG sind gem. § 68 VVG weiterhin auf Versicherungsberater entsprechend anzuwenden. Versicherungsberater benötigen zudem eine Gewerbeerlaubnis der zuständigen IHK, nunmehr jedoch nach § 34d Abs. 2 S. 1 GewO n.F., wobei die Anforderungen für die Erlaubniserteilung nach § 34d Abs. 3 GewO n.F. mit denen für die Versicherungsvermittlererlaubnis nach § 34 d Abs. 1 GewO übereinstimmen. Durch die unterschiedlichen Erlaubnisvorbehaltsnormen für Versicherungsvermittler und Versicherungsberater hat der Gesetzgeber sichergestellt, dass der Beruf des Versicherungsberaters weiterhin mit dem Rechtsanwaltsberuf vereinbar ist.[417]

Gleichwohl erfährt der Versicherungsberater eine weitgehende Neuregelung in der GewO und im VAG. Der deutsche Gesetzgeber nahm die Richtlinienumsetzung zum Anlass, die Honorarberatung im Versicherungsbereich zu stärken.[418] Nach § 34d Abs. 2 S. 2 GewO n.F. ist Versicherungsberater, wer ohne von einem

416 Regierungsbegründung zum Gesetzentwurf, BT Drucks. 18/11627, S. 44.
417 BT-Drucks. 16/1935, S. 21.
418 Regierungsbegründung zum Gesetzentwurf, BT Drucks. 18/11627, S. 1.

Versicherungsunternehmen einen wirtschaftlichen Vorteil zu erhalten oder in anderer Weise von ihm abhängig zu sein 1. den Auftraggeber bei der Vereinbarung, Änderung oder Prüfung von Versicherungsverträgen oder bei der Wahrnehmung von Ansprüchen aus Versicherungsverträgen im Versicherungsfall auch rechtlich berät, 2. den Auftraggeber gegenüber dem Versicherungsunternehmen außergerichtlich vertritt oder 3. für den Auftraggeber die Vermittlung oder den Abschluss von Versicherungsverträgen übernimmt. Versicherungsberater dürfen sich nach § 34d Abs. 2 S. 3 GewO n.F. ihre Tätigkeit nur durch den Auftraggeber vergüten lassen und Zuwendungen eines Versicherungsunternehmens im Zusammenhang mit der Beratung, insbesondere auf Grund einer Vermittlung als Folge der Beratung, nicht annehmen. Gemäß § 34d Abs. 2 S. 3 GewO n.F. hat der Versicherungsberater dem Versicherungsnehmer vorrangig die Versicherung anzubieten, die ohne das Angebot einer Zuwendung seitens des Versicherungsunternehmens (Nettoprodukt) erhältlich ist, wenn mehrere Versicherungen für den Versicherungsnehmer in gleicher Weise geeignet sind. Wenn der Versicherungsberater dem Versicherungsnehmer eine Versicherung vermittelt, deren Vertragsbestandteil auch Zuwendungen zugunsten desjenigen enthält, der die Versicherung vermittelt (Bruttoprodukt), hat er gemäß § 34d Abs. 2 S. 4 GewO n.F. unverzüglich die Auskehrung der Zuwendungen durch das Versicherungsunternehmen an den Versicherungsnehmer nach § 48c Abs. 1 VAG zu veranlassen. Die Weiterleitung an den Versicherungsnehmer soll dabei nicht direkt über den Versicherungsberater erfolgen. Nach der Gesetzesbegründung sollen Versicherungsberater in die Lage versetzt werden, Bruttotarife zu vermitteln, ohne selbst in Kontakt mit den enthaltenen Zuwendungen zu kommen, mit der Folge, diese nicht verwalten und auskehren zu müssen.[419]

Versicherungsmakler können nach § 156 Abs. 2 GewO eine Erlaubnis als Versicherungsberater unter Vorlage ihrer Maklererlaubnis beantragen, ohne dass erneut eine Prüfung ihrer Zuverlässigkeit, Vermögensverhältnisse und Sachkunde vorgenommen wird. Die Maklererlaubnis erlischt dann jedoch mit der Erteilung der Erlaubnis als Versicherungsberater.

b) Honorar-Finanzanlagenberater, Finanzanlagevermittler, Anlageberater

Der Honorar-Finanzanlagenberater nach § 34h GewO, der Finanzanlagenvermittler nach § 34f GewO und der Anlageberater nach § 32 KWG gehören zum Marktumfeld der Versicherungsvermittler, denn sie beraten und vermitteln alternative Produkte zu klassischen Versicherungsprodukten, insbesondere im Lebensversicherungsbereich. Versicherungsmakler können die Vermittlung solcher Produkte, wie z.B. Investmentfonds, Kapitalanlagen, Finanzierungen und Immobilien aber auch selbst anbieten, sofern sie über eine hierzu erforderliche Erlaubnis

419 BT-Drucks. 18/11627, S. 40.

verfügen.[420] Ein Versicherungsmakler, der im Rahmen seiner Tätigkeit beispielsweise auch über Finanzinstrumente beraten will, muss eine Erlaubnis nach § 32 KWG beantragen.

c) *Tippgeber*

Tippgeber beschränken sich darauf, dem Versicherungskunden eine Möglichkeit zum Abschluss von Versicherungsverträgen namhaft zu machen oder Versicherungsverträge durch die Herstellung eines Kontakts zwischen dem potentiellen Kunden und einem Vermittler oder Versicherungsunternehmen anzubahnen.[421] Sie erbringen rein vorbereitende Handlungen und keine Vermittlungsleistung,[422] weshalb sie keine Erlaubnis der IHK benötigen. Potentielle Versicherungsnehmer würden vom Tippgeber daher auch keine Beratung erwarten, da diese erst durch einen Versicherungsvermittler erfolgt.[423] Die BaFin hat mit ihrem Rundschreiben 10/2014 (kurz Vermittlerrundschreiben) Regeln für die Zusammenarbeit von Versicherern und Versicherungsvermittlern mit Tippgebern aufgestellt.[424] Arbeiten Versicherer oder Versicherungsvermittler regelmäßig mit Tippgebern zusammen, sollten sie danach u.a. mit dem Tippgeber eine schriftliche Tippgebervereinbarung treffen.[425]

Nach Art. 2 Abs. 2 der IDD bleibt die Tippgebung weiterhin erlaubnisfrei, sofern es sich um rein vorbereitende Handlungen handelt, denn die bloße Weitergabe von Daten und Informationen über potentielle Versicherungsnehmer an Versicherungs- oder Rückversicherungsvermittler bzw. –unternehmen unterfällt nicht dem Anwendungsbereich der IDD.[426] Im Einzelfall kann eine Abgrenzung zur erlaubnispflichtigen Versicherungsvermittlung gleichwohl schwierig und daher weiterhin erforderlich sein.[427]

III. Bedeutung der Vertriebsformen

Versicherungs- und Rückversicherungsvermittler spielen beim Vertrieb von Versicherungs- und Rückversicherungsprodukten in der Union eine zentrale Rolle.[428] Die Kommission geht davon aus, dass es den Verbrauchern grundsätzlich zugutekomme, wenn Versicherungsprodukte über verschiedene Kanäle und Vermittler,

---

420 Baumann/Beenken/Sandkühler, HdB-Maklermanagement, S. 41.
421 BT-Drucks. 16/1935, S. 17; ausführlich zur Abgrenzung von Tippgebern und Versicherungsvermittlern Reiff in MüKo-VVG, § 59, Rn. 6 ff.
422 BT-Drucks. 16/1935, S. 17.
423 BT-Drucks. 16/1935, S. 18.
424 BaFin, Rundschreiben 10/2014 (VA) vom 23.12.2014, Zusammenarbeit mit Versicherungsvermittlern, Risikomanagement im Vertrieb, GZ: VA 35-I 4105-2014/0049.
425 BaFin, Rundschreiben 10/2014 (VA), a.a.O., B.V.2.
426 13. Erwägungsgrund der IDD.
427 So Begründung des Regierungsentwurfes, BT-Drucks. 18/11627, S. 34.
428 5. Erwägungsgrund der IDD.

die auf verschiedene Weise mit Versicherungsunternehmen zusammenarbeiten, vertrieben werden, sofern für alle ähnliche Verbraucherschutzregeln gelten.[429] Die Bedeutung der einzelnen Vertriebsformen ist in den verschiedenen Versicherungsproduktsegmenten unterschiedlich.

1. Registrierte Versicherungsvermittler in Deutschland

Im Jahr 2017 waren in Deutschland rund 220.000 Versicherungsvermittler und Versicherungsberater registriert davon 140.000 gebundene Versicherungsvertreter, 29.000 Versicherungsvertreter mit Erlaubnis, knapp 47.000 Versicherungsmakler, 4.000 produktakzessorische Versicherungsvertreter, 140 produktakzessorische Versicherungsmakler und 340 Versicherungsberater.[430] Hinzu kommen ca. 36.000 Angestellte der Versicherer im Werbeaußendienst.[431] Die Behörden der Mitgliedstaaten haben im Jahr 2013 ca. 3.500 ausländische Vermittler mit Geschäftstätigkeit in Deutschland gemeldet.[432] Ihr personeller Anteil am deutschen Vermittlermarkt liegt damit bei gerade einmal knapp 1,3 %. Es waren zudem 140 Honorar-Finanzanlagenberater gem. § 34h GewO und 37.000 Finanzanlagenvermittler gem. § 34f GewO registriert.[433]

Die Anzahl der registrierten Versicherungsmakler ist mit knapp 47.000 Eintragungen groß. Bei der Einführung der Registrierungspflicht für Versicherungsvermittler ging die Bundesregierung noch von 6.000 bis 8.000 Versicherungsmaklern in Deutschland aus.[434] Experten bezweifeln daher, dass die Zahl der registrierten Versicherungsmakler die Marktverhältnisse zutreffend abbildet.[435] Das Vermittlerregister sei *„künstlich aufgebläht"* worden, weil beispielsweise Strukturvertriebe ihre formal selbstständigen Außendienstmitarbeiter und Untervermittler zum Register anmelden mussten.[436] Strukturvertriebe besäßen ein großes Netzwerk selbstständiger Einzelvermittler, die bei der Schätzung durch die Bundesregierung zum damaligen Zeitpunkt nicht berücksichtigt worden sein.[437] Ein weiterer Grund

429 16. Erwägungsgrund der IDD.
430 Stand (gerundet) am Jahresende 2017, Deutschen Industrie- und Handelskammertages (DIHK), abrufbar unter: http://www.dihk.de/themenfelder/recht-steuern/oeffentliches-wirtschaftsrecht/versicherungsvermittlung-anlageberatung/zahlen-und-fakten.
431 GDV, Statistisches Taschenbuch der Versicherungswirtschaft 2017, S. 11.
432 Mitteilung des DIHK auf Anfrage, unveröffentlicht.
433 Stand (gerundet) am Jahresende 2017, Deutschen Industrie- und Handelskammertages (DIHK), a.a.O.
434 BT-Drucks. 16/1935, S. 13.
435 Insbesondere Marfeldt, VW 2010, 773; Baumann/Beenken/Sandkühler, HdB-Maklermanagement, S. 16 f.
436 Marfeldt, VW 2010, 773; Baumann/Beenken/Sandkühler, HdB-Maklermanagement, S. 17, nennen z.B. MLP und Formaxx.
437 BT-Drucks. 16/1935, S. 13; Marfeldt, VW 2010, 773.

für die große Zahl der Registrierungen sei, dass Versicherer nach der Umsetzung der Versicherungsvermittlerrichtlinie ihren nebenberuflichen Versicherungsvertretern die Patronatserklärung verweigert hätten und diesen stattdessen empfahlen, sich als Versicherungsmakler registrieren zu lassen.[438] Versicherer konnten auf diese Weise die für die Haftungsfreistellung erforderlichen bilanzrechtlichen Rückstellungen nach § 249 HGB vermeiden.[439] Es habe aber auch aufseiten der Versicherungsvertreter ein Interesse daran bestanden, in den Maklerstatus zu wechseln, denn sie hatten als Versicherungsvertreter das unternehmerische Risiko zu tragen, waren jedoch weiterhin dem *„veralteten und autoritären Führungsstil“* der Versicherer unterworfen.[440] Es wird daher geschätzt, dass in Deutschland nur ca. 10.000 bis 15.000 selbstständige Versicherungsmaklerbetriebe existieren.[441]

2. Marktanteile der Vertriebsformen am Neugeschäft in Deutschland

Die Anteile der Vertriebsformen am Neugeschäft in Deutschland hängen wesentlich von der jeweiligen Versicherungssparte ab.

Tabelle 1: *Anteile der Vertriebsformen am Neugeschäft der Versicherer 2016*[a]

Vermittler	Leben[b]	PKV[c]	Schaden/Unfall[d]
Einfirmen-/Konzernvermittler	41,4 %	57,0 %	46,3 %
Makler	26,1 %	26,6 %	27,42 %
Mehrfachvertreter	6,6 %	3,0 %	2,9 %
Kreditinstitute	19,9 %	4,8 %	5,5 %
Direktvertriebe[e]	2,3 %	6,1 %[f]	13,9 %
Sonstige	3,7 %	2,5 %	4,2 %

[a] GDV, Statistisches Taschenbuch 2017, S. 13
[b] Nach vermittelten Beitragssummen.
[c] Nach vermittelten Monatsbeiträgen.
[d] Sach-, Unfall-, Haftpflicht-, Kraftfahrt- und Rechtsschutzversicherung nach vermittelten Jahresbeiträgen.
[e] Einschließlich Vergleichsportale.
[f] Grundsätzlich spielen Direktversicherer beim Vertrieb von Krankenvollversicherungen keine Rolle, ihre Bedeutung nimmt jedoch im Bereich der Krankenzusatzversicherung mit einem Marktanteil von 9,0 % deutlich zu, vgl. dazu Towers Watson, Vertriebswege-Survey zur Kranken(voll)versicherung vom 17. Dezember 2014, Ergebnisse abrufbar unter: http://www.towerswatson.com/de-DE/Press/2014/12/Vertriebswege-Survey-zur-Krankenversicherung-Ruckgang-im-PKV-Neugeschaft-fordert-Branche-heraus, Stand 16.12.2017.

438 Marfeldt, VW 2010, 773.
439 Werber, VersR 2010, 553 (555).
440 Baumann/Beenken/Sandkühler, HdB-Maklermanagement, S. 16.
441 Baumann/Beenken/Sandkühler, HdB-Maklermanagement, S. 17.

C. Weitere Bedingungen beim Maklervertrieb

I. Vertriebskooperationen mit Versicherern

Die Vereinbarung und Ausgestaltung von Vertriebskooperationen zwischen Versicherern und Versicherungsmaklern (insbesondere Courtageabkommen) hängt wesentlich von der Größe des Versicherungsmaklerbetriebes ab. Versicherer klassifizieren Versicherungsmakler in der Regel nach ihren Umsätzen bzw. nach den von ihnen vermittelten Prämienvolumina in der Regel in A-, B-, C- oder D-Versicherungsmakler.[442] Von dieser Einteilung ist die Höhe der vereinbarten Courtage abhängig; Kleinstmakler, die als C- und D- Versicherungsmakler eingestuft werden, erhalten geringere Courtagesätze und weniger Serviceleistungen von den Versicherern als große A- oder B-Versicherungsmakler.[443] Die Fähigkeit, ein gewisses Prämienvolumen vermitteln zu können, kann vom Versicherer aber auch zur Bedingung für eine Vertriebskooperation gemacht werden.[444]

Große Versicherungsmakler können erheblichen Einfluss auf den Produktabsatz in einigen Versicherungssparten haben. Bis zu einem Drittel des Geschäftsvolumens eines Versicherers wird von Maklerriesen wie Aon Jauch & Hübener oder Marsh vermittelt, insbesondere im Großkundenbereich und in Spezialbranchen wie Energie und Luftfahrt.[445] In den Geschäftsberichten einiger Rückversicherungsgesellschaften sollen sich Andeutungen zu möglichen strategischen Bedrohungen durch *„marktbeherrschende"* Maklerunternehmen finden.[446] Untersuchungen der Kommission und des Bundeskartellamtes Ende der 90er Jahre hatten eine marktbeherrschende Stellung der Maklerriesen, jedenfalls zum damaligen Zeitpunkt, allerdings nicht bestätigt.[447]

Ein Branchenverband schätzt, dass etwa 95–99 % aller Versicherungsmaklerfirmen kleine und mittelständische Betriebe sind.[448] Ungefähr jedes dritte Maklerunternehmen hat keine Mitarbeiter, gut die Hälfte der Unternehmen erreichen

---

442 Vgl. Marfeld, VW 2010, 773; Beenken, Versicherungsvertrieb, Absatz von Versicherungen durch Versicherer und Vermittler in Theorie und Praxis, S. 205.

443 Marfeld, VW 2010, 773.

444 Hergert, Wirtschaftswoche, wiwo.de vom 21.03.2009, Warum Versicherer mit einigen Maklern nicht zusammenarbeiten wollen, abrufbar unter: http://www.wiwo.de/unternehmen/versicherungen-warum-versicherer-mit-einigen-maklern-nicht-zusammenarbeiten-wollen-/5524702.html, Stand: 16.12.2017; Evers, Versicherungs-Journal Extrablatt, Nr. 4/2009, S. 22.

445 Thomas, VW 2012, 798.

446 So Thomas, VW 2012, 798.

447 Ausführlich Viertes Kapitel B. III. 2.

448 Bundesverband der kleinen und mittleren Unternehmen von Versicherungsmaklern e.V. (BV KMU-Versicherungsmakler e.V.), abrufbar unter: http://www.kmu-makler.de/.

einen Jahresumsatz von weniger als 100.000 EUR und mehr als 60 % erzielen lediglich einen Jahresgewinn von unter 50.000 EUR.[449]

II. „Zielgruppen-Kollision" mit konkurrierenden Vertriebsformen

Zwischen allen Formen der Versicherungsvermittler herrscht ein starker Verdrängungswettbewerb.[450] Die Gründungswellen firmenverbundener Vermittler im industriellen Großkundengeschäft verursachte, dass große Versicherungsmakler ihre Tätigkeit insbesondere auf das mittelständische Gewerbe ausdehnten, wo bis dahin in erster Linie mittlere Versicherungsmakler und Mehrfachvertreter tätig waren, die deshalb zunehmend auf das Privatkundengeschäft der Ausschließlichkeitsvermittler ausgewichen sind.[451] Das Resultat war eine zunehmende *„Zielgruppen-Kollision"* zwischen Versicherungsmaklern, Mehrfach- und Ausschließlichkeitsvertretern.[452]

Die Zielgruppe eines Versicherungsmaklers hängt heute wesentlich von der Größe der Maklerfirma ab. Große und besonders spezialisierte Versicherungsmaklerunternehmen vermitteln vor allem komplexe Versicherungslösungen für Unternehmen, wie z.B. für Industrieanlagen oder Altersvorsorgeangebote für die Mitarbeiter ganzer Konzerne. Sie besitzen ganz besonderes Know-how in den jeweiligen Produkt- und Kundensegmenten und können ihren Kunden neben speziellen Deckungskonzepten vor allem auch eine Vielzahl ergänzender Beratungsdienstleistungen anbieten.[453] Sie konkurrieren daher in der Regel mit firmenverbundenen Vermittlern und Versicherern, die selbst Geschäft zeichnen. Kleine und mittlere Maklerfirmen konkurrieren hingegen häufig mit Einfirmenvertretern, Mehrfachvertretern, gebundenen Strukturvertrieben und zunehmend mit dem Direktvertrieb um Privatkunden.

Eine Marktumfrage unter Versicherungsmaklern der *Steria Mummert Consulting AG* im Jahr 2013 ergab, dass 84 % der größeren Versicherungsmaklerunternehmen Versicherungen an Geschäftskunden und 64 % an Privatkunden vermitteln. Die Mehrheit der befragten Versicherungsmakler (78 %) gab an, auf bestimmte

---

449 Baumann/Beenken/Sandkühler, HdB-Maklermanagement, S. 11.

450 Beenken, Der Markt der Versicherungsvermittlung unter veränderten rechtlichen Rahmenbedingungen, S. 3; Zweites Kapitel B.

451 Keil, VW 1991, 711.

452 Keil, VW 1991, 711.

453 Zur Spezialisierung von Versicherungsmaklern, vgl. Kommission vom 23.8.1998, COMP/M.1307– Marsh&McLennan/Sedgwick; vgl. auch Hösker, VersR 2011, 29 (32) m.w.N.

Kunden- und Produktsegmente spezialisiert zu sein, gleichwohl war ihre Spartenvielfalt mit durchschnittlich 5,6 Kernsparten häufig größer als die von Versicherungsgesellschaften.[454]

III. Horizontale Kooperationen von Maklern

Die horizontale Kooperation in Maklerverbänden, -verbünden und -pools spielt für den Maklervertrieb eine immer größere Rolle. Insbesondere kleine und mittelgroße Versicherungsmakler können hierauf kaum noch verzichten.

1. Maklerverbände

In Maklerverbänden organisieren Versicherungsmakler ihre Interessenvertretung, um Einfluss auf politische Entscheidungsprozesse zu nehmen. Maklerverbände arbeiten beispielsweise in Gremien der Regierung, mit Interessenvertretern der Branche und stellen selbstverpflichtende berufsständische Regeln auf. Die Mitglieder des Verbandes Deutscher Versicherungsmakler (VDVM) haben sich z.B. in ihrem dreiteiligen *Code of Conduct* zur Einhaltung von Transparenz-Leitlinien, Wettbewerbsregeln und Leitlinien über den Abrechnungsverkehr und das Inkasso verpflichtet. Verbände informieren ihre Mitglieder auch über aktuelle Entwicklungen in der Gesetzgebung und Rechtsprechung, bieten juristische Beratung und Unterstützung durch Weiterbildungsangebote sowie Plattformen zum Meinungsaustausch an. Dennoch besteht nur ein geringer Organisationsgrad unter den Versicherungsmaklern. Große und kleine Versicherungsmaklerunternehmen organisieren sich aufgrund ihrer unterschiedlichen Interessen meist in verschiedenen Verbänden. Einige Verbände werden gelegentlich nur zu Marketingzwecken gegründet, ohne dass sie einen Mehrwert zur Meinungsbildung beitragen.[455]

---

454 Steria Mummert Consulting AG, Branchenkompass 2013 Versicherungen (unveröffentlicht), S. 6.

455 Insgesamt Baumann/Beenken/Sandkühler, HdB-Maklermanagement, S. 167 f.

Tabelle 2: *Übersicht über die wichtigsten Verbände*

Verband	Mitglieder
Verband Deutscher Versicherungsmakler (VDVM)	>600 Maklerunternehmen mit ca. 12.000 Mitarbeitern[a]
Bundesverband mittelständischer Versicherungs- und Finanzmakler (BMV(F))	280[b] Versicherungs- und Finanzmakler
Bundesverband der kleinen und mittleren Unternehmen von Versicherungsmaklern e.V. (KMU)	1.300 Mitgliedsunternehmen (ohne Filialen, Mitarbeiter), 90 % kleine und kleinste Makler, etwa 10 % mittelständische Maklerbetriebe[c]
Bundesverband Finanzdienstleistungen e.V. (AfW)	ca. 1.800 Mitgliedsunternehmen mit rund 30.000 Versicherungs- und Kapitalanlagevermittlern[d]
Verband unabhängiger Finanzdienstleistungsunternehmen in Europa e.V. (VOTUM)	Vornehmlich Großvertriebe wie AWD, Maklerpools und Versicherer; Mitgliedsunternehmen repräsentieren mehr als 80.000 Finanzdienstleister[e]
Bundesverband deutscher Versicherungskaufleute e.V. (BVK)	12.500 Direktmitglieder (selbstständig tätige Versicherungs- und Bausparkaufleuten) und ca. 40.000 Versicherungsvermittler über die Vertretervereinigungen der deutschen Versicherungsunternehmen (Organ-Mitgliedschaften)[f]

[a] VDVM, abrufbar unter: http://www.vdvm.de/index.php?lang=de, Stand: 16.12.2017.
[b] BMVF, abrufbar unter: http://www.bmvf.de/index.php?id=3, Stand: 16.12.2017.
[c] BV KMU-Makler 2007, abrufbar unter: http://www.kmu-makler.de/pdf/FAQ.pdf, Stand: 16.12.2017.
[d] AfW, abrufbar unter: http://www.afw-verband.de/ueber-den-afw/wir-uber-uns/, Stand: 16.12.2017.
[e] VOTUM, abrufbar unter: http://www.votum-verband.de/ueber-uns/historie-ziele/index.html, Stand: 16.12.2017.
[f] BVK, abrufbar unter: https://www.bvk.de/ueber-den-bvk/, Stand: 16.12.2017.

2. *Maklerverbünde*

In Maklerverbünden schließen sich Versicherungs- und z.T. auch Finanzmakler zusammen, um bessere Konditionen für Produkte, Tarife, Prämien und Courtagen mit Versicherern und Kapitalanlagegesellschaften vereinbaren zu können.[456] Verbünde werden ausschließlich von Versicherungs- und Finanzmaklern sowie

456 Baumann/Beenken/Sandkühler, HdB-Maklermanagement, S. 170 f.

z.T. von ihren Verbänden getragen und sind damit grundsätzlich frei von den Interessen Dritter (Versicherer, Kapitalanlagegesellschaften und anderer Investoren).[457]

Die zusammengeschlossenen Makler bleiben in vollem Umfang selbstständig, insbesondere behalten sie beim Einreichen von Versicherungsanträgen über den Verbund ihre uneingeschränkte Verhandlungssouveränität gegenüber den Versicherern (Direktanbindung).[458] Verbünde bieten ihren Mitgliedern zudem Dienstleistungen an, wie IT- und Marketingunterstützung, die Entwicklung zielgruppenorientierter Deckungskonzepte, die Bereitstellung von Marktinformationen sowie Schulungen und rechtliche Beratung.[459] Für die Mitgliedschaft in einem Maklerverbund werden meist Gebühren und Entgelte für die Inanspruchnahme von Dienstleistungen verlangt.[460] Große, bundesweit tätige Versicherungsmaklerverbünde sind beispielsweise die CHARTA Börse für Versicherungen AG mit mehr als 500 Versicherungsmaklerunternehmen[461] und der VEMA Versicherungsmakler-Genossenschaft e.G., ein genossenschaftlicher Zusammenschluss von mehr als 2.750 Maklerbetrieben mit 18.000 tätigen Personen[462].

3. *Maklerpools*

Maklerpools operieren nach verschiedenen Geschäftsmodellen.[463] Laut einer Studie der *V.E.R.S. Leipzig* bezeichnen sich 84 % der Maklerpools hauptsächlich als Pool, 68 % bezeichnen sich auch als Servicegesellschaft und weitere 37 % als Assekuradeure oder Maklerverbund.[464] Oftmals handelt es sich um Mischformen der verschiedenen Modelle.[465]

a) Funktion

Maklerpools haben im Wesentlichen die gleiche Funktion wie Maklerverbünde: Sie bündeln Versicherungsgeschäft, um bessere Konditionen, insbesondere höhere Courtagen mit Versicherern verhandeln zu können, unterstützen die angeschlossenen Versicherungsmakler bei der Organisation ihrer betriebsinternen Prozesse

457 Baumann/Beenken/Sandkühler, HdB-Maklermanagement, S. 170.

458 Zinnert, Recht und Praxis des Versicherungsmaklers, S. 536.

459 Zinnert, Recht und Praxis des Versicherungsmaklers, S. 536; Baumann/Beenken/Sandkühler, HdB-Maklermanagement, S. 171.

460 Zinnert, Recht und Praxis des Versicherungsmaklers, S. 537.

461 CHARTA, abrufbar unter: https://www.charta.de/ueber-uns; Stand: 16.12.2017.

462 VEMA, abrufbar unter: https://www.vema-eg.de/versicherer/, Stand: 16.12.2017.

463 Wagner, VW 2013, 24; Schulz, Der Versicherungsmakler im Doppelrechtsverhältnis, S. 235.

464 Wagner, VW 2013, 24 zitiert aus der Studie „Maklerpoolanalyse – Entwicklungen, Geschäftsmodelle, Transparenz“ von V.E.R.S. Leipzig GmbH (nur kostenpflichtig erhältlich).

465 Wagner, VW 2013, 24; Schulz, Der Versicherungsmakler im Doppelrechtsverhältnis, S. 235.

und entwickeln eigene Deckungskonzepte für Zielgruppen.[466] Pools setzen hierzu eigene Maklerbetreuer ein oder arbeiten mit Maklerbetreuern der Produktgeber (Außendienstmitarbeiter der Versicherer) zusammen.[467]

Maklerpools unterscheiden sich von Maklerverbünden dadurch, dass sie nicht wie ein genossenschaftliches Netzwerk von ihren Mitgliedern getragen werden. Versicherungsmakler haben bei Maklerpools keine institutionellen Mitbestimmungsrechte, denn Maklerpools sind eigentümergeführte Kapitalgesellschaften unter Beteiligung von Dritten, wie Versicherern oder Fondsgesellschaften.[468]

Versicherer profitieren ihrerseits ebenfalls von einer Kooperation mit Maklerpools. Neben der Bündelung von Kleingeschäft werben Pools für Versicherungsgesellschaften Versicherungsmakler an,[469] vereinbaren Courtageabkommen und richten Courtagekonten zur Abwicklung ein.[470] Sie übernehmen die Weiterleitung von Informationen an Versicherungsmakler, z.B. zu neuen Tarifen oder Änderungen der gesetzlichen Rahmenbedingungen, organisieren Schulungen und Weiterbildungen.[471] Kleine und mittelgroße Versicherer realisieren deshalb z.T. über die Hälfte ihres Geschäftes mit Maklerpools.[472]

b) Vertragliche Gestaltung der Anbindung

Über die Hälfte der Maklerpools bietet ihren Mitgliedern die Möglichkeit zur Direktanbindung an eine Versicherungsgesellschaft an.[473] Die Courtage zahlt der Versicherer hierbei unmittelbar an den Versicherungsmakler, während der Poolbetreiber für seine Dienstleistung vom Versicherungsmakler in Form einer Aufnahmegebühr oder Mitgliedsbeiträgen vergütet wird.[474] Für diese reine Servicetätigkeit benötigt ein Maklerpool in der Regel keine Vermittlererlaubnis nach § 34d GewO.[475]

---

466 Ausführlich Baumann/Beenken/Sandkühler, HdB-Maklermanagement, S. 172; vgl. auch Hilker, VW 2003, 1854; Zinnert, Recht und Praxis des Versicherungsmaklers, S. 536.

467 Brunotte, Versicherungsmagazin 8/2011, über die Maklerpoolstudie 2011, S. 16 (22).

468 Baumann/Beenken/Sandkühler, a.a.O., S. 171; Schulz, Der Versicherungsmakler im Doppelrechtsverhältnis, S. 236.

469 Maklerpools können nach § 8 Abs. 2 UWG für unlautere Äußerungen eines angeschlossenen Maklers beim An- bzw. Abwerben neuer Vermittler haften, vgl. OLG Stuttgart, Urteil vom 27.11.2014, Az. 2 U 175/13, juris; dazu Evers, VW 2015, 59.

470 Baumann/Beenken/Sandkühler, HdB-Maklermanagement, S. 172; Zinnert, Recht und Praxis des Versicherungsmaklers, S. 535.

471 Baumann/Beenken/Sandkühler, HdB-Maklermanagement, S. 172.

472 Brunotte, Versicherungsmagazin 8/2011, S. 16 (20).

473 Wagner, VW 2013, 24; Baumann/Beenken/Sandkühler, HdB-Maklermanagement, S. 173.

474 Wagner, VW 2013, 24; Zinnert, Recht und Praxis des Versicherungsmaklers, S. 536; Baumann/Beenken/Sandkühler, HdB-Maklermanagement, S. 173.

475 Schönleiter in Landmann/Rohmer, GewO, § 34 d, Rn. 58.

Häufig sind Maklerpools aber (auch) selbst als Versicherungsvermittler mit Erlaubnis nach § 34d Abs. 1 GewO n.F. tätig, d.h. sie reichen Versicherungsanträge ihrer Mitglieder über ihre eigene Vermittlernummern beim Versicherer ein und schließen Courtagevereinbarungen mit den Versicherern.[476] Vertriebspartner des Versicherers ist damit der Maklerpool, während der angeschlossene Versicherungsmakler als Mitglied gegenüber dem Versicherer nicht in Erscheinung tritt.[477] Die gesamte Vertragskorrespondenz mit dem Versicherer läuft bei diesem Modell über den Maklerpool, mit dem der angeschlossene Versicherungsmakler wiederum eine Vertriebsvereinbarung geschlossen hat.[478] Der Versicherer zahlt die Courtage an den Maklerpool, der diese abzüglich eines vereinbarten Anteils an den Versicherungsmakler weiterleitet.[479] Das Rechtsverhältnis zwischen Versicherungsmakler und Kunden bleibt von der Zwischenschaltung des Maklerpools unberührt, denn ein eigenständiges Rechtsverhältnis zwischen Maklerpool und Versicherungskunde entsteht nicht.[480]

Ob Maklerpools neben Versicherungsmaklern auch mit Mehrfachvertretern zusammenarbeiten dürfen, ist umstritten. Nach überzeugender Ansicht hängt die Zulässigkeit einer Zusammenarbeit mit Mehrfachvertretern davon ab, nach welchem Geschäftsmodell der Maklerpool arbeitet.[481] Ist der Maklerpool als reine Servicegesellschaft tätig, die nicht selbst Versicherungsverträge vermittelt und die angeschlossenen Vermittler in ein Über-/Unterordnungsverhältnis vertraglich integriert, darf er auch mit Mehrfachvertretern zusammenarbeiten.[482] Etwas anderes gilt dann, wenn der Maklerpool selbst als Versicherungsmakler gemäß § 34d Abs. 1 GewO n.F. registriert und tätig ist; angeschlossene Vermittler müssen dann grundsätzlich dem Vermittlerstatus des Maklerpools folgen.[483] In der Praxis hat dies z.T. dazu geführt, dass

---

476 Baumann/Beenken/Sandkühler, HdB-Maklermanagement, S. 174; Schulz, Der Versicherungsmakler im Doppelrechtsverhältnis, S. 235.

477 Zinnert, Recht und Praxis des Versicherungsmaklers, S. 536; Baumann/Beenken/Sandkühler, HdB-Maklermanagement, S. 174.

478 Schulz, Der Versicherungsmakler im Doppelrechtsverhältnis, S. 238; Baumann/Beenken/Sandkühler, HdB-Maklermanagement, S. 174.

479 Zinnert, Recht und Praxis des Versicherungsmaklers, S. 536; Baumann/Beenken/Sandkühler, HdB-Maklermanagement, S. 175; Schulz, Der Versicherungsmakler im Doppelrechtsverhältnis, S. 240.

480 Baumann/Beenken/Sandkühler, HdB-Maklermanagement, S. 174; Schulz, Der Versicherungsmakler im Doppelrechtsverhältnis, S. 239.

481 So Schönleiter in Landmann/Rohmer, GewO, § 34 d, Rn. 59.

482 Schönleiter in Landmann/Rohmer, GewO, § 34 d, Rn. 59.

483 Schönleiter in Landmann/Rohmer, GewO, § 34 d, Rn. 59; Sandkühler, AssCompact 2009, S. 82 (83); Evers/Friele, VW 2009, 58; Adjemian/Dening/Klopp/Kürn/Moraht/Neuhäuser, GewArch 2009, 137 (140).

Maklerpools eigene Mehrfachvertretungen gegründet haben, um Mehrfachvertretern eine Anbindung zu ermöglichen.[484]

c) Bedeutung

Für umsatzschwächere Versicherungsmakler stellen Poolkooperationen häufig die einzige Zugangsmöglichkeit zu den Produkten von Versicherungs- und Fondsgesellschaften dar.[485] Der Versicherungsmakler hat als treuhänderischer Sachwalter des von ihm betreuten Kunden die zentrale Pflicht, seine Empfehlungen auf eine hinreichende Zahl von auf dem Markt angebotenen Versicherungsverträgen und von Versicherern zu stützen (§ 60 Abs. 1 S. 1 VVG). Maklerpools übernehmen diesbezüglich eine wichtige Funktion, weil sie kleineren Versicherungsmaklern den Zugang zu den Tarifen einer großen – und möglicherweise auch erst hinreichenden – Zahl von Versicherungsangeboten und Versicherern verschaffen.[486]

Kleine Versicherungsmaklerunternehmen sind zudem wegen der zunehmenden gesetzlichen Anforderungen, insbesondere an die Beratungsdokumentation, häufig auf das Dienstleistungsangebot von Maklerpools angewiesen, wenn z.B. die Extranets der Versicherer ihnen keine ausreichende Unterstützung für die interne Maklerverwaltung bieten.[487] Kleinere und mittlere Maklerbetriebe greifen daher am häufigsten auf die Leistungen von Maklerpools zurück. Insgesamt wird geschätzt, dass 77 % der Versicherungsmakler mit Maklerpools zusammenarbeiten und knapp 35 % ihres Neugeschäfts über Maklerpools bei Versicherern einreichen.[488] Exklusivanbindungen an einen Maklerpool bestehen dabei nur selten. Durchschnittlich arbeitet jeder Versicherungsmakler mit 2 bis 3 Maklerpools zusammen.[489]

d) Kritik

Die Zusammenarbeit mit Pools birgt aber auch Risiken für den Versicherungsmakler. Die Geschäftsmodelle und -beziehungen von Maklerpools werden als intransparent kritisiert. Nicht einmal die Hälfte der Pools veröffentlicht alle Bestandteile

---

484 Baumann, Vortrag auf dem 26. Münsterischen Versicherungstag am 22.11.2008, veröffentlicht in Armbrüster/Baumann, Aktuelle Rechtsfragen der Beratungspflichten von Versicherern und Vermittlern, S. 33 (35); Evers/Friele, VW 2009, 58.

485 Beenken, Der Markt der Versicherungsvermittlung, S. 32; Baumann/Beenken/Sandkühler, HdB-Maklermanagement, S. 172; Brunotte, Versicherungsmagazin 8/2011, S. 16 (22).

486 Ähnlich Beenken, Der Markt der Versicherungsvermittlung, S. 169.

487 Vgl. hierzu auch Mardfeld VW 2010, 773 („wenig fachkundigen Call Agents").

488 Baumann/Beenken/Sandkühler, HdB-Maklermanagement, S. 172.

489 Nach Wichert, zur Asscompact-Marktstudie Pools/Dienstleister 2015, Warum Vermittler die Zusammenarbeit mit einem Pool beenden, Versicherungsjournal vom 29.7.2015, abrufbar unter: http://vjournal.de/-123014; Stand: 16.12.2017.

ihrer Jahresabschlüsse (d.h. Bilanz- und Lagebericht einschließlich Gewinn- und Verlustrechnung sowie Anhang).[490] Zudem müssen Maklerpools direkte oder indirekte Beteiligungen von Versicherern und anderen Produktgebern gegenüber den angeschlossenen Maklern nicht offenlegen, weil § 11 Abs. 1 Nr. 6 VersVermV (Fassung 2007) nur eine Informationspflicht zugunsten der Versicherungsnehmer statuiert.[491] Die Beteiligungsverhältnisse von Versicherern und anderen Produktgebern können für die angebundenen Versicherungsmakler jedoch relevant sein. Denn sind Versicherer in erheblichem Umfang an einem Maklerpool beteiligt, könnten sie Einfluss auf den Pool und damit auch auf die Produktauswahl bzw. Beratungsgrundlage des angeschlossenen Versicherungsmaklers nehmen, indem sie versuchen, ihre Produkte überproportional und zielgerichtet über den Pool abzusetzen.[492] Eine solche mittelbare Einflussnahmemöglichkeit bestünde insbesondere dann, wenn der Maklerpool Exklusivanbindung oder Mindestumsätze von seinen Mitgliedern verlangt.[493] Würde die Beeinflussung letztlich zu einem Beratungsfehler des Versicherungsmaklers führen, z.B. weil der Makler bedeutsame Versicherer bei seiner Marktuntersuchung nicht berücksichtigt hat, kann er für einen daraus entstehenden Schaden nach § 63 VVG dem Kunden haften.[494] Statusrechtlich ist vom angeschlossenen Versicherungsmakler zu beachten, dass Maklerpools, an denen ein oder mehrere Versicherer eine überragende Beteiligung (Stimmrechte oder Kapital) besitzen, möglicherweise nicht die Voraussetzungen für den gewerberechtlichen Maklerstatus nach § 34d GewO n.F. erfüllen.[495] Die angeschlossenen Versicherungsvermittler sollen aber grundsätzlich dem Vermittlerstatus des Maklerpools folgen,[496] weshalb die statusrechtliche Qualifizierung des Pools auch für sie relevant ist.

Ferner könnten angeschlossene Versicherungsmakler bei Insolvenz oder Umstrukturierung eines Maklerpools ihre Courtageansprüche verlieren. Zudem könnten Versicherungsmakler von einem Maklerpool faktisch abhängig werden, wenn sie ihre technische Organisation, d.h. ihre Geschäftsprozesse und Datenflüsse derart stark auf die vom Pool gesteuerte Weise ausrichten, dass ihnen eine

490 Maklerpools sind in der Regel kleine Kapitalgesellschaften und unterliegen damit nur einer eingeschränkten bilanzrechtlichen Publizitätspflicht, vgl. Wagner, VW 2013, 24; Baumann/ Beenken/ Sandkühler, HdB-Maklermanagement, S. 180.

491 Schulz, Der Versicherungsmakler im Doppelrechtsverhältnis, S. 246 f.

492 Vgl. Mardfeld VW 2010, 773; Schulz, Der Versicherungsmakler im Doppelrechtsverhältnis, S. 250.

493 Ähnlich Schulz, Der Versicherungsmakler im Doppelrechtsverhältnis, S. 251.

494 Ähnlich Schulz, Der Versicherungsmakler im Doppelrechtsverhältnis, S. 250.

495 Schulz, Der Versicherungsmakler im Doppelrechtsverhältnis, S. 249 f., der bei einer 100%igen Beteiligung den Maklerstatus verneint; vgl. auch Mardfeld VW 2010, 773 zur Unabhängigkeit.

496 Dazu Zweites Kapitel C. III. 3. b) a.E.

Geschäftsbeendigung nur unter erheblichem Aufwand möglich wäre.[497] Nach der Geschäftsbeendigung mit einem Maklerpool können zudem Streitigkeiten hinsichtlich der Rückübertragung betreuter Bestände entstehen, wenn zuvor nicht klar geregelt wurde, wer die Rechte am Bestand hat.[498]

Für Versicherer (insbesondere sogenannte *Maklerversicherer*) ist die Transparenz von Pools ebenfalls von Bedeutung, vor allem dann, wenn der gesamte Vertrieb ihrer Produkte von einer oder mehreren Poolorganisationen durchgeführt wird. Aus Versicherersicht ist vor allem problematisch, dass Versicherungsmakler, mit denen sie die Zusammenarbeit beendet haben, über einen Pool wieder Verträge vermitteln können (sogenanntes *„Blindpooling"*).[499] Blindpooling kann für den Versicherer zudem aufsichtsrechtlich (§ 48 VAG n.F.) relevant sein und zwar dann, wenn der Vermittler, mit dem sie kooperieren, keine Gewerbeerlaubnis nach § 34 d GewO n.F. besitzt.[500] Denn nach Sinn und Zweck gilt die Vorschrift nicht nur für die Kooperation mit dem Maklerpool, sondern auch für die (mittelbare) Kooperation mit den an den Maklerpool angeschlossenen Versicherungsmaklern.[501] Aus Versicherersicht kann das Vermittlergeschäft durch Pools zudem teurer werden im Vergleich zur Direktanbindung.[502]

E. Zusammenfassung

Versicherungsprodukte sind aufgrund ihrer Eigenart in der Regel keine selbstwerbenden, von möglichen Versicherungskunden nachgefragten Güter, sondern müssen aktiv und daher regelmäßig durch Versicherungsvermittler verkauft werden. Zwischen allen Formen der Versicherungsvermittler herrscht hierbei ein starker Verdrängungswettbewerb. Kleine und mittelgroße Maklerfirmen konkurrieren insbesondere mit Ausschließlichkeits- und Mehrfachvertretern sowie im Bereich der Altersvorsorge mit Anbietern bzw. Vermittlern von Kapitalmarktprodukten als alternative Vorsorgelösungen, während große Versicherungsmaklerfirmen mit firmenverbundenen Vermittlern (in der Regel selbst als Makler zugelassen) und Versicherern, die Geschäft zeichnen, konkurrieren.

Die Kooperation zwischen Versicherern und Versicherungsmaklern ist maßgeblich von der Größe der Maklerfirma abhängig. Kleinen, umsatzschwächeren

497 Wichert, Pools müssen transparenter werden, Versicherungsjournal vom 31.5.2011, abrufbar unter KurzURL: http://vjournal.de/-108215, Stand: 16.12.2017.

498 Marfeld, VW 2010, 773; Wichert, Pools müssen transparenter werden, Versicherungsjournal vom 31.5.2011, unter: http://vjournal.de/-108215, Stand: 16.12.2017.

499 Baumann/Beenken/Sandkühler, HdB-Maklermanagement, S. 176.

500 Ausführlich dazu Baumann/Beenken/Sandkühler, HdB-Maklermanagement, S. 177 ff.

501 Ausführlich dazu Baumann/Beenken/Sandkühler, HdB-Maklermanagement, S. 177 ff.

502 Wichert, Pools müssen transparenter werden, a.a.O.

Versicherungsmaklern fällt es schwerer, eine direkte Geschäftsbeziehung mit Versicherungsgesellschaften aufzubauen bzw. dauerhaft zu unterhalten, als großen, weil das von ihnen vermittelte Prämienvolumen häufig zu gering ist, um als attraktive Geschäftspartner von den Versicherern wahrgenommen zu werden. Zudem klassifizieren Versicherer Versicherungsmakler nach ihren Umsätzen bzw. nach den von ihnen vermittelten Prämienvolumina in der Regel in A-, B-, C- oder D-Versicherungsmakler und machen die Höhe der Courtagen sowie das Serviceangebot für den Versicherungsmakler hiervon abhängt. Kleine und mittlere Versicherungsmakler suchen daher oft die Anbindung an einen Maklerpool oder Maklerverbund, der den Zugang zu einem breiten Spektrum an Versicherungsprodukten bietet und durch die Bündelung von Versicherungsanträgen regelmäßig bessere Courtagesätze durchsetzten kann als der einzelne Versicherungsmakler bei einer direkten Geschäftsbeziehung mit dem Versicherer.

Drittes Kapitel: Grenzen der Vertriebsgestaltungsfreiheit nach dem Vertragsrecht

Der Versicherer kann den Abschluss eines vom Versicherungsmakler vermittelten Versicherungsvertrages grundsätzlich ablehnen oder sich vor dem Abschluss des Versicherungsvertrages weigern, mit dem Versicherungsmakler zusammenzuarbeiten.[503] Er ist zudem frei darin, zu entscheiden, ob er einem Versicherungsmakler eine Folgecourtage bzw. ein Betreuungsentgelt für die Übernahme der Betreuung und Verwaltung nicht selbst vermittelter Versicherungsverträge im Auftrag des Versicherungskunden zahlt. Fraglich ist, ob diese Freiheiten des Versicherers nach dem Vertragsrecht, den Usancen im Versicherungsvertrieb oder aufgrund gesetzlicher Schuldverhältnisse beschränkt sein können.

A. Kein Wegfall der Courtage durch Kündigung der Courtagevereinbarung

Ausdrücklich getroffene Courtagevereinbarungen und Courtagezusagen können vom Versicherer vereinbarungsgemäß meist ohne eine Angabe von Gründen gekündigt bzw. widerrufen werden.[504] Die Kündigung der Courtagevereinbarung bzw. der Widerruf einer Courtagezusage wirkt *ex nunc*, so dass der Versicherer im Hinblick auf Neuabschlüsse nicht mehr zur Zusammenarbeit mit dem Versicherungsmakler auf der Grundlage der gekündigten Courtagevereinbarung verpflichtet ist.[505] Sie führt jedoch grundsätzlich nicht zum Untergang der Pflicht des Versicherers zur Zahlung von Folgecourtagen für bereits vermittelte Versicherungsverträge.[506] Umstritten ist aber, ob bzw. inwieweit dies auch für den Fall einer berechtigten Kündigung der Courtagevereinbarung aus wichtigem Grund durch den Versicherer gilt.

---

503 Matusche-Beckmann in VersR-HdB, § 5, Rn. 359; Schwintowski in Bruck/Möller, § 59, Rn. 127.

504 Vgl. Erstes Kapitel B. I. 1. a).

505 Matusche-Beckmann in GS Hübner, S. 171 (176); OLG Frankfurt a.M. VersR 1995, 92; LG Hamburg, Urteil vom 5.9.2005, Az. 415 O 53/05, Rn. 42.

506 Wohl h.M. OLG Frankfurt a.M. VersR 1995, 92; Nichtannahmebeschluss des BGH vom 19.10.1994, Az. IV ZR 39/94, ebenda; LG Hamburg, Urteil vom 5.9.2005, Az. 415 O 53/05, juris; Werber, Von der Unabhängigkeit eines Versicherungsmaklers im „Doppelrechtsverhältnis", in Beiträge über den Versicherungsmakler, S. 185 (199f.); Matusche-Beckmann in VersR-HdB, § 5, Rn. 359; Dörner in Prölss/Martin, VVG, § 59, Rn. 116; Schroeder, a.a.O., S. 83.

I. Grundsatz: Beschränkung der Kündigungsmöglichkeiten des Versicherers i. S. v. § 626 BGB

Hat der Versicherer einen vom Versicherungsmakler vermittelten Versicherungsvertrag abgeschlossen, ist er grundsätzlich verpflichtet, mit dem Versicherungsmakler zusammenzuarbeiten und ihm – auf der Grundlage einer ausdrücklich oder konkludent vereinbarten Courtageabrede – für seine Dienste eine Courtage zu zahlen.[507] In Rechtsprechung und Schrifttum besteht weitgehend Einigkeit darüber, dass eine Kündigung der Courtageabrede durch den Versicherer grundsätzlich keine Auswirkung auf die Courtagezahlungspflicht des Versicherers für bereits vermittelte Versicherungsverträge hat, wenn der Versicherungsmakler weiterhin vom Versicherungsnehmer mit der Betreuung betraut ist.[508] Es steht nicht im Belieben des Versicherers, *„über den Kopf der Versicherungsnehmer hinweg"*, den Makler von seinen Diensten zu entbinden und ihm die hierfür zugesagte Courtage zu streichen.[509] Das Maklerverhältnis wird zwischen den Parteien für die ganze Zeit des Bestehens des Versicherungsvertrags geschlossen.[510] Die Beschränkung der Kündigungsmöglichkeit i.S.v. § 626 BGB ergibt sich in erster Linie aus der besonderen Stellung des Versicherungsmaklers im Doppelrechtsverhältnis.[511]

Nach *Werber*[512] wären auch Klauseln in Courtageabkommen, nach denen der Courtageanspruch des Versicherungsmaklers durch Kündigung erlischt, unwirksam. Eine vertragliche Vereinbarung zwischen Versicherer und Versicherungsmakler, nach der der Courtageanspruch im Fall der Kündigung entfiele, stelle eine *„institutionalisierte Courtagevereitelung"* dar und würde selbst unter Kaufleuten gegen AGB-Recht verstoßen, da sie die Erreichung des u.a. auf eine sachgerechte Courtagebemessung angelegten Vertragszwecks gefährde. Eine vertragswesentliche Position des Versicherungsmaklers würde sachwidrig eingeschränkt, wenn sich der Versicherer durch die Kündigung der Courtagevereinbarung von der Zahlung laufender Betreuungscourtagen befreien könnte. Zudem sei zu beachten, dass der Versicherungsmakler bei Kündigung der Courtagevereinbarung zur Betreuung des Versicherungsnehmers verpflichtet bleibe und sich sogar schadensersatzpflichtig machen könnte, wenn er dieser Pflicht nicht mehr nachkäme.[513]

---

507 Matusche-Beckmann in VersR-HdB, § 5, Rn. 359.

508 OLG Frankfurt a.M. VersR 1995, 92; Nichtannahmebeschluss des BGH vom 19.10.1994, Az. IV ZR 39/94, ebenda; LG Hamburg, Urteil vom 5.9.2005, Az. 415 O 53/05, juris; Werber, Beiträge über den Versicherungsmakler, S. 185 (199 f.); Matusche-Beckmann in VersR-HdB, § 5, Rn. 359; Dörner in Prölss/Martin, VVG, § 59, Rn. 116; Schroeder, a.a.O., S. 83.

509 LG Hamburg, Urteil vom 5.9.2005, Az. 415 O 53/05, Rn. 40 juris.

510 OLG Frankfurt a.M. VersR 1995, 92 (93).

511 OLG Frankfurt a.M. VersR 1995, 92; Nichtannahmebeschluss des BGH vom 19.10.1994, Az. IV ZR 39/94, ebenda.

512 Werber, Beiträge über den Versicherungsmakler, S. 185 (200).

513 Insgesamt Werber, Beiträge über den Versicherungsmakler, S. 185 (200).

Die Vereinbarung von Courtageverzichtsklauseln würde den Versicherungsmakler jedenfalls solange unangemessen benachteiligen, wie er keinen Ausgleichsanspruch entsprechend § 89b HGB gegen den Versicherer hat.

II. Ausnahme: Kündigung aus wichtigem Grund

Eine Ausnahme von der Beschränkung der Kündigungsmöglichkeiten des Versicherers besteht nur unter der Voraussetzung des § 626 BGB.[514]

1. *Wichtiger Grund*

Ausnahmsweise ist der Versicherer zur Zusammenarbeit mit dem Versicherungsmakler nicht mehr verpflichtet, wenn ihm die Fortführung der Zusammenarbeit aus einem wichtigen Grund i.S.v. § 626 Abs. 1 BGB, der ihm erst nach Abschluss des Versicherungsvertrages bekannt geworden ist, nicht mehr zugemutet werden kann.[515]

Nach § 626 Abs. 1 BGB liegt ein wichtiger Grund vor, wenn dem kündigenden Teil unter Berücksichtigung aller Umstände des Einzelfalls und unter Abwägung der beiderseitigen Interessen die Fortsetzung des Vertragsverhältnisses bis zur vereinbarten Beendigung oder bis zum Ablauf einer Kündigungsfrist nicht zugemutet werden kann. Ein wichtiger Grund kann z.B. dann vorliegen, wenn der Versicherungsmakler nicht über die rechtlichen und fachlichen Qualifikationen verfügt.[516] Bei schwerwiegenden Differenzen zwischen Versicherer und Versicherungsmakler kann ebenfalls ein wichtiger Grund vorliegen, der zur Beendigung berechtigt; z.B. dann, wenn ein Versicherungsmakler nach der Aufhebung seiner Befugnis zum Direktinkasso, ungeachtet einer Abmahnung durch den Versicherer, Zahlungen von Versicherungsnehmern, die auf sein Konto eingehen, nicht an den Versicherer weiterleitet.[517]

Kein wichtiger Grund liegt hingegen vor, wenn der Versicherer unzufrieden damit ist, dass ihm der Versicherungsmakler kein ausreichendes Neugeschäft mehr vermittelt.[518] Den Versicherungsmakler trifft – anders als den

---

514 OLG Frankfurt a.M. VersR 1995, 92; Nichtannahmebeschluss des BGH vom 19.10.1994, Az. IV ZR 39/94, ebenda.

515 OLG München VersR 2012, 991; OLG Frankfurt a.M. VersR 1995, 92; Nichtannahmebeschluss des BGH vom 19.10.1994, Az. IV ZR 39/94, ebenda; LG Hamburg, Urteil vom 05.09.2005, Az. 415 O 53/05, Rn. 44, juris; Matusche-Beckmann in VersR-HdB, § 5, Rn. 359; Dörner in Prölss/Martin, VVG, § 59, Rn. 116; vgl. auch zur Ablehnung der Korrespondenz und Auskunft mit einem Makler BGH VersR 2013, 841.

516 Dörner in Prölss/Martin, VVG, § 59, Rn. 116; zum Fehlen der Gewerbeerlaubnis nach § 34 d GewO Evers/Eikelmann, VW 2009, 863.

517 OLG München VersR 2012, 991; Dörner in Prölss/Martin, VVG, § 59, Rn. 116; Matusche-Beckmann in GS Hübner, S. 171 (174).

518 LG Hamburg, Urteil vom 5. 9. 2005, Az. 415 O 53/05, Rn. 44, juris.

Versicherungsvertreter – keine Verpflichtung, sich um Vertragsabschlüsse für den Versicherer zu bemühen.[519] Ein wichtiger Kündigungsgrund liegt auch dann nicht vor, wenn ein Gesellschafterwechsel in der Maklerfirma stattgefunden hat, der dem Versicherer zwar nicht angezeigt wurde, der Versicherer jedoch jahrelang mit der Maklerfirma in Kenntnis des Gesellschafterwechsels zusammengearbeitet hat, ohne den Wechsel zu beanstanden.[520]

2. Rechtsfolge

Kündigt der Versicherer die Courtagevereinbarung wirksam aus einem wichtigen Grund i.S.v. § 626 BGB, ist umstritten, ob der Versicherer zur Zahlung von Folgecourtage bzw. Betreuungsentgelt an den Versicherungsmakler verpflichtet bleibt, solange der Makler Betreuungsleistungen im Auftrag des Kunden für bereits vermittelte Versicherungsverträge übernimmt.[521]

a) Ansichten

Nach *Matusche-Beckmann*[522] müsse die besondere Lage des Versicherungsmaklers im Doppelrechtsverhältnis auch bei einer Kündigung der Courtagevereinbarung bzw. Kündigung der Zusammenarbeit aus wichtigem Grund berücksichtigt werden. Außerdem müsse die Relativität der Schuldverhältnisse Beachtung finden. Es sei nicht hinnehmbar, dass sich bei Differenzen zwischen Versicherungsmakler und Versicherer, die den Versicherer zu einer Kündigung aus wichtigem Grund berechtigen, sich der Versicherungsnehmer um einen anderen Sachwalter bemühen müsse. Der Versicherer habe zu akzeptieren, dass der Versicherungsnehmer während der gesamten Dauer des Versicherungsverhältnisses von einem bestimmten Versicherungsmakler betreut werden will.

Nach *Evers/Eikelmann*[523] würde der Versicherungsmakler in diesen Fällen seinen Courtageanspruch auch nicht nach § 654 BGB verwirken. Eine Verwirkung des Courtageanspruches komme grundsätzlich nur in Betracht, wenn der Versicherungsmakler Treuepflichten gegenüber dem Versicherungsnehmer verletze.[524] Die Kündigung der Courtagevereinbarung aus wichtigem Grund durch den Versicherer stelle aber keine Pflichtverletzung des Versicherungsmaklers in diesem Sinne dar.

---

519 LG Hamburg, Urteil vom 5. 9. 2005, Az. 415 O 53/05, Rn. 44, juris.

520 LG Hamburg, Urteil vom 5. 9. 2005, Az. 415 O 53/05, Rn. 45, juris.

521 Insbesondere Dörner in Prölss/Martin, VVG, § 59, Rn. 116 und Matusche-Beckmann in GS Hübner, S. 171 (179 f.).

522 Matusche-Beckmann in GS Hübner, S. 171 (180).

523 Evers/Eikelmann, VW 2009, 868.

524 Vgl. zum Grundsatz Zinnert, Recht und Praxis des Versicherungsmaklers, 349; a.A. Möller in Bruck/Möller, 8. Auflage (1961) VVG, Vor § 43–48, Anm. 68.

Nach anderer Ansicht soll die Pflicht des Versicherers zur Courtagezahlung bzw. zur Zahlung eines weiteren Betreuungsentgeltes – wie die Pflicht zur Zusammenarbeit – im Falle der Kündigung der Courtagevereinbarung aus wichtigem Grund nach § 626 BGB erlöschen.[525] Kann der Versicherer die weitere Zusammenarbeit mit dem Versicherungsmakler berechtigterweise ablehnen, könne der Versicherungsmakler die Vertragsbetreuung nicht mehr fortsetzen und der Anspruch auf Zahlung einer Betreuungscourtage entfalle.[526]

Setzt sich die Folgecourtage wie in der Sachversicherung aus einem Betreuungs- und Vermittlungsanteil zusammen, soll nach einer Entscheidung des Oberlandesgerichts München im Falle einer Kündigung der Courtagevereinbarung durch den Versicherer aus wichtigem Grund nicht nur der Anspruch des Versicherungsmaklers auf den Betreuungsanteil der Folgecourtage entfallen, sondern auch der Anspruch auf den in der Folgecourtage enthaltenen Vermittlungsanteil.[527] Das Gericht führte dazu aus:

> *„Da die fristlose Kündigung auf einem vom Kl. [Versicherungsmakler, Ergänzung durch Verfasserin] zu vertretenden wichtigen Grund beruhte, hat diese für die Zukunft die Pflicht der Bekl. [Versicherung, Ergänzung durch Verfasserin] beendet, Courtage zu zahlen (Prölss/Martin/Dörner, VVG 28. Aufl. § 59 Rn. 74). Dieser Auffassung schließt sich der Senat an, wobei er nicht verkennt, dass der Versicherungsmakler zumindest in einzelnen Versicherungszweigen in der Regel nicht eine einmalige Provision, sondern laufend Prozente von den Prämieneinnahmen des Versicherers erhält (BGH VersR 1986, 236 [237]), wobei regelmäßig angenommen wird, dass auch in der Courtage ab dem zweiten Versicherungsjahr noch ein hälftiger Vermittlungsanteil enthalten ist (OLG Hamm VersR 1987, 155 [156]; VersR 1995, 658). Auch wenn damit der Kl. seine Gegenleistung für die Vermittlungskomponente wirtschaftlich bereits in der Vergangenheit erbracht hat, entfällt nach Auffassung des Senats dennoch auch insoweit die Zahlungspflicht für die Zukunft. Durch die getroffene Courtageabrede haben Makler und Versicherer den Anspruch auf Courtage, der auf die Vermittlungskomponente entfällt, nicht bereits mit der Vermittlung endgültig festgelegt, sondern vereinbart, dass diese jeweils erst in der Zukunft entsteht. Dann entfällt diese Forderung jedoch mit der Beendigung des Vertrags, zumindest, wenn diese aus einem vom Versicherungsmakler zu vertretenden wichtigen Grund erfolgt.“*

Das Gericht nimmt zur Begründung weiterhin einen Vergleich mit dem für Handelsvertreter geltenden Ausgleichsanspruch (§ 89b Abs. 1 HGB) vor:[528]

---

525 OLG München VersR 2012, 991; Für Bestandspflegeentgelt: OLG Frankfurt a.M. VersR 1995, 92; Nichtannahmebeschluss des BGH vom 19.10.1994, Az. IV ZR 39/94, ebenda; LG Hamburg, Urteil vom 5.9.2005, Az. 415 O 53/05, juris; Dörner in Prölss/Martin, VVG, § 59, Rn. 116; differenzierend Möller in Bruck/Möller, 8. Auflage (1961), VVG, Vor §§ 43–48, Anm. 117, nur für den Fall, dass der Versicherungsmakler die Kündigung verschuldet hat.

526 Dörner in Prölss/Martin, VVG, § 59, Rn. 116.

527 OLG München VersR 2012, 991.

528 OLG München VersR 2012, 991.

> *„Ein entsprechender Grundsatz ist auch ausgeprägt in § 89 b Abs. 3 Nr. 2 HGB. Danach ist ein Ausgleichsanspruch eines Handelsvertreters dann ausgeschlossen, wenn wie im vorliegenden Fall eines Versicherungsmaklers das schuldhafte Verhalten des Vertragspartners des Versicherers kausal für die Kündigung geworden ist (vgl. BGH vom 16.2.2011 – VIII ZR 226/07). Das Gesetz lässt dann also auch einen Handelsvertreterausgleichsanspruch nicht entstehen, der ja noch mehr als die Vermittlungskomponente im Folgecourtageanspruch des Versicherungsmaklers Gegenleistung für eine in der Vergangenheit nicht „voll" abgegoltene Vertragsleistung des Vermittlers ist, nämlich beim Handelsvertreter die Schaffung des Kundenstamms."*

Die Stellung des Versicherungsmaklers im Doppelrechtsverhältnis vermochte das Gericht als Gegenargument zur Aufrechterhaltung des Courtageanspruches nicht überzeugen:

> *„Der Hinweis auf die Relativität der Schuldverhältnisse ist zwar angesichts der Ausgestaltung der Rechtsverhältnisse zwischen VN, Versicherungsmakler und Versicherer zutreffend, vermag aber nicht zu begründen, wieso der Versicherer in seinem Verhältnis zum Makler, nachdem ihm dessen Fortführung unzumutbar geworden ist, weitere Zahlungen zu leisten hat. Dabei verkennt der Senat nicht, dass der Makler aus seiner vertraglichen Bindung gegenüber dem VN weiterhin zur Betreuung verpflichtet sein kann, worauf der Kl.-Vertreter hingewiesen hat. Weiter ist dem Senat klar, dass bei dieser Konstellation die Bekl. letztlich Aufwendungen erspart und dennoch mittelbar von der Betreuungsleistung des Maklers profitieren kann. Insoweit hat jedoch ebenfalls zutreffend der Bekl.-Vertreter ins Feld geführt, dass der Versicherungsmakler etwa an einer Umdeckung nicht gehindert ist."*

b) Stellungnahme

aa) § 89b Abs. 3 Nr. 2 HGB

In § 89b Abs. 3 Nr. 2 HGB ist nach der hier vertretenen Ansicht kein Grundsatz ausgeprägt, der ohne Weiteres auf den Versicherungsmakler übertragbar ist. Der Ausgleichsanspruch des Versicherungsvertreters nach § 89b Abs. 5, 1 HGB ist ein durch das Gesetz besonders ausgestalteter und modifizierter, vertraglicher Vergütungsanspruch für eine vom Versicherungsvertreter bereits erbrachte Leistung,[529] die durch die Provision noch nicht voll abgegolten wurde.[530] Für den Umfang des Ausgleichsanspruches des Versicherungsvertreters ist auf den bis zum Zeitpunkt der Vertragsbeendigung vermittelten neuen Kundenbestand abzustellen und zu prüfen, inwieweit vermittelte Verträge noch nicht voll vergütet wurden.[531] Dabei

---

529 Löwisch in Ebenroth/Boujong/Joost/Strohn, HGB, § 89 b, Rn. 14, m.w.N.
530 St. Rspr. BGH NJW 1957, 1029 (1031), BGH NJW 2010, 3226 (3227).
531 BGH NJW 1961, 1059; Hoyningen-Huene in MüKo-HGB, § 89 b, Rn. 258.

ist außer der Berücksichtigung verlorener Abschlussfolgeprovisionen auch ein Ausgleich für nach dem Ausscheiden zustande kommende Abschlüsse zu gewähren, die sich bei natürlicher Betrachtungsweise lediglich als Fortsetzung (Verlängerung) oder Erweiterung (Summenerhöhung) von vermittelten Verträgen darstellen.[532] § 89b Abs. 5, 1 HGB knüpft damit an während der Vertragslaufzeit vermittelte Verträge an und kompensiert bereits im Grunde verdiente Vermittlungs- oder Abschlussprovisionen, die infolge der Beendigung des Handelsvertretervertrages entfallen.[533]

Die Beendigung des Handelsvertretervertrages führt für sich genommen jedoch noch nicht zum Wegfall bereits verdienter Provisionen und zur Anwendung von § 89b HGB, denn zahlt der Versicherungsnehmer nach Beendigung des Handelsvertretervertrages seine Prämien für den vermittelten Vertrag weiter, bleibt der Anspruch des Versicherungsvertreters auf Abschlussfolgeprovisionen grundsätzlich bestehen, solange die aufschiebende Bedingung für den Anspruch – die Prämienzahlung – eintritt (§ 92 Abs. 4 HGB).[534] Der Anspruch auf Abschlussfolgeprovisionen erlischt in der Praxis dennoch, weil Versicherer und Versicherungsvertreter regelmäßig sogenannte *Provisionsverzichtsklauseln* für den Fall der Beendigung des Handelsvertretervertrages vereinbaren.[535] Damit resultiert erst aus der Vereinbarung von Provisionsverzichtsklauseln für den Fall der Vertragsbeendigung der Provisionsverlust des Versicherungsvertreters, der durch den Ausgleichsanspruch nach § 89b Abs. 1 HGB kompensiert werden soll.[536] Ob und inwieweit Provisionsverzichtsklauseln einer Inhaltskontrolle nach § 307 Abs. 2 Nr. 1 BGB standhalten, wird in der Literatur zu Recht kritisch diskutiert.[537] Provisionsverzichtsklauseln weichen danach vom gesetzlichen Leitbild der §§ 87 und 92 Abs. 4 HGB erheblich ab und stellen einen Eingriff in die Rechte des Versicherungsvertreters dar.[538] Ferner könne der Ausgleichsanspruch den Provisionsverzicht nur kompensieren, wenn kein Ausschlusstatbestand nach § 89b Abs. 3

532 BGH NJW 1961, 1059 (1060).
533 BGH NJW 1961, 1059; OLG Frankfurt a.M. BB 1978, 728 (729); Hoyningen-Huene in MüKo-HGB, § 89 b, Rn. 258.
534 Vgl. nur Hoyningen-Huene in MüKo-HGB, § 89 b, Rn. 259; OLG Frankfurt a.M. r + s 2012, 207 (208); vgl. oben zur analogen Anwendung auf den Versicherungsmakler Erstes Kapitel B. II.
535 OLG Frankfurt a.M. BB 1978, 728 (729); OLG Frankfurt a.M. r+s 2012, 207 (208); Hoyningen-Huene in MüKo-HGB, § 89 b, Rn. 259; Hopt in Baumbach/Hopt, HGB, § 89b, Rn. 91; Emde, VersR 2013, 1333 (1345).
536 Hoyningen-Huene in MüKo-HGB, § 89 b, Rn. 259; Hopt in Baumbach/Hopt, HGB, § 89b, Rn. 91; Graf v. Westphalen DB 2003, 2320.
537 Vgl. Graf v. Westphalen DB 2003, 2319; Daum VersR 2011, 565 (567); Löwisch in Ebenroth/Boujong/Joost/Strohn, HGB, § 92 Rn. 23; Emde, BB 2011, 2755 (2759); a.A. OLG Frankfurt a.M. r+s 2012, 207 (208) m.w.N.
538 Graf v. Westphalen DB 2003, 2319 (2320); Thume, BB 2012, 975 (980).

HGB einschlägig ist.[539] Dieser Streit soll im Rahmen dieser Arbeit jedoch nicht weiter vertieft werden.

Das Oberlandesgericht München bezieht den Aspekt der Provisionsverzichtsklauseln in seine Überlegungen nicht ein. Dabei führen Provisionsverzichtsklauseln zur Notwendigkeit der Kompensation bereits verdiente Provisionen des Versicherungsvertreters und damit zur Anwendbarkeit des Grundsatzes in § 89b Abs. 3 Nr. 2 HGB. Der Versicherungsvertreter verliert seinen Anspruch auf bereits verdiente Provisionen nicht allein durch die Kündigung des Handelsvertretervertrages. Provisionsverzichtsklauseln werden mit Versicherungsmaklern aber in der Regel nicht vereinbart. Sie wären wohl auch unwirksam, solange sich der Versicherungsmakler nicht auf einen gesetzlichen oder vertraglichen Ausgleichsanspruch zur Kompensation seines Verlusts berufen kann. Sie würde ohne Kompensationsmöglichkeit eine *„institutionalisierte Courtagevereitelung"* darstellen.[540] § 89b Abs. 3 Nr. 2 HGB enthält mithin keinen Grundsatz, wonach der Anspruch des Versicherungsmaklers auf einen in der Folgecourtage enthaltenen Vermittlungsanteil durch die Kündigung der Courtagevereinbarung aus wichtigem Grund gleichermaßen erlischt.

bb) Kündigung von Dauerschuldverhältnissen

Courtagevereinbarungen – oder eine zumindest konkludent vereinbarte Courtageabrede – bilden nach der hier vertretenen Ansicht den Rechtsgrund für den Courtageanspruch des Versicherungsmaklers. Werden sie vom Versicherer aus wichtigem Grund gekündigt, ist mithin schuldrechtlich zu beurteilen, ob und inwieweit die Kündigung zum Untergang des Folgecourtageanspruchs des Versicherungsmaklers führen kann.[541]

Die Kündigung eines Dauerschuldverhältnisses wirkt *ex nunc*, d.h. in der Vergangenheit ausgetauschte Leistungen sowie Leistungspflichten, die vor der Kündigung fällig geworden sind, bleiben von der Kündigung unberührt; für sie bildet das gekündigte Vertragsverhältnis weiterhin den Rechtsgrund.[542] Ist der gesamte Anspruch auf Folgecourtage demnach bereits vor der Kündigung der Courtagevereinbarung aus wichtigem Grund entstanden, bleibt er von der Kündigung unberührt.

---

539 Graf v. Westphalen DB 2003, 2319 (2320); Thume BB 2012, 975 (980).

540 Vgl. schon Werber, Beiträge über den Versicherungsmakler, S. 185 (200).

541 Schroeder, a.a.O., S. 83 vertritt die Ansicht, dass nach einer Kündigung der Courtagevereinbarung der Courtageanspruch fortan auf Gewohnheitsrecht gestützt werden könne. Zweifelhaft ist schon, ob eine gewohnheitsrechtliche Anspruchsgrundlage überhaupt neben einem vertraglich begründeten Anspruch bestehen bleibt bzw. wiederaufleben kann, wenn die Vertragsparteien die Anwendung von Gewohnheitsrecht mit dem Vertragsschluss gerade konkludent abbedungen haben.

542 BGH NJW 1982, 2553 (2554); Gaier in MüKo-BGB, § 314, Rn. 23.

Versicherer und Versicherungsmakler vereinbaren, dass Abschlusscourtage für die erfolgreiche Vermittlung und Folgecourtage bzw. ein Betreuungsentgelt für die künftige Verwaltung und Betreuung des Versicherungsvertrages gezahlt wird, wobei der Anteil von Vermittlungs- und Betreuungsentgelt in der Folgecourtage abhängig ist vom jeweiligen Courtagesystem.[543]

Enthält die Folgecourtage danach einen Betreuungsanteil oder soll ein *reines* Betreuungsentgelt gezahlt werden, hat der Versicherungsmakler als Gegenleistung Betreuungsleistungen während der Vertragslaufzeit zu erbringt.[544] Der Anspruch auf ein Betreuungsentgelt ist mithin noch nicht im Zeitpunkt der Vermittlung des Vertragsschlusses entstanden, sondern hängt von der künftigen (Weiter-) Betreuung des Versicherungskunden durch den Versicherungsmakler ab. Er entsteht mithin erst in der Zukunft.

Das Vermittlungsentgelt ist hingegen eine reine Erfolgsvergütung,[545] die der Versicherungsmakler verdient, wenn seine Vermittlungsbemühungen kausal für den Abschluss des Versicherungsvertrags waren.[546] Der Anspruch auf den Vermittlungsanteil in der Folgecourtage ist damit grundsätzlich nicht von weiteren Betreuungsmaßnahmen abhängig und bereits im Zeitpunkt der Vermittlung entstanden. Berücksichtigt man jedoch die Rechtsprechung des Bundesgerichtshofes zur Betreuungsübernahme von Einjahresverträgen mit Verlängerungsklausel in der Sachversicherung durch den Versicherer,[547] entsteht der Anspruch auf den Vermittlungsanteil in der Folgecourtage in diesen Fällen erst in der Zukunft. Der Bundesgerichtshof hatte mit einer an Treu und Glauben orientierten Auslegung der zwischen den Beteiligten getroffenen Abreden (§ 157 BGB) ermittelt, dass dem Erstmakler ein Anspruch auf das Vermittlungsentgelt jedenfalls dann nicht mehr zusteht, wenn der (Fort-) Bestand des Versicherungsvertrages bei wertender Betrachtung überwiegend nicht mehr auf seine (Erst-) Vermittlungsleistung, sondern auf das Bemühen eines Dritten um die Vertragsfortsetzung über die ursprüngliche Dauer hinaus zurückzuführen ist.[548] Der Versicherungsmakler, der den Versicherungsvertrag vermittelt, hat danach einen Anspruch auf den in der Folgecourtage enthaltenen Vermittlungsanteil nur, wenn er sich künftig um die Vertragsfortsetzung über die ursprüngliche Dauer hinaus bemüht. Entsteht der Anspruch auf den in der Folgecourtage enthaltenen Vermittlungsanteil demgemäß wie der Betreuungsanteil erst in der Zukunft, führt die Kündigung der Courtagevereinbarung aus wichtigem Grund zum Erlöschen des gesamten Folgecourtageanspruchs.

---

543 Vgl. ausführlich zu Voraussetzungen und Inhalt des Courtageanspruches Erstes Kapitel B. II und III.

544 Vgl. BGH VersR 2005, 550 (552).

545 Matusche-Beckmann in GS Hübner, S. 171 (173).

546 Vgl. Erstes Kapitel B. II.

547 BGH VersR 2005, 550 (552).

548 BGH VersR 2005, 550 (552).

Ferner kann das Recht des Versicherers zur Kündigung aus wichtigem Grund mit der Rechtsfolge, dass der Courtageanspruch des Versicherungsmaklers insgesamt untergeht, nicht beschränkt werden, denn Vereinbarungen, die ein außerordentliches Kündigungsrecht einschränken, sind grundsätzlich nach § 134 BGB nichtig.[549] Eine abweichende Beurteilung ergibt sich auch nicht daraus, dass der Versicherungsmakler weiterhin vom Versicherungsnehmer mit der Betreuung der Versicherungsverträge beauftragt ist, denn der Versicherungsmakler kann dem Versicherungsnehmer faktisch keine Betreuungsleistungen mehr in dem gesetzlich erforderlichem bzw. vertraglich vereinbarten Umfang[550] erbringen, wenn der Versicherer nicht mehr zur Korrespondenz und Auskunftserteilung gegenüber dem Versicherungsmakler verpflichtet ist.[551]

Dieses Ergebnis ist auch sachgerecht. Darf z.B. ein Versicherer nach § 48 Abs. 1 Nr. 1 VAG n.F. mit einem Versicherungsmakler nicht zusammenarbeiten, weil dieser die erforderliche Gewerbeerlaubnis nicht besitzt, ist der Versicherer zur Beendigung der Geschäftsbeziehung nach dem Aufsichtsrecht verpflichtet.[552] Mithin läge auch ein wichtiger Grund vor, der den Versicherer zur Kündigung der Courtagevereinbarung berechtigt.[553] Das aufsichtsrechtliche Zusammenarbeitsverbot erschöpft sich nicht in einem Verbot der Korrespondenz mit dem Versicherungsmakler, sondern muss nach Sinn und Zweck auch für die Zahlung von Folgecourtagen gelten. Versicherer sind verpflichtet durch ein effektives Risikomanagement des Vermittlervertriebs die Versicherten vor Schäden zu bewahren, die aus der Zusammenarbeit mit Versicherungsvermittlern entstehen können.[554] Um effektiv Risiken und Schäden von den Versicherten abzuwenden, muss ein Versicherer daher auch die Zahlung von Folgecourtage an einen unqualifizierten und unzuverlässigen Vermittler einstellen können.[555]

3. *Zwischenergebnis*

Ist der Versicherer berechtigt, die Geschäftsbeziehung mit dem Versicherungsmakler aus einem wichtigen Grund zu kündigen, erlischt seine Pflicht zur Zahlung eines Betreuungsentgelts bzw. Betreuungsanteils in der Folgecourtage *ex nunc*; die Pflicht zur Zahlung eines in der Folgecourtage enthaltenen Vermittlungsanteils

549 Allgemeine Meinung zum außerordentlichen Kündigungsrecht nach § 626 BGB vgl. nur BGH NJW 2000, 2983; NJW 2012, 1431; Grüneberg in Palandt, BGB, § 314, Rn. 3; Weidenkaff in Palandt, BGB, § 626, Rn. 2.

550 Vgl. zum Pflichtenumfang Erstes Kapitel A. II. 2. a).

551 Dörner in Prölss/Martin, VVG, § 59, Rn. 116 i.V.m. 126.

552 BaFin Rundschreiben 10/2014 (VA), a.a.O.

553 So auch Evers/Eikelmann, VW 2009, 863.

554 BaFin Rundschreiben 10/2014 (VA), a.a.O.

555 A.A. Evers/Eikelmann, VW 2009, 863; wohl auch Matusche-Beckmann in VerR-HdB, § 5, Rn. 365, weil der Versicherer weiterhin von dem zustande gekommenen Versicherungsvertrag profitiert.

erlischt nur, soweit der Anspruch auf den Vermittlungsanteil erst in der Zukunft entsteht.

III. Zusammenfassung

Hat ein Versicherer einen vom Versicherungsmakler vermittelten Versicherungsvertrag geschlossen, ist er nur dann nicht mehr zur Zahlung von Folgecourtage verpflichtet, wenn er die Geschäftsbeziehung mit dem Versicherungsmakler aus einem wichtigen Grund i.S.v. § 626 BGB beendet hat. Dabei erlischt die Pflicht des Versicherers zur Zahlung eines Betreuungsentgelts bzw. Betreuungsanteils in der Folgecourtage infolge einer Kündigung aus wichtigem Grund *ex nunc*; die Pflicht zur Zahlung eines in der Folgecourtage enthaltenen Vermittlungsanteils erlischt jedoch nur soweit, wie der Anspruch auf den Vermittlungsanteil erst in der Zukunft entsteht.

B. Courtage für nicht selbst vermittelte Versicherungsverträge

In der täglichen Vermittlerpraxis kommt es häufig vor, dass ein Versicherungsmakler im Auftrag des Versicherungsnehmers die Verwaltung und Betreuung von Versicherungsverträgen übernimmt, die nicht er, sondern ein Dritter (Versicherungsmakler oder Versicherungsvertreter) vermittelt hat. Der Versicherungsmakler zeigt dann die Betreuung des Versicherungsnehmers unter Vorlage einer Maklervollmacht dem Versicherer an. Der Versicherer hat in diesem Fall die Freiheit zu entscheiden, ob er dem Makler für die Verwaltung und Betreuung der übernommenen, aber nicht selbst vermittelten Versicherungsverträge Folgecourtage oder Betreuungsentgelt zahlt.[556] Fraglich ist, ob diese Freiheit des Versicherers aufgrund vertraglicher Ansprüche, Usancen oder gesetzlicher Schuldverhältnisse beschränkt sein kann.

I. Vertragliche Ansprüche

Ein vertraglicher Anspruch auf Folgecourtage entsteht grundsätzlich nur, wenn der Versicherer der courtagepflichtigen Tätigkeit des Versicherungsmaklers ausdrücklich zugestimmt hat.[557]

---

556 Vgl. Müller-Stein, VersR 1990, 561; Rundschreiben des BAV R2/78 vom 24. 5. 1978; OLG Hamm NJOZ 2005, 4621 (4624 f.); dazu Erstes Kapitel B. III. 2.

557 OLG Frankfurt a.M. VersR 1995, 92; OLG Hamm NJOZ 2005, 4621.

1. Courtagevereinbarung

Hat ein Versicherungsmakler mit dem Versicherer eine Courtagevereinbarung geschlossen, die ausdrücklich regelt, dass in der Zukunft Courtage ausschließlich für das vom Versicherungsmakler selbst vermittelte Versicherungsgeschäft gezahlt werden soll, kann der Vereinbarung nicht der Wille des Versicherers entnommen werden, dass er ebenfalls für die Betreuungsübernahme nicht selbst vermittelter Versicherungsverträge dem Versicherungsmakler eine Courtage zahlen will.[558] Auch dann, wenn die Courtageabrede auf den Beginn der Zusammenarbeit zwischen Versicherungsmakler und Versicherer rückwirkend vereinbart wurde, führt dies zu keiner abweichenden Auslegung der Courtagevereinbarung.[559] Die vereinbarte Rückwirkung dient in der Regel allein dazu, dass der Versicherungsmakler für bereits vermittelte Versicherungsverträge, entsprechend den Konditionen des Courtageabkommens, nachträglich ein Vermittlungsentgelt verlangen kann.[560] Das Nichtausschöpfen von Umdeckungsmöglichkeiten stellt ebenfalls keine Vermittlungsleistung dar, wenn die getroffene Courtagevereinbarung lediglich vorsieht, dass Courtage für selbst vermitteltes Versicherungsgeschäft gezahlt werden soll.[561] Bei einer anderen Auslegung der Courtagevereinbarung würde das berechtigte Interesse des Versicherers, den Vertrieb seiner Produkte zu gestalten, entgegen Treu und Glauben unberücksichtigt bleiben.

Ferner kann eine ergänzende Vertragsauslegung der Courtagevereinbarung durch Handelsbräuche – sofern entsprechende Bräuche überhaupt bestehen – den Willen des Versicherers nicht ersetzen.[562] Haben die Parteien ausdrücklich geregelt, dass Courtage bzw. Betreuungsentgelt nur für selbst vermittelte Versicherungsverträge gezahlt werden soll, besteht gerade keine, durch Handelsbräuche zu ergänzende Vertragslücke.[563] Handelsbräuche werden zudem durch konkrete vertragliche Regeln ausdrücklich oder konkludent ausgeschlossen.[564] Eine vertragliche Vereinbarung, die vorsieht, dass Courtage nur für selbst vermittelte Versicherungsverträge gezahlt werden soll, geht damit etwaigen Handelsbräuchen vor.

---

558 OLG Hamm NJOZ 2005, 4621 (4624 f.).

559 OLG Hamm NJOZ 2005, 4621 (4625).

560 OLG Hamm NJOZ 2005, 4621 (4625).

561 So auch OLG Hamm NJOZ 2005, 4621 (4625); vgl. aber zur Vermittlungsfiktion bei mehrjährigen Verträgen beim Maklerwechsel Matusche-Beckmann in VersR-HdB, § 5, Rn. 419; Dörner in Prölss/Martin, VVG, § 59, Rn. 138; Spielberger VersR 1984, 1013 (1016).

562 Vor allem in der Lebens- und Krankenversicherung wird in der Regel eine Folgecourtage bzw. Bestandspflegegeld nur für selbstvermittelte, nicht aber für übernommene Verträge gezahlt.

563 Vgl. zur Funktion von Handelsbräuchen Drittes Kapitel B. II.; zur Vertragsergänzung vgl. auch Ebenroth/Boujong/Joost/Strohn, HGB, § 346, Rn. 22 m.w.N.

564 Ebenroth/Boujong/Joost/Strohn, HGB, § 346, Rn. 20 m.w.N.

2. *Konkludenter Vertrag*

Ein konkludenter Vertragsschluss zwischen Versicherer und Versicherungsmakler kommt auch nicht allein durch die Entgegennahme der vorgelegten Maklervollmacht durch den Versicherer zustande. Hierdurch verpflichtet sich der Versicherer noch nicht zur Zahlung von Folgecourtage bzw. Betreuungsentgelt. Es fehlt an einer zumindest konkludenten Willenserklärung des Versicherers, die Dienste des Versicherungsmaklers auch vergüten zu wollen.

Ein entsprechender Wille des Versicherers ist schon dann nicht nachweisbar, wenn er doppelt zur Zahlung von Betreuungsentgelt (an den alten und den neuen Vermittler bzw. Betreuer) verpflichtet wäre.[565] Der Versicherer hat aufgrund der Betreuungsübernahme nur dem Wunsch des Versicherungsnehmers zu entsprechen, fortan die Korrespondenz mit dem Makler zu führen, d.h. ihn als Korrespondenzmakler zu *schlüsseln*.[566] Führt der Versicherer mit dem Versicherungsmakler die Korrespondenz, setzt er den Versicherungsmakler aber nicht gleichzeitig konkludent als eigenen Verwalter der betroffenen Versicherungsverträge ein und verspricht ihm auch keine Courtage für die im Auftrag des Versicherungsnehmers übernommenen Dienste.[567]

Die Übersendung der Maklervollmacht an den Versicherer genügt auch nicht den Anforderungen an ein kaufmännisches Bestätigungsschreiben, da schon entsprechende Vorverhandlungen zwischen Versicherer und Versicherungsmakler fehlen, wenn lediglich ein Unterlassen der Zurückweisung der Maklervollmacht vorliegt.[568]

3. *Faktischer Vertrag*

Die Lehre vom faktischen Vertrag aufgrund sozialtypischen Verhaltens wurde entwickelt, weil man davon ausging, dass der Vertragsschluss durch Angebot und Annahme den tatsächlichen Umständen des Vertragsschlusses bei Geschäften im Massenverkehr nicht entspreche.[569] Geschäfte im Massenverkehr (Straßenbahnfahrt, Stromentnahme, Parkplatzbenutzung etc.) können aber auch ohne Weiteres nach den Regeln des konkludenten Vertragsschlusses gelöst werden.[570]

---

565 OLG Hamm NJOZ 2005, 4621 (4624).

566 OLG Hamm NJOZ 2005, 4621 (4624); zur Korrespondenzpflicht BGH VersR 2013, 841. BGH VersR 2013, 841; BGH VersR 2016, 919 (920); dazu Drittes Kapitel B. I. 5. b).

567 OLG Hamm NJOZ 2005, 4621 (4624); vgl. auch Müller-Stein, VersR 1990, 561; Reiff, LMK 2013, 349402.

568 OLG Hamm NJOZ 2005, 4621 (4625); zu den Grundsätzen des kaufmännischen Bestätigungsschreibens Hopt in Baumbach/Hopt, § 346, Rn. 16.

569 Vgl. nur Larenz, DRiZ 1958, 245; Flume, Allgemeiner Teil des Bürgerlichen Rechts, Band 2, S. 95 ff.

570 Ausführlich dazu Busche in MüKO-BGB, Vor 145, Rn. 44 m.w.N.; Armbrüster in MüKO-BGB, Vor §§ 116, Rn. 10; Flume, Allgemeiner Teil des Bürgerlichen Rechts,

Ein konkludenter Vertragsschluss zwischen Versicherer und Versicherungsmakler kommt ohne Zustimmung des Versicherers jedoch nicht zustande, wenn der Versicherungsmakler im Auftrag des Versicherungsnehmers die Verwaltung und Betreuung nicht selbst vermittelter Versicherungsverträge faktisch übernimmt.[571] Es erscheint bereits fraglich, ob die Theorie der faktischen Vertragsverhältnisse aufgrund sozialtypischen Verhaltens auf Geschäfte wie hier, die an kein sozialtypisches tatsächliches Verhalten anknüpfen, anders als Geschäfte des Massenverkehrs, überhaupt Anwendung finden kann. Im Übrigen gilt auch hier, dass ein entsprechender Wille des Versicherers nicht nachweisbar ist.[572]

4. Der Maklervertrag mit dem Versicherungsnehmer

Der Maklervertrag wird zwischen Versicherungsmakler und Versicherungsnehmer geschlossen und bedarf keiner Zustimmung durch den Versicherer.[573] Nach dem Maklervertrag allein kann der Versicherer jedoch nicht zur Zahlung von Folgecourtage bzw. Betreuungsentgelt an den Versicherungsmakler verpflichtet sein, da der Maklervertrag sonst ein unzulässiger Vertrag zu Lasten des Versicherers wäre.[574]

5. Der Versicherungsvertrag

Der Versicherungsmakler hat auch keinen Anspruch auf Folgecourtage bzw. Betreuungsentgelt für die Übernahme der Verwaltung und Betreuung nicht selbst vermittelter Versicherungsverträge im Auftrag des Versicherungsnehmers nach dem Versicherungsvertrag.

a) Vertrag zugunsten Dritter

Nach § 328 Abs. 1 BGB kann eine Leistung vertraglich an einen Dritten mit der Wirkung bedungen werden, dass der Dritte unmittelbar das Recht erwirbt, die Leistung zu fordern. Voraussetzung für eine Begünstigung nach § 328 Abs. 1 BGB ist, dass der Begünstigte entweder bei Vertragsschluss oder zu einem späteren Zeitpunkt in den Vertrag einbezogen wurde. Die Person des Dritten muss bei Vertragsschluss noch nicht bestimmt sein, es genügt die Bestimmbarkeit nach persönlichen oder sachlichen Kriterien.[575]

Band 2, S. 97; St. Rspr. BGHZ 95, 393 (399); BGH NJW 2003, 3131 f.; BGH NJW-RR 2004, 928 (929); 2005, 639 (640); zur Wasserversorgung BGH NJW 2009, 913 f.

571 OLG Hamm NJOZ 2005, 4621 (4624).

572 OLG Hamm NJOZ 2005, 4621 (4624).

573 Vgl. nur Matusche-Beckmann in VersR-HdB, § 5, Rn. 359.

574 Vgl. dazu Erstes Kapitel B. I. 2.; wie hier zum Maklervertrag als Rechtsgrund für den Courtageanspruch auch OLG Frankfurt a.M. VersR 1995, 92.

575 BGH NJW-RR 2008, 683 (684); BGHZ 93, 271 (274); BGHZ 75, 75 Rn. 13; KG FamRZ 2013, 977 (981); OLG München ZMR 2010, 306.

Im Falle des Maklerwechsels könnte demnach der die Verwaltung und Betreuung übernehmende Versicherungsmakler als weiterer Begünstigter bei Vertragsschluss von den Versicherungsvertragsparteien in den Versicherungsvertrag einbezogen worden sein. Der Ansicht, dass der Versicherungsvertrag Rechtsgrund für den Courtageanspruch des Versicherungsmaklers ist, ist aber bereits mangels Andeutung der Courtagezahlungspflicht im Versicherungsvertrag grundsätzlich abzulehnen.[576]

b) Maklerrelevante Nebenpflichten des Versicherers

Der Versicherer ist nach dem Versicherungsvertrag verpflichtet, mit einem vom Versicherungsnehmer ausgewählten Versicherungsmakler zu korrespondieren und diesem Auskünfte zum Vertragsverhältnis zu erteilen.[577] Eine *„maklerrelevante Nebenpflicht"*[578] des Versicherers zur Zahlung von Betreuungsentgelt an einen Versicherungsmakler für die Übernahme der Betreuung und Verwaltung nicht selbst vermittelter Versicherungsverträge besteht nach hier vertretener Ansicht jedoch nicht.

aa) Korrespondenz- und Auskunftspflicht

Die Pflicht des Versicherers zur Korrespondenz und Auskunftserteilung wurde bereits vor der Grundsatzentscheidung des Bundesgerichtshofes am 29.5.2013[579] von Literatur und Rechtsprechung weitgehend als Pflicht zur *„Mindestakzeptanz"*[580] anerkannt.[581]

Rechtsgrundlage der Korrespondenz- und Auskunftspflicht ist nach der Entscheidung des Bundesgerichtshofes der Versicherungsvertrag. Der Versicherer hat nach § 241 Abs. 2 BGB den Entschluss seines Kunden zu respektieren, die mit den Versicherungsangelegenheiten zusammenhängenden Arbeiten an einen Vertreter zu delegieren.[582]

---

576 Vgl. dazu Erstes Kapitel B. I. 2.

577 BGH VersR 2013, 841.

578 Vgl. Dörner in Prölss/Martin, VVG, § 59, Rn. 121 f.

579 BGH VersR 2013, 841, zuletzt BGH VersR 2016, 919.

580 Keil, VW 1995, 66.

581 OLG Hamm NJOZ 2005, 4621 (4624); OLG Koblenz VersR 2004, 1555; LG Potsdam r+s 2012, 465 (466); LG Köln, Urteil vom 8. 4. 2010, Az. 24 S 3/10, Rn. 5, juris; LG Bielefeld VersR 1990, 1238; Müller-Stein, VersR 1990, 561 (562); Keil, VW 1995, 66; Habermayer, ZfV 1987, 113 (115); Wilting, ZfV 1987, 271; Baumann, a.a.O., S. 173; Zinnert, VersR 2005, 359; Dörner in Prölss/Martin, VVG, § 59, Rn. 121; a.A. LG Münster, Urteil vom 19. 7. 2012, Az. 15 S 27/11, Rn. 24, juris, vorausgehend AG Münster, Urteil vom 9.12.2011, Az. 28 C 2433/11, Rn. 41, 45, 48, juris; Evers/Friele, VW 2009, 199.

582 BGH VersR 2013, 841 (842), BGH VersR 2016, 919 (920).

Ein Anspruch bestehe nach Ansicht des Bundesgerichtshofes nur dann nicht, wenn die Korrespondenz im Einzelfall unzumutbar sei. Unzumutbar sei die Korrespondenz für den Versicherer nicht schon deshalb, weil er seine Produkte ausschließlich über konkurrierende Vertriebsformen vertreibt und grundsätzlich nicht mit Versicherungsmaklern zusammenarbeitet. Der Versicherer sei zwar frei darin zu entscheiden, ob er mit Ausschließlichkeitsvertretern, Mehrfachvertretern oder Versicherungsmaklern zusammenarbeiten will oder den Direktvertrieb seiner Produkte wählt, er sei deshalb aber nicht berechtigt, die Korrespondenz mit einem Versicherungsmakler zu verweigern. Handelt ein Versicherungsmakler lediglich als Vertreter des Versicherungsnehmers, werde der Versicherer aufgrund der Korrespondenz nicht zur Courtagezahlung verpflichtet. Für den Versicherer mache es daher keinen Unterschied, wen der Versicherungsnehmer mit der Vertretung in seinen Angelegenheiten beauftragt: einen unabhängigen Versicherungsmakler oder einen gebundenen Versicherungsvertreter.[583]

Allerdings können wichtige Gründe in der Person des Versicherungsmaklers eine Korrespondenz unzumutbar machen. Unzumutbar sei z.B. die Zusammenarbeit mit Versicherungsmaklern, die vormals als Ausschließlichkeitsvertreter für den Versicherer tätig waren und nun in die Bestände des Versicherers *einbrechen*.[584] Dem Versicherer könne nicht zugemutet werden, durch die Zusammenarbeit mit einem ehemals Beschäftigten dessen Geschäftstätigkeit zum eigenen Nachteil zu fördern.[585]

Eine Korrespondenzpflicht bestehe auch dann nicht, wenn der Versicherer einen unzumutbaren Mehraufwand betreiben müsste, um seiner Pflicht nachzukommen. Ein unzumutbarer Mehraufwand liege nicht generell vor, er könne aber dann entstehen, wenn der Versicherungsnehmer dem Versicherungsmakler keine umfassende, sondern lediglich eine begrenzte Vollmacht erteilt hat. Bei Massengeschäften wie dem Versicherungsgeschäft könne dem Versicherer nicht zugemutet werden, in jedem Einzelfall Umfang und Reichweite einer Maklervollmacht zu überprüfen.[586]

Die Auskunftspflicht könne nach Ansicht des Bundesgerichtshofes zudem nur so weit reichen, wie der Versicherer dem Versicherungsnehmer Auskünfte

583 BGH VersR 2013, 841 (842 f.).

584 Wechselt ein Ausschließlichkeitsvertreter in den Maklerstatus, überträgt der Versicherer seinen Kundenbestand regelmäßig an einen anderen Vertreter seiner Ausschließlichkeitsorganisation.

585 BGH VersR 2013, 841 (843) unter Verweis auf OLG Bamberg VersR 1993, 1146 (1147), hier war der Versicherungsmakler unmittelbar nach Beginn seiner Tätigkeit als Makler massiv und systematisch in den bislang von ihm betreuten Vertragsbestand eingedrungen. Er hatte unmittelbar nach seinem Ausscheiden Kunden, die von der Versicherung eine vorläufige Deckungszusage erhalten hatten, dazu veranlasst, den Versicherungsvertrag mit einem anderen Versicherungsunternehmen abzuschließen und als Bevollmächtigter die Versicherungsverträge gekündigt.

586 BGH VersR 2013, 841 (843), BGH VersR 2016, 919(920).

und Informationen erteilen muss. Hat der Versicherer dem Versicherungsnehmer bereits zu konkreten Fragen Auskunft erteilt, komme ein weitergehender Anspruch auf Informationserteilung nicht in Betracht. Der Versicherer sei nicht verpflichtet, Auskünfte mehrfach zu erteilen oder zu wiederholen.[587]

Der IV. Zivilsenat schuf mit diesem Urteil weitgehend Rechtssicherheit. Noch weiter reicht eine frühere Entscheidung des Oberlandesgerichts Koblenz, wonach der Versicherer nicht nur im Rahmen bestehender Vertragsverhältnisse zur Korrespondenz und Auskunft gegenüber einem eingeschalteten Versicherungsmakler verpflichtet ist, sondern auch dann, wenn sich der Versicherungsmakler zum Abschluss eines Versicherungsvertrages an den Versicherer wendet und in dieser Angelegenheit vorvertraglichen Schriftverkehr mit dem Versicherer führen will, denn der Versicherer habe den Willen des Versicherungsnehmers auch im Stadium (vor)vertraglicher Verhandlungen zu respektieren.[588]

Die praktische Relevanz der Entscheidung bleibt abzuwarten. Letztlich profitieren Versicherungsmakler, die ihre berufliche Laufbahn als Ausschließlichkeitsvertreter eines Versicherers begonnen haben und frühere Kunden nach dem Wechsel in den Maklerstatus weiterbetreuen wollen, hiervon nicht, da dem Versicherer gerade in diesen Fällen die Zusammenarbeit regelmäßig unzumutbar ist. Dies ist für die Vermittlerpraxis nicht unbedeutend, denn nach einer Branchenstudie haben ca. 42 % der kleinen und mittleren Versicherungsmakler als Ausschließlichkeitsvertreter für ein Versicherungsunternehmen gearbeitet, bevor sie in den Maklerstatus gewechselt sind.[589] Knapp 22 % dieser Versicherungsmakler gaben an, nach dem Statuswechsel mindestens 75 % ihrer Kunden bzw. Verträge aus der früheren Ausschließlichkeitstätigkeit mitgenommen und auch umgedeckt zu haben.[590]

bb) Pflicht zur Zahlung von Folgecourtage bzw. Betreuungsentgelt

Für eine weitere *„maklerrelevante Nebenpflicht"* des Versicherers zur Zahlung von Folgecourtage bzw. Betreuungsentgelt an einen Versicherungsmakler, der die Verwaltung und Betreuung nicht selbst vermittelter Versicherungsverträge übernimmt, spricht zunächst, zumindest im Falle des Maklerwechsels, dass sich der Versicherer bereits durch den Abschluss des vermittelten Versicherungsvertrages zur Akzeptanz und Zahlung eines Entgelts an einen vom Versicherungsnehmer beauftragten Versicherungsmakler bereit erklärt hat. Es ist infolge dessen allein Sache des Versicherungsnehmers, zu entscheiden, ob er weiterhin vom Versicherungsmakler, der den Vertrag vermittelt hat, betreut werden will oder einen neuen Versicherungsmakler beauftragt. Demnach könnte es nahe liegen, davon

587 BGH VersR 2013, 841 (843).
588 OLG Koblenz VersR 2004, 1555 (1556); vgl. ausführlich dazu Zinnert, VersR 2005, 359.
589 CHARTA AG, Marktanteile der Versicherer im Vertriebskanal Versicherungsmakler, S. 19.
590 CHARTA AG, Marktanteile der Versicherer im Vertriebskanal Versicherungsmakler, S. 23.

auszugehen, dass der Versicherer gleichermaßen zu akzeptieren habe, dass der Entgeltanspruch auf den neuen Versicherungsmakler übergeht.

Die aus dem Versicherungsvertrag resultierende Pflicht des Versicherers, einen vom Versicherungsnehmer ausgewählten Versicherungsmakler zu akzeptieren, kann jedoch nicht so weit reichen, dass der Versicherer gegen seinen Willen zur Zahlung von Folgecourtage oder Betreuungsentgelt an einen Geschäftspartner verpflichtet wird, den er nicht selbst ausgewählt hat bzw. mit dem er sich nicht einverstanden erklärt.[591] Dies muss unabhängig davon gelten, ob es sich um einen Fall des *Maklerwechsels* oder *Maklereinbruchs* handelt, denn der Versicherungsnehmer hat zwar in beiden Konstellationen ein schützenswertes Interesse daran, die Person, die seine Versicherungsangelegenheiten betreut, selbst zu bestimmen. Ein schützenswertes Interesse insofern, als dass der Versicherer für die Inanspruchnahme der Betreuungsleistung auch aufzukommen hat, besteht hingegen nicht. Grundsätzlich hat die Partei, die zur Vertragsanbahnung oder -durchführung Beratungsleistungen von Dritten in Anspruch nimmt, ihren Berater selbst zu vergüten. Dies ist selbstverständlich bei Beratungsleistungen von sonstigen Beratern, wie Rechtsanwälten, Steuerberatern oder Wirtschaftsprüfern. Nichts anderes kann dem Grunde nach für die Betreuungsleistung eines Versicherungsmaklers gelten. Die Betreuungsleistung, die der Versicherungsmakler, der den Versicherungsvertrag vermittelt hat, während der Vertragslaufzeit dem Versicherungsnehmer erbringt, vergütet der Versicherer nur aufgrund der *inter partes* mit dem Versicherungsmakler bei Abschluss des Versicherungsvertrages getroffenen Übereinkunft hinsichtlich der Courtageschuld des Versicherers.

Der Bundesgerichtshof hatte zudem in seiner Grundsatzentscheidung zur Korrespondenzpflicht die Zumutbarkeit der Zusammenarbeit für den Versicherer gerade deshalb bejaht, weil der vom Versicherungsnehmer eingeschaltete Versicherungsmakler dem Versicherer lediglich als Vertreter des Versicherungsnehmers gegenübertritt, ohne dass eine Courtagepflicht des Versicherers ausgelöst werde.[592] Die Freiheit des Versicherers sein Vertriebssystem nach eigenen Vorstellungen zu gestalten, wird durch die Korrespondenzpflicht daher gerade nicht beeinträchtigt. Im Umkehrschluss bedeutet dies, dass das berechtigte Interesse des Versicherers an der freien Gestaltung seines Vertriebssystems jedenfalls dann beeinträchtigt wird, wenn er infolge einer *„maklerrelevanten Nebenpflicht“* zur Courtagezahlung verpflichtet wäre. Der Versicherungsnehmer kann dem Versicherer mithin keinen neuen Geschäftspartner aufdrängen. Dies gilt u.a. auch vor dem Hintergrund, dass der Versicherer andernfalls ein mögliches Ausfallrisiko eines Maklers (Rückabwicklung von Vorauszahlungen) zu tragen hätte, mit dem er eine Zusammenarbeit nicht wünscht.

591 Wie hier Reiff, LMK 2013, 349402.
592 BGH VersR 2013, 841 (843).

6. *Zwischenergebnis*

Es gibt keine Ausnahme vom Grundsatz der Abschlussfreiheit des Versicherers nach dem Vertragsrecht. Der Versicherer ist zur Zahlung von Folgecourtage oder Betreuungsentgeld an einen Versicherungsmakler, der die Verwaltung und Betreuung eines nicht selbst vermittelten Versicherungsvertrages übernimmt, vertraglich nur dann verpflichtet, wenn er ausdrücklich zustimmt, die Tätigkeit des übernehmenden Versicherungsmaklers auch zu vergüten.[593]

II. Usancen

Der Versicherer ist auch nicht nach den Usancen beim Vermittlerwechsel[594] zur Zahlung eines Betreuungsentgeltes für nicht selbst vermittelte Versicherungsverträge an einen Versicherungsmakler verpflichtet. Der Begriff „*Usance*" ist bereits mehrdeutig.[595] In der versicherungsrechtlichen Literatur und Rechtsprechung wird er z.T. mit dem Begriff des Handelsbrauchs gleichgesetzt.[596] Usancen können aber auch bloße Handelsübung ohne Maßgeblichkeitsüberzeugung der beteiligten Verkehrskreise sein.[597] Es muss daher zwischen Handelsbräuchen i.S.v. § 346 HGB und unverbindlichen Handelsübungen unterschieden werden.[598] Gemein ist Handelsübungen und Handelsbräuchen, dass eine praktische Handhabung der beteiligten Verkehrskreise vorliegt.[599] Vom Handelsbrauch unterscheidet sich die Handelsübung im Wesentlichen dadurch, dass sie keine verpflichtende Regel mit Rechtsnormqualität darstellt.[600] Eine Handelsübung kann bei entsprechender Handhabung und Anerkennung nach § 346 HGB jedoch auch zum Handelsbrauch werden.[601] Um einen Handelsbrauch festzustellen, hat das Gericht erforderlichenfalls

---

593 OLG Hamm NJOZ 2005, 4621.

594 Erstes Kapitel B. III. 2. a).

595 Schmidt in MüKo-HGB, § 346, Rn. 19 m.w.N.

596 Vgl. BGH VersR 2005, 550 dort wird gleichzeitig vom Handelsbrauch und von Handelsusancen gesprochen; Zinnert, Recht und Praxis des Versicherungsmaklers, S. 323 ff. spricht von Usancen; Dörner in Prölss/Martin, VVG, § 59, Rn. 134 ff. spricht sowohl vom Handelsbrauch als auch Usancen.

597 Schmidt in MüKo-HGB, § 346, Rn. 19; Pamp in Oetker, HGB, § 346, Rn. 18 m.w.N.; BGH NJW 1964, 1274 (1275).

598 Joost in Ebenroth/Boujong/Joost/Strohn, HGB, § 346, Rn. 4; Pamp in Oetker, HGB, § 346, Rn. 18; Hopt in Baumbach/Hopt, HGB § 346, Rn. 1; Schmidt in MüKo-HGB, § 346, Rn. 19 m.w.N.

599 Pamp in Oetker, HGB, § 346, Rn. 18; Joost in Ebenroth/Boujong/Joost/Strohn, HGB, § 346, Rn. 4.

600 „Quasi-normativ" vgl. Joost in Ebenroth/Boujong/Joost/Strohn, HGB, § 346, Rn. 4; Pamp in Oetker, HGB, § 346, Rn. 18.

601 Joost in Ebenroth/Boujong/Joost/Strohn, HGB, § 346, Rn. 4; Pamp in Oetker, HGB, § 346, Rn. 18.

auf einen Sachverständigen zurückzugreifen.[602] Ob die Usancen beim Vermittlerwechsel einen Handelsbrauch i.S.v. § 346 HGB oder eine unverbindliche Handelsübung darstellen, kann hier im Ergebnis jedoch dahinstehen.[603] Denn selbst wenn die Usancen ein Handelsbrauch wären, so bezieht sich dieser Brauch allein auf die Verteilung der (Folge-)Courtage zwischen Erst- und Zweitvermittler beim vom Versicherer akzeptierten Vermittlerwechsel. Ein Handelsbrauch, der den Willen bzw. eine Erklärung des Versicherers zur Zahlung von Folgecourtage bzw. eines Betreuungsentgeltes an einen vom Versicherungsnehmer (neu) beauftragten Versicherungsmakler ersetzt, existiert nicht.

Ein Anspruch aufgrund eines Handelsbrauch kann zudem deshalb nicht bestehen, weil Handelsbräuche i.S.v. § 346 HGB im Wesentlichen zwei Funktionen erfüllen: Sie dienen der Auslegung von kaufmännischen Willenserklärungen und Verträgen und sind für die an Handlungen und Unterlassungen zu knüpfenden Rechtsfolgen heranzuziehen.[604] *Schmidt* spricht daher von der *„normativen Funktion"* des Handelsbrauchs bzgl. der an rein tatsächliche Verhaltensweisen zu knüpfenden Rechtsfolgen.[605] Beauftragt der Versicherungsnehmer einen Versicherungsmakler mit der Verwaltung und Betreuung seiner bestehenden Verträge und *schlüsselt* der Versicherer den Makler infolge als Korrespondenzmakler, liegt jedoch seitens des Versicherers weder eine Erklärung, Handlung noch ein Unterlassen gegenüber dem Versicherungsmakler vor, an das nach § 346 HGB eine Rechtsfolge geknüpft werden kann. Der Versicherer, der einen Versicherungsmakler als Korrespondenzmakler *schlüsselt*, kommt allein seiner Korrespondenz- und Auskunftspflicht aus dem Versicherungsvertrag nach und bring damit gerade nicht seinen Willen zum Ausdruck, den Makler als eigenen Verwalter einzusetzen und ihm für seine Dienste ein Entgelt zahlen zu wollen.[606]

Überdies setzt die Anwendung von § 346 HGB das Vorliegen einer Sonderbeziehung im kaufmännischen Bereich voraus.[607] Diese Sonderbeziehung ist in der Regel rechtsgeschäftlicher Art, liegt aber auch bei der Aufnahme von Vertragsverhandlungen bei einer bestehenden Geschäftsverbindung oder auf der Grundlage eines zwischen den Beteiligten bestehenden Vertrauensverhältnisses bei einem geschäftlichen Kontakt im Sinne von § 311 Abs. 2 BGB vor.[608] An einer Sonderrechtsbeziehung fehlt es zwischen Versicherer und Versicherungsmakler aber bereits dann,

---

602 BGH VersR 2005, 550 (551).

603 Vgl. aber Zinnert, Recht und Praxis des Versicherungsmaklers, S. 324, der eine unverbindliche Handelübung annimmt; offengelassen BGH VersR 2005, 550; ablehnend beim Maklereinbruch OLG Hamm NJOZ 2005, 4621 (4625).

604 Schmidt in MüKo-HGB, § 346, Rn. 2; Joost in Ebenroth/Boujong/Joost/Strohn, HGB, § 346, Rn. 21; Pamp in Oetker, HGB, § 346, Rn. 2.

605 Schmidt in MüKo-HGB, § 346, Rn. 2; ähnlich Joost in Ebenroth/Boujong/Joost/Strohn, HGB, § 346, Rn. 21; Pamp in Oetker, HGB, § 346, Rn. 2: „quasi-normativ".

606 OLG Hamm NJOZ 2005, 4621 (4624); Reiff, LMK 2013, 349402.

607 Pamp in Oetker, HGB, § 346, Rn. 2; Schmidt in MüKo-HGB, § 346, Rn. 5.

608 Pamp in Oetker, HGB, § 346, Rn. 2; Schmidt in MüKo-HGB, § 346, Rn. 5.

wenn der Versicherer von vornherein eine entgeltliche Zusammenarbeit mit dem die Verwaltung und Betreuung übernehmenden Versicherungsmakler ablehnt.

III. Gesetzliche Schuldverhältnisse

Will ein Versicherer mit einem Versicherungsmakler, der die Betreuung und Verwaltung nicht selbst vermittelter Versicherungsverträge übernommen hat, im Einzelfall oder generell nicht zusammenarbeiten, hat der Makler auch keinen gesetzlichen Anspruch auf Folgecourtage bzw. Betreuungsentgelt.

1. §§ 677 ff. BGB

Ein vom Versicherungsnehmer beauftragter Versicherungsmakler besorgt grundsätzlich kein Geschäft für den Versicherer nach § 677 ff. BGB.[609] Der Versicherungsmakler nimmt auch nicht unbeauftragt tatsächliche oder mutmaßliche Interessen des Versicherers wahr, sondern ist als treuhänderähnlicher Sachwalter im Auftrag des Versicherungsnehmers tätig.[610] In der Praxis übernimmt der Versicherungsmakler zudem nicht die gesamten Verwaltungs- und Betreuungsaufgaben des Versicherers.[611] Ein Versicherer vollzieht regelmäßig die Tätigkeiten eines Versicherungsmaklers nach oder wiederholt sie ggf. sogar, da er kaum dazu bereit sein dürfte, auf die hausinterne Verwaltung des Maklerbestandes zu verzichten.[612]

2. § 354 HGB

Nach § 354 Abs. 1 HGB kann derjenige, der in Ausübung seines Handelsgewerbes einem anderen Geschäfte besorgt oder Dienste leistet, dafür auch ohne Verabredung eine Provision nach den an dem Ort üblichen Sätzen fordern. Auch hier ist maßgeblich, dass der Versicherungsmakler mit der faktischen Entfaltung von Maklertätigkeiten im Auftrag des Versicherungsnehmers keine Geschäftsbesorgung für den Versicherer übernimmt.[613]

---

609 OLG Hamm NJOZ 2005, 4621 (4624); AG Dortmund, Urteil vom 7.5.2014, Az. 421 C 136/14, BeckRS 2014, 13031, bestätigt durch LG Dortmund, Urteil vom 7.5.2015, Az. 2 S 33/14, BeckRS 2015, 10028.

610 OLG Hamm NJOZ 2005, 4621 (4624); AG Dortmund, Urteil vom 7.5.2014, Az. 421 C 136/14, BeckRS 2014, 13031, bestätigt durch LG Dortmund, Urteil vom 7.5.2015, Az. 2 S 33/14, BeckRS 2015, 10028.

611 Vgl. Keil, VW 1995, 66.

612 Keil, VW 1995, 66.

613 OLG Hamm NJOZ 2005, 4621 (4624, 4626).

3. § 6 Abs. 4 VVG n.F.

Der Versicherungsnehmer kann nach § 6 Abs. 4 VVG n.F. auf die Beratung durch den Versicherer schriftlich verzichten; eine Rechtsfolge ordnet die Norm für den Fall des Verzichts nicht an. Das Amtsgericht Dortmund hatte dazu in einer Entscheidung überzeugend ausgeführt:[614]

> *„Die Norm dient dazu, die Pflichten der Versicherung zur Betreuung der Versicherten zu regeln sowie die Voraussetzungen, unter denen die Versicherung von dieser Verpflichtung frei wird. Auf diese Weise wird den Interessen der Versicherungsnehmer Rechnung getragen, die sich darauf verlassen können, stets ausreichende Informationen zu erhalten, sofern sie nicht explizit auf sie verzichten. Die Beratung ist nach Ausgestaltung der Norm gerade kein freiwilliges Zusatzangebot, das der Versicherte nur dann zu vergüten hat, wenn er es bestellt und in Anspruch nimmt. Insbesondere enthält die Norm aber keine Anspruchsgrundlage zugunsten dessen, der an Stelle der Versicherung die von dieser geschuldete, aber nicht in Anspruch genommene Beratungsleistung erbringt."*

Infolge eines Beratungsverzichts des Versicherungsnehmers ist der Versicherer danach nicht gemäß § 6 Abs. 4 VVG n.F. zur Zahlung eines Betreuungsentgeltes an einen Versicherungsmakler verpflichtet, der im Auftrag des Versicherungsnehmers die Betreuung und Verwaltung übernimmt.

4. § 8 KaLV

Es besteht auch kein Anspruch auf (Rück-)Zahlung des Prämienanteils für die Vertragsverwaltung und Betreuung nach speziellen gesetzlichen Kalkulationsvorschriften, die im Versicherungswesen gelten. Insbesondere die Verordnung über die versicherungsmathematischen Methoden zur Prämienkalkulation und zur Berechnung der Alterungsrückstellung in der privaten Krankenversicherung (Kalkulationsverordnung, kurz „KalV") enthalten hierzu keine Anspruchsgrundlage. Das AG Dortmund führte dazu ebenfalls überzeugend aus:[615]

> *„§ 8 KaLV regelt zwar, welche Kosten in Form von Zuschlägen in den Versicherungsbeitrag mit aufgenommen werden können. Die Vorschrift dient jedoch nur dazu, die zulässige Zusammensetzung des Versicherungsbeitrages allgemein zu normieren. Die Kalkulationsverordnung legt fest, welche Positionen grundsätzlich in die Prämienkalkulation aufgenommen werden dürfen und welche Positionen als Zuschläge berechnet werden dürfen. Damit schließt sie die Erhöhung des Versicherungsbeitrags durch weitere Zusatzkosten aus. Die Verordnung hat jedoch keine Auswirkung auf die konkrete Berechnung des Versicherungsbeitrages jedes einzelnen Versicherungsnehmers. Der einzelne*

---

614 AG Dortmund, Urteil vom 7.5.2014, Az. 421 C 136/14, BeckRS 2014, 13031, bestätigt durch LG Dortmund, Urteil vom 7.5.2015, Az. 2 S 33/14, BeckRS 2015, 10028.

615 AG Dortmund, Urteil vom 7.5.2014, Az. 421 C 136/14, BeckRS 2014, 13031, bestätigt durch LG Dortmund, Urteil vom 7.5.2015, Az. 2 S 33/14, BeckRS 2015, 10028.

Versicherungsnehmer kann aus der Vorschrift nicht das Recht herleiten, bestimmte Positionen, die er nicht für erforderlich hält, aus seinem Beitrag herauszustreichen. Die Norm regelt, welche Positionen der Beitrag umfassen darf. Sie lässt jedoch nicht den Rückschluss zu, dass nur diejenigen Leistungen zu vergüten sind, die der Einzelne auch in Anspruch genommen hat. Insbesondere sind der Verordnung keine Anspruchsgrundlagen zu entnehmen, die einem Versicherungsnehmer oder Dritten einen Anspruch auf (Rück-) Zahlung von Beitragsteilen vermittelt.“

IV. Abgetretener Herausgabeanspruch des Versicherungsnehmers

Der Versicherungsnehmer hat auch keinen Anspruch auf Zahlung bzw. Rückzahlung des auf die Vertragsverwaltung und Betreuung entfallenden Prämienanteils gegen den Versicherer, den er an den Versicherungsmakler abtreten könnte.[616]

1. § 6 VVG n.F., § 8 KaLV

Es wurde bereits erörtert, dass die § 6 Abs. 4 VVG n.F. und § 8 KaLV keine Anspruchsgrundlagen für einen Prämienerstattungsanspruch enthalten.

2. Leistungskondiktion nach § 812 Abs. 1 S. 1, 1. Alt. BGB

Die vom Versicherungsnehmer aufzuwendende Prämie enthält pauschal einkalkulierte Kosten für Verwaltungs- und Betreuungsleistungen, welche der Versicherer auch dann in voller Höhe vereinnahmt, wenn er nach § 6 Abs. 4 VVG n.F. nicht mehr zur Betreuung verpflichtet ist und daher keine Betreuungstätigkeit mehr übernimmt. Der Versicherungsnehmer kann nach zutreffender Ansicht des Amtsgerichts und Landgerichts Dortmund jedoch weder die Herausgabe der Kostenbestandteile für Betreuungsleistungen vom Versicherer verlangen noch seine Prämie um diese Kostenbestandteile herabsetzten.[617] Ein bereicherungsrechtlicher Herausgabeanspruch des Versicherungsnehmers nach § 812 Abs. 1 S. 1, 1. Alt BGB scheide aus, weil der Versicherer die gesamte Versicherungsprämie mit Rechtsgrund vom Versicherungsnehmer erlangt hat. Rechtsgrund sei der Versicherungsvertrag, der den Versicherungsnehmer zur vollständigen Zahlung der kalkulierten Prämien nach § 1 S. 2 VVG verpflichtet. Der Gesamtbetrag der Versicherungsprämie sei nicht teilbar und könne daher vom Versicherungsnehmer nicht gekürzt werden. Der Rechtsgrund entfalle auch nicht, wenn der Versicherungsnehmer auf die Betreuung durch den Versicherer verzichte und dem von ihm beauftragten Versicherungsmakler ein Honorar schulde. Die Verpflichtung des Versicherungsnehmers,

616 AG Dortmund, Urteil vom 7.5.2014, Az. 421 C 136/14, BeckRS 2014, 13031, bestätigt durch LG Dortmund, Urteil vom 7.5.2015, Az. 2 S 33/14, BeckRS 2015, 10028.

617 AG Dortmund, Urteil vom 7.5.2014, Az. 421 C 136/14, BeckRS 2014, 13031, bestätigt durch LG Dortmund, Urteil vom 7.5.2015, Az. 2 S 33/14, BeckRS 2015, 10028.

die Betreuungs- und Verwaltungsleistung des Versicherungsmaklers durch Honorar zu vergüten, habe nicht zur Folge, dass der Versicherer zur Rückerstattung von Beitragsteilen verpflichtet ist. Die Grundsätze zum Maklerwechsel könnten gerade nicht auf das Rechtsverhältnis zwischen Versicherungsnehmer und Versicherer übertragen werden. Im Weiteren führt das Amtsgericht aus:[618]

> *„Während ein Versicherungsmakler nur solange seine Courtage verdient, wie er auch mit der Interessenwahrnehmung seiner Auftraggeber beauftragt ist, verliert eine Versicherung nicht einen Teil des vereinbarten Beitragssatzes, nur weil ihre Kunden keine Betreuungsarbeiten mehr von ihnen in Anspruch nehmen. Anderenfalls könnte auch jeder andere Kunde, der sich allein im Stande sieht, seine Verträge zu verwalten, auf die Leistungen der Versicherung verzichten und entsprechende Rückerstattung verlangen.*
>
> *Auf der anderen Seite muss auch kein Versicherter, dessen Bestandsverwaltung umfänglicher ist, eine Erhöhung der Verwaltungskosten fürchten. Dies entspricht dem Solidarprinzip der Beitragsberechnung einer Versicherung. Auch wenn ein Versicherter gesund ist und lange keine Leistungen in der Gesundheitsfürsorge in Anspruch nimmt, sind seine hierfür geschuldeten Beiträge weiterhin zu zahlen. Dafür kann er sich auch bei schweren Erkrankungen und kostspieligen Behandlungen auf einen gleichbleibenden Versicherungsbeitrag verlassen. In jedem Fall bleibt der Versicherungsvertrag Rechtsgrundlage der Zahlungsverpflichtung des Versicherten.“*

Etwas anderes ergibt sich auch nicht aus dem Rechtsgedanken des § 39 VVG, wonach der Gesetzgeber das Prinzip der Unteilbarkeit der Prämie unter den Voraussetzungen des § 39 VVG aufgegeben hat. Danach steht im Fall der Beendigung des Versicherungsverhältnisses vor Ablauf der Versicherungsperiode dem Versicherer für die Versicherungsperiode nur derjenige Teil der Prämie zu, der dem Zeitraum entspricht, in dem Versicherungsschutz bestanden hat. Hintergrund der Regelung war, dass der Gesetzgeber in diesen Fällen eine unangemessene Begünstigung des Versicherers zu Lasten des Versicherungsnehmers gesehen hatte, wenn dieser den Anspruch auf die volle Jahresprämie behalte.[619] Die Gesetzesbegründung zu § 39 VVG macht aber deutlich, dass der Gesetzgeber eine Ausnahme vom Prinzip der Unteilbarkeit der Prämie nur im Falle eines außerplanmäßigen Endes des Versicherungsvertrages während der Versicherungsperiode, zum Beispiel durch Kündigung oder Rücktritt, im Auge hatte.[620] Durch § 39 Abs. 1 Satz 1 VVG sollte klargestellt werden, dass dem Versicherer nur in diesem Fall der Teil der vereinbarten Prämie zustehen soll, der dem von ihm zeitanteilig getragenen Risiko entspricht.[621] Für den Fall, dass der Versicherungsnehmer auf die Betreuung durch

618 AG Dortmund, Urteil vom 7.5.2014, Az. 421 C 136/14, BeckRS 2014, 13031, bestätigt durch LG Dortmund, Urteil vom 7.5.2015, Az. 2 S 33/14, BeckRS 2015, 10028.

619 BT-Drucks. 16/3945, S. 72; BGH r+s 2015, 32 (33).

620 BT-Drucks. 16/3945, S. 72; BGH r+s 2015, 32 (33).

621 BT-Drucks. 16/3945, S. 72; BGH r+s 2015, 32 (33).

den Versicherer verzichtet, hat der Gesetzgeber aber gerade keine Abweichung vom Prinzip der Unteilbarkeit der Prämie vorgesehen.

Fraglich ist nunmehr, ob der Regelung zum Durchleitungsgebot in § 48c VAG n.F. der Rechtsgedanke entnommen werden kann, dass Zuwendungen, die in der Versicherungsprämie enthalten sind, insbesondere Provisionen, einen teilbaren Bestandteil der Versicherungsprämie darstellen, so dass der Versicherungsnehmer diese herausverlangen könnte, wenn er auf die Beratung durch den Versicherer verzichtet. Nach § 48c VAG n.F. sind Versicherer verpflichtet, Zuwendungen an den Versicherungsnehmer weiterzuleiten, wenn ein Versicherungsberater einen Bruttotarif vermittelt hat. Hintergrund der Regelung des Durchleitungsgebotes war allerdings nicht eine nach der derzeitigen Rechtslage bestehende, unangemessene Begünstigung des Versicherers zu Lasten des Versicherungsnehmers abzuschaffen. Der Gesetzgeber beabsichtigte mit der Regelung die Stärkung der Honorarberatung im Versicherungsbereich.[622] Versicherungsberater sollen dadurch in die Lage versetzt werden, im Einzelfall auch Bruttotarife zu vermitteln.[623] Der Gesetzgeber wollte damit aber keine Regelung schaffen, die den Grundsatz der Unteilbarkeit der Prämie generell im Hinblick auf einkalkulierte Provisionen aufgibt. Würde dem Durchleitungsgebot ein solcher Rechtsgedanke entnommen, könnten Versicherungsnehmer vollständig auf eine Beratung verzichten und Zuwendungen, die als Beitragsbestandteile in die Prämie einkalkuliert wurden, vom Versicherer herausverlangen. Dies würde im Ergebnis den Gesetzeszweck, die Honorarberatung zu stärken, offensichtlich konterkarieren.

3. Zweckverfehlungskondiktion nach § 812 Abs. 1 S. 2 2. Alt. BGB

Ein Herausgabeanspruch kommt auch nicht nach den Grundsätzen der Zweckverfehlung gemäß § 812 Abs. 1 S. 2 2. Alt. BGB in Betracht. Der Versicherungsnehmer verfolgt mit seiner Prämienzahlung nicht den weiteren Zweck, die Vergütung des Versicherungsmaklers sicherzustellen.

Die Zweckverfehlungskondiktion dient dazu, dem Leistenden einen Herausgabeanspruch auf das Geleistete zu vermitteln, wenn er die erwartete Gegenleistung nicht beanspruchen und ihretwegen auch keine Sekundäransprüche geltend machen kann.[624] Der gem. § 812 Abs. 1 S. 2 2. Alt. BGB mit der Leistung bezweckte Erfolg muss aber ein anderer sein als die Erfüllung der vertraglichen Verbindlichkeit, da die Verfehlung des Erfüllungszwecks schon von § 812 Abs. 1 S. 1, 1. Alt. BGB erfasst wird.[625] Eine extensive Anerkennung der Zweckverfehlungskondiktion würde zu *„massiven rechtskonstruktiven Verwerfungen“* führen.[626] Verbereitete

622 Vgl. BT-Drucks. 18/11627, S. 40.
623 BT-Drucks. 18/11627, S. 40.
624 H.M. vgl. nur Schwab in MüKo-BGB, § 812, Rn. 449 m.w.N.
625 BGH NJW-RR 1991, 1269; dazu Schwab in MüKo-BGB, § 812, Rn. 448.
626 Schwab in MüKo-BGB, § 812, Rn. 454 f.

Ansicht ist daher, dass kein Raum für die Kondiktion bei im Zusammenhang mit einem Vertrag erbrachten Leistungen besteht.[627] Von der Rechtsprechung werden nur wenige Fälle anerkannt, in denen ein über den Erfüllungszweck hinausgehender Leistungszweck vorliegt und deshalb eine Herausgabe verlangt werden kann.[628] Der Bundesgerichtshof hat z.B. den Anspruch eines Käufers abgelehnt, der nach dem Kaufvertrag auch einen Pauschalbetrag für Entwicklungskosten zu zahlen hatte, obwohl bei der Herstellung der von ihm gekauften Maschine nach Vertragsschluss keine weiteren Entwicklungskosten anfielen.[629] Der Käufer sei mit der Bezahlung der Entwicklungskosten allein seiner vertraglichen Verpflichtung nachgekommen, wobei ein über die Erfüllung hinausgehender Erfolg nicht bezweckt gewesen sei.[630]

Nach diesen Grundsätzen ist davon auszugehen, dass der Versicherungsnehmer mit seiner Prämienzahlung allein die Erfüllung seiner Prämienschuld nach § 1 S. 2 VVG verfolgt. Die Erwartung, dass mit der Prämienzahlung die Vergütung eines Betreuers bzw. Versicherungsmaklers sichergestellt wird, den der Versicherer bei Vertragsschluss noch nicht akzeptiert hat, kann nach den vom Bundesgerichtshof entwickelten, restriktiven Grundsätzen zur Zweckverfehlungskondiktion keinen über die Erfüllung der Gegenleistung hinausgehenden Leistungszweck darstellen.

4. *Wegfall der Geschäftsgrundlage*

Wenn für die Zahlung des auf die Vertragsverwaltung und Betreuung entfallenen Prämienanteils die Geschäftsgrundlage fehlt oder wegfällt, könnte sich eine Rückzahlungsverpflichtung des Versicherers nach § 313 BGB bzw. § 242 BGB ergeben. Voraussetzung für einen solchen Anspruch ist nach der Rechtsprechung, dass sich ein Umstand als nicht gegeben erwiesen hat, den mindestens eine Partei beim Vertragsschluss vorausgesetzt hatte und der für diese Partei auch so wichtig war, dass sie den Vertrag nicht oder zumindest nicht so wie geschehen abgeschlossen hätte, wenn sie die Richtigkeit ihrer Voraussetzung als fraglich erkannt hätte.[631] Auf die Berücksichtigung der Voraussetzung hätte sich die andere Partei zudem redlicherweise einlassen müssen; der Umstand darf dabei nicht in die Risikosphäre einer Vertragspartei fallen.[632]

Eine Änderung der Vertragsgrundlage durch Übertragung der Vertragsverwaltung auf einen Versicherungsmakler liegt ausschließlich in der Risikosphäre des

---

627 Sprau in Palandt, § 812, Rn. 34 m.w.N.

628 Schwab in MüKo-BGB, § 812, Rn. 454 f.; ausführlich zu den Fallgruppen vgl. Sprau in Palandt, § 812, Rn. 32 ff.

629 BGH NJW-RR 1991, 1269; vgl. dazu Schwab in MüKo-BGB, § 812, Rn. 455 m.w. Rechtsprechungsbeispielen.

630 BGH NJW-RR 1991, 1269.

631 BGH NJW-RR 1991, 1269.

632 BGH NJW-RR 1991, 1269.

Versicherungsnehmers.[633] § 313 BGB ist mithin nicht anwendbar, weil sich im Falle der Übertragung ein Risiko verwirklicht, das der Versicherungsnehmer zu tragen hat. Schließlich hat allein der Versicherungsnehmer zu verantworten, dass die Vertragsverwaltung von einem (neuen) von ihm beauftragten Versicherungsmakler übernommen wurde.[634]

5. *Unmöglichkeit*

Der Versicherungsnehmer, der die Vertragsbetreuung auf einen Versicherungsmakler übertragen hat, kann nicht nach § 326 Abs. 1 BGB die Zahlung der vollen Prämienhöhe verweigern oder nach § 326 Abs. 4, 346 BGB bereits gezahlte Prämienbestandteile zurückverlangen.[635] Nach § 326 Abs. 1 S. 1 BGB entfällt der Anspruch auf die Gegenleistung nur dann, wenn der Schuldner aufgrund von Unmöglichkeit nach § 275 Abs. 1 bis 3 BGB nicht zu leisten braucht. Dem Versicherer ist als Schuldner die Vertragsverwaltung und Betreuung des Versicherungsnehmers jedoch nicht unmöglich. Zudem hat der Versicherungsnehmer die Vertragsverwaltungen vom Versicherer auf den Versicherungsmakler übertragen, so dass er den Umstand einer potentiellen Unmöglichkeit selbst herbeigeführt hätte (§ 326 Abs. 2 S. 1 BGB).[636]

V. Zwischenergebnis

Die Freiheit des Versicherers, zu entscheiden, wem er die Verwaltung und Betreuung von Bestandsverträgen gegen Entgelt überträgt, wird grundsätzlich nicht durch vertragliche Ansprüche, Usancen oder gesetzliche Schuldverhältnisse beschränkt. Dies gilt unabhängig davon, ob ein *Maklereinbruch* oder ein *Maklerwechsel* stattgefunden hat. Der Versicherer muss dem Wunsch des Versicherungsnehmers, den Betreuer zu wechseln, allein dadurch Rechnung tragen, dass er künftig die Korrespondenz mit dem vom Versicherungsnehmer beauftragten Versicherungsmakler führt und diesem Auskünfte erteilt, solange ihm dies zumutbar ist.

C. Schadensersatz bei willkürlicher Ablehnung von Anträgen

Die willkürliche Ablehnung eines vom Versicherungsmakler angetragenen Versicherungsvertrags könnte eine Schadensersatzpflicht des Versicherers begründen.

633 LG Dortmund, Urteil vom 7.5.2015, Az. 2 S 33/14, BeckRS 2015, 10028.
634 LG Dortmund, Urteil vom 7.5.2015, Az. 2 S 33/14, BeckRS 2015, 10028.
635 LG Dortmund, Urteil vom 7.5.2015, Az. 2 S 33/14, BeckRS 2015, 10028.
636 LG Dortmund, Urteil vom 7.5.2015, Az. 2 S 33/14, BeckRS 2015, 10028.

I. Freies Ablehnungsrecht des Versicherers

Der Auftraggeber des Handelsmaklers (§§ 93 ff. HGB) darf Vermittlungsvorschläge des Maklers jederzeit ohne Begründung ablehnen, mit der Folge, dass ein Courtageanspruch des Handelsmaklers nicht entsteht.[637] Der Grund der Ablehnung spielt hierbei keine Rolle, so dass die Ablehnung auch willkürlich erfolgen darf.[638] Er braucht keine Rücksicht darauf zu nehmen, dass der Handelsmakler nur beim Zustandekommen des Geschäftes seinen Lohn verdient.[639] Die Einschaltung eines Maklers soll den Auftraggeber nicht in seiner Entschließungsfreiheit beeinträchtigen, so dass dieser auch nicht gegen Treu und Glauben verstößt oder vertragswidrig handelt, wenn er seine eigenen Interessen über das Interesse des Maklers an der Courtage setzt.[640] Der Handelsmakler kann sich in diesen Fällen daher grundsätzlich nicht auf eine missbräuchliche Bedingungsvereitelung nach § 162 BGB berufen.[641] Nur ganz ausnahmsweise soll ein Anspruch nach § 162 Abs. 1 BGB in Betracht kommen, wenn der Lohn erst mit Ausführung des Abschlusses verdient sein soll und der Auftraggeber die Ausführung treuwidrig vereitelt.[642] Die Parteien können aber auch das Recht des Auftraggebers zur Ablehnung von Geschäften durch verbindliche Annahmerichtlinien vertraglich beschränken.[643]

Im Maklerrecht gilt danach der Grundsatz der vollen Abschlussfreiheit des Auftraggebers.[644] Abgesehen von dem Extremfall, dass der Auftraggeber den Hauptvertrag nur deshalb nicht abschließt, weil er den Makler um seine Courtage bringen will, ist er in seiner Entscheidung für oder gegen den Abschluss des Hauptvertrages frei.[645] Eine absolute Grenze der Ablehnungsfreiheit bildet danach die Arglist, d.h., lehnt der Auftraggeber den Vorschlag des Handelsmaklers in Schädigungsabsicht ab, kann der Handelsmakler nach § 826 BGB einen auf das Provisionsinteresse gerichteten deliktischen Schadensersatzanspruch gegen ihn gelten machen.[646]

Auftraggeber des Versicherungsmaklers ist der Versicherungsnehmer, nicht der Versicherer. Der Grundsatz der Abschlussfreiheit nach dem Maklerrecht gilt daher in erster Linie für den Versicherungsnehmer. Er gilt aber auch für den Versicherer

637 BGH NJW 1967, 1225; Roth in Baumbach/Hopt, HGB, § 93, Rn. 37; Reiner in Ebenroth/Boujong/Joost/Strohn, § 99, Rn. 4.

638 BGH NJW 1967, 1225; Roth in Baumbach/Hopt, HGB, § 93, Rn. 37; Reiner in Ebenroth/Boujong/Joost/Strohn, HGB, § 99, Rn. 4.

639 BGH NJW 1966, 1404; BGH NJW 1967, 1225.

640 BGH NJW 1967, 1225 (1226) m.w.N.

641 Reiner in Ebenroth/Boujong/Joost/Strohn, HGB, § 99, Rn. 4.

642 Roth in Baumbach/Hopt, HGB, § 93, Rn. 37.

643 Reiner in Ebenroth/Boujong/Joost/Strohn, HGB, § 99, Rn. 5.

644 OLG Hamm NJW-RR 1994, 1306, vgl. dort jedoch auch die Einschränkung für Versicherungsmakler, die dem Erscheinungsbild eines Versicherungsvertreters angenähert sind.

645 OLG Hamm NJW-RR 1994, 1306.

646 Reiner in Ebenroth/Boujong/Joost/Strohn, HGB, § 99, Rn. 4.

nach dem allgemeinen Zivilrecht sowie nach den Regeln des Maklerrechts.[647] Der Versicherer besitzt danach gleichermaßen volle Abschlussfreiheit und zwar auch dann, wenn er mit dem Versicherungsmakler ein Courtageabkommen getroffen hat, es sei denn, die Parteien haben verbindliche Annahmerichtlinien vereinbart.[648]

II. Schadensersatz wegen der Verletzung von Informationspflichten

Der Auftraggeber des Handelsmaklers haftet gemäß § 280 Abs. 1 BGB, wenn er (nach Auftragserteilung) den Makler nicht rechtzeitig darüber informiert, dass er keinen Abschlusswillen mehr hat, z.B. weil er selbst einen Vertragspartner gefunden hat oder weil sich seine Pläne geändert haben, und der Makler in der Hoffnung, die Courtage zu verdienen, weiterhin Aufwendungen tätigt.[649] Die Informationspflicht des Auftraggebers ist eine vertragliche Nebenpflicht des Maklervertrags, die den Zweck hat, den Makler vor unnötigen Maßnahmen oder Aufwendungen zu bewahren, denn der Auftraggeber schuldet dem Makler ohne ausdrückliche Vereinbarung keinen Aufwendungsersatz (§ 652 Abs. 2 S. 1 BGB).[650]

Obwohl der Versicherer nicht Auftraggeber des Maklers ist, kann er ebenso die Pflicht haben, den Versicherungsmakler, mit dem er über den Abschluss eines Versicherungsvertrages verhandelt, rechtzeitig über die Aufgabe seines Abschlusswillens zu informieren, um ihn vor unnötigen Maßnahmen und Aufwendungen zu bewahren. Voraussetzung dafür ist zunächst eine Sonderrechtsbeziehung zwischen den Parteien mit entsprechenden Rücksichtnahmepflichten nach § 241 Abs. 2 BGB. Diese kann sich aus dem Maklerrechtsverhältnis bzw. aus der besonderen Rechtsbeziehung zwischen Versicherer und Versicherungsmakler ergeben. Als vertragliche Sonderrechtsbeziehung zwischen Versicherer und Versicherungsmakler kommen Courtageabkommen und sonstige Kooperationsvereinbarungen in Betracht. Sie sind Rahmenverträge, die grundsätzlich geeignet sind, Rücksichtnahmepflichten als Nebenpflichten nach § 241 Abs. 2 BGB zu begründen.[651] Eine Sonderrechtsbeziehung kann aber auch ohne eine schriftliche Courtagevereinbarung zwischen Versicherer und Versicherungsmakler bestehen. Nach § 311 Abs. 2 BGB kann ein vertragsähnliches Schuldverhältnis mit Rücksichtnahmepflichten nach § 241 Abs. 2 BGB schon durch Vertragsverhandlungen oder ähnliche geschäftliche Kontakte entstehen. Anerkannt ist, dass auch zwischen Versicherer

---

647 OLG Hamm NJW-RR 1994, 1306, wenngleich dort der Versicherungsmakler eher dem Bild eines Versicherungsvertreters entsprach.

648 Zu dieser Gestaltungsmöglichkeit Dörner in Prölss/Martin, § 59, Rn. 112 a.E.

649 Reiner in Ebenroth/Boujong/Joost/Strohn, HGB, § 99, Rn. 6; Kotzian-Marggraf in Oetker, HGB, § 93, Rn. 37; Roth in Baumbach/Hopt, HGB, § 93, Rn. 39; v. Hoyningen-Huene in MüKo-HGB, § 93, Rn. 84.

650 Hoyningen-Huene in MüKo-HGB, § 93, Rn. 84.

651 So auch Dörner in Prölss/Martin, § 59, Rn. 112 a.E.

und Versicherungsmakler ein vertragsähnliches Schuldverhältnis begründet wird, sobald der Versicherungsmakler Kontakt zum Versicherer aufnimmt, um einen Versicherungsvertrag zu vermitteln, ohne dass es hierzu einer ausdrücklichen Vereinbarung bedarf oder die Vermittlung des Versicherungsmaklers letztlich erfolgreich ist.[652]

Umfang und Inhalt der Pflichten einer Sonderrechtsbeziehung hängen grundsätzlich vom Vertragszweck, der Verkehrssitte und den Anforderungen des redlichen Geschäftsverkehrs ab.[653] Nach der versicherungsrechtlichen Literatur bestehen Rücksichtnahme- und Informationspflichten des Versicherungsmaklers gegenüber dem Versicherer vor Abschluss des Versicherungsvertrages.[654] Ob und inwieweit auch der Versicherer vor Abschluss eines angetragenen Versicherungsvertrages zur Rücksichtnahme im Sinne von § 241 Abs. 2 BGB gegenüber dem Versicherungsmakler verpflichtet ist, wird, soweit ersichtlich, bisweilen nicht diskutiert. *Zinnert*[655] betont aber zu Recht:

> *„Es wäre indessen verfehlt, das vertragsähnliche Schuldverhältnis in strikter Einseitigkeit ausschließlich auf die Pflichten des Versicherungsmaklers gegenüber dem Versicherer zu reduzieren. Vielmehr trifft – als Analogon – auch den Versicherer auf der Grundlage der bestehenden Geschäftsbeziehung eine Pflicht zur Rücksichtnahme gegenüber dem Makler.“*

Haben Versicherer und Versicherungsmakler eine Courtage- oder sonstige Kooperationsvereinbarungen geschlossen, kann nach hier vertretener Ansicht gemäß den Grundsätzen von Treu und Glauben vom Versicherer Rücksichtnahme jedenfalls insofern verlangt werden, als er das Integritätsinteresse des Versicherungsmaklers an seinem personen- und vermögensrechtlichen status quo respektiert. Der Versicherer ist – ohne sein Recht zur freien Ablehnung von Versicherungsanträgen einzuschränken – danach verpflichtet, den Versicherungsmakler rechtzeitig über die Aufgabe seines Abschlusswillens zu informieren, so dass der Versicherungsmakler keine weiteren unnötigen Maßnahmen und Aufwendungen in der Hoffnung auf eine Courtagezahlung tätigt.

Eine solche Rücksichtnahmepflicht kann auch ohne eine ausdrückliche Courtage- oder ein sonstiges Kooperationsabkommen bestehen. Voraussetzung ist, dass der Versicherer in eine derart verdichtete Rechtsbeziehung zum Versicherungsmakler tritt, dass ihn entsprechende Rücksichtnahmepflichten treffen. Analog zu den Haftungsgrundsätzen der c.i.c. ist jedenfalls vorauszusetzen, dass der

---

652 Vgl. dazu Erstes Kapitel A. II. 2. b).

653 Zu Rechtsbeziehungen mit Pflichten nach § 241 Abs. 2 BGB allgemein BGH NJW 2010, 1135; BGH NJW 2013, 3366; Grüneberg in Palandt, BGB, § 241, Rn. 7.

654 Vgl. Erstes Kapitel A. II. 2. b).

655 Zinnert, VersR 2005, 359 (360); im Ergebnis so wohl auch Reusch, VersR 2015, 1197 (1203), der von wechselseitigen Pflichten zwischen Versicherer und Versicherungsmakler spricht.

Versicherungsmakler auf den Abschluss des Versicherungsvertrages und eine daraus resultierende Courtagezahlung durch den Versicherer vertraut hat, weil der Versicherer diese als sicher hingestellt hat.[656] Dieses Vertrauen muss vom Versicherer vorsätzlich und in zurechenbarer Weise gesetzt worden sein.[657] Keine Voraussetzung ist nach den Grundsätzen der c.i.c., dass sich die Parteien bereits über sämtliche Punkte des zukünftigen Vertrags geeinigt haben; je weiter aber die Verhandlungen fortgeschritten sind, umso eher käme eine Haftung in Betracht.[658] Kann hingegen nachvollziehbar noch mit dem Scheitern der Verhandlungen gerechnet werden oder sind sich die Parteien noch nicht über die wesentlichen Punkte des angestrebten Vertrages einig, scheidet eine Haftung aus.[659]

Für den Nachweis eines qualifizierten Vertrauenstatbestands zwischen Versicherer und Versicherungsmakler bestünden daher in der Praxis erhebliche Anforderungen. Das bloße Einreichen eines Versicherungsantrages beim Versicherer – wie dies vor allem im Massenversicherungsgeschäft üblich ist – begründet daher noch kein Vertrauen. Ein Versicherer stellt den Abschluss eines Versicherungsvertrages auch dann nicht als sicher in Aussicht, wenn er dem Versicherungsnehmer aufgrund der Bemühungen des Versicherungsmaklers eine vorläufige Deckungszusage erteilt. Eine vorläufige Deckungszusage nach den §§ 49 ff. VVG bietet dem Versicherungsnehmer für die Übergangszeit Versicherungsschutz, während der Versicherer die Annahme oder Ablehnung des Versicherungsantrages prüft und gegebenenfalls die näheren Einzelheiten des Vertrages noch verhandelt.[660] Zweck der vorläufigen Deckungszusage ist, dass sich der Versicherer Zeit verschafft, um die Voraussetzungen für den Abschluss des Versicherungsvertrages zu prüfen. Die vorläufige Deckung erfolgt daher zunächst ohne konkrete Risikoprüfung.[661] Der Versicherer stellt mit einer vorläufigen Deckungszusage danach weder den Abschluss eines Versicherungsvertrages noch eine damit verbundene Courtagezahlung an den Versicherungsmakler als sicher in Aussicht. Kommt es nicht zu einem endgültigen Vertrag, kann der Versicherungsmakler für die Vermittlung der vorläufigen Deckungszusage gegebenenfalls eine Courtage für gezahlte Prämien verlangen.[662]

Liegt ein qualifizierter Vertrauenstatbestand ausnahmsweise vor, müsste die Ablehnung durch den Versicherer nach den Grundsätzen der c.i.c. zudem

656 Zur c.i.c. BGH NJW 1970, 1840; BGH NJW-RR 1989, 627; zur von der Rechtsprechung entwickelten Fallgruppe des willkürlichen Abbruchs von Vertragsverhandlungen vgl. nur BGH NJW 1975, 1774.

657 Zur c.i.c. BGH NJW 1996, 1884; BGH NJW 2001, 2713 (2714); Grünberg in Palandt, BGB, § 311, Rn. 33.

658 Emmerich in MüKo-BGB, § 311, Rn. 162; LG Hamburg NZM 2013, 788.

659 Zur c.i.c. OLG Düsseldorf ZMR 2000, 23 f., BGH NJW-RR 2001, 381 (382).

660 Vgl. nur Elsner in Höra, AnwaltsHdB-VersR, § 13, Rn. 17.

661 Langheid in MüKO-VVG, § 19, Rn. 198.

662 So Möller in Bruck/Möller (1961), Vor §§ 43–48, Anm. 76.

willkürlich erfolgt sein. Eine Haftung ist danach ausgeschlossen, wenn ein triftiger Grund für den Abbruch vorliegt, der diesen rechtfertigt.[663] An die Begründung des Abbruchgrundes werden keine allzu hohen Anforderungen gestellt, um zu verhindern, dass ein mittelbarer Zwang zum Abschluss entsteht.[664] Jede vernünftige Erwägung genügt daher, um den Abbruch der Verhandlungen zu rechtfertigen.[665]

III. Schadensersatz wegen der Verletzung des gesetzlichen Kontrahierungszwangs

Wenn ein Versicherer einen vom Versicherungsmakler vermittelten Versicherungsvertrag nicht abschließt, obwohl er nach den gesetzlichen Vorschriften zum Abschluss verpflichtet gewesen wäre, wird zuweilen die Ansicht vertreten, dass der Versicherer dem Versicherungsmakler für einen daraus entstehenden Courtageverlust haftet.[666] Der Versicherer könne die Zusammenarbeit mit einem Versicherungsmakler schließlich nicht verweigern, wenn ein Abschlusszwang bestehe.[667] Reicht der Versicherungsmakler einen vollständigen Antrag ein, müsse der Versicherer diesen policieren und dem Versicherungsmakler die übliche Courtage zahlen.[668]

Ein Kontrahierungszwang für Versicherer existiert nur in wenigen Versicherungsbereichen; diese sind die private Pflegeversicherung (§ 110 SGB XI), die private Krankenpflichtversicherung im Basistarif (§ 193 Abs. 5 VVG) sowie die Kfz-Haftpflichtversicherung (§ 5 Abs. 2 PflVG). Eine zwingende Vorschrift ist zudem § 19 Abs. 1 Nr. 2 AGG. Danach ist die Benachteiligung eines Versicherungsnehmers aus Gründen der Rasse oder wegen der ethnischen Herkunft, des Geschlechts, der Religion, einer Behinderung, des Alters oder der sexuellen Identität unzulässig. Der Versicherer ist verpflichtet, (potentielle) Versicherungsnehmer diskriminierungsfrei zu behandeln. Bei einem Verstoß steht dem Versicherungsnehmer nach § 21 Abs. 1, 2 AGG ein Beseitigungs- und Schadensersatzanspruch zu, wobei aus dem Beseitigungsanspruch ein Kontrahierungszwang des Versicherers hergeleitet werden kann.[669]

---

663 Zur c.i.c. Emmerich in BGB-MüKo, § 311, Rn. 162; Grüneberg in Palandt, BGB, § 311, Rn. 32.

664 Zur c.i.c. Emmerich in BGB-MüKo, § 311, Rn. 162, Grüneberg in Palandt, BGB, § 311, Rn. 32.

665 BGH WM 1996, 738 (740).

666 So Schwintowski in Bruck/Möller, VVG, § 59, Rn. 128 bei Verstoß gegen das AGG; ähnlich Reusch VersR 2015, 1197 (1202) zur KFZ-Haftpflichtversicherung.

667 Reusch, VersR 2015, 1197 (1202).

668 Reusch, VersR 2015, 1197 (1202).

669 Wohl h.M. Grüneberg in Palandt, AGG, § 21, Rn. 7; Thüsing in MüKo-BGB, AGG, § 21, Rn. 17 m.w.N.; a.A. insbesondere Armbrüster VersR 2006, 1298 (1303); ders., NJW 2007, 1494.

Schließt ein Versicherer einen Versicherungsvertrag trotz gesetzlicher Abschlusspflicht nicht, verletzt er jedoch keine schadensersatzbegründenden Pflichten gegenüber dem Versicherungsmakler. Die Normen, die einen Abschlusszwang für den Versicherer beinhalten, schützen nicht das Erwerbsinteresse der Versicherungsmakler. Der Gesetzgeber führte den Abschlusszwang in den genannten Versicherungsbereichen ein, weil dort unter anderem das Bedürfnis bestand, sozial nicht zu rechtfertigende Unterscheidungen beim Abschluss von Versicherungsverträgen zu unterbinden. Zudem decken diese Versicherungen z.T. elementare Lebensrisiken ab, so dass die Verweigerung eines Vertragsschlusses für die Betroffenen schwerwiegende Auswirkungen hätte.[670] Der Schutzbereich dieser Normen erfasst danach nicht das Courtageinteresse der Versicherungsmakler, die solche Verträge vermitteln. Versicherungsmakler können den Abschlusszwang des Versicherers nicht als *Vehikel* nutzen, um ihre Erwerbsinteressen durchzusetzen. Ein gesetzlich angeordneter Abschlusszwang ist ein intensives Eingriffsinstrumentarium in einer marktwirtschaftlich orientierten Wirtschaftsordnung. Eine über die Zwecksetzung des AGG sowie des Pflichtversicherungsrechts hinausgehende Einschränkung der grundrechtlich geschützten Vertragsfreiheit der Versicherer (Art. 2 Abs. 1, 19 Abs. 3 GG), wenn auch nur mittelbar durch einen Schadensersatzanspruch, wäre mithin kaum zu rechtfertigen.

IV. Zwischenergebnis

Es ist das typische Risiko des Versicherungsmaklers, dass seine Vermittlungsbemühungen erfolglos bleiben und er für erbrachte Vorbereitungsleistungen keine Vergütung erhält.[671] Ausnahmen von diesem Grundsatz bestehen nur selten. Stellt der Versicherer den Abschluss eines vom Versicherungsmakler vermittelten Risikos sowie eine Courtagezahlung jedoch als sicher in Aussicht, hat der Versicherer die Pflicht, den Versicherungsmakler so rechtzeitig über die Aufgabe seines Abschlusswillens zu informieren, dass der Makler keine unnötigen Maßnahmen und Aufwendungen mehr in Erwartung einer Courtagezahlung für die erfolgreiche Vermittlung vornimmt. Verletzt der Versicherer diese Rücksichtnahmepflicht, kann der Versicherungsmakler seine (frustrierten) Aufwendungen vom Versicherer ersetzt verlangen. Lehnt der Versicherer einen vom Versicherungsmakler vermittelten Versicherungsantrag ab und verletzt damit lediglich eine Vorschrift, die den Versicherer zum Abschluss des Versicherungsvertrages mit dem Versicherungsnehmer verpflichtet, liegt schon keine schadensersatzbegründende Pflichtverletzung des Versicherers gegenüber dem Versicherungsmakler vor.

670 Vgl. hierzu (AGG) BT-Drucks. 16/1780, S. 42.
671 Dörner in Prölss/Martin, VVG, § 59, Rn. 79.

D. Zusammenfassung

Die Vertriebsgestaltungsfreiheit von Versicherern beim Abschluss von Courtagevereinbarungen mit Versicherungsmaklern wird in der Regel nicht durch das Vertragsrecht beschränkt. Der Versicherer kann sich aufgrund der besonderen Stellung des Versicherungsmaklers im Doppelrechtsverhältnis jedoch grundsätzlich nicht durch Kündigung der Courtagevereinbarungen von seiner Zahlungspflicht lösen. Hat der Versicherer einen vom Versicherungsmakler vermittelten Versicherungsvertrag abgeschlossen, ist er zur Courtagezahlung an den Versicherungsmakler solange verpflichtet, wie der Versicherungsvertrag beim Versicherer besteht, der Versicherungsnehmer die Prämien leistet und der Versicherungsmakler weiterhin vom Versicherungsnehmer betraut ist.[672] Nur dann, wenn die Kündigung der Courtagevereinbarung aus einem wichtigen Grund (§ 626 BGB), der dem Versicherer erst nach Abschluss des Versicherungsvertrags bekannt geworden ist und der ihm die Fortführung der Zusammenarbeit unzumutbar macht, erfolgt, erlischt auch die Pflicht des Versicherers zur Zahlung von Folgecourtage bzw. Betreuungsentgelt *ex nunc*; die Pflicht zur Zahlung eines in der Folgecourtage gegebenenfalls enthaltenen Vermittlungsanteils erlischt jedoch nur, soweit der Anspruch darauf erst in der Zukunft entsteht.

Übernimmt ein Versicherungsmakler im Auftrag des Versicherungsnehmers die Verwaltung und Betreuung eines nicht selbst vermittelten Versicherungsvertrages, ist der Versicherer zur Zahlung von Folgecourtage bzw. eines Betreuungsentgeltes an den übernehmenden Makler nur verpflichtet, wenn er ausdrücklich zustimmt, für die vom Makler erbrachten Dienste ein Entgelt zahlen zu wollen. Trotz der versicherungsvertraglichen Nebenpflicht des Versicherers, den vom Versicherungsnehmer beauftragten Versicherungsmakler zu akzeptieren, kann der Versicherer nicht dazu gezwungen werden, Courtage an einen Versicherungsmakler für nicht selbst vermittelte Versicherungsverträge zu zahlen, denn der Versicherer hat ein berechtigtes Interesse an der freien Gestaltung seines Vertriebssystems. Seine Abschlussfreiheit wird insofern weder vom Vertragsrecht, den Usancen im Versicherungsvertreb noch aufgrund gesetzlicher Schuldverhältnisse beschränkt.

Ferner steht es dem Versicherer frei, den Antrag eines Versicherungsmaklers abzulehnen, wenn er mit diesem zwar eine Courtagevereinbarung getroffen aber keine verbindlichen Annahmerichtlinien vereinbart hat. Der Versicherer kann gegenüber dem Versicherungsmakler allerdings zur Rücksichtnahme verpflichtet sein, wenn er ihm den Abschluss des vermittelten Versicherungsvertrages und die Zahlung einer Courtage als sicher in Aussicht gestellt hat. Er hat den Makler dann so rechtzeitig über die Aufgabe seines Abschlusswillens zu informieren, dass dieser keine weiteren unnötigen Maßnahmen und Aufwendungen in Erwartung einer Courtagezahlung für die erfolgreiche Vermittlung tätigt. Eine Verletzung dieser

672 Matusche-Beckmann in VersR-HdB, § 5, Rn. 400; kritisch zum Maklervertrag als Voraussetzung Schroeder, a.a.O., S. 67 ff.

Rücksichtnahmepflicht kann dem Grunde nach einen Schadensersatzanspruch für frustrierte Aufwendungen gegen den Versicherer begründen. Der Nichtabschluss eines Versicherungsvertrages, zu dessen Abschluss der Versicherer nach dem AGG oder Pflichtversicherungsrecht verpflichtet gewesen wäre, stellt hingegen keine schadensersatzbegründende Pflichtverletzung des Versicherers gegenüber dem Versicherungsmakler dar.

Viertes Kapitel: Grenzen der Vertriebsgestaltungsfreiheit nach dem kartellrechtlichen Diskriminierungs- und Behinderungsverbot, §§ 19, 20 GWB, Art. 102 AEUV

Versicherer können bei der Einrichtung ihrer Vertriebswege grundsätzlich frei entscheiden, mit welchen Vertriebspartnern sie zusammenarbeiten wollen.[673] Eine Grenze bildet jedoch das kartellrechtliche Diskriminierungs- und Behinderungsverbot.[674] Bisher fand die kartellrechtliche Missbrauchskontrolle von Versicherern im Bereich des Versicherungsvertriebs kaum Beachtung.[675] Die Weigerung eines marktmächtigen oder marktstarken Versicherers, eine Vertriebsvereinbarung, insbesondere ein Courtageabkommen, mit einem Versicherungsmakler abzuschließen, kann aber grundsätzlich eine Diskriminierung oder unbillige Behinderung des Versicherungsmaklers im Wettbewerb nach §§ 19 Abs. 1, 2 Nr. 1, 20 Abs. 1 GWB, Art. 102 S. 2 lit. c) AEUV darstellen.[676] Der betroffene Versicherungsmakler ist in diesem Fall berechtigt, vom Versicherer Unterlassung, Beseitigung oder Schadensersatz nach § 33 Abs. 1, 3 GWB zu verlangen. In der Rechtsprechung und Literatur ist anerkannt, dass sich in den Fällen der Diskriminierung oder der unbilligen Behinderung im Einzelfall mittelbar auch ein Anspruch auf Abschluss eines Vertrages ergeben kann (Kontrahierungszwang).[677]

A. Anwendungsbereich des GWB

§ 19 Abs. 1 GWB verbietet den Missbrauch einer marktbeherrschenden Stellung durch ein oder mehrere Unternehmen. Nach § 19 Abs. 2 Nr. 1 GWB liegt ein Missbrauch vor, wenn ein marktbeherrschendes Unternehmen als Anbieter oder Nachfrager einer bestimmten Art von Waren oder gewerblichen Leistungen ein anderes

---

673 Schwintowski in Bruck/Möller, VVG, § 59, Rn. 122; Stancke, VersR 2012, 1346 (1349).
674 Schwintowski in Bruck/Möller, VVG, § 59, Rn. 122; Stancke, VersR 2012, 1346 (1349).
675 Stancke, VersR 2009, 1168 (1177).
676 Stancke, VersR 2009, 1168 (1177); Schwintowski in Bruck/Möller, § 59, Rn. 123; ders. VUR 2010, 433; OLG München, Urteil vom 10.6.2010, Az. U (K) 5651/09, juris.
677 St. Rspr. seit BGH NJW 1962, 196 (199) – Gummistrümpfe; Bornkamm in Langen/Bunte, GWB, § 33, Rn. 114 m.w.N.

Unternehmen unmittelbar oder mittelbar unbillig behindert oder ohne sachlich gerechtfertigten Grund unmittelbar oder mittelbar anders behandelt als gleichartige Unternehmen. Die Vorschrift erfasst aber nicht nur Behinderungen auf dem beherrschten Markt, sondern auch eine Behinderung auf einem möglicherweise nicht oder noch nicht beherrschten Markt, wenn die Machtstellung des Normadressaten auf dem von ihm beherrschten Markt für die Behinderung auf dem von ihm nicht beherrschten Drittmarkt ursächlich ist (sogenannte *Drittmarktbehinderung*).[678]

§ 20 Abs. 1 GWB erweitert den Anwendungsbereich des Diskriminierungs- und Behinderungsverbotes aus § 19 Abs. 2 Nr. 1 GWB auf sogenannte relativ marktstarke Unternehmen. Relativ marktstark sind Unternehmen und Vereinigungen von Unternehmen, soweit von ihnen kleine oder mittlere Unternehmen als Anbieter oder Nachfrager einer bestimmten Art von Waren oder gewerblichen Leistung in der Weise abhängig sind, dass ausreichende und zumutbare Möglichkeiten, auf andere Unternehmen auszuweichen, nicht bestehen.

Auch das europäische Kartellrecht verbietet nach Art. 102 S. 1 AEUV die missbräuchliche Ausnutzung einer beherrschenden Stellung auf dem Binnenmarkt oder auf einem wesentlichen Teil desselben durch ein oder mehrere Unternehmen, soweit dies dazu führen kann, den Handel zwischen den Mitgliedstaaten zu beeinträchtigen. Der Binnenmarkt umfasst die in Art. 52 EUV genannten Mitgliedstaaten unter Berücksichtigung der in Art. 355 AEUV genannten Besonderheiten. Ein Missbrauch kann nach Art. 102 S. 2 lit. c) insbesondere durch die Anwendung unterschiedlicher Bedingungen bei gleichwertigen Leistungen gegenüber Handelspartnern erfolgen, wodurch diese im Wettbewerb benachteiligt werden.

I. Vorrang des europäischen Kartellrechts

Werden Vertriebsvereinbarungen zwischen Versicherern und Versicherungsmaklern grenzüberschreitend getroffen, ist das Verhältnis zwischen europäischem und deutschem Kartellrecht zu beachten. Das Verhältnis zwischen Art. 102 AEUV und den Vorschriften des GWB regelt bei zwischenstaatlichen Sachverhalten Art. 3 der Verordnung (EG) Nr. 1/2003[679]. Der deutsche Gesetzgeber hat die Verordnung (EG) Nr. 1/2003 in § 22 GWB weitgehend umgesetzt. § 22 Abs. 3 S. 1 GWB normiert danach die Möglichkeit, deutsches Kartellrecht auf Handlungen, die einen nach Art. 102 AEUV verbotenen Missbrauch darstellen, gleichzeitig anzuwenden. Wird deutsches Kartellrecht angewendet, ist nach § 22 Abs. 3 S. 2 GWB in jedem Fall aber auch Art. 102 AEUV anzuwenden. § 22 Abs. 3 S. 3 GWB stellt in Übereinstimmung mit Art. 3 Abs. 2 S. 2 der Verordnung (EG) Nr. 1/2003 klar, dass die Anwendung

678 Vgl. nur BGH GRUR 2004, 259 (260) – Strom und Telefon II; BGH GRUR 2004, 706 (707) – Der Oberhammer; Nothdurft in Langen/Bunte, GWB, § 19, Rn. 189 ff.; Markert in Immenga/Mestmäckert, GWB, § 19, Rn. 99.

679 ABl. EG 2003 L 1/1 (VO Nr. 1/2003).

strengerer Vorschriften des GWB zur Unterbindung oder Ahndung einseitiger Handlungen von Unternehmen von der Anwendung des Art. 102 AEUV nicht berührt wird.[680] Eine solche strengere Vorschrift im GWB stellt insbesondere das Verbot der Behinderung und Diskriminierung von kleinen und mittleren Unternehmen durch relativ marktstarke Unternehmen nach § 20 Abs. 1 GWB dar.[681]

II. Anwendbarkeit des GWB auf Versicherer

Wettbewerb entstand in der deutschen Versicherungswirtschaft nur sehr langsam, weil der deutsche Versicherungssektor lange Zeit durch eine Vielzahl staatlicher Wettbewerbsbeschränkungen gekennzeichnet war.[682] In allen Versicherungssparten, mit Ausnahme der Transport- und Rückversicherung, unterlagen seit 1931 unter anderem die Versicherungsbedingungen und Tarife der Versicherer der aufsichtsbehördlichen Kontrolle.[683] Für die Versicherungswirtschaft wurde deshalb mit § 102 Abs. 1 S. 1 GWB in der Fassung von 1958[684] eine weitreichende Ausnahme vom Anwendungsbereich des Kartell- und Empfehlungsverbotes geschaffen. Die Bundesregierung hatte die besondere Behandlung von Versicherungsunternehmen und ihren Verbänden im GWB in ihrem Erfahrungsbericht aus dem Jahr 1975 unter anderem damit begründet, dass an diese Unternehmen bereits aus gesamtwirtschaftlicher Sicht Anforderungen zu stellen seien, die eine umfassende Anwendung des Wettbewerbsprinzips ausschließen.[685] Zudem sei im Versicherungssektor wegen des besonderen Vertrauensschutzes das marktwirtschaftliche Ausleseprinzip, das zum Konkurs eines Versicherungsunternehmens führen könne, nicht uneingeschränkt anwendbar.[686]

Ende der 1980er Jahre begann ein Umdenken in Deutschland hin zur Deregulierung des Versicherungssektors.[687] Die Monopolkommission erklärte in ihrem

680 Regierungsbegründung zur 7. GWB-Novelle, BT-Drucks. 15/3640, S. 47.

681 Nach der Rechtsprechung des EuGH können aber auch einige Fälle, die nach deutschem Kartellrecht Fälle der Spitzenstellungs- oder Spitzengruppenabhängigkeit darstellen und damit § 20 Abs. 1 GWB zugeordnet werden, von Art. 102 AEUV erfasst werden, so BGH WuW/E DE-R 2708, Rn. 32 – Reisestellenkartelle unter Verweis auf EuGH, Urteil vom 6.4.1995, Az. C-241/91 P und C-242/91 P, Slg.1995, I -743, Rn. 47 – Magill TV Guide.

682 Ausführlich zur Geschichte der Deregulierung Dreher/Hoffmann/Kling, Kartell- und Wettbewerbsrecht der Versicherungsunternehmen, S. 3 ff.

683 §§ 5 Abs. 2, 10, 81 des Gesetzes über die Beaufsichtigung der privaten Versicherungsunternehmungen und Bausparkassen vom 6.6.1931 (RGBl. I 1931, S. 315).

684 BGBl. I 1957, S. 1081, zudem Ausschuss für Wirtschaftspolitik, BT-Drucks. 2/3644, S. 45.

685 Ausschuss für Wirtschaftspolitik, BT-Drucks. 2/3644, S. 45.

686 Bericht über die Erfahrungen mit den Ausnahmebereichen des GWB der Bundesregierung aus dem Jahre 1975, BT-Drucks. 7/3206 , S. 17.

687 Vgl. Dreher/Hoffmann/Kling, a.a.O., S. 5 f., Rn. 6 m.w.N.

VII. Hauptgutachten, dass die weitgehenden Wettbewerbsbeschränkungen, die durch aufsichtsrechtliche Regeln in der Versicherungswirtschaft verursacht würden, nicht gerechtfertigt seien.[688] Die aufsichtsbehördliche Vereinheitlichung der Grundbedingungen führe zu einer Lähmung der Innovationsdynamik und Produktdiversität und beschränke den Wettbewerb der Vertriebs- und Absatzformen.[689] Die Monopolkommission schlug daher vor, die Vereinheitlichung der Allgemeinen Versicherungsbedingungen (AVB) aufzugeben und auf die Privilegierung der Versicherungswirtschaft in § 102 GWB zu verzichten.[690]

Im Jahre 1987 gab der EuGH der Diskussion über die kartellrechtliche Sonderstellung der Versicherungswirtschaft in Deutschland mit seiner Entscheidung im Fall *„Meng"* einen weiteren entscheidenden Impuls, indem er urteilte, dass die europäischen Wettbewerbsregeln auf den deutschen Versicherungssektor uneingeschränkt Anwendung finden.[691] Mit der 5. GWB Novelle[692] wurden 1990 dann erste materiell-rechtliche Hürden für eine vollständige Freistellung der Versicherungsbranche vom Anwendungsbereich des GWB geschaffen.[693] 1991 forderte die Deregulierungskommission der Bundesregierung die Aufhebung der Bedingungs- und Tarifkontrolle durch das ehemalige Bundesaufsichtsamt für das Versicherungswesen (BAV) sowie die Einschränkung von § 102 GWB.[694] Mit der Umsetzung der Dritten EG-Versicherungsrichtlinien[695] wurde 1994 die Bedingungs- und Tarifaufsicht durch das BAV schließlich beendet.[696] Durch die Beseitigung staatlicher Wettbewerbsbeschränkungen entfiel nun aber auch das Argument der Versicherungswirtschaft für eine Ausnahme vom Anwendungsbereich des GWB.[697] Mit der 6. GWB-Novelle[698] 1998 und der 7. GWB-Novelle[699] 2005 wurde § 102 GWB deshalb vollständig aufgehoben, so dass heute (mit Ausnahme der Zusammenschlusskontrolle in § 37 Abs. 3 GWB) keine Norm mehr im GWB existiert, die

---

688 VII. Hauptgutachten der Monopolkommission 1986/87, S. 29, Rn. 118 und S. 233, Rn. 542 ff.

689 VII. Hauptgutachten der Monopolkommission 1986/87, S. 29, Rn. 118 und S. 233, Rn. 542 ff.

690 VII. Hauptgutachten der Monopolkommission 1986/87, S. 30 f., Rn. 121 f.

691 EuGH VersR 1987, 169 (170) – Meng; ausführlich Dreher/Hoffmann/Kling, a.a.O., S. 5, Rn. 7 m.w.N.

692 BGBl. I 1989, S. 2486 (2490).

693 Dazu Dreher/Hoffmann/Kling, a.a.O., S. 5, Rn. 8.

694 Deregulierungskommission, Berichte 1990/1991, Marktöffnung und Wettbewerb, S. 29, Rn. 99 ff.

695 Dritte Richtlinie Schadensversicherung 92/49/EWG, ABl. EG Nr. L 228 S. 1 und Dritte Richtlinie Lebensversicherung 92/96/EWG, ABl. EG Nr. L 360 S. 1.

696 Drittes Durchführungsgesetz/EWG zum VAG vom 21.7.1994, BGBl. I 1994, S. 1630, 3134.

697 Dreher/Hoffmann/Kling, a.a.O., S. 6, Rn. 9.

698 BGBl. I 1998, S. 2521 (2528), Bereichsausnahme in § 29 GWB.

699 BGBl. I 2005, S. 1954 (1958), § 29 GWB wurde ersatzlos aufgehoben.

die Versicherungswirtschaft ausdrücklich vom Anwendungsbereich des GWB ausnimmt.[700] Explizite Ausnahmen enthielt nur noch die Gruppenfreistellungsverordnung 267/2010 für die Versicherungswirtschaft, die am 31.3.2017 außer Kraft trat.[701]

III. Zwischenergebnis

Für die kartellrechtliche Missbrauchskontrolle im Versicherungssektor bestehen keine besonderen Regelungen,[702] so dass das Diskriminierungs- und Behinderungsverbot gemäß §§ 19 Abs. 1 i.V.m. Abs. 2 Nr. 1, 20 Abs. 1 GWB uneingeschränkt auf das Verhalten eines Versicherers beim Vertrieb seiner Produkte Anwendung finden kann.

B. Abgrenzung des relevanten Marktes

Voraussetzung für die Normadressatenstellung eines Versicherers gemäß §§ 19 Abs. 2 Nr. 1, 20 Abs. 1 GWB sowie Art. 102 AEUV ist, dass er auf dem Markt, auf dem sich die Zurückweisung des Versicherungsmaklers auswirkt, Marktmacht besitzt. Um die Marktmacht eines Unternehmens feststellen zu können, muss sowohl nach deutschem als auch europäischem Recht zunächst der vom Verhalten des Normadressaten betroffene bzw. relevante Markt sachlich und räumlich abgegrenzt werden.[703] Auf eine zeitliche Marktabgrenzung wird jeweils verzichtet, weil das Angebot von Versicherungsleistungen sowie Vertriebsleistungen für Versicherungsprodukte in der Regel keiner zeitlichen Beschränkung unterliegt.[704]

I. Grundlagen der Marktabgrenzung

1. Abgrenzungskriterien

Nach ständiger Rechtsprechung und Verwaltungspraxis ist der sachliche und räumlich relevante Markt nach dem Bedarfsmarktkonzept abzugrenzen; danach sind einem bestimmten relevanten Markt alle Produkte oder Dienstleistungen zuzurechnen, die aus der Sicht der Nachfrager nach Eigenschaft, Verwendungszweck und Preislage zur Deckung eines bestimmten Bedarfs substituierbar sind.[705]

---

700 Dreher/Hoffmann/Kling, a.a.O., S. 6 f., Rn. 10 f.

701 VO (EU) Nr. 267/2010 der Kommission vom 24. 3.2010 über die Anwendung von Art. 101 Abs. 3 AEUV auf Gruppen von Vereinbarungen, Beschlüssen und abgestimmten Verhaltensweisen im Versicherungssektor, ABl. EU 2010, L83/1.

702 Vgl. so auch Dreher/Hoffmann/Kling, a.a.O., S. 251, Rn. 2.

703 Sozialversicherungen sollen im Rahmen dieser Arbeit unberücksichtigt bleiben, da sie nicht von Versicherungsvermittlern vertrieben werden.

704 Wie hier für Versicherungsleistungen Dreher/Hoffmann/Kling, a.a.O., S. 35, Rn. 8.

705 St. Rspr. vgl. nur BGH GRUR 1996, 808 (810) – Pay-TV-Durchleitung; BGH NJW 2011, 2730 – MAN-Vertragswerkstatt; Bekanntmachung der Kommission zur Definition des relevanten Marktes, ABl. EG 1997 Nr. C 372, Rn. 7.

Die Nachfragesubstituierbarkeit ist das entscheidende Kriterium bei der Bestimmung relevanter Produktmärkte.[706] Bei der Ermittlung der Nachfragesubstituierbarkeit werden unter anderem die Kreuzpreiselastizität der potentiell zu einem Markt gehörenden Produkte[707] und die Ergebnisse des sogenannten SSNIP-Tests (small but significant and non-transitory increase in price)[708] berücksichtigt. Beim SSNIP-Test wird geprüft, ob die Kunden der Parteien als Reaktion auf eine angenommene, klein bleibende Erhöhung der relativen Preise (im Bereich zwischen 5 und 10 %) für die betreffenden Produkte und Gebiete auf leicht verfügbare Substitute ausweichen würden.[709]

Das nach dem Bedarfsmarktkonzept ermittelte Ergebnis wird von Rechtsprechung und Verwaltungspraxis unter Anwendung des sogenannten *Konzeptes der Angebotsumstellungsflexibilität* korrigiert, wenn sich die Angebotssubstituierbarkeit auf die Wettbewerbsverhältnisse ebenso auswirkt wie die Nachfragesubstituierbarkeit.[710] Das Konzept der Angebotsumstellungsflexibilität beruhte auf der Erkenntnis, dass ein die Verhaltensspielräume kontrollierender Wettbewerb auch von Anbietern ähnlicher Produkte ausgeht, die ihr Angebot kurzfristig umstellen können, um eine bestehende Nachfrage zu befriedigen.[711] Sie sind jedoch nur dann in den relevanten Markt einzubeziehen, wenn sie in der Lage sind, ihre Produktion auf die relevanten Erzeugnisse umzustellen und sie kurzfristig auf den Markt zu bringen, ohne spürbare Zusatzkosten oder Risiken in Kauf zu nehmen.[712] Unternehmen sind hingegen nicht in den relevanten Markt einzubeziehen, wenn sie erhebliche Investitionen oder bedeutende strategische Entscheidungen für eine Umstellung treffen müssten oder diese eine zeitliche Verzögerung mit sich brächten.[713] Potentiell unter diesen Voraussetzungen in den Markt eintretende

706 Bekanntmachung der Kommission über die Definition des relevanten Marktes, ABl. EG 1997 Nr. C 372, S. 6, Rn. 13 ff.

707 Vgl. dazu Fuchs/Möschel in Immenga/Mestmäcker, GWB, § 18, Rn. 46; Bechtold, GWB, § 18, Rn. 13 m.w.N.

708 Bekanntmachung der Kommission über die Definition des relevanten Marktes, ABl. EG 1997 Nr. C 372, S. 5 (7), Rn. 15–19; BGH NJW-RR 2008, 996 (997 ff.)– Soda-Club II; BKartA, Beschluss vom 30.9.2005 – B 9-50/05, BeckRS 2005, 31707– Railion/RBH.

709 Bekanntmachung der Kommission über die Definition des relevanten Marktes, ABl. EG 1997 Nr. C 372, S. 5 (7), Rn. 17.

710 Bekanntmachung der Kommission zur Definition des relevanten Marktes, ABl. EG 1997 Nr. C 372, S. 5 (7), Rn. 20; St. Rspr. vgl. nur BGH NJW 2004, 3711 (3712) – Staubsaugerbeutelmarkt; BGH GRUR 2007, 520 (522) – National Geographic II.

711 BGH NJW 2004, 3711 (3712) – Staubsaugerbeutelmarkt; BGH GRUR 2007, 520 (522) – National Geographic II.

712 Bekanntmachung der Kommission zur Definition des relevanten Marktes, ABl. EG 1997 Nr. C 372, S. 5 (7), Rn. 20; BGH GRUR 2007, 520 – National Geographic II; vgl. nur Görner, ZVersWiss 2005, 739(742).

713 Bekanntmachung der Kommission zur Definition des relevanten Marktes, ABl. EG 1997 Nr. C 372, S. 5 (7), Rn. 23.

Unternehmen können zwar als mögliche Wettbewerber Berücksichtigung finden, sie werden jedoch nicht in die Marktabgrenzung einbezogen.[714]

2. Unterschiede Fusionskontrolle und Missbrauchskontrolle

Die Abgrenzung von Märkten im Versicherungssektor erfolgte in der Vergangenheit fast ausschließlich im Rahmen von Fusionskontrollverfahren.[715] Die dabei ermittelten Ergebnisse können für die Zwecke der hier zu prüfenden Missbrauchstatbestände gleichermaßen verwendet werden.

Die Marktabgrenzungskriterien sind bei der Missbrauchs- und Fusionskontrolle grundsätzlich einheitlich anzuwenden.[716] Bei der Marktabgrenzung im Rahmen der Missbrauchskontrolle können allerdings Abweichungen dadurch entstehen, dass bei der Anwendung der Missbrauchsverbote eine andere Perspektive einzunehmen ist als bei der Fusionskontrolle.[717] Bei der Missbrauchskontrolle wird ein gegenwärtiges Marktverhalten beurteilt, so dass künftige Marktentwicklungen nicht zu berücksichtigen sind, wohingegen bei der zukunftsbezogenen Fusionskontrolle künftige Marktstrukturen relevant sein können.[718] So ist z.B. das europäische Zusammenwachsen nationaler Märkte entsprechend dem Binnenmarktziel für die Missbrauchskontrolle ohne besondere Bedeutung, anders als für die Fusionskontrolle.[719] Dort dürfen Maßnahmen des Binnenmarktprogramms zur Beseitigung von Handelshemmnissen und zur stärkeren Integration nicht außer Acht bleiben, wenn die Auswirkungen einer Fusion oder eines strukturellen Gemeinschaftsunternehmens auf den Wettbewerb untersucht werden.[720] Im Ergebnis kann der relevante Markt bei der Missbrauchskontrolle daher enger abzugrenzen sein als im Bereich der Fusionskontrolle.[721] Eine kategorische Differenzierung zwischen

714 Bekanntmachung der Kommission zur Definition des relevanten Marktes, ABl. EG 1997 Nr. C 372, S. 5 (7), Rn. 24; vgl. nur Görner, ZVersWiss 2005, 739 (742 f.).

715 Vgl. Viertes Kapitel B. II. und III. 2.

716 Thomas in Immenga/Mestmäckert, GWB, § 36, Rn. 133; Nothdurft in Langen/Bunte, GWB, § 19, Rn. 70; vgl. auch Bekanntmachung der Kommission über die Definition des relevanten Marktes, a.a.O., Rn. 12.

717 Bekanntmachung der Kommission über die Definition des relevanten Marktes, a.a.O., Rn. 12; Nothdurft in Langen/Bunte, GWB, § 19, Rn. 70 m.w.N.

718 Thomas in Immenga/Mestmäckert, GWB, § 36, Rn. 134; Nothdurft in Langen/Bunte, GWB, § 19, Rn. 70; Bekanntmachung der Kommission über die Definition des relevanten Marktes, a.a.O., Rn. 12, 32.

719 Thomas in Immenga/Mestmäckert, GWB, § 36, Rn. 134.

720 Bekanntmachung der Kommission über die Definition des relevanten Marktes im Sinne des Wettbewerbsrechts der Gemeinschaft, ABl. EG 1997, C 372/5, Rn. 32.

721 Nothdurft in Langen/Bunte, GWB, § 19, Rn. 70; Thomas in Immenga/Mestmäckert, GWB, § 36, Rn. 134; ähnlich Bekanntmachung der Kommission über die Definition des relevanten Marktes, a.a.O., Rn. 12.

„Missbrauchsmärkten" und *„Fusionskontrollmärkten"* ist aber zu vermeiden, um eine Normspaltung im Kartellrecht zu verhindern.[722]

II. Der Versicherungsmarkt

Versicherer sind als Anbieter von Versicherungsleistungen auf dem Versicherungsmarkt tätig und können auf diesem marktmächtig sein.

1. Sachliche Marktabgrenzung

a) Abgrenzungskriterien für den Versicherungsmarkt

Art. 11 Abs. 1 lit a) der Gruppenfreistellungsverordnung 3932/92[723] für die Versicherungswirtschaft enthielt Kriterien für eine Abgrenzung des sachlich relevanten Versicherungsmarktes,[724] die das Bundeskartellamt zunächst auch als Ausgangspunkt für seine Entscheidungspraxis übernommen hatte.[725] Danach sollten *„identische oder – im Hinblick auf die gedeckten Risiken und angebotenen Leistungen – vergleichbare Versicherungsprodukte"* einen gemeinsamen Markt bilden. In der nachfolgenden, am 31.3.2017 ersatzlos außer Kraft getretenen Gruppenfreistellungsverordnung 267/2010[726] für das Versicherungswesen war diese Konkretisierung nicht mehr enthalten, so dass sich daraus keine Anhaltspunkte für die sachliche Marktabgrenzung ergaben. Die Einteilungen in verschiedene Versicherungszweige und Risiken in den EG-Versicherungsrichtlinien,[727] in der Anlage 1 des VAG und in der Anlage 1 zur Versicherungsberichterstattungs-Verordnung (BerVersV)[728] können ferner nur grobe Anknüpfungspunkte für die Abgrenzung

---

722 Thomas in Immenga/Mestmäckert, GWB, § 36, 134.

723 VO (EWG) Nr. 3932/92 der Kommission vom 21.12.1992 über die Anwendung von Artikel 85 Absatz 3 EWG-Vertrag auf bestimmte Gruppen von Vereinbarungen, Beschlüssen und aufeinander abgestimmten Verhaltensweisen im Bereich der Versicherungswirtschaft, ABl. EG 1992 Nr. L 398/7.

724 So Brinker/Schädle VersR 2004, 673; Dreher/Hoffmann/Kling, a.a.O., S. 36, Rn. 11; Schaloske, Das Recht der sogenannten offenen Mitversicherung: Vertragsrechtliche Konstruktion und kartellrechtliche Beurteilung, S. 385.

725 BKartA, Tätigkeitsbericht 1999/2000, BT-Drucks. 14/6300, S. 169.

726 VO (EU) Nr. 267/2010 der Kommission vom 24.3.2010 über die Anwendung von Artikel 101 Absatz 3 des Vertrags über die Arbeitsweise der Europäischen Union auf Gruppen von Vereinbarungen, Beschlüssen und abgestimmten Verhaltensweisen im Versicherungssektor, ABl. EU 2010, L 83/1.

727 Vgl. z.B. Anhang der Ersten EG-Schadensversicherungsrichtlinie 73/239/EWG, ABl. EG Nr. L 228/3, aufgehoben durch Art. 310 Abs. 1 der EU-Richtlinie 2009/138/EG (Solvency II-Richtlinie) vom 25.11.2009 (ABl. 2009, L 335/1).

728 Versicherungsberichterstattungs-Verordnung vom 29.3.2006, BGBl. I 2016, S. 622, aufgehoben durch Art. 2 Nr. 2 Verordnung zur Aufhebung von Verordnungen nach dem Versicherungsaufsichtsgesetz vom 16.12.2015, BGBl. I, 2015, S. 2345.

der Versicherungsteilmärkte bieten, da es sich hierbei um eine aufsichtsrechtliche Abgrenzung handelt, mit der eine andere Zielsetzung als mit der Marktabgrenzung bei der kartellrechtlichen Verhaltenskontrolle verfolgt wird.[729] Bei der Klassifizierung der Risiken geht es um aufsichtsrechtlichen Zulassungs- und Eigenkapitalanforderungen, während die kartellrechtliche Marktabgrenzung dazu dient, die wettbewerblichen Verhaltensspielräume von Unternehmen zu untersuchen.[730]

Das Bundeskartellamt hatte in seiner Bekanntmachung *Legalisierung horizontaler Wettbewerbsbeschränkungen zwischen VU durch Anmeldung nach § 102 GWB* aus dem Jahr 1982 ausgeführt, dass sich der relevante Markt aus den angebotenen Versicherungsprodukten ergebe. Einen Anhaltspunkt für den relevanten Markt biete das Bestehen von Musterbedingungswerken für bestimmte Risiken. Ein noch engerer Marktbegriff sei anzulegen, wenn Spezialrisiken innerhalb einer Versicherungsart nur von wenigen Versicherern gezeichnet würden.[731] Diese Ansicht ist überholt. Das OLG Düsseldorf hatte einen dem entsprechenden Beschluss des Bundeskartellamtes aufgehoben, weil bei einer solch engen risikobezogenen Abgrenzung die Angebotsumstellungsflexibilität nicht hinreichend berücksichtigt werde.[732]

Maßgeblich für die Abgrenzung von Versicherungsteilmärkten sind daher die allgemeinen kartellrechtlichen Kriterien zur Marktabgrenzung, mithin die Prüfung der Substitutionsbeziehungen.[733] Ausgehend von der Nachfragesubstituierbarkeit aus Sicht der Versicherungskunden unterscheidet die Kommission zunächst zwischen Erstversicherungsmärkten für Lebensversicherungen und Nichtlebensversicherungen sowie dem Rückversicherungsmarkt.[734] Im Weiteren hat die Kommission erwogen, dass innerhalb dieser Märkte kleinere Teilmärkte nach dem jeweils zu versichernden Risiko abgegrenzt werden könnten, denn Eigenschaften,

---

729 Dreher/Hoffmann/Kling, a.a.O, S. 38, Rn. 14; Görner, ZVersWiss 2005, 739 (744); Stancke, VW 2004, 1458 (1462); Kommission, Bericht an das Europäische Parlament und den Rat über die Anwendung der Verordnung Nr. 3932/92 vom 12.5.1999, KOM (1999) 192 endg., S. 15, Rn. 28, abrufbar unter: http://ec.europa.eu/competition/antitrust/others/ins_rep1999_de.pdf, Stand: 16.12.2017.

730 Dreher/Hoffmann/Kling, a.a.O, S. 38, Rn. 14 f.; Görner, ZVersWiss 2005, 739(744).

731 Leitbrief des BKartA vom 18.12.1981, VerBAV 1982, 13 (15); ergänzt am 31.10.1984, VerBAV 1984, 460.

732 BKartA vom 10.8.2007, Az. B4 31/05, Rn. 30, WuW/E DE-V 1459 (1460) – Wirtschaftsprüferhaftpflicht; OLG Düsseldorf VersR 2009, 1420 (1422) – Wirtschaftsprüferhaftpflicht.

733 Dreher/Hoffmann/Kling, a.a.O., S. 39, Rn. 15.

734 St. Entscheidungspraxis der Kommission, vgl. nur Kommission vom 3.4.1995, COMP/M.539, VOM A. – Allianz/Elvia/Lloyd Ariatico; vom 27.9.1996, M.813, Rn. 8 – Allianz/Hermes; vom 28. 6. 2004, COMP/M.3446, Rn. 10 – UNIQA/Mannheimer; vom 19.7.2001, COMP/M.2431, Rn. 11 – Allianz/Dresdener; vom 28.2.2003, COMP/M.3035, Rn. 25 – Berkshire Hathaway/Converium/Gaum/JV; vom 5.4.2006, COMP/M.4055, Rn. 10 – Talanx/Gerling.

Prämien und Verwendungsmöglichkeiten der einzelnen Versicherungen unterscheiden sich aus Sicht der Versicherungsnehmer so deutlich voneinander, dass sie kaum gegeneinander austauschbar sind.[735] Für den Versicherungsnehmer ist im Grunde jeder Versicherungsvertrag derart einzigartig, dass die Nachfragesubstituierbarkeit theoretisch gleich null ist.[736] In der Konsequenz könnten so viele unterschiedliche Produktmärkte angenommen werden, wie es Versicherungen für unterschiedliche Risiken gibt.[737] Auch unterschiedlich hohe Deckungssummen könnten danach, wie im Bereich der P&I-Versicherung (Protection and Indemnity), die Abgrenzung eigenständiger Produktmärkte rechtfertigen, wenn die Höhe der Deckungssumme für die Austauschbarkeit auf der Nachfrage- aber auch auf der Angebotsseite maßgeblich ist.[738]

Würde man jedoch jedes nachgefragte Versicherungsrisiko als eigenständigen Markt definieren, bestünde die Gefahr einer „*Atomisierung*“ sachlicher Versicherungsmärkte.[739] Insbesondere Spezialversicherer hätten dann schnell eine vermeintlich marktbeherrschende Stellung, die ihrer tatsächlichen Marktmacht nicht entspräche.[740] Eine entscheidende Rolle bei der Definition von Versicherungsteilmärkten spielt daher neben der Nachfragesubstituierbarkeit die Angebotssubstituierbarkeit der Versicherer.[741] Die Präsenz eines Versicherers, der tatsächlich

---

735 Commission Staff Working Document, Accompanying the Report from the Commission to the European Parlament and the Council, On the functioning of Commission Regulation (EC) No 358/2003 on the application of Article 81(3) of the Treaty to certain categories of agreements, decisions and concerted practices in the insurance sector, SEC(2009) 364, Rn. 141; Kommission vom 3.4.1995, COMP/M.539 – Allianz/Elvia/Lloyd Ariatico; vom 27.9.1996, M.813, Rn. 8 – Allianz/Hermes; vom 28. 6. 2004, COMP/M.3446 – UNIQA/Mannheimer; vom 19.7.2001, COMP/M.2431– Allianz/Dresdener; vom 28.2.2003, COMP/M.3035 – Berkshire Hathaway/Converium/Gaum/JV; vom 5.4.2006, COMP/M.4055 – Talanx/Gerling.

736 Commission Staff working Document, SEC(2009) 364, Rn. 141; Kommission, Bericht an das Europäische Parliament und den Rat über die Anwendung der Verordnung Nr. 3932/92 vom 12.5.1999, KOM (1999) 192 endg., S. 14, Rn. 26, a.a.O.

737 Kommission vom 3.4.1995, COMP/M.539 – Allianz/Elvia/Lloyd Ariatico; vom 27.9.1996, M.813, Rn. 8 – Allianz/Hermes; vom 28.6.2004, COMP/M.3446, Rn. 10 – UNIQA/Mannheimer; vom 19.7.2001, COMP/M.2431– Allianz/Dresdener; vom 28.2.2003, COMP/M.3035 – Berkshire Hathaway/Converium/Gaum/JV; vom 5.4.2006, COMP/M.4055 – Talanx/Gerling.

738 Kommission vom 12.4.1999, Nr. IV/D-1/30.373 und Nr. IV/D-l/37.143, ABl. 1999 EG Nr. L 125/12 – P&I- Clubs II, Rn. 63 f., dort wurde ein getrennter Weltmarkt für die P&I-Direktversicherung und – Rückversicherung für Versicherungsschutz von über 1,8 Mrd. EUR abgegrenzt; grundsätzlich erzeugen unterschiedliche Versicherungsbedingungen wie Selbstbehalte und Deckungssummen jedoch keine unterschiedlichen Märkte, vgl. Brinker/Schädle, VersR 2004, 673 (676).

739 Brinker/Schädle, VersR 2004, 673 (676); Stancke, VW 2004, 1458 (1462).

740 Brinker/Schädle, VersR 2004, 673 (676).

741 Kommission vom 12.4.1999, Nr. IV/D-1/30.373 und Nr. IV/D-l/37.143, ABl. 1999 EG Nr. L 125/12, Rn. 56 – P&I- Clubs II; Commission Staff Working Document, a.a.O.

und ohne größere Schwierigkeit in der Lage ist, Versicherungsprodukte für einen Produktmarkt, auf dem er bisher nicht tätig ist, kurzfristig zu entwickeln und zu vertreiben, wirkt hinreichend disziplinierend auf die Akteure auf diesem Markt.[742] Hierzu müssen die Anforderungen an die Versicherer die gleichen, oder hinreichend ähnlich sein wie bei der *Produktion* der bereits von ihnen angebotenen Versicherungsarten, so dass sie kurzfristig damit beginnen könnten, entsprechende Versicherungsprodukte *herzustellen* und zu vertreiben.[743] Voraussetzung dafür, dass verschiedene Versicherungsrisiken in einem Versicherungsteilmarkt zusammengefasst werden können, sind aus Sicht der Versicherer die rechtlichen und regulatorischen Anforderungen, die Vertriebsstrukturen, die Notwendigkeit von Experten-Know-how und die Charakteristika des Risikos (d.h. Häufigkeit und das Ausmaß von Schäden).[744] Die Kommission hatte für den Bereich der Schadensversicherung dementsprechend festgestellt, dass die Bedingungen für die Versicherung verschiedener Risiken ähnlich seien und die meisten großen Versicherungsunternehmen für mehrere Risiken Versicherungsschutz anbieten, was dafür sprechen könne, dass verschiedene Arten der Schadensversicherung einem einheitlichen Produktmarkt angehören.[745] Dasselbe könne auch für den Bereich der Lebensversicherung in Betracht kommen.[746]

SEC(2009) 364, Rn. 141; OLG Düsseldorf VersR 2009, 1420 (1422) – Wirtschaftsprüferhaftpflicht; Brinker/Schädle, VersR 2004, 673 (676); Görner, ZVersWiss 2005, 739 (749); Stancke, VW 2004, 1458 (1462); Dreher/Hoffmann/Kling, a.a.O., S. 40, Rn. 18; Hoffmann, Versicherungsgemeinschaften nach europäischem Kartellrecht, eine Untersuchung unter Geltung der Verordnung (EU) Nr. 267 / 2010, S. 160; kritisch zur Berücksichtigung der Angebotsumstellungsflexibilität im Bereich ideeller Waren: Unger, Die Versicherungsvermittlung im Wirkungsfeld des Aufsichts- und Wettbewerbsrechts, S. 158.

742 OLG Düsseldorf VersR 2009, 1420 (1422) – Wirtschaftsprüferhaftpflicht; vgl. ausführlich zur Angebotsumstellungsflexibilität von Versicherern Dreher/Hoffmann/Kling, a.a.O, S. 41, Rn. 18 f.; Hoffmann, a.a.O., S. 158 ff.

743 Kommission vom 12.4.1999, Nr. IV/D-1/30.373 und Nr. IV/D-l/37.143, ABl. 1999 EG Nr. L 125/12, Rn. 56 – P&I- Clubs II; OLG Düsseldorf VersR 2009, 1420 (1422) – Wirtschaftsprüferhaftpflicht; Brinker/Schädle, VersR 2004, 673 (676); Stancke, VW 2004, 1458 (1462); Görner, ZVersWiss 2005, 739 (749); Dreher/Hoffmann/Kling, a.a.O, S. 41, Rn. 19; Hoffmann, a.a.O., S. 160.

744 Commission Staff working Document, SEC(2009) 364, Rn. 141; vgl. zu den konkreten Hemmnissen im Fall Kommission vom 12.4.1999, Nr. IV/D-1/30.373 und Nr. IV/D-l/37.143, ABl. 1999 EG Nr. L 125/12, Rn. 57 f. – P&I- Clubs II; Brinkner/Schädle VersR 2004, 673 (676); Stancke, VW 2004, 1458 (1462); Görner, ZVersWiss 2005, 739 (748); Dreher/Hoffmann/Kling, a.a.O, S. 41, Rn. 19; Hoffmann, a.a.O., S. 160.

745 Kommission vom 5.4.2006, COMP/M.4055, Rn. 10 – Talanx/Gerling; vom 28.6.2004, COMP/M.3446, Rn. 10 – UNIQA/Mannheimer; vom 17.6.2008, COMP/M.5075, Rn. 12 – Vienna Insurance Group/EBV m.w.N.

746 Kommission vom 5.4.2006, COMP/M.4055, Rn. 10 – Talanx/Gerling; vom 28.6.2004, COMP/M.3446, Rn. 10 – UNIQA/Mannheimer.

b) *Überblick Teilmärkte*

Nach einer groben Dreiteilung des Versicherungsmarktes in Erstversicherungsmärkte für Lebensversicherungen und Nichtlebensversicherungen sowie den Rückversicherungsmarkt[747] wurde die weitere Abgrenzung folgender Teilmärkte von der Verwaltungspraxis und Rechtsprechung erwogen.[748]

aa) Lebensversicherungen

Die Kommission hatte den Markt für Lebensversicherungen in älteren Entscheidungen in drei Märkte eingeteilt:[749]

- Markt für Schutzprodukte
- Markt für Altersvorsorgeprodukte
- Markt für Veranlagungsprodukte

In einer jüngeren Entscheidung hatte die Kommission erwogen, letztere zwei Märkte zu einem Markt für Altersvorsorge und Veranlagungsprodukte zusammenzufassen.[750] Die Einbeziehung von Produkten anderer Finanzdienstleister wie Banken, Investment- oder Pensions-bzw. Rentenfonds in den Markt für Altersvorsorge- und Veranlagungsprodukte, so dass diese einen einheitlichen Markt für *„Wealth-Creation-Produkte"* bilden, hatte die Kommission abgelehnt.[751] Die unterschiedliche steuerliche Behandlung, die Risikoabsicherungskomponente sowie die garantierte Veranlagungsrendite von Versicherungsprodukten rechtfertigte eine Differenzierung der Produktmärkte.[752] Ferner hatte die Kommission eine Segmentierung in Einzel- und Gruppenversicherungsprodukte sowie

---

747 St. Entscheidungspraxis der Kommission, vgl. nur Kommission vom 3.4.1995, COMP/M.539, VOM A. – Allianz/Elvia/Lloyd Ariatic.

748 Vgl. zur Abgrenzung von Versicherungsmärkten ausführlich auch Dreher/Hoffmann/Kling, a.a.O., S. 35 ff, Rn. 8 ff; Esser/Stappert in MüKo-Europäisches Wettbewerbsrecht, SB Versicherungswirtschaft, Rn. 195 ff.; Hoffmann, a.a.O., 145 ff.; Schneider in Wiedemann, HdB-Kartellrecht, § 33, Rn. 71 ff.; Brinker/Schädle, VersR 2004, 673.

749 Vgl. nur Kommission vom 4.4.2012, COMP/M.6521 – Talanx/ International Meiji Yasuda Life Insurance/Warta; vom 3.12.2007, COMP/M.4701 – Generali/PPF Insurance Business; Dreher/Hoffmann/Kling, a.a.O., S. 48, Rn. 38 ff.; Esser/Stappert in MüKo-Europäisches Wettbewerbsrecht, SB Versicherungswirtschaft, Rn. 197; Schneider in Wiedemann, HdB-Kartellrecht, § 33, Rn. 78 f.

750 Kommission vom 4.4.2012, COMP/M.6521, Rn. 16 – Talanx/ International Meiji Yasuda Life Insurance/Warta; vom 17.6.2008, COMP/M.5075, Rn. 27, 34 – Vienna Insurance Group/EBV.

751 Kommission vom 17.6.2008, COMP/M.5075, Rn. 28 – Vienna Insurance Group/EBV.

752 Kommission vom 17.6.2008, COMP/M.5075, Rn. 28 – Vienna Insurance Group/EBV; dazu auch Dreher/Hoffmann/Kling, a.a.O., S. 48, Rn. 40.

fondsgebundene und nicht-fondsgebundene Lebensversicherungen in weiteren Entscheidungen in Betracht gezogen.[753]

Das Bundeskartellamt tendiert derzeit eher zu einem einheitlichen Markt für Lebensversicherungsprodukte.[754]

Das Oberlandesgericht Karlsruhe hatte – als es über die Verwendung einer Gegenwertregelung durch die Versorgungsanstalt des Bundes und der Länder (VBL) zu befinden hatte – im Rahmen der kartellrechtlichen Missbrauchskontrolle einen weiteren Teilmarkt auf dem Lebensversicherungsmarkt für die zusätzliche Alters-, Erwerbsminderungs- und Hinterbliebenenversorgung für im öffentlichen Dienst Beschäftigte (§ 2 Abs. 1 VBLS) abgegrenzt.[755] Aus Sicht der Nachfrager, nämlich der Arbeitgeber des öffentlichen Dienstes, die eine Zusatzversorgung für ihre Arbeitnehmer nachfragen, komme allein eine Zusatzversorgung in Betracht, die sich an Arbeitnehmer des öffentlichen Dienstes wendet. Es bestehe keine Austauschbarkeit mit Produkten der betrieblichen Altersvorsorge für Arbeitnehmer außerhalb des öffentlichen Dienstes. Dies ergebe sich bereits daraus, dass für die Zusatzversorgung im öffentlichen Dienst andere Vorgaben gelten als im Bereich der privaten Wirtschaft. Der so nach dem Bedarfsmarktkonzept abgegrenzte Markt sei auch nicht nach dem Konzept der Angebotsumstellungsflexibilität zu erweitern. Das Konzept der Angebotsumstellungsflexibilität dürfe nicht mechanisch, sondern müsse zweckbezogen angewandt werden. Ein die Verhaltensspielräume kontrollierender Wettbewerb sei denklogisch ausgeschlossen, wenn es um den Vorwurf der Marktabschottung gehe. Denn durch den Versuch der Marktabschottung werde eine tatsächlich bestehende Nachfrage im Keim erstickt. Zwar seien seit 2002 auch private Anbieter in der Lage, Zusatzversorgungsprodukte für den öffentlichen Dienst anzubieten, und könnten ihr Angebot auch kurzfristig und mit wirtschaftlich vertretbarem Aufwand auf Arbeitnehmer im öffentlichen Dienst umstellen, mit dem Verlangen eines unangemessenen Gegenwerts durch die VBL im Falle der Kündigung bestehender Versicherungen (bzw. Beteiligungen) wurde ein Wechsel der Beschäftigten zu einem privaten Anbieter jedoch zumindest erschwert. Das Konzept der Angebotsumstellungsflexibilität sei daher kein geeignetes Korrektiv für das Bedarfsmarktkonzept, wenn (unangemessene) Regelungen

---

753 Kommission vom 3.12.2007, COMP/M.4701, Rn. 20 ff. – Generali/PPF Insurance Business; vom 24.8.2010, M.5925, Rn. 11 ff. – MetLive/Alico/DelAm; vom 28.8.2006, COMP/M.4284, Rn. 11 – AXA/Winterthur; vom 13.3.2015, COMP/M.7478, Rn. 27 – Aviva/Friends Life/Tenet; dazu auch dazu auch Dreher/Hoffmann/Kling, a.a.O., S. 48, Rn. 38; vgl. zur weiteren von der Kommission erwogenen Segmentierungen Esser/Stappert in MüKo-Europäisches Wettbewerbsrecht, SB Versicherungswirtschaft, Rn. 197 ff.

754 BKartA, TB 1999/2000, S. 169; Esser/Stappert in MüKo-Europäisches Wettbewerbsrecht, SB Versicherungswirtschaft, Rn. 199.

755 OLG Karlsruhe, Urteil vom 27.8.2014, Az. 6 U 115/11 (Kart.), BeckRS 2014, 20482, Rn. 149; offen gelassen BGH VersR 2014, 759 (765) – VBL-Gegenwert und BGH VersR 2014, 1473 (1475f.).

hinsichtlich der Kündigungsfolgen und der damit verbundenen langfristigen Bindung dazu führen können, dass eine tatsächliche Nachfrage bei neuen Anbietern aktuell nicht besteht.[756]

bb) Nicht-Lebensversicherungen

Die Kommission unterteilt den Nicht-Lebensversicherungsmarkt zunächst in folgende Teilmärkte, wobei nicht ausgeschlossen wird, dass weitere sachliche Produktmärkte innerhalb dieser Segmente abgegrenzt werden können:[757]

- Unfall- und Krankenversicherung
- Kfz-Versicherung
- Sachversicherung
- See-, Luft- und Transportversicherung
- Haftpflichtversicherung
- Kredit- und Kautionsversicherung
- Reiseversicherung

In Spezialversicherungsbereichen, insbesondere für Großrisiken, hält die Kommission eine noch engere Marktabgrenzung für erforderlich.[758] Hochgradig spezialisierte Versicherungsprodukte, wie beispielsweise die Pharmahaftpflichtversicherung, seien daher von anderen Sachversicherungen grundsätzlich zu unterscheiden.[759] Die Pharmahaftpflicht könne zudem in einen Markt für Grund- und einen für Exzedentendeckung aufgeteilt werden.[760] Weitere enge Teilmärkte hatte die Kommission unter anderem für Luft- und Raumfahrtrisiken[761], die Maschinenunterbrechungsversicherung, Industrie-Feuer und allgemeine Feuerrisiken, Schiffskaskoversicherung[762],

756 OLG Karlsruhe, Urteil vom 27.8.2014, Az. 6 U 115/11 (Kart.), BeckRS 2014, 20482, Rn. 149.

757 Kommission vom 29.4.2013, M.6846, Rn. 24 – Aegon/Santander/Santander Vida/Santander Generales; vom 4.4.2012, COMP/M.6521, Rn. 19 – Talanx/International Meiji Yasuda Life insurance/Warta; vom 3.12.2007, COMP/M.4701, Rn. 22 – Generali/PPF Insurance Business; Schneider in Wiedemann, HdB-Kartellrecht, § 33, Rn. 72; Esser/Stappert in MüKo-Europäisches Wettbewerbsrecht, SB Versicherungswirtschaft, Rn. 203 m.w.N.

758 Kommission vom 17.6.2008, COMP/M.5075, Rn. 40 – Vienna Insurance Group/EBV.

759 Kommission vom 5.4.2006, COMP/M.4055, Rn. 14 – Talanx/Gerling; vgl. im Weiteren Esser/Stappert in MüKo-Europäisches Wettbewerbsrecht, SB Versicherungswirtschaft, Rn. 203 m.w.N.

760 Kommission vom 5.4.2006, COMP/M.4055, Rn. 15 – Talanx/Gerling.

761 Kommission vom 20.12.1989, Fall IV/32.408, Rn. 22 – TEKO; Kommission vom 28.2.2003, COMP/M.3035, Rn. 27 – Berkshire Hathaway/Converium/Gaum/JVOM.

762 Kommission vom 4.12.1992, Fall IV/32.797 und 32.798, Rn. 7 ff. – Lloyd's Underwriters' Association und The Institute of London Underwriters.

P&I-Versicherungen[763] sowie Haftpflichtversicherungen für unfallbedingte und schleichende Umweltschäden[764], nukleare Sachversicherung und nukleare Haftpflichtversicherung,[765] Maschinenbetriebsvereinbarungen und Versicherungen für Montagerisiken[766] abgegrenzt. Außerdem grenzte die Kommission einen Markt für Kfz-Garantieversicherungen ab, der ggf. in weitere Teilmärkte unterschieden werden kann (Neuwagen, Gebrauchtwagen, Kundengruppen).[767]

Im Kreditversicherungsgeschäft können fünf Teilmärkte unterschieden werden: die Delkredere-Versicherung, Investitionsgüterkreditversicherung, Konsumentenkreditversicherung, Vertrauensschadensversicherung und Garantieversicherungen.[768] Für den Bereich der Haftpflichtversicherungen hatte die Kommission in Betracht gezogen, dass eine Unterteilung in Privathaftpflicht- und Berufshaftpflichtversicherungen möglich sei.[769] Eine Unterscheidung von Berufshaftpflichtversicherungen getrennt nach Berufsgruppen hatte die Kommission hingegen nicht vorgenommen.[770]

Das Bundeskartellamt grenzte hingegen in sachlicher Hinsicht einen Angebotsmarkt für Vermögensschadenshaftpflichtversicherungen für Wirtschaftsprüfer ab, aufgrund unterschiedlicher berufsständischer Regelungen und gesetzlicher Vorgaben.[771] Das Oberlandesgericht Düsseldorf lehnte diese enge Marktabgrenzung jedoch ab und bestimmte einen einheitlichen Markt der Vermögensschadenshaftpflichtversicherungen für rechts-, steuer- und wirtschaftsberatende Berufe.[772] Ferner bilden nach Ansicht des Bundeskartellamtes innerhalb der Schadens- und Unfallversicherung jedenfalls die technische Versicherung, Einheitsversicherung, Delkredereversicherung, Kautionsversicherung und Vertrauensschadensversicherung getrennte Märkte.[773] Zudem könne der sachlich relevante Markt für die

763 Kommission vom 12.4.1999, Nr. IV/D-1/30.373 und Nr. IV/D-l/37.143, Rn. 53 – P&I-Clubs. IGA und P&I-Clubs. Pooling Agreement.

764 Kommission vom 14.1.1992, IV/33.100 – Assurpol.

765 Kommission, Wettbewerbsbericht XXXI (2001), Rn. 203.

766 Kommission vom 30.3.1984, Fall IV/30.804, Rn. 19 – Nuovo Cegam.

767 Kommission vom 7.3.2013, COMP/M.6739, Rn. 19 ff. – Allianz/VW/Financial Services/JV; dazu Esser/Stappert in MüKo-Europäisches Wettbewerbsrecht, SB Versicherungswirtschaft, Rn. 203.

768 Vgl. nur Kommission vom 20.9.2012, COMP/M.6485, Rn. 13 m.w.N. – Euler Hermes/Mapfre/Mapfre CC.

769 Kommission vom 18.12.2001, M.2676, Rn. 14 – Sampo/Varma Sampo/IF Holding / JV; vom 20.12.1996, COMP/M.862, Rn. 19 – AXA/UAO.

770 Kommission vom 18.12.2001, M.2676, Rn. 14 – Sampo/Varma Sampo/IF Holding / JV; vom 20.12.1996, COMP/M.862, Rn. 19 – AXA/UAO.

771 BKartA WuW/E DE-V 1454 – Wirtschaftsprüferhaftpflicht; der BGH hat die Rechtsbeschwerde des BKartA WuW/E DE-R 2732 verworfen und die eingelegte Nichtzulassungsbeschwerde zurückgewiesen.

772 OLG Düsseldorf VersR 2009, 1420 – Wirtschaftsprüferhaftpflicht; ausführlich dazu Görner, ZVersWiss 2005, 739; Dreher/Hoffmann/Kling, a.a.O., S 46, Rn. 35 ff.

773 BKartA, Tätigkeitsbericht 1975, BT-Drucks. 7/5390, S. 44 – Gerling.

Restkreditversicherung gemäß dem Grundsatz der Angebotsumstellungsflexibilität weiter zu fassen sein, weil die Restkreditversicherung starke Bezugspunkte zu anderen Versicherungsprodukten, wie insbesondere der klassischen (Risiko-) Lebensversicherung und der Berufsunfähigkeitsversicherung, aufweise.[774] Außerdem hatte das Bundeskartellamt, ähnlich wie schon die Kommission, entschieden, dass Reparaturkosten- und Garantieversicherungen für Kraftfahrzeuge demselben Markt angehörten, da sie jeweils das Reparaturrisiko absicherten und sich daher aus Sicht der Fahrzeugkäufer keine Unterschiede ergaben.[775]

Das Kammergericht grenzte in einer Entscheidung einen Markt für die Deckung von Reparaturrisiken ab, in den aus Sicht der Versicherungskunden Versicherungsverträge sowie Wartungsverträge einbezogen werden können, weil beide Leistungen für die nachsuchende Marktgegenseite austauschbar sind.[776]

Nach verschiedenen Ansichten in der Litertatur können zudem doppel- oder multifunktionale Versicherungsprodukte einen gesonderten Markt bilden, die mehrere Risiken innerhalb einer Versicherungssparte abdecken (sogenannte *„Multi-Risks"*- oder *„Multi-Line"*-Versicherungen).[777] Kombinationsprodukte können danach aber nur einen eigenständigen Markt bilden, wenn solche Produktkombinationen typischerweise von den Versicherungsnehmern nachgefragt werden und nicht üblicherweise eine Einzelversicherung.[778] Denkbar sei auch, dass aus Sicht der Versicherungsnehmer Sachversicherungen, abhängig vom konkreten Verwendungszweck durch andere Möglichkeiten der Risikoabsicherung, d.h. Nichtversicherungs-Produkte, ersetzt werden können.[779] So könnten z.B. die Kautionsversicherung oder die Versicherung gegen nicht rechtzeitige Leistungserbringung aus Sicht der Versicherungskunden durch Avalkredite, Bürgschaft oder Garantieversprechen funktional austauschbar sein.[780] Der Kautionsversicherungsvertrag ist seiner wirtschaftlichen Funktion nach z.B. mit dem Avalgeschäft vergleichbar.[781] Allerdings bilden nach Ansicht der Kommission weder das Factoring noch Akkreditive Substitute zu Kreditversicherungen, denn das Factoring unterscheidet sich von der Kreditversicherung durch seine starke

---

774 BKartA, BT-Drucks. 17/13675, S. 84 – Talanx/Rheinland-Versicherung.

775 BKartA, WuW/E DE-V 534 (535) – Car Garantie.

776 KG, Urteil vom 21.3.1984, Kart. U 3017/83, WuW/E OLG3183.

777 Brinker/Schädle, VersR 2004, 673 (676 ff.); Schmidt, Beratungsgrundlage und Empfehlungspflicht beim Vertrieb von Finanzprodukten, S. 45; Hoffmann, a.a.O., S. 156 f.

778 Brinker/Schädle, VersR 2004, 673 (678); Schmidt, a.a.O., S. 46; Hoffmann, a.a.O., S. 156.

779 Hoffmann, a.a.O., S. 157 mit weiteren Beispielen; Schmidt, a.a.O., S. 46.

780 Hoffmann, a.a.O., S. 157; Schmidt, a.a.O., S. 45; Thomas/Dreher, VersR 2007, 731 (737).

781 BGH VersR 2006, 1637; BGH ZIP 2007, 543; dazu Thomas/Dreher, VersR 2007, 731 (737).

Finanzierungskomponente und die Akkreditive durch ihre Einzelfallabhängigkeit und dadurch bedingte hohe Transaktionskosten.[782]

cc) Rückversicherungen

Die Kommission hatte erwogen, auf dem Markt für Rückversicherungen zwischen der Rückversicherung von Lebensversicherungsunternehmen und der Rückversicherung von Nicht-Lebensversicherungsunternehmen zu unterscheiden, insbesondere weil in diesen Bereichen unterschiedliche Wettbewerbsbedingungen auf den Erstversicherungsmärkten herrschen.[783] In einer späteren Entscheidung ging die Kommission hingegen davon aus, dass Rückversicherungen einen einheitlichen Produktmarkt bilden, da Rückversicherer ohne größere Umstände die Rückversicherungsdeckung für jede Art von Risiko anbieten könnten.[784]

c) Zusammenfassung

Die Abgrenzung sachlich relevanter Märkte im Versicherungsbereich erfolgt nach den allgemeinen kartellrechtlichen Kriterien zur Marktabgrenzung. Ausgehend vom Bedarfsmarktkonzept, d.h. der Nachfragesubstituierbarkeit aus Sicht der Versicherungskunden, kann zunächst eine grobe Dreiteilung in einen Erstversicherungsmarkt für Lebensversicherungen, einen Erstversicherungsmarkt für Nichtlebensversicherungen und einen Rückversicherungsmarkt vorgenommen werden.[785] Weitere Teilmärkte könnten nach dem Bedarfsmarktkonzept risikobezogen abgegrenzt werden, weil sich Eigenschaften, Prämien und Verwendungsmöglichkeiten der einzelnen Versicherungen aus Sicht der Versicherungsnehmer so deutlich voneinander unterscheiden, dass sie kaum gegeneinander austauschbar sind.[786] Aus Sicht der Versicherungsnehmer kann jeder Versicherungsvertrag

---

782 Kommission vom 5.8.1998, Fall IV/M.1082, Rn. 22 ff. – Allianz/AGF; Esser/Stappert in MüKo-Europäisches Wettbewerbsrecht, SB Versicherungswirtschaft, Rn. 208.

783 Kommission vom 18.9.1998, IV/M.1306, Rn. 6, 36 – Berkshire Hathaway/General Re.

784 Kommission vom 28.3.2003, COMP/M.3035, Rn. 33 f. – Berkshire Hathaway/Converium/Gaum/JV; ausführlich dazu Dreher/Hoffmann/Kling, a.a.O., S. 49, Rn. 41 f.; Esser/Stappert in MüKo-Europäisches Wettbewerbsrecht, SB Versicherungswirtschaft, Rn. 212 ff.

785 St. Entscheidungspraxis der Kommission, vgl. nur Kommission vom 3.4.1995, COMP/M.539 – Allianz/Elvia/Lloyd Ariatico; vom 27.9.1996, M.813, Rn. 8 – Allianz/Hermes; vom 28. 6. 2004, COMP/M.3446, Rn. 10 – UNIQA/Mannheimer; vom 19.7.2001, COMP/M.2431, Rn. 11 – Allianz/Dresdener; vom 28.2.2003, COMP/M.3035, Rn. 25 – Berkshire Hathaway/Converium/Gaum/JV; vom 5.4.2006, COMP/M.4055, Rn. 10 – Talanx/Gerling.

786 Commission Staff working Document, SEC(2009) 364, Rn. 141; Kommission vom 3.4.1995, COMP/M.539 – Allianz/Elvia/Lloyd Ariatico; vom 27.9.1996, M.813, Rn. 8 – Allianz/Hermes; vom 28. 6. 2004, COMP/M.3446 – UNIQA/Mannheimer; vom 19.7.2001, COMP/M.2431– Allianz/Dresdener; vom 28.2.2003,

derart einzigartig sein, dass die Nachfragesubstituierbarkeit theoretisch gleich null wäre.[787] Bei einer ausschließlichen Anwendung des Bedarfsmarktkonzeptes bestünde deshalb die Gefahr einer *„Atomisierung"* des Versicherungsmarktes,[788] so dass neben der Nachfragesubstituierbarkeit die Angebotssubstituierbarkeit der Versicherer für die Marktabgrenzung heranzuziehen ist.[789] Ob und inwieweit verschiedene Versicherungsrisiken in einen Versicherungsteilmarkt zusammengefasst werden können, hängt danach von den rechtlichen und regulatorischen Anforderungen, den Vertriebsstrukturen, der Notwendigkeit von Experten-Know-how und den Charakteristika des Risikos (d.h. Häufigkeit und Ausmaß von Schäden) ab.[790] Ausgehend hiervon können die Märkte für Lebensversicherungen, Nicht-Lebensversicherungen und Rückversicherungen gleichwohl in eine Vielzahl weiterer kleinerer Teilmärkte unterschieden werden.

2. *Räumliche Marktabgrenzung*

Die Bestimmung des räumlich relevanten Marktes erfolgt grundsätzlich nach den gleichen Kriterien wie die des sachlich relevanten Marktes.[791] Die Kommission ging in ihrer bisherigen Entscheidungspraxis davon aus, dass die Versicherungsteilmärkte überwiegend national abzugrenzen seien, weil sich die wettbewerblichen Strukturen zwischen den Ländern unterscheiden. Grund hierfür seien das unterschiedliche Entwicklungsniveau nationaler Versicherungsmärkte, unterschiedliche regulatorische Anforderungen für unterschiedliche Versicherungsarten, Vertriebsstrukturen und etablierte Marktstrukturen sowie die Reputation bestimmter Versicherungsmarken. Nur die Märkte für Rückversicherungen sowie Nicht-Lebensversicherungen für große kommerzielle Risiken seien weiter als die nationalen Märkte.[792]

COMP/M.3035 – Berkshire Hathaway/Converium/Gaum/JV; vom 5.4.2006, COMP/M.4055 – Talanx/Gerling.

787 Commission Staff working Document, SEC(2009) 364, Rn. 141.

788 Brinker/Schädle, VersR 2004, 673 (676); Stancke, VW 2004, 1458 (1462).

789 Kommission vom 12.4.1999, Nr. IV/D-1/30.373 und Nr. IV/D-l/37.143, ABl. 1999 EG Nr. L 125/12, Rn. 56 – P&I- Clubs II; Commission Staff working Document, SEC(2009) 364, Rn. 141; OLG Düsseldorf VersR 2009, 1420 (1422) – Wirtschaftsprüferhaftpflicht; Brinker/Schädle, VersR 2004, 673 (676); Görner, ZVersWiss 2005, 739 (749); Stancke, VW 2004, 1458 (1462); Dreher/Hoffmann/Kling, a.a.O., S. 40, Rn. 18; Hoffmann, a.a.O., S. 160; kritisch Unger, a.a.O., S. 158.

790 Commission Staff working Document, SEC(2009) 364, Rn. 141; zu den konkreten Hemmnissen im Fall Kommission vom 12.4.1999, Nr. IV/D-1/30.373 und Nr. IV/D-l/37.143, ABl. 1999 EG Nr. L 125/12, Rn. 57 f. – P&I- ClubsII.

791 Vgl. nur Bechthold/Bosch, GWB, § 18, Rn. 23 m.w.N.

792 So insgesamt Kommission vom 17.6.2008, COMP/M.5075, Rn. 13 – Vienna Insurance Group/EBV; dazu Schneider in Wiedemann, HdB-Kartellrecht, § 33, Rn. 75.

Untersuchungen der Kommission haben gezeigt, dass ein grenzüberschreitender Absatz von Versicherungsprodukten auf Erstversicherungsmärkten in den Mitgliedstaaten der EU kaum nachweisbar ist. In der Regel bevorzugt die Mehrzahl der Versicherungsnehmer auf Erstversicherungsmärkten Versicherer, die einen Sitz oder zumindest eine Tochtergesellschaft in ihrem Wohnsitzland haben, so dass ohne lokale Niederlassung bislang keine größeren Marktanteile erzielt werden können.[793] Versicherungsnehmer betrachten lokale Niederlassungen u.a. deshalb für vorteilhaft, weil der Versicherungsvertrag in deutscher Sprache abgefasst ist, was Auslegungsunsicherheit reduziert und der Gerichtsstand in Deutschland liegt; zudem erleichtere eine gewisse räumliche Nähe den Kontakt.[794] Ein weiterer Grund hierfür ist, dass Versicherungen Rechtsprodukte sind, die in unterschiedlichem Maße durch nationale Rechtsordnungen geprägt werden.[795] Eine von der Europäischen Kommission im Jahr 2011 gebildete Expertengruppe sollte – vor dem Hintergrund der Untersuchung von Optionen zur Einführung eines Europäischen Vertragsrechts für Verbraucher und Unternehmen – ermitteln, ob und inwieweit vertragsrechtliche, nationale Unterschiede das grenzüberschreitende Angebot und die grenzüberschreitende Nutzung von Versicherungsprodukten einschränken.[796] Das im Jahr 2014 vorgelegte Ergebnis der Untersuchung zeigte, dass insbesondere die an Verbraucher verkauften Lebens-, Kfz- und Haftpflichtversicherungsverträge an die nationalen Vorschriften der jeweiligen Länder erheblich angepasst sind, was dazu führe, dass gerade einmal 0,6 % aller Kfz-Versicherungen und 2,8 % aller Sachversicherungen Versicherungskunden in der EU grenzüberschreitend angeboten werden. Versicherer würden z.T. völlig neue Verträge entwickeln, um den national geltenden Vorschriften und vorvertraglichen Informationen zu entsprechen. Vertragsrechtliche Unterschiede erhöhten auf Seiten der Versicherer die Kosten für die Erbringung von Versicherungsleistungen, schafften Rechtsunsicherheit und erschwerten es schließlich Verbrauchern und Unternehmen erheblich, eine Versicherung in anderen EU-Mitgliedstaaten abzuschließen.[797] Nationale Versicherungsprodukte sind daher auf

---

793 Kommission vom 11.12.2001, COMP/M. 2602, Rn. 25– Gerling/NCM; OLG Karlsruhe, Urteil vom 27.8.2014, Az. 6 U 115/11 (Kart.), BeckRS 2014, 20482, Rn. 158; Esser/Stappert in MüKo-Europäisches Wettbewerbsrecht, SB Versicherungswirtschaft, Rn. 208.

794 Kommission, Sektorenuntersuchung Unternehmensversicherungen, Abschlussbericht KOM 2007 (556), Rn. 5 und Arbeitspapier, SEC(2007), 1231, S. 2; Kommission vom 5.4.2006, COMP/M.4055, Rn. 29 – Talanx/Gerling; OLG Karlsruhe, Urteil vom 27.8.2014, Az. 6 U 115/11 (Kart.), BeckRS 2014, 20482, Rn. 158.

795 Dreher/Hoffmann/Kling, a.a.O., S. 45, Rn. 32.

796 Pressemitteilung der Kommission, IP/13/74, Versicherungsvertragsrecht: Experten weisen auf Hemmnisse für das grenzüberschreitende Geschäft hin, Brüssel 27.2.2014, abrufbar unter: http://europa.eu/rapid/press-release_IP-14-194_de.htm, Stand: 16.12.2017.

797 Kommission, Pressemitteilung IP/13/74 vom 27.2.2014, a.a.O.

Erstversicherungsmärkten nur selten gegen ausländische Produkte austauschbar.[798] Beispielhaft hierfür kann auch die Berufshaftpflichtversicherung genannte werden, denn Freiberufler sind zur Ausübung ihres Berufes darauf angewiesen eine Berufshaftpflichtversicherung zu erhalten, die gerade den jeweiligen nationalen gesetzlichen Anforderungen entspricht.[799]

Die gesetzgeberische Absicht zur Binnenmarktintegration genügt jedenfalls nicht, um den Versicherungsmarkt räumlich grundsätzlich als einen gemeinschaftsweiten Markt zu betrachten, denn die Schaffung der rechtlichen Rahmenbedingungen für einen Versicherungsbinnenmarkt ist nur die Voraussetzung dafür, dass Ausweichmöglichkeiten auf dem Binnenmarkt überhaupt möglich sind.[800] Ein tatsächliches Verhalten der Marktteilnehmer kann dadurch aber nicht nachgewiesen werden.[801] Auch die Statistik der BaFin belegt dies. Der Marktanteil von Versicherungsunternehmen aus dem europäischen Wirtschaftsraum am Erstversicherungsgeschäft in Deutschland betrug danach 2015 gerade einmal 5,4 % in der Lebensversicherung und 6,1 % in der Nicht-Lebensversicherung.[802]

Eine Ausnahme bilden das Industrieversicherungs- sowie das Rückversicherungsgeschäft. Sie sind in der Regel nicht national beschränkt.[803] Der Markt für Industrieversicherungen tendiert nach Einschätzung der Kommission zu einem gemeinschaftsweiten Markt.[804] Vertragsrechtliche Hindernisse bestehen bei der Versicherung großer Risiken in bestimmten Industriezweigen und der Versicherungen für größere Unternehmen (z.B. Transportversicherung) grundsätzlich weniger.[805] Den Markt für Rückversicherungen stuft die Kommission als einen weltweiten Markt ein.[806]

3. Rolle des Versicherungsmaklers auf dem Versicherungsmarkt

a) Kein Eigenhändler

Versicherungsmakler werden in der Versicherungsbetriebslehre als eine Art selbständige Handelsstufe für Versicherungen und andere Finanzdienstleistungsprodukte,

---

798 Dreher/Hoffmann/Kling, a.a.O., S. 47; Heiss, VersR 2005, 1 (2); Schmidt, a.a.O., S. 47.
799 Görner, ZVersWiss 2005, 739 (752 ff.).
800 Dreher/Hoffmann/Kling, a.a.O., S. 43, Rn. 26.
801 Dreher/Hoffmann/Kling, a.a.O., S. 43, Rn. 26.
802 BaFin, Statistik Erstversicherungsunternehmen und Pensionsfonds 2016, S. 5, abrufbar unter https://www.bafin.de/SharedDocs/Downloads/DE/Statistik/Erstversicherer/dl_st_16_erstvu_gesamt_va.pdf;jsessionid=EB9CBDA6C5580088FBC3103FE2862E7A.1_cid363?__blob=publicationFile&v=3, Stand: 16.12.2017.
803 Kommission vom 28. 6. 2004, COMP/M.3446, Rn. 13, 15 – UNIQA/Mannheimer.
804 Kommission vom 14. 1. 1992, COMP/M.183, Rn. 10 – Schweizer Rück/Elvia; vom 3. 4. 1995, COMP/M. 539 – Allianz/Elvia/Adriatico.
805 Kommission, Pressemitteilung IP/13/74 vom 27.2.2014.
806 Kommission vom 14. 1. 1992, COMP/M.183, Rn. 11 – Schweizer Rück/Elvia; vom 18.9.1998, IV/M.1306, Rn. 8 – Berkshire Hathaway/General Re.

d.h. eine Art *„Händler in Versicherungsgeschäften"* betrachtet.[807] Wie Eigenhändler erfüllen sie die wesentlichen Funktionen des Handels, insbesondere die Sortimentsbildung, die Produktbündelung, den Service und zu großen Teilen die Geschäftsabwicklung.[808] Sie überbrücken räumliche und zeitliche Distanzen quantitativ und qualitativ zwischen Versicherungsgesellschaften und den Versicherungsnehmern.[809] Nach der ökonomischen Betrachtung *„liefert"* der Versicherer mit der Risikodeckung den *„Geschäftskern"*, der wiederum vom Versicherungsmakler um die Beratungs-, Abwicklungs- und Serviceleistung ergänzt, an den Versicherungsnehmer abgesetzt wird.[810] Versicherungsmakler sind überdies z.T. selbst Adressaten der Absatzbemühungen von Versicherungsgesellschaften, d.h. eine Art Kunde der Versicherer.[811] Versicherer richten ihre strategische Unternehmenspolitik vor allem an den Interessen der Vermittler aus, indem sie ihre Versicherungsprodukte vertriebsorientiert gestalten (sogenanntes *vertikales Marketing*).[812] Versicherungsmakler betreiben ihrerseits eigenes Marketing, um Produkte beim Versicherungsnehmer abzusetzen und segmentieren die Zielgruppen.[813] Die Kontrolle behält zwar weiterhin der Versicherer, weil er Anreizsysteme und Vergütungsstruktur für den Vertrieb gestaltet, gleichwohl müssen die Interessen des Vertriebs bei der Produktgestaltung vom Versicherer Berücksichtigung finden.[814]

Die Analogie zum Eigenhändler ist jedoch ein *„extremes Modell"* der Versicherungsbetriebslehre, mit dem versucht wird, die Marktfunktion selbständiger Versicherungsvermittler durch einen Rückgriff auf die Lehre von den Handelsfunktionen zu verdeutlichen.[815] Die zweiseitige Ausrichtung der Maklerdienstleistung wird anhand dieses Modells besonders deutlich.[816] Gegen eine Analogie spricht, dass Versicherungsmakler typische Intermediäre sind, die Käufer und Verkäufer der Versicherungsleistung zusammenführen, ohne dabei selbst aktiv Handel mit dem

---

807 Farny, Der Versicherungsmakler im Privatkundengeschäft?, in Beiträge über den Versicherungsmakler, S. 79 (90).

808 Farny, Der Versicherungsmakler im Privatkundengeschäft?, a.a.O., S. 79 (90); Traub, Marktfunktion und Dienstleistung des Versicherungsmaklers, S. 52; Weiss, ZVersWiss 1988, 217 (245).

809 Weiss, ZVersWiss 1988, 217 (245).

810 Farny, Der Versicherungsmakler im Privatkundengeschäft?, a.a.O., S. 79 (90).

811 Farny, Versicherungsbetriebslehre, S. 525, 746.

812 Farny, Versicherungsbetriebslehre, S. 525; Habschick/Evers, Studie im Auftrag des Bundesministeriums für Ernährung, Landwirtschaft und Verbraucherschutz (BMELV), Anforderungen an Finanzvermittler – mehr Qualität, bessere Entscheidungen, S. 73.

813 Habschick/Evers, Studie im Auftrag des BMEL(V), a.a.O., S. 73.

814 Habschick/Evers, Studie im Auftrag des BMEL(V), a.a.O., S. 73.

815 Farny, Der Versicherungsmakler im Privatkundengeschäft ?, a.a.O., S. 79 (90); Traub, a.a.O., S. 52.

816 Farny, Der Versicherungsmakler im Privatkundengeschäft ?, a.a.O., S. 79 (91); vgl. auch Traub, a.a.O., S. 52.

zu vermittelnden Produkt zu betreiben.[817] Sie kaufen nicht wie ein Primärhändler Waren auf eigene Rechnung, um sie anschließend zu einem höheren Verkaufspreis mit Gewinn weiterzuverkaufen.[818] Versicherungsmakler erwerben damit kein Eigentum am Versicherungsprodukt, weshalb sie auch nach betriebswirtschaftlichen Maßstäben keinen Handel betreiben.[819] Sie werden nicht Vertragspartei der Versicherungsverträge – der Vertrag kommt zwischen Versicherer und Versicherungsnehmer zustande – und tragen kein Risiko aus dem vermittelten Geschäft, sondern nur ihr eigenes Courtagerisiko.[820] Versicherungsmakler sind danach weder Nachfrager noch Anbieter von Versicherungsprodukten auf dem Versicherungsmarkt, d.h. keine Eigenhändler, sondern Vermittler fremder Versicherungsleistungen, deren Preis und Bedingungen vom Versicherer bestimmt werden.[821]

b) Kein Repräsentant

Versicherungsmakler sind im wettbewerbsrechtlichen Sinne auch keine bloßen Repräsentanten der Versicherungsvertragsparteien. Die Kommission hatte in ihrer Sektorenuntersuchung zu Unternehmensversicherungsmärkten den *„Status of brokers under competition rules"*[822] untersucht. Sie kam zu dem Ergebnis, dass die Beauftragung des Versicherungsmaklers durch den Versicherungsnehmer nicht dazu führe, dass der Versicherungsmakler als bloßer Repräsentant der Versicherungsnehmer agiere, d.h. Vereinbarungen, an denen er beteiligt ist, immer direkte Vereinbarungen zwischen den Versicherern und Versicherungsnehmern seien. Versicherungsmakler seien unabhängige Unternehmen und keine Vertreter eines einzigen Kunden, weil sie einer Vielzahl an Kunden ihre Dienstleistungen anbieten. Ihre Vergütung hänge üblicherweise ausschließlich von dem Versicherungsgeschäft ab, das sie vermitteln, d.h. nicht von einem laufenden Entgelt des Versicherungsnehmers. Für Versicherungsmakler bestünden mithin Anreize, die nicht beschränkt sind auf solche, die vom Kunden ausgehen. Sie seien vom Versicherungsnehmer unabhängige, selbstständige Unternehmen, deren Verhalten von eigenen kommerziellen Überlegungen geleitet wird, wenngleich sie hierbei bestimmten regulatorischen Anforderungen unterliegen. In dieser Funktion seien Versicherungsmakler in der Lage, Verträge und Geschäfte abzuschließen, die über eine rein repräsentative Rolle für den Versicherungsnehmer hinausgehen. Solche

817 Vgl. Focht, Einfluss von Maklern und Wettbewerb auf Unternehmensversicherungsmärkten, S. 9; ähnlich Traub, a.a.O., S. 54.

818 Vgl. Focht, a.a.O., S. 9; Farny, Versicherungsbetriebslehre, S. 746.

819 Farny, Versicherungsbetriebslehre, S. 746; Traub, a.a.O., S. 54.

820 Schaloske, VersR 2008, S. 734 (740); Stancke, VersR 2009, 1168 (1172).

821 Vgl. Schaloske, VersR 2008, S. 734 (740); Stancke, VersR 2009, 1168 (1172); zur Preisbildung bei Versicherungsprodukten Farny, Versicherungsbetriebslehre, S. 715.

822 Kommission, Sektorenuntersuchung Unternehmensversicherungen, Arbeitspapier, SEC(2007) 1231, S. 37.

Vereinbarungen müssten daher den Wettbewerbsregeln unterliegen. Die Kommission geht dementsprechend davon aus, dass die Beziehung zwischen Versicherern und Versicherungsmaklern regelmäßig nicht vom Anwendungsbereich des Art. 101 AEUV ausgeschlossen werden kann.[823] Sie betont in diesem Zusammenhang aber auch, dass Versicherungsmakler keine Repräsentanten der Versicherer seien wie Versicherungsvertreter. Sie wies die Behauptung, Versicherungsmakler seien *„agents"* der Versicherer und würden damit dem Handelsvertreterprivileg der Vertikal-Leitlinien[824] unterfallen, als *„evidently incompatible"* zurück.[825]

4. Zusammenfassung

Die Marktuntersuchungen der Kommission im Rahmen verschiedener Fusionskontrollverfahren haben gezeigt, dass der Versicherungsmarkt grundsätzlich in einen Erstversicherungsmarkt für Lebensversicherungen, einen Erstversicherungsmarkt für Nichtlebensversicherungen und einen Rückversicherungsmarkt unterteilt werden kann. Innerhalb dieser Märkte kann wiederum eine Vielzahl weiterer kleinerer Teilmärkte abgegrenzt werden, wobei die Angebotssubstituierbarkeit der Versicherer ebenso zu berücksichtigen ist wie die Nachfragesubstituierbarkeit der Versicherungsnehmer, weil sich erstere auf die Wettbewerbsverhältnisse im Versicherungssektor häufig gleichermaßen auswirkt. Räumlich ist der Erstversicherungsmarkt national abzugrenzen, nur die Märkte für Rückversicherungen und Nicht-Lebensversicherungen für große kommerzielle Risiken können weiter sein als die nationalen Märkte.

Der Versicherungsmakler führt auf dem Versicherungsmarkt als Intermediär die Versicherungsvertragsparteien zusammen. Er agiert dabei zwar funktional wie ein Händler, erwirbt jedoch weder Eigentum am Versicherungsschutz noch übernimmt er die Versicherungsleistung aus dem Versicherungsvertrag selbst. Der Absatz von Versicherungsprodukten vollzieht sich einstufig, d.h. zwischen Versicherer und Versicherungsnehmer. Der Versicherer schließt mit dem Versicherungsnehmer den Versicherungsvertrag, übernimmt das Risiko aus dem Versicherungsvertrag und erbringt die Versicherungsleistung gegen Prämienzahlung direkt für den Versicherungsnehmer. Der Versicherungsmakler ist auf dem Versicherungsmarkt mithin weder Eigenhändler, d.h. Lieferanten oder Abnehmer von Versicherungsprodukten bzw. -leistungen, noch Repräsentant der Versicherungsvertragsparteien. Er ist Vermittler von Versicherungsschutz, einer fremden Dienstleistung, deren Preis und Bedingungen vom Versicherer bestimmt werden.

---

823 Kommission, Sektorenuntersuchung Unternehmensversicherungen, Arbeitspapier, SEC(2007) 1231, S. 37.

824 Kommission, Leitlinien für vertikale Beschränkungen (Vertikal-Leitlinien), ABl. EU v. 19.5.2010, C 130/1.

825 Kommission, Sektorenuntersuchung Unternehmensversicherungen, Arbeitspapier, SEC(2007) 1231, S. 38.

III. Der Versicherungsvertriebsmarkt

Der Versicherungsvertriebsmarkt ist nicht mit dem Versicherungsmarkt identisch; er ist ein eigenständiger, wenngleich vertikal verbundener, nachgelagerter Markt des Versicherungsmarktes.[826]

1. *Die Maklerdienstleistung*

Versicherungsmakler sind Dienstleister auf dem Versicherungsvertriebsmarkt. *„Sie ‚produzieren' [...] durch den Einsatz und die Kombination von Produktionsfaktoren Versicherungsvermittlungsleistungen zwischen Versicherungsnehmern und Versicherern"*.[827] Diese Leistung wird verkauft und Umsätze in Form von Courtage erzielt.[828] Zudem bieten sie den Versicherungsvertragsparteien unterschiedliche Beratungsleistungen an, die auch gesondert vergütet werden können.

a) Elemente der Maklerdienstleistung

In den letzten Jahrzehnten hat sich das Berufsbild des Versicherungsmaklers vom rein vermittelnden *„Market-Matcher"*, d.h. einem Dienstleister, der Risiken vom Kunden auf den Versicherer verlagert, zu einem umfassenden Dienstleister für Kunden und Versicherer gewandelt.[829]

aa) Nutzen für den Versicherungsnehmer

Das Hauptgeschäft des Versicherungsmaklers besteht in der Vermittlung und dem Abschluss von Versicherungsverträgen.[830] Für den Versicherungsnehmer übernimmt der Versicherungsmakler mithin die Beschaffung und Ausgestaltung, aber auch die Abwicklung von Versicherungsverträgen. Such- und Transaktionskosten der Versicherungsnehmer werden durch den Versicherungsmakler verringert und die Verhandlungsposition der Versicherungsnehmer gegenüber den Versicherern beim Abschluss von Versicherungsverträgen gestärkt.[831] Zu den Aufgaben des Versicherungsmaklers für den Versicherungsnehmer gehört nach Abschluss des Versicherungsvertrages, den Vertrag weiter zu betreuen, indem er diesen ungefragt

---

826 Kommission vom 23.9.2013, COMP/M.6957, Rn. 22 – IF P&C/ Topdanmark; vom 23.7.2012, COMP/M.6649, Rn. 15 – Allianz/Insurance Portfolio and Brokerage Services of GAN EUROCOURTAGE; vom 19.1.2011, COMP/M.6053, Rn. 19 – CVC/ Apollo/Brit Insurance; vgl. auch Beenken, a.a.O., S. 13.

827 Farny, ZfV 1993, 339 (340).

828 Farny, ZfV 1993, 339 (340).

829 Kommission, Sektorenuntersuchung Unternehmensversicherung, Zwischenbericht, S. 4, abrufbar unter: http://ec.europa.eu/competition/sectors/financial_services/inquiries/interim_report_summary_de.pdf, Stand: 16.12.2017.

830 BGH Urteil vom 10.3.2016, Az. I ZR 147/14, Rn. 34 (juris).

831 Focht, a.a.O., S. 25.

auf etwaigen Anpassungsbedarf sowie Verlängerungen hin überprüft und den Versicherungsnehmer rechtzeitig darauf hinweist.[832] Außerdem fördert der Versicherungsmakler den Zahlungsverkehr, berät den Versicherungsnehmer im Schadensfall sachkundig, sorgt für sachgerechte Schadensanzeigen und nimmt bei der Schadensregulierung die Interessen des Versicherungsnehmers wahr.[833] Weiterhin bieten Versicherungsmakler, insbesondere für institutionelle Versicherungskunden, eine Vielzahl zusätzlicher, meist umfangreicher, branchenspezifischer Beratungsleistungen an.[834]

bb) Nutzen für den Versicherer

Eine Tätigkeit für den Versicherer gehört grundsätzlich nicht zum gesetzlichen Leitbild des Versicherungsmaklers.[835] Der Versicherungsmakler ist daher nicht verpflichtet, Versicherungsverträge für den Versicherer zu vermitteln oder den Versicherer zu beraten. Gleichwohl besteht ein Nutzen in der Tätigkeit des Versicherungsmaklers auch für den Versicherer, wenn dieser Versicherungsprodukte an den häufig *„beschaffungspassiven"* Versicherungsnehmer absetzt.[836] Denn von sogenannten *Maklerdeckungskonzepten*[837] abgesehen, werden Versicherungsverträge in der Regel nicht vom Vermittler im Auftrag des Kunden dem Versicherer angeboten, sondern im Gegenteil, vom Versicherer über Vermittler an Versicherungskunden abgesetzt.[838]

Der Versicherungsmakler übernimmt danach insbesondere die Bedarfsweckung beim (künftigen) Versicherungsnehmer.[839] Er erkennt und weist diesen auf bestehende Deckungslücken hin, informiert den Versicherer über die Bereitschaft eines potentiellen Versicherungskunden, einen Versicherungsvertrag zu einem bestimmten Preis abzuschließen und übermittelt die Informationen zur Risikosituation an den Versicherer, die dieser für die Ausgestaltung des Versicherungsvertrages benötigt.[840] Versicherungsmakler betreiben zudem häufig eigenes Marketing, um den Produktabsatz der Versicherer zu fördern.[841] Die Unterstützung der Versicherungsgesellschaften bei der Tarifierung von Verträgen ist von großer Bedeutung, da erst auf der Grundlage vollständiger Informationen über das zu

---

832 BGHZ 94, 356 (359) – Sachwalterurteil; BGH VersR 2017, 158.
833 BGH GRUR 2016, 820 (822); Dörner in Prölss/Martin, VVG, § 59, Rn. 74.
834 Kommission vom 23.8.1998, COMP/M.1307, Rn. 13 – Marsh&McLennan/Sedgwick; Beenken, a.a.O., S. 43 ff.
835 BGH GRUR 2016, 820 (822).
836 Zum negativen Nachfrageumfeld Zweites Kapitel A.
837 Definition Viertes Kapitel D. II. 1.
838 Freund, VersR 2014, 1289 (1295), Fn. 9.
839 Farny, Der Versicherungsmakler im Privatkundengeschäft, in Beiträge über den Versicherungsmakler, S. 79 (86).
840 Traub, a.a.O., S. 56.
841 Habschick/Evers, Studie im Auftrag des BMEL(V), a.a.O., S. 73.

versichernde Risiko, die Prämienhöhe für ein Versicherungsprodukt bestimmt werden kann.[842] Versicherungsverträge können schließlich nur dann vom Versicherer *„produziert“* werden, wenn Versicherungsgesellschaften die Risiken abschätzen können.[843] Die Informationen der Versicherungsmakler sind daher unverzichtbare *„externe Faktoren“* für den Versicherer zur Produktion von Versicherungsschutz.[844]

Versicherungsmakler können den Versicherern neben dem Zugang zum Versicherungskunden aber auch eine Vielzahl weiterer spezieller Dienstleistungen anbieten, die von Versicherern z.T. gesondert vergütet werden.[845] Beispielsweise regen sie die Entwicklung individueller Versicherungslösungen (sogenannte *Makler- oder Deckungskonzepte*) und Produktinnovationen beim Versicherer an.[846] Der Versicherungsmakler kann zudem die Erstellung von Schadensstatistiken, die Schadensregulierung[847] und das Prämieninkasso gegen gesonderte Gebühr für den Versicherer übernehmen.[848] Außerdem ist der Versicherer von der Beratung des Versicherungsnehmers gem. § 6 Abs. 6 VVG befreit, wenn ein Versicherungsmakler den Versicherungsvertrag vermittelt hat. Der Versicherer kann im Falle der Einschaltung eines Versicherungsmaklers grundsätzlich davon ausgehen, dass dieser seinen Frage- und Beratungspflichten nachkommt.[849]

cc) Verknüpfung der Leistungselemente

In der Praxis ist eine Abgrenzung der einzelnen Leistungselemente aufgrund ihrer engen Verknüpfung häufig kaum möglich.[850] Obwohl die Beschaffung von Versicherungsschutz für den Versicherungskunden und der Absatz von

---

842 Traub, a.a.O., S. 56 f.

843 Farny, Versicherungsbetriebslehre, S. 610.

844 Farny, Versicherungsbetriebslehre, S. 609.

845 Ausführlich zum Dienstleistungsangebot für Unternehmensversicherer, Kommission, Sektorenuntersuchung Unternehmensversicherungen, Arbeitspapier, SEC(2007) 1231, S. 50 f., a.a.O.; vgl. auch Krauß, a.a.O., S. 24 ff. (47).

846 Traub, a.a.O., S. 58 m.w.N.

847 Die Schadensregulierung im Auftrag des Versicherers durch Versicherungsmakler ist seit BGH GRUR 2016, 820 nur noch eingeschränkt möglich, denn sie gehört im Regelfall nicht als Nebenleistung zum Berufs- oder Tätigkeitsbild des Versicherungsmaklers nach § 5 Abs. 1 RDG.

848 Krauß, a.a.O., S. 24 ff. (47); weitere Dienstleistungsangebote der Versicherungsmakler im Bereich der Unternehmensversicherung, Kommission, Sektorenuntersuchung Unternehmensversicherungen, Arbeitspapier, SEC(2007) 1231, S. 50 f., a.a.O.

849 BT-Drucks. 16/3945, S. 58; Freund, VersR 2014, 1289 (1293); eine Ausnahme von diesem Grundsatz besteht allerdings dann, wenn der Versicherer hätte erkennen können oder müssen, dass sich der Versicherungsnehmer trotz der Beratung durch den Versicherungsmakler in einem Irrtum über den Inhalt des vermittelten Vertrages befindet, vgl. OLG Saarbrücken, Urteil vom 4.5.2011, Az. 5 U 502/10 76, BeckRS 2011, 18059.

850 Freund VersR 2014, 1289 (1293); Krauß, a.a.O., S. 30.

Versicherungsprodukten für den Versicherer simultan erfolgen, stellt die Versicherungsvermittlung jedoch kein *„Kuppelprodukt"* dar.[851] Bei Kuppelprodukten ist zwischen Haupt- und Nebenleistungsprodukten zu unterscheiden, die jeweils getrennt anfallen, was bei der Versicherungsvermittlung gerade nicht der Fall ist.[852] Die Vermittlungsleistung des Versicherungsmaklers wird im gleichen *„Produktionsschritt"* für beide Marktseiten erstellt, es entstehen allerdings zwei unterscheidbare, wenngleich nicht trennbare Leistungen.[853]

dd) Zusammenfassung

Die Leistung des Versicherungsmaklers kommt sowohl dem Versicherungsnehmer als auch dem Versicherer zugute. Die einzelnen Elemente der Maklerdienstleistung können durch ihre Nutzstiftung beim jeweiligen Abnehmer definiert werden,[854] praktisch sind sie aufgrund ihrer meist engen Verknüpfung jedoch häufig nicht voneinander abgrenzbar. Die Versicherungsvermittlung stellt aber kein *„Kuppelprodukt"*[855] dar.

b) Zweiseitigkeit des Versicherungsvertriebsmarkts aus Maklersicht

Der Markt für die Vermittlung bzw. den Vertrieb von Versicherungsprodukten weist typische Merkmale eines zweiseitigen Marktes i.S.v. § 18 Abs. 3a GWB auf. Der Versicherungsmakler steht als Vermittler und Berater für Versicherungsprodukte zwischen dem Versicherungsnehmer und dem Versicherer.[856] Er erfüllt eine Doppelrolle, indem er sowohl als Berater seiner Kunden als auch als Vertriebskanal für die Versicherer fungiert und häufig über eine Abschlussvollmacht verfügt.[857]

aa) Theorie der zweiseitigen Märkte

Die Theorie der zweiseitigen Märkte wurde von Rochet, Tirole und Armstrong im Jahr 2003 für die moderne Industrieökonomik entwickelt.[858] Die deutsche

851 Traub, a.a.O., S. 56.
852 Traub, a.a.O., S. 56.
853 Traub, a.a.O., S. 56; ähnlich Farny, ZfV 1993, 339 (340).
854 Traub, a.a.O., S. 51.
855 Traub, a.a.O., S. 56.
856 Kommission, Sektorenuntersuchung Unternehmensversicherung, Abschlussbericht, KOM/2007/0556 endg., S. 6.; ähnlich auch WeKo in RPW 2008/2, 260 (262); Kommissionsentscheidung vom 24.8.1998, COMP/ IV/M.1280, Rn. 7 – KKR/Willis Coroon: „brokers act as intermediaries between the supply side (insurance companies) and the demand side (clients seeking insurance)".
857 Kommission, Sektorenuntersuchung Unternehmensversicherung, Abschlussbericht, KOM/2007/0556 endg., S. 6.
858 Rochet/Tirole, Journal of the European Economic Association, 2003, No. (4), S. 990–1029; Armstrong, RAND Journal of Economics, No. 37, 2006, S. 668–691.

Aufsichtspraxis hat die Existenz mehr- bzw. zweiseitiger Märkte, auf denen Intermediäre bzw. Plattformen als Anbieter zwischen zwei verschiedenen Kundengruppen tätig sind, anerkannt.[859] Schließlich wurde mit der 9. GWB Novelle eine Anpassungen des GWB an die zunehmende Digitalisierung der Märkte vorgenommen und Regelungen zu den Besonderheiten von mehr- bzw. zweiseitigen Märkten aufgenommen. § 18 Abs. 2a GWB stellt nunmehr klar, dass auch im Fall einer unentgeltlichen Leistungsbeziehung ein Markt vorliegt. In § 18 Abs. 3a Nr. 1 bis 5 GWB wurden überdies spezielle Kriterien eingeführt, die insbesondere für mehrseitige Märkte und Netzwerke kennzeichnend sind und die deshalb bei der Bewertung der Marktstellung eines Unternehmens, auf einem solchen Markt, zu berücksichtigen sind.[860] Der Gesetzgeber hat sich der in der Aufsichtspraxis und Literatur entwickelten Definition angeschlossen, wonach ein mehrseitiger Markt vorliegt, wenn ein Unternehmen mindestens zwei unterscheidbaren Nutzergruppen Leistungen anbietet und zwischen diesen Gruppen mindestens ein sogenannter indirekter Netzwerkeffekt besteht.[861]

Der Begriff der indirekten Netzwerkeffekte wird in der ökonomischen Literatur nicht einheitlich verwendet.[862] Wohl überwiegend wird vertreten, dass indirekte Netzwerkeffekte dann vorliegen, wenn der Nutzen oder Gewinn einer Nutzergruppe von der Zahl der Nutzer aus der anderen Gruppe abhängt.[863] Profitieren die Nutzer einer Gruppe danach davon, dass die andere Gruppe stärker auf der Plattform vertreten ist, liegen positive Netzwerkeffekte vor, profitieren sie davon, dass die andere Gruppe weniger stark vertreten ist, liegen negative Netzwerkeffekte vor.[864] Diese Definition hat Eingang in die Gesetzesbegründung für die 9. GWB Novelle gefunden.[865]

---

859 BKartA, Leitfaden zur Marktbeherrschung in der Fusionskontrolle, S. 16, Rn. 36, abrufbar unter: https://www.bundeskartellamt.de/SharedDocs/Publikation/DE/Leitfaden/Leitfaden%20-%20Marktbeherrschung%20in%20der%20Fusionskontrolle.pdf?__blob=publicationFile&v=12, Stand: 16.12.2017.

860 Gesetzentwurf 9. GWB Novelle, BT-Drucks. 18/10270, S. 48.

861 Gesetzentwurf 9. GWB Novelle, BT-Drucks. 18/10270, S. 47; vgl. nur Dewenter/Rösch/Terschüren, NZKart 2014, 387 (388) m.w.N.; BKartA, Arbeitspapier Marktmacht von Plattformen und Netzwerken, Juni 2016, a.a.O., S. 8 ff., 14, abrufbar unter: https://www.bundeskartellamt.de/SharedDocs/Publikation/DE/Berichte/Think-Tank-Bericht.pdf?__blob=publicationFile&v=2, Stand: 16.12.2017.

862 Ausführlich zum Diskussionsstand BKartA, Arbeitspapier Marktmacht von Plattformen und Netzwerken, Juni 2016, S. 9 ff. m.w.N.

863 Rochet/Tirole, „Two-sided markets: a progress report", RAND Journal of Economics, 2006, 37(3), S. 645–667; Armstrong, RAND Journal of Economics, No. 37, 2006, S. 668–691; Dewenter/Rösch/Terschüren, NZKart 2014, 387 (388); Kehder, Konzepte und Methoden der Marktabgrenzung und ihre Anwendung auf zweiseitigen Märkten, S. 50.

864 Vgl. BKartA, Arbeitspapier Marktmacht von Plattformen und Netzwerken, Juni 2016, S. 10 m.w.N.

865 Gesetzentwurf 9. GWB Novelle, BT-Drucks. 18/10270, S. 47.

Das Bundeskartellamt verlangt zusätzlich zum Vorliegen indirekter Netzwerkeffekte die Ermöglichung einer direkten Interaktion zwischen den Nutzergruppen, um Plattformen von klassischen Handelsmärkten abzugrenzen. Zwar werde durch das Erfordernis indirekter Netzwerkeffekte weitgehend schon eine Abgrenzung erreicht, die Sortimentseffekte eines Supermarktes oder Warenhauses könnten jedoch den indirekten Netzwerkeffekten im Ausgangspunkt ähnlich sein. Zudem stünden Plattformen, bei denen eine vermittelte Transaktion über die Plattform abgewickelt wird, den Handelsbeziehungen nahe und erfüllten ebenfalls eine Vertriebsfunktion.[866] Voraussetzung für eine direkte Interaktion zwischen den Nutzergruppen sei, dass die Plattform weder ökonomisch noch juristisch an der Interaktion oder Transaktion zwischen den Nutzergruppen beteiligt ist. Es gehe darum, dass die Plattform keine unmittelbare Kontrolle über die Verhandlung wesentlicher transaktionsspezifischer Bedingungen wie Preise und Konditionen habe sowie juristisch nicht Vertragspartner der Transaktion ist. Unter Marktmachtgesichtspunkten sollen Plattformen von einer typischen Handelsbeziehung unterschieden werden. Ob der Plattform im Einzelfall auch eine wirtschaftliche Händlerfunktion bezüglich des Transaktionsmarktes zugeordnet werden kann und die Beziehungen dementsprechend nach den Regeln über Handelsvertreter als Vertikalbeziehung angesehen werden können, sei eine hiervon zu trennende Frage.[867]

Als zweiseitige Märkte werden insbesondere Onlineplattformen, Medienmärkte und Kreditkartenmärkte betrachtet. Das Angebot einer Kredit- oder Debitkarte wird beispielsweise für Kunden umso interessanter, je mehr Händler bereit sind, diese Karte als Bezahlmittel zu akzeptieren.[868] Die Theorie der zweiseitigen Märkte lässt sich aber auch auf eine ganze Reihe weiterer Märkte übertragen.[869] Denn mehrseitige Märkte gibt es in vielfältiger Gestalt, wie z.B. Einkaufszentren, Börsen, Auktionshäuser, Internetprovider, Mobilfunkunternehmen, Reisevermittler, Märkte für Software und Videospiele, Diskotheken, professionelle Sportvereine, akademische Zeitschriften, sogar Gebietskörperschaften und schließlich auch Immobilienmakler.[870]

---

866 BKartA, Arbeitspapier Marktmacht von Plattformen und Netzwerken, Juni 2016, a.a.O., S. 15 m.w.N.

867 BKartA, Arbeitspapier Marktmacht von Plattformen und Netzwerken, Juni 2016, a.a.O., S. 16.

868 BKartA, Leitfaden zur Marktbeherrschung in der Fusionskontrolle, a.a.O., Rn. 36.

869 Dewenter/Haucap, Wettbewerb als Aufgabe und Problem auf Medienmärkten: Fallstudien aus Sicht der „Theorie zweiseitiger Märkte“, S. 4, abrufbar unter: www.hsu-hh.de/download-1.5.1.php?brick_id=JuA7nv1IcOplGpnd, Stand: 16.12.2017; Dewenter/Rösch/Terschüren, NZKart 2014, 387 (388).

870 Dewenter/Haucap, a.a.O., S. 4, 48; Kehder, a.a.O., S. 52; Gesetzentwurf 9. GWB Novelle, BT-Drucks. 18/10270, S. 49 m.w. Beispielen.

bb) Bedeutung

Die Auswirkungen der Zweiseitigkeit sind vielseitig.[871] Die daraus resultierenden Besonderheiten müssen bei der Beurteilung der Wettbewerbsverhältnisse und Marktmacht einer Plattform als Anbieter angemessen einbezogen werden.[872] So können die Stärke der indirekten Netzwerkeffekte, die Nachfrageelastizität der jeweiligen Marktseite und deren Möglichkeit, verschiedene Intermediäre bzw. Plattformen parallel zu nutzen („*multi-homing*") Einfluss auf die Verteilung der Entgelte auf den Marktseiten haben.[873] Die Gruppe, die einen relativ starken Netzwerkeffekt verursacht, zahlt in der Regel einen niedrigeren Preis für die Intermediärsleistung bzw. Plattform als die Gruppe, die einen geringeren relativen Netzwerkeffekt erzeugt.[874] Dies führt zu einer für zweiseitige Märkte typischen Preisstruktur, bei der auf einer Marktseite der Preis niedrig oder sogar null sein kann, während er auf der anderen Marktseite hoch ist oder sogar ausschließlich von dieser getragen wird.[875] Diese Preisstruktur lässt sich insbesondere bei Plattformmärkten im Internet beobachten, wo üblicherweise auf einer Marktseite (den Nutzern) ein Nullpreis vorliegt.[876] Die für den Anbieter auf der jeweiligen Marktseite entstehenden Kosten sind dabei nachrangig für die Verteilung der Entgelte.[877] Eine Onlinesuchmaschine wie Google finanziert sich z.B. ausschließlich über die Marktseite, die Anzeigen schaltet, während die Marktseite, die Suchanfragen stellt (Nutzer), einen erheblichen Kostenblock verursacht.[878] Genauso stellen Hotelreservierungsseiten wie HRS oder Marktplatzbetreiber wie Amazon ihr Angebot dem suchenden Endverbraucher kostenlos zur Verfügung, verlangen aber von den Hotels oder Händlern im Falle des Abschlusses eines Vertrages eine Provision. Die Provisionen werden von diesen wiederum als Vertriebskosten bei der Kalkulation ihrer Produkt- bzw. Dienstleistungspreise berücksichtigt, so dass die Nutzer bzw.

---

871 Dewenter/Rösch/Terschüren, NZKart 2014, 387 (389).

872 Gesetzentwurf 9. GWB Novelle, BT-Drucks. 18/10270, S. 49.

873 BKartA, Vertikale Beschränkungen in der Internetökonomie, Hintergrundpapier zur Tagung des Arbeitskreises Kartellrecht vom 10.10.2013, S. 20 m.w.N., abrufbar unter: https://www.bundeskartellamt.de/SharedDocs/Publikation/DE/Diskussions_Hintergrundpapier/Bundeskartellamt%20-%20Vertikale%20Beschr%C3%A4nkungen%20in%20der%20Internet%C3%B6konomie.pdf?__blob=publicationFile&v=2, Stand: 16.12.2017; vgl. zur Bedeutung der Preisstrategie Gesetzentwurf 9. GWB Novelle, BT-Drucks. 18/102, S. 47.

874 Dewenter/Rösch/Terschüren, NZKart 2014, 387 (389); Gesetzentwurf 9. GWB Novelle, BT-Drucks. 18/102, S. 47.

875 Dewenter/Rösch/Terschüren, NZKart 2014, 387 (389).

876 Dewenter/Rösch/Terschüren, NZKart 2014, 387 (389).

877 BKartA, Vertikale Beschränkungen in der Internetökonomie, a.a.O., S. 20.

878 BKartA, Vertikale Beschränkungen in der Internetökonomie, a.a.O., S. 20.

Endverbraucher immer mittelbar an den Kosten der Intermediärsleistung beteiligt sind.[879]

Ferner ist von Bedeutung, dass bei der Marktabgrenzung zweiseitiger Märkte nach dem Bedarfsmarktkonzept zu entscheiden ist, ob eine einheitliche Marktabgrenzung für beide Marktseiten oder eine getrennte Betrachtung der Marktseiten erforderlich ist.[880] Zum Diskussionsstand kann auf die Ausführungen des Bundeskartellamtes im Arbeitspapier *Marktmacht von Plattformen und Netzwerken* vom Juni 2016 für den Bereich der Internetökonomie verwiesen werden.[881] Im Rahmen dieser Arbeit soll sich den dort angestellten, grundlegenden konzeptionellen Überlegungen zur Abgrenzung von Transaktionsplattformen bzw. Matching-Plattformen[882] im Internet, angeschlossen werden:[883] In der Regel kommt danach eine einheitliche Marktabgrenzung bei sogenannten *Matching-Plattformen* in Betracht, wenn die Nutzergruppen einen im Wesentlichen einheitlichen Bedarf haben und sich daher die Sicht der Gruppen hinsichtlich der funktionalen Austauschbarkeit nicht wesentlich unterscheidet. Soweit die Nutzergruppen jeweils deutlich unterschiedliche Austauschmöglichkeiten haben, weil ihr Bedarf unterschiedlich ist, müssen die Marktseiten im Hinblick auf die Funktion der Marktabgrenzung, die existierenden Wettbewerbsbeziehungen abzubilden, jedoch gemäß dem Bundeskartellamt getrennt betrachtet werden, da sonst möglicherweise wesentliche Wettbewerber außer Betracht bleiben. Die Unentgeltlichkeit der Leistung für eine Marktseite der Matching-Plattform rechtfertige für sich genommen noch keine Trennung des Marktes nach Nutzergruppen. Eine einheitliche Marktabgrenzung sei bei Matching-Plattformen zudem in Betracht zu ziehen, wenn das Produkt bzw. die Dienstleistung der Matching-Plattform die Vermittlungstätigkeit im Sinne eines (passenden) Zusammenbringens von Anbietern und Nachfragern ist und als solche nicht zwischen den Nutzergruppen aufgeteilt werden kann. Es sei daher nicht auf

879 BKartA, Vertikale Beschränkungen in der Internetökonomie, a.a.O., S. 20; vgl. m.w.N. zur kartellbehördlichen und gerichtlichen Praxis, nach der die Marktqualität der unentgeltlichen Seite bisher zum Teil verneint wurde, Gesetzentwurf 9. GWB Novelle, BT-Drucks. 18/10270, S. 48.

880 BKartA, Arbeitspapier Marktmacht von Plattformen und Netzwerken, Juni 2016, a.a.O., S. 28 ff.

881 BKartA, Arbeitspapier Marktmacht von Plattformen und Netzwerken, Juni 2016, a.a.O., S. 28 ff.

882 Das Bundeskartellamt unterscheidet zwischen Matching-Plattformen und Aufmerksamkeitsplattformen. Aus kartellrechtlicher Sicht biete es sich an, den Fokus bei der Differenzierung von Plattformen auf das Matching als Vermittlungsleistung zu richten. Matching-Plattformen könnten weiter danach differenziert werden, ob sie eine Transaktion (dann liegt eine Transaktionsplattform vor) oder eine andersartige Form einer Interaktion der Nutzergruppe vermitteln, BKartA, Arbeitspapier Marktmacht von Plattformen und Netzwerken, Juni 2016, a.a.O., S. 19 ff.

883 BKartA, Arbeitspapier Marktmacht von Plattformen und Netzwerken, Juni 2016, a.a.O., S. 31 ff.

das Produkt abzustellen, für das die Plattform den Kontakt oder die Transaktion der Nutzergruppen vermittelt, sondern nur auf die Vermittlungsleistung selbst. Auch eine Einteilung in „*upstream*" und „*downstream*"[884] (vor- und nachgelagerte Märkte) sei im Ausgangspunkt zunächst nicht relevant, denn die Plattform werde zu beiden Seiten funktional als Anbieter ihrer Vermittlungsleistung tätig und sei an der Produkttransaktion nicht beteiligt. Eine solche Einteilung lasse sich auch nicht durch einen Vergleich mit Handelsvertretern oder Kommissionären begründen, denn auch der Handelsvertreter (und Kommissionär) habe auf dem Markt zunächst die Funktion des Anbieters einer Vermittlungsdienstleistung gegenüber dem Prinzipal und den Kunden auf der anderen Seite und sei damit in der typischen Ausgestaltung nicht Händler des Produktes, das er vorher beschafft hat. Nicht ausgeschlossen sei jedoch, dass bei der Überprüfung der Vertragsbeziehungen einer Plattform nach Art. 101 AEUV und § 1 GWB (Art. 1 Abs. 1 lit. h Vertikal-GVO) diese als Händler angesehen werden kann und muss, wenn die entsprechenden Voraussetzungen erfüllt sind. Im Ergebnis könne dann hinsichtlich der von Vertikal-GVO angeordneten Marktfunktion des Vermittlers als Abnehmer eine abweichende – d.h. getrennte – Marktabgrenzung gerechtfertigt sein.

Im Fall der Immobilienvermittlungsplattform *immonet.de/immowelt.de* ging das Bundeskartellamt beispielsweise davon aus, dass beide Marktgegenseiten, Immobilienanbieter und Immobiliennachfrager, eine Vermittlungsleistung für Immobilien bei der Immobilienplattform nachfragten.[885] Aufgrund der Individualität der Nutzerwünsche auf der einen Seite und der Individualität der Immobilie auf der anderen Seite sei für beide Seiten die Vermittlungs- und Matchingleistung eine wesentliche Leistung, sodass sich beide Nutzergruppen bei allen in Betracht kommenden Ausweichmöglichkeiten der Vermittlung wieder treffen müssten. Bei der Marktabgrenzung war daher keine Trennung der Marktseiten erforderlich.[886]

Im Falle der *Amazon* Marketplace-Plattform könnte hingegen nach Ansicht des Bundeskartellamtes zwischen den Marktseiten unterschieden werden. Die Marketplace-Plattform sei zwar ebenfalls eine Transaktionsplattform, die Nutzergruppen könnten jedoch einen unterschiedlichen Bedarf haben, so dass sich die Austauschmöglichkeiten der Gruppen wesentlich voneinander unterscheiden. Der *Amazon* Marketplace sei in den händlereigenen *Amazon*-Online-Shop integriert, sodass der Endkunde den Online-Shop und den *Amazon* Marketplace als substituierbar betrachten könnte. Aus Sicht des Endkunden stehe die Vermittlungsleistung des Marketplace nicht notwendigerweise im Vordergrund seines Bedarfs, denn er könne auf die Vermittlungsleistung der Marketplace-Plattform verzichten und direkt im Online-Shop von *Amazon* oder auch im stationären Handel einkaufen.

---

884 So aber Kommission vom 21.8.2007, COMP/M.4523 – Travelport/Worldspan.

885 BKartA, Fallbericht vom 25.4.2015, Az. B6-39/15, S. 2 – Online-Immobilienplattformen.

886 BKartA, Fallbericht vom 25.4.2015, Az. B6-39/15, S. 2 – Online-Immobilienplattformen; dazu BKartA, Arbeitspapier Marktmacht von Plattformen und Netzwerken, Juni 2016, a.a.O., S. 34.

Ein Händler könnte hingegen auf eine Vermittlung auf dem *Amazon* Marketplace nicht verzichten, wenn er ohne diese keinen Zugang zum Endkunden erhalten würde. Der Wettbewerbsdruck des Handels auf der Endkundenseite würde bei einer einheitlichen Marktabgrenzung nicht korrekt berücksichtigt.[887]

cc) Anwendung auf den Versicherungsmakler

Der Versicherungsmakler bietet den Versicherungsnehmern und Versicherern den Vertrieb bzw. die Vermittlung von Versicherungsprodukten simultan an und kann hierbei *„vermittlungsakzessorische"* und *„vermittlungsadditive"* Beratungsdienstleistungen den Versicherungsvertragsparteien zur Verfügung stellen.[888] Ihm stehen mithin zwei Marktseiten gegenüber.[889] Die Zweiseitigkeit seines Leistungsangebotes findet Ausdruck im Doppelrechtsverhältnis zum Versicherungsnehmer einerseits und zum Versicherer andererseits.[890]

Positive indirekte Netzwerkeffekte liegen vor, weil Versicherer davon profitieren, je mehr potentielle Versicherungskunden das Beratungs- und Vermittlungsangebot eines Versicherungsmaklers in Anspruch nehmen. Je mehr Versicherungskunden ein Versicherungsmakler an sich gebunden hat (Bestand) oder in der Lage ist, aufgrund seiner Reichweite neu zu akquirieren, umso größer ist das Prämienvolumen, das er einem Versicherer vermitteln kann und umso attraktiver wird eine Zusammenarbeit mit dem Makler für den Versicherer. Netzwerkeffekte könnten zudem auch in die umgekehrte Richtung bestehen. So könnten Versicherungsnehmer davon profitieren, wenn der Versicherungsmakler mit besonders vielen Versicherungsgesellschaften (entgeltlich) kooperiert, weil er dann aus einer besonders breiten Produktpalette das optimalste Angebot auswählen und auch vermitteln kann. Ob Netzwerkeffekte aber auch in umgekehrter Richtung bestehen, kann letztlich dahinstehen, da sie bei einem zweiseitigen Markt nicht zwingend auf beiden Nachfrageseiten vorliegen müssen.[891] So ist beispielsweise auf Medienmärkten zwar die Anzahl der Zeitungsleser relevant für den Werbekunden, umgekehrt

---

887 Bundeskartellamt, Arbeitspapier Marktmacht von Plattformen und Netzwerken, Juni 2016, a.a.O., S. 35 f.

888 Zu den Leistungselementen Viertes Kapitel B. III. 1. a).

889 So schon die WeKo zum Mehrfachvertreter AWD vgl. RPW 2008/2, 260 (262); vgl. auch Focht/Richter/Schiller, The Journal of Risk and Insurance Vol. 80, No. 2, June 2013, S. 329 (345) die ausdrücklich von einem „matching market" des Versicherungsmaklers sprechen.

890 Freund, VersR 2014, 1289 (1293); zum Doppelrechtsverhältnis Erstes Kapitel A. II. 2.

891 Dewenter/Rösch/Terschüren, NZKart 2014, 387 (388); Thomas in Immenga/Mestmäcker, § 36, Rn. 66; BKartA, Arbeitspapier Marktmacht von Plattformen und Netzwerken, Juni 2016, a.a.O., S. 15; a.A. Luchetta, Journal of Competition Law & Economics 2014, 10 (1), S. 185 (191).

spielen Umfang und Intensität von Werbeanzeigen für den Leser in der Regel keine Rolle.[892]

Der Versicherungsmakler ermöglicht zudem eine direkte Interaktion zwischen den Nutzergruppen, indem er den Abschluss eines Versicherungsvertrages zwischen Versicherer und Versicherungsnehmer vermittelt. Der Umstand, dass Versicherungsmakler in der Versicherungsbetriebslehre als eine Art selbständige Handelsstufe für Versicherungen betrachtet werden[893] und Vertriebs- bzw. Courtagevereinbarungen mit Versicherern einerseits und Maklerverträge mit Versicherungsnehmern andererseits schließen, spricht grundsätzlich nicht gegen die Einordnung als mehrseitiger Markt bei der Untersuchung von Marktmacht. Dies belegen die vom Bundeskartellamt entwickelten Grundsätzen zu Handelsvertretern und Kommissionären im Fall *EVENTIM*, einem Online Ticketsystem.[894] Danach lässt die Funktion als Handelsvertreter die Eigenschaft als mehrseitiger Markt im Sinne des § 18 Abs. 3a GWB grundsätzlich nicht entfallen. Handelsvertreter und Kommissionäre seien zwar insoweit an der Transaktion beteiligt, als sie im Interesse des Prinzipals das Transaktionsprodukt an die Kunden verkaufen, der typische (echte) Handelsvertreter (oder Kommissionär) habe jedoch keine Kontrolle über die wesentlichen Transaktionsvariablen und trage keine wesentlichen Transaktionsrisiken. Die Dienstleistung eines Handelsvertreters, bei dem der Handelsvertreter im Verhältnis zum Prinzipal ebenfalls als Anbieter auftritt, weise daher Ähnlichkeiten mit einem mehrseitigen Markt auf. Zwar werde der Handelsvertreter auf der einen Seite für den Prinzipal tätig und biete diesem seine (entgeltliche) Vermittlungs- und Marketingleistung an, auf der anderen Seite habe er jedoch auch Kontakt zu dem Transaktionskunden, mit dem er entweder als Vertreter des Prinzipals oder rechtlich als Vertragspartner, jedoch für Rechnung des Prinzipals die Transaktionsvereinbarung mit den Transaktionskunden abschließt. Die Transaktion erfolge damit rechtlich und wirtschaftlich direkt mit dem Prinzipal. Indirekte Netzwerkeffekte kennzeichneten ein Handelsvertreterverhältnisse damit nicht notwendigerweise, seien aber auch nicht ausgeschlossen. Das Bundeskartellamt ging daher davon aus, dass die Vereinbarung eines Handelsvertreterverhältnisses und die Distributionsfunktion einer Plattform das Vorliegen eines mehrseitigen Marktes für die Zwecke der Prüfung von Marktmacht nicht ausschließe, solange das zentrale Element der indirekten Netzwerkeffekte dennoch vorhanden ist und bei der Marktmachtprüfung besonders zu berücksichtigen bleibt.[895]

Ein Versicherungsmakler ist an der Transaktion zwischen Versicherer und Versicherungsnehmer insoweit beteiligt, als dass er das Versicherungsprodukt für

892 Dewenter/Rösch/Terschüren, NZKart 2014, 387 (388); Thomas in Immenga/Mestmäcker, § 36, Rn. 66.

893 Farny, Der Versicherungsmakler im Privatkundengeschäft?, in Beiträge über den Versicherungsmakler, S. 79 (90).

894 BKartA, Beschluss vom 4.12.2017, Az.B6-132/14-2, S. 30, Rn. 103.

895 BKartA, Beschluss vom 4.12.2017, Az.B6-132/14-2, S. 30, Rn. 103.

den Versicherungsnehmer beschafft und jedenfalls funktional für den Versicherer absetzt. Er ist jedoch weder ökonomisch noch juristisch an der Transaktion beteiligt. Er bringt als Intermediär die Versicherungsvertragsparteien zusammen, ohne dabei selbst aktiv Handel mit dem zu vermittelnden Produkt zu betreiben, d.h. er kauft die Versicherungsdienstleistung nicht vom Versicherer, um sie zu einem höheren Verkaufspreis mit Gewinn an die Versicherten weiterzuverkaufen. Er erwirbt kein Eigentum am Versicherungsprodukt und trägt keine Risiken aus dem vermittelten Versicherungsvertrag. Auch nach betriebswirtschaftlichen Maßstäben wird er deshalb nicht als Händler betrachtet. Er kontrolliert zudem keine wesentlichen Transaktionsvariablen, denn der Versicherer bestimmt die Versicherungsprämie sowie die Konditionen des Versicherungsvertrages. Dies gilt nicht nur für den Bereich standardisierter Versicherungsprodukte. Auch dann, wenn der Versicherungsmakler ein individuelles Deckungskonzept entwickelt hat, bleibt der Versicherer stets Erbringer der Versicherungsdienstleistung und wird nicht zum bloßen *„Zulieferer der Risikoübernahme"*.[896] Der Versicherer bestimmt den Nettopreis für den Versicherungsschutz. Der Versicherungsmakler sucht im Auftrag des Versicherungsnehmers die besten Angebote. Er *„scannt"* den Markt und *„matched"* Versicherungsnehmer mit Versicherern, die die Fähigkeiten, Kapazitäten und finanzielle Stärke haben das Risiko in Deckung zu nehmen.[897] Hochspezialisierte Angebote wie die Risikoanalyse und das Risiko-Modelling stellen separate und gesondert vergütete Dienstleistungsangebote von Versicherungsmaklern im Industrie- und Spezialversicherungsgeschäft dar.[898] Die Absatz- und Beschaffungsfunktion des Versicherungsmaklers schließt damit das Vorliegen eines mehrseitigen Marktes nicht aus.

Zudem lässt sich die für zweiseitige Märkte typische Kostenverteilung beim Versicherungsmakler beobachten. Der Versicherer zahlt im Regelfall die Courtage des Versicherungsmaklers, obwohl die Beratung des Versicherungsnehmers bei der Produktauswahl, seine Betreuung, die Dokumentation und die Verwaltung seiner Versicherungsverträge regelmäßig die höchsten Kosten beim Makler verursachen werden. Der Versicherungsnehmer trägt die Courtage dabei auch mittelbar über den Endpreis der Versicherungsleistung bzw. die Versicherungsprämie im Wege der einkalkulierten Abschlusskosten. Ferner ist diese Preisstruktur im Versicherungsvertrieb typisch und unter Wettbewerbsbedingungen und nicht durch staatliche Eingriffe – wie beispielsweise durch ein gesetzlich angeordnetes Provisionsverbot[899] – entstanden. Bereits seit Ende des 17. Jahrhunderts zahlt

896 Vgl. Stancke VersR 2012, (1348).
897 Arbeitspapier der Kommission zur Sektorenuntersuchung Unternehmensversicherung, SEC(2007) 1231, a.a.O., S. 49.
898 Arbeitspapier der Kommission zur Sektorenuntersuchung Unternehmensversicherung, SEC(2007) 1231, a.a.O., S. 50.
899 Vgl. zur Entwicklung des Vermittlervertriebs in England, Thomas, VW 2014, 46.

der Versicherer mit Zustimmung der beteiligten Verkehrskreise die Maklercourtage.[900] In Hamburg und an anderen Seehandelsplätzen schuldete noch zuvor der Versicherungsnehmer als Auftraggeber des Maklers die Courtage, da es damals für Versicherungsmakler schwierig war, umfassenden Versicherungsschutz für Schiffe bei Versicherern zu beschaffen.[901] Erst durch die Übereinkunft der Assekuradeure von 1677/79 wurde geregelt, dass neben dem Versicherungsnehmer auch der Versicherer ein Achtel der Maklercourtage schuldet.[902] Schon bald zahlte allerdings in den überwiegenden Fällen ausschließlich der Versicherer die Courtage, da durch die Zunahme von Wettbewerbern auf dem Versicherungsmarkt das Versicherungsangebot größer wurde und potentielle Versicherungsnehmer nicht mehr bereit waren, die Courtage zu tragen.[903] Dass heute allein der Versicherer die Maklercourtage zahlt, ist damit eine natürliche Folge des *„Spiels von Angebot und Nachfrage“*.[904]

Fraglich ist, ob nach den Grundsätzen des Bundeskartellamtes gleichwohl eine Differenzierung zwischen den Marktseiten – Versicherer und Versicherungsnehmer – erforderlich ist oder eine einheitliche Marktabgrenzung in Betracht kommt. Voraussetzung für eine einheitliche Marktabgrenzung wäre, dass Versicherer und Versicherungsnehmer einen vergleichbaren Bedarf im Hinblick auf das Leistungsangebot des Versicherungsmaklers haben, so dass ihre Ausweichmöglichkeiten im Wesentlichen übereinstimmen. Der Versicherungsmakler bietet den Versicherungsvertragsparteien jedoch unterschiedlich umfangreiche Leistungen an. Zwar fragen sowohl der Versicherungsnehmer als auch der Versicherer als Hauptleistung die Versicherungsvermittlung beim Versicherungsmakler nach, jedoch umfasst das Dienstleistungsangebot des Versicherungsmaklers eine breite Palette an weiteren Leistungen, die der Versicherungsmakler den Versicherungsvertragsparteien nicht gleichermaßen zur Verfügung stellt.[905] Eine getrennte Betrachtung der Marktseiten wäre danach gerechtfertigt. Für einige Beratungsangebote des Versicherungsmaklers kann sogar ein eigenständiger sachlicher Markt bestehen. Voraussetzung dafür ist, dass das Beratungsangebot selbstständig nachgefragt wird. Keinen eigenständigen Markt bilden Leistungsangebote, bei denen dies nur in wirtschaftlicher oder technisch-funktioneller Verbindung mit einer Hauptsache oder -leistung der Fall ist.[906] Die vermittlungsakzessorisch Beratung ist dementsprechend jedenfalls kein selbständiges, marktfähiges Dienstleistungsangebot des Versicherungsmaklers.

900 Ausführlich zur historischen Entwicklung Waldstein, Der Versicherungsmakler, § 9, S. 80; Baumann, Versicherungsvermittlung durch Versicherungsmakler, S. 284.
901 Baumann, a.a.O., S. 284; so schon Trinkhaus, a.a.O., S. 134, Gauer, Der Versicherungsmakler und seine Stellung in der Versicherungswirtschaft, S. 68.
902 Waldstein, a.a.O., S. 80.
903 Baumann, a.a.O., S. 285.
904 Gauer, a.a.O., S. 68; Baumann, a.a.O., S. 285.
905 Zu den Leistungselementen Viertes Kapitel B. III. 1. a).
906 OLG Düsseldorf, Urteil vom 9.1.2015, Az. VI Kart 1/14 (V), BeckRS 2015, 03467 Rn. 21– HRS Bestpreisklausel.

Hinzu kommt, dass der Wettbewerbsdruck auf den verschiedenen Marktseiten unterschiedlich ausfällt. Versicherer verfolgen zunehmend eine Multi-Channel Vertriebsstrategie, woraus abgeleitet werden kann, dass aus ihrer Sicht die verschiedenen Vertriebswege keine Substitute bilden.[907] Es existieren zudem Versicherer, die über kein eigenes Vertriebssystem verfügen und daher den Vertrieb ihrer Produkte ausschließlich über Versicherungsmakler (und z.T. echte Mehrfachvertreter) organisieren. Sie haben keine andere Möglichkeit, potentielle Versicherungskunden zu erreichen als durch die Einschaltung von Maklervertrieben. Den Versicherungsnehmern können hingegen mehr Ausweichmöglichkeiten zur Verfügung stehen. Jedenfalls dann, wenn die Beratungsleistung nicht im Vordergrund steht, sondern die Beschaffung von Versicherungsschutz, stehen dem Versicherungsnehmer alle in Betracht kommenden Versicherungsvertriebswege zur Bedarfsdeckung offen. Auch deshalb ist es erforderlich, die verschiedenen Marktseiten – Versicherer und Versicherungsnehmer – getrennt zu betrachten.

dd) Zwischenergebnis

Der Markt für Versicherungsvertriebsleistungen, auf dem der Versicherungsmakler als Anbieter tätig ist, weist typische Merkmale eines zweiseitigen Marktes auf. Dem Versicherungsmakler stehen zwei Nutzergruppen – Versicherer und die Versicherungsnehmer – als Nachfrager seiner Vermittlungs- bzw. Vertriebsleistung gegenüber. Gleichwohl ist eine Unterscheidung der Marktseiten nach Nutzergruppen im Rahmen der Abgrenzung des Angebotsmarktes für Versicherungsvermittlungs- bzw. Vertriebsleistungen sowie die damit verbundenen (akzessorischen) Beratungsleistungen gerechtfertigt, weil das Leistungsangebot des Versicherungsmaklers für die jeweilige Marktseite und umgekehrt der Bedarf von Versicherern und Versicherungsnehmern unterschiedlich ist. Die beiden Marktseiten sollen deshalb zwei separat abzugrenzende Märkte bilden.

c) Zusammenfassung

Der Versicherungsmakler ist wegen der simultanen, zweiseitigen Ausrichtung seines Leistungsangebotes als Intermediär auf einem zweiseitigen Markt tätig. Ihm stehen zwei Nutzergruppen – die Versicherer und die Versicherungsnehmer – als Nachfrager seiner Vermittlungs-, bzw. Vertriebs- und Beratungsleistungen gegenüber. Soweit der Bedarf der Nutzergruppen verschieden ist, sind die Marktseiten bei der Marktabgrenzung getrennt, d.h. als zwei separate Märkte, zu betrachten.

---

907 Schweizer WeKO, RPW 2008/2, 260 (262); vgl. ebenfalls Hinweis in der Entscheidung der Kommission vom 28.4.2004, COMP/M 3395, Rn. 12 – Sampo/IF Skadeförsäkring.

2. *Der Angebotsmarkt für Versicherungsvertriebsleistungen in der Verwaltungspraxis*

In der Verwaltungspraxis wurde im Rahmen verschiedener Fusionskontrollverfahren der Angebotsmarkt für den Versicherungsvertrieb bzw. für Versicherungsvermittlungs- und Beratungsleistungen abgegrenzt.[908] Die fusionskontrollrechtlich maßgebliche Marktgegenseite bildete dabei in erster Linie die Versicherungsnehmerseite.

a) Kommission

Die Kommission hatte Ende der 90er Jahre in den Zusammenschlusskontrollverfahren *Marsh&McLennan/Sedgwick*[909] sowie *KKR/Willis Coroon*[910] die Marktstellung internationaler Versicherungsmakler auf dem Markt für den Vertrieb von Versicherungsprodukten (*Insurance distribution*)[911] bzw. Versicherungsvermittlungsleistungen (*Insurance Brokerage*)[912] zu beurteilen. Zudem erörterte die Kommission die Frage der Substituierbarkeit von Versicherungsvertriebswegen in ihrer Untersuchung des Unternehmensversicherungsmarktes.[913]

aa) KKR/Willis Coroon

In dem Fusionskontrollverfahren *KKR/Willis Coroon* hatte die Kommission den Zusammenschluss des Versicherungsmaklerunternehmens *Willis Coroon* und des Investors *KKR Associates* geprüft. Die Kommission folgte dem Vorschlag der Verfahrensparteien und unterschied ausgehend von dem Ansatz, den die Kommission bei der Abgrenzung von Versicherungsmärkten verfolgt, Teilmärkte für die Vermittlung von Lebensversicherungen, Nicht-Lebensversicherungen und Rückversicherung. Die Parteien hatten außerdem vorgeschlagen, dass beim Vertrieb von Nichtlebensversicherungen zwischen Privat- und Geschäftskundenbereichen unterschieden werden könne.[914]

Gleichwohl wies die Kommission ausdrücklich darauf hin, dass sich die Tätigkeit von Versicherungsunternehmen von der Tätigkeit der Versicherungsvermittler

---

908 Vgl. ausführlich zur Marktabgrenzung beim Versicherungsvertrieb Esser/Stappert in MüKo-Europäisches Wettbewerbsrecht, SB Versicherungswirtschaft, Rn. 220 ff.

909 Kommission vom 23.8.1998, COMP/M.1307– Marsh&McLennan/Sedgwick.

910 Kommission vom 24.8.1998, COMP/ IV/M.1280 – KKR/Willis Coroon.

911 Kommission vom 23.8.1998, COMP/M.1307, Rn. 7– Marsh&McLennan/Sedgwick; so auch Kommission vom 23.7.2012, COMP/M.6649, Rn. 15 – Allianz/Insurance Portfolio and Brokerage Services of GAN EUROCOURTAGE; vom 23.9.2013, COMP/M.6957, Rn. 22 – IF P&C/Topdanmark.

912 Kommission vom 24.8.1998, COMP/ IV/M.1280, Rn. 6 – KKR/Willis Coroon.

913 Kommission, Sektorenuntersuchung Unternehmensversicherungen, vgl. insbesondere Arbeitspapier, SEC(2007) 1231, S. 44 f., a.a.O.

914 Kommission vom 24.8.1998, COMP/ IV/M.1280, Rn. 6 – KKR/Willis Coroon.

unterscheide sowie anderen regulatorischen Anforderungen unterliegt. Versicherer würden ihren Kunden eigene Versicherungsleistungen anbieten, während Versicherungsmakler als Intermediäre zwischen der Angebotsseite (den Versicherungsunternehmen) und der Nachfrageseite (den Versicherungsnehmern) tätig seien. Aus Nachfragesicht könnten sich Versicherungsnehmer, die unterschiedlichen Versicherungsschutz zur Absicherung ihrer Risiken benötigten, problemlos an nur einen Versicherungsmakler wenden, vorausgesetzt, dass dieser in der Lage ist, Versicherungsschutz für die verschiedenen Risiken zu beschaffen. Die Parteien trugen weiterhin vor, dass aus Anbietersicht Maklerdienstleistungen in hohem Maße substituierbar sind, da ein Versicherungsmakler in der Regel nur allgemeine Kenntnisse und Fähigkeiten für die Vermittlung von Versicherungsprodukten benötigt, die auf alle Arten von Versicherungen anwendbar sind. Versicherungsmakler seien zwar in der Regel frei, eine breite Palette an Versicherungsprodukten anzubieten, es könne jedoch nach Ansicht der Kommission nicht ignoriert werden, dass zumindest für bestimmte Versicherungsproduktlinien und Sparten beachtliche Zusatzkenntnisse und Spezialisierungen der Makler erforderlich sind, um wirksam am Wettbewerb teilnehmen zu können. Dies gelte vor allem für Bereiche wie die Kredit- und Rückversicherung.[915]

bb) Marsh&McLennan/Sedgwick

In dem Verfahren *Marsh&McLennan/Sedgwick* prüfte die Kommission den Zusammenschluss zweier Versicherungsmaklerfirmen. Die Parteien definierten den Markt als einen allgemeinen Markt für den Vertrieb von Versicherungsleistungen durch Direktversicherer, gebundene Vermittler und Intermediäre wie Banken und Versicherungsmakler.[916] Eine Unterscheidung könne zwischen dem Vertrieb von Lebensversicherungen und Nichtlebensversicherungen vorgenommen werden. In den Bereichen der Lebensversicherung und Nichtlebensversicherung seien unterschiedliche Anbieter tätig, zudem unterliege der Vertrieb von Lebensversicherungen in Europa anderen regulatorischen Anforderungen als der Vertrieb sonstiger Versicherungsprodukte.[917]

Die Parteien hatten gefordert, dass der Markt nicht in weitere Teilmärkte auf der Grundlage verschiedener Vertriebskanäle (Versicherungsmakler und andere Versicherungsvertriebskanäle), Versicherungsprodukttypen (d.h. versicherte Risiken und Versicherungsschutz) oder der Kundengröße (Privatkunden, kleine und mittelgroße sowie große Kunden) segmentiert werden solle.[918] Nach den Ausführungen der Parteien konkurriere eine Vielzahl von Anbietern, wie Versicherungsmakler, Versicherungsvertreter und Banken, gebundene Versicherungsvertreter

915 Kommission vom 24.8.1998, COMP/ IV/M.1280, Rn. 7 – KKR/Willis Coroon.
916 Kommission vom 23.8.1998, COMP/M.1307, Rn. 8 – Marsh&McLennan/Sedgwick.
917 Kommission vom 23.8.1998, COMP/M.1307, Rn. 9 – Marsh&McLennan/Sedgwick.
918 Kommission vom 23.8.1998, COMP/M.1307, Rn. 10 – Marsh&McLennan/Sedgwick.

und Direktversicherer, um den Absatz von Versicherungsschutz beim Endkunden und sei daher auch auf einem gemeinsamen Markt tätig. All diese Anbieter stünden im Wettbewerb um die gleichen Kunden und bieten diesen auch den gleichen Versicherungsschutz zum Kauf an. Versicherungskunden in Europa seien auch bereit, zwischen verschiedenen Vertriebskanälen zu wechseln, um ein besseres Preis-Leistungsverhältnis zu erhalten. Der Einsatz neuer Computer- und Kommunikationstechnologien fördere zudem den Direktabsatz von Versicherungsprodukten. Sie vereinfachten die Möglichkeit für den Versicherer mit dem Versicherungsnehmer direkt Geschäfte abzuschließen und erlaubten dem Versicherungsnehmer das beste Angebot selbst auszuwählen. Auch würden zunehmend Banken in allen Segmenten Versicherungsprodukte an Privat- und Geschäftskunden vermitteln.[919]

Die Kommission verwies zunächst auf die zuvor ergangene Entscheidung in Sachen *KKR/Willis Coroon*[920], wonach grundsätzlich Unterschiede zwischen der Tätigkeit von Versicherungsmaklern und Versicherungs- bzw. Rückversicherungsunternehmen bestehen. Versicherer verkauften ihre eigenen Produkte und hätten ein kommerzielles Interesse am Verkauf, während Versicherungsmakler im Auftrag der Versicherungsnehmer tätig würden und versuchten, für ihren Kunden die passendste Deckung beim wettbewerbsfähigsten Versicherer zu besorgen.[921]

Aus Nachfragesicht hatte die Marktuntersuchung der Kommission bestätigt, dass zumindest gewerbliche Versicherungskunden deutlich zwischen den Dienstleistungen, die sie von einem Versicherungsmakler, einem Direktversicherer oder Versicherungsvertreter erhalten, unterschieden. Geschäftskunden nähmen Versicherungsmakler als Vermittler wahr, die im Kundeninteresse handeln, während Versicherer als Anbieter betrachtet würden, die eigene Absatzinteressen verfolgten. Die Dienstleistung von Versicherungsmaklern werde dort nachgefragt, wo unabhängige Beratung notwendig sei. Versicherungsmakler bieten insbesondere großen Geschäftskunden (z.T. auch mittleren und kleineren) eine breite Palette an Dienstleistungen an, die über die reine Beschaffung von Versicherungsschutz hinausgehe. Ihre Dienstleistungspalette umfasse Nebenleistungen, die den Kundenbedürfnissen angepasst werden, wie die Identifikation und Bewertung von Risiken, die unabhängige Beratung zum Risikomanagement, die Sicherheitsbewertung von Versicherern, Versicherungsmarktkenntnisse, ein unabhängiges Aktuariat sowie die Unterstützung bei der Schadensregulierung. Aus der Sicht von Geschäftskunden würden Direktversicherer und Versicherungsvertreter Beratungsleistungen nicht in gleichem Umfang anbieten, und seien deshalb keine vollständig austauschbaren Vertriebsformen. Zwar nutzten einige große Geschäftskunden sowohl die Möglichkeit Versicherungsgeschäft direkt mit Versicherungsgesellschaften abzuschließen als auch über Versicherungsmakler, gleichwohl seien sie sich darüber

919 Kommission vom 23.8.1998, COMP/M.1307, Rn. 11 – Marsh&McLennan/Sedgwick,.
920 Kommission vom 24.8.1998, COMP/ IV/M.1280, Rn. 7 – KKR/Willis Coroon.
921 Kommission vom 23.8.1998, COMP/M.1307, Rn. 12 – Marsh&McLennan/Sedgwick.

bewusst, dass sie hierbei verschiedene Dienstleistungen von Versicherungsmaklern und Versicherern erhalten.[922]

Andererseits würden aber auch zunehmend Vertriebsformen in den Markt eintreten, die mit den traditionellen Versicherungsmaklern konkurrierten. So würden beispielsweise einige Geschäftsbanken bereits Versicherungsberatungsdienstleistungen ihren Kunden anbieten und dieses Geschäftssegment erweitern. Es gebe zudem Hinweise, wonach Wirtschaftsprüfungsgesellschaften Versicherungsmakler anwerben, um im Bereich des Risikomanagements Beratungsleistungen anbieten zu können. Geschäftskunden würden daher zunehmend in die Lage versetzt, Maklerdienste durch die Dienste anderer Vermittler zu substituieren.[923]

Aus Anbietersicht habe die Marktuntersuchung ergeben, dass Versicherungsmakler über ein breites Spektrum an Fähigkeiten zur umfassenden Beratung über Versicherungsprodukte auf dem gesamten Versicherungsmarkt verfügten und Nebendienstleistungen zu ihrer Vermittlungstätigkeit erbringen.[924] Es konnte zudem gezeigt werden, dass zwischen dem Angebot von Versicherungsvermittlungsleistungen für Privatkunden (einschließlich kleiner Geschäftskunden mit standardisiertem Risikoprofil) einerseits und Geschäftskunden andererseits unterschieden werden könne. Versicherungsmakler bieten Geschäftskunden in der Regel andere Dienstleistungen an als Privatkunden. Für Geschäftskunden vermitteln sie nicht nur Versicherungsschutz, sondern erbringen weitere, mit der Vermittlung verbundene Dienstleistungen. Für Privatkunden platzieren Versicherungsmakler meist nur das Risiko bei einem passenden Versicherer. Maklerleistungen für Privatkunden seien daher auch einfacher durch das Angebot von Direktversicherungsunternehmen, Versicherungsvertretern oder anderen Versicherungsvermittlerformen zu ersetzen. Privatkunden wechselten dementsprechend auch häufiger zwischen den einzelnen Vertriebskanälen als Geschäftskunden. Sogar in den Mitgliedstaaten, in denen Versicherungsmakler traditionell bevorzugt werden, würden Direktverkäufe z.B. durch Massenmarketing und Telefonverkäufe eine weitverbreitete Vertriebsform werden, insbesondere im Bereich Kfz-Haftpflicht und Hausrat. Die zunehmenden Gewinne der Direktversicherer in diesen Bereichen gingen zudem zu Lasten der Versicherungsmakler.[925]

Zudem gebe es Hinweise, dass der Markt für Geschäftskunden noch weiter, in Abhängigkeit von der Größe der Geschäftskunden, segmentiert werden könne. Große und multinationale Unternehmen bevorzugen die Zusammenarbeit mit Versicherungsmaklern, da diese besser in der Lage seien als andere Vermittlerformen, die hohen Anforderungen hinsichtlich Risikomanagement und Beratung zu erfüllen. Die Parteien hatten im Verfahren bestritten, dass die Größe der Kunden eine wesentliche Rolle spiele, weil der Bedarf von Versicherungskunden hinsichtlich

922 Kommission vom 23.8.1998, COMP/M.1307, Rn. 13 – Marsh&McLennan/Sedgwick.
923 Kommission vom 23.8.1998, COMP/M.1307, Rn. 14 – Marsh&McLennan/Sedgwick.
924 Kommission vom 23.8.1998, COMP/M.1307, Rn. 15 – Marsh&McLennan/Sedgwick.
925 Kommission vom 23.8.1998, COMP/M.1307, Rn. 16 – Marsh&McLennan/Sedgwick.

des Leistungsspektrums der Makler nur graduell sei und nicht klar umrissen. Aus Sicht der Versicherungsmakler seien letztlich die gleichen Fähigkeiten und Kenntnisse erforderlich, um den durch die Unternehmensgröße bedingten, wachsenden Kundenbedürfnissen nachzukommen. Die Anforderungen würden sich nicht in Abhängigkeit von der Größe der Kunden grundsätzlich verändern, was den Maklersektor vom Beratermarkt unterscheide, wo es einen separaten Markt für die Beratung multinationaler Firmen gebe.[926] Eine Entscheidung darüber konnte die Kommission jedoch ebenfalls offen lassen.[927]

Eine weitere Marktsegmentierung könne letztlich für unterschiedliche Unternehmensbereiche und Risikoarten erfolgen. Die Marktuntersuchung habe Anhaltspunkte dafür ergeben, dass im Hinblick auf bestimmte Risikoarten (wie z.B. die D&O Versicherung) sowie Industriezweige (wie Schiff-, Luft- und Raumfahrt sowie Energie) Teilmärkte abgegrenzt werden könnten, da eine begrenzte Austauschbarkeit sowohl aus Sicht der Anbieter als auch aus Sicht der Nachfrager bestünde. Diesen Punkt konnte die Kommission aber ebenfalls offen lassen.[928]

Abschließend hielt die Kommission fest, dass der für das Zusammenschlussvorhaben der Versicherungsmakler relevante Markt der Markt für Versicherungsmaklerleistungen sei und innerhalb dieses Marktes Teilmärkte für die Bereiche Verbraucher bzw. Privatkunden (Beschaffung von Versicherungsschutz für private Risiken), Geschäftskunden (Beschaffung von Versicherungsschutz für geschäftliche Risiken sowie damit verbundene Dienstleistungen) und insbesondere große Geschäftskunden/Industriekunden existierten. Eine abschließende Marktabgrenzung konnte sie jedoch erneut offen lassen, weil selbst bei der kleinsten Segmentierung, keine Beschränkung des Wettbewerbs auf dem Binnenmarkt zu befürchten war.[929]

Den Vertrieb von Rückversicherungen unterschied die Kommission grundsätzlich vom Vertrieb auf den Erstversicherungsmärkten. Der Vertrieb von Rückversicherungen umfasse die Deckung von Rückversicherungsschutz im Auftrag von Versicherern und Rückversicherern weltweit. Die Parteien schlugen vor, dass in den relevanten Produktmarkt sowohl die Dienste von Rückversicherungsmaklern als auch Rückversicherern, die Rückversicherungsschutz direkt zeichnen, einzubeziehen seien. Aus der Perspektive der Rückversicherungskunden seien Rückversicherer und Rückversicherungsmakler unmittelbare Wettbewerber. Die Kommission musste letztlich nicht darüber befinden, ob ein eigenständiger Produktmarkt für Rückversicherungsvermittlungsleistungen besteht.[930]

---

926 Verwiesen wird auf die Kommissionsentscheidung vom 20.5.1998, COMP/M 1016 – Price Waterhouse/Coopers&Lybrand.
927 Kommission vom 23.8.1998, COMP/M.1307, Rn. 17 – Marsh&McLennan/Sedgwick.
928 Kommission vom 23.8.1998, COMP/M.1307, Rn. 18 – Marsh&McLennan/Sedgwick.
929 Kommission vom 23.8.1998, COMP/M.1307, Rn. 19 – Marsh&McLennan/Sedgwick.
930 Kommission vom 23.8.1998, COMP/M.1307, Rn. 22 f. – Marsh&McLennan/Sedgwick.

cc) Weitere Verfahren

In späteren Fusionskontrollverfahren beschrieb die Kommission den Markt für den Vertrieb von Versicherungsprodukten ausdrücklich als einen vertikal verbundenen, nachgelagerten Markt des Versicherungs(produkt)marktes.[931] In den Verfahren wurde wiederholt vorgetragen, dass unternehmenseigene Vertriebsformen, wie der Versicherungsaußendienst und der Direktvertrieb über Geschäftsstellen, nicht in den Markt für Versicherungsvermittlungsleistungen einzubeziehen seien, weil diese Vertriebsformen einen untrennbaren Bestandteil der Versicherungsunternehmen bildeten.[932] In dem Verfahren *AXA/Winterthur* sah die Kommission dies auch durch die Marktuntersuchung bestätigt, konnte eine Entscheidung jedoch erneut offenlassen.[933] Im Verfahren *Sampo/IF Skadeförsäkring* hatten die Parteien darauf hingewiesen, dass selbst dann, wenn der Fremdvertrieb aus Sicht der Versicherungskunden durch den Direktvertrieb ersetzt werden könne, aus der Sicht miteinander konkurrierender Versicherungsunternehmen der Direktvertrieb durch einen anderen Versicherer schlicht keinen alternativen Vertriebskanal darstellt.[934] Die Kommission konnte aber auch unter diesem Gesichtspunkt eine abschließende Beurteilung dahinstehen lassen.[935]

dd) Sektorenuntersuchung Unternehmensversicherung

Die Kommission setzte sich mit der Frage der Substituierbarkeit der Vertriebswege auch in ihrer Untersuchung des Unternehmensversicherungsmarktes auseinander und bestätigt ihre bisherigen Erwägungen aus den Fusionskontrollverfahren.[936] Die Marktuntersuchung habe gezeigt, dass die Wahl eines Vertriebskanals wesentlich davon abhänge, ob ein Versicherungsprodukt von einer Privatperson oder einem Geschäfts- bzw. Industriekunden nachgefragt werde. Während erstere oft nicht zwischen den einzelnen Absatzkanälen unterschieden (d.h. diese als substituierbar erachten), sei es für große Firmenkunden bedeutsam, über welchen Vertriebskanal sie eine Versicherungsleistung beziehen. Direktversicherer und Versicherungsvertreter spielten aus Sicht von Firmenkunden eine geringere Rolle, denn erst

931 Kommission vom 23.7.2012, COMP/M.6649, Rn. 15 – Allianz/Insurance Portfolio and Brokerage Services of GAN EUROCOURTAGE; vom 19.1.2011, COMP/M.6053, Rn. 19 – CVC/Apollo/Brit Insurance.

932 Kommission vom 28.4.2004, COMP/M 3395, Rn. 12 – Sampo/IF Skadeförsäkring; vom 28.8.2006, COMP/M.4284, Rn. 15 f. – AXA/Winterthur; vom 19.1.2011, COMP/M.6053, Rn. 20 – CVC/Apollo/Brit Insurance; vom 23.7.2012, COMP/M.6649, Rn. 15 – Allianz/Insurance Portfolio and Brokerage Services of GAN EUROCOURTAGE.

933 Kommission vom 28.8.2006, COMP/M.4284, Rn. 15 f. – AXA/Winterthur.

934 Kommission vom 28.4.2004, COMP/M 3395, Rn. 12 – Sampo/IF Skadeförsäkring.

935 Kommission vom 28.4.2004, COMP/M 3395, Rn. 12 – Sampo/IF Skadeförsäkring.

936 Kommission, Sektorenuntersuchung Unternehmensversicherungen, SEC(2007) 1231, S. 44 f.

Versicherungsmakler würden ihnen ermöglichen, ihr Risiko bei einer Vielzahl von Versicherungsgesellschaften zu platzieren sowie bessere Tarife und Bedingungen auszuhandeln. Versicherungsmakler verfügten zudem über internationale Netzwerke und würden zusätzlich hochgradig spezialisierte Dienstleistungen anbieten, die Versicherungsvertreter und Direktversicherer nicht gleichermaßen zur Verfügung stellen. Daraus schlussfolgerte die Kommission für den Markt der Nicht-Lebensversicherungsprodukte, dass aus der Sicht institutioneller Versicherungskunden Maklerdienstleistungen nicht durch das Leistungsangebot der Versicherungsvertreter oder der Direktvertriebe ausgetauscht werden können.[937]

b) *Bundeskartellamt*

Das Bundeskartellamt hatte im Jahr 1997 den Zusammenschluss des zu diesem Zeitpunkt größten deutschen Versicherungsmaklers, der *Jauch & Hübener KGaA* mit dem weltweit größten Versicherungsmakler, der *Aon Corporation* aus Chicago/USA, zu beurteilen.[938] Für die Beurteilung des Zusammenschlusses sei der sachlich relevante Markt grundsätzlich der Markt für die Vermittlung von Versicherungsverträgen und zwar sowohl durch versicherungseigene Vermittler als auch durch industrieverbundene und unabhängige Versicherungsmakler. Das Bundeskartellamt wollte jedoch nicht ausschließen, dass nur die Vermittlung durch unabhängige Versicherungsmakler für die Beurteilung des Zusammenschlusses relevant sei, so dass ein Markt für unabhängigen Versicherungsmakler existiere. Der Zusammenschluss ließ aber auch bei dieser engen Marktabgrenzung keine marktbeherrschende Stellung erwarten. Der Vorsprung von *Aon* vor den nachfolgenden Unternehmen sei zwar erheblich gewesen, die Marktzutrittsschranken auf dem Markt für die Vermittlung von Versicherungsverträgen seien jedoch gering. Zu den Wettbewerbern von *Aon* gehörten zudem Unternehmen, deren Muttergesellschaften zu den weltweit größten Anbietern zählten.[939]

c) *Schweizerische Wettbewerbskommission*

Die schweizerische Wettbewerbskommission (WeKo) hatte das Zusammenschlussvorhaben (bzw. den Anteilserwerb) der *Swiss Life Holding*, einem Lebensversicherungsunternehmen, und der *AWD Holding AG*, einem Beratungs- und Vermittlungsunternehmen für Finanzprodukte an Privat- und mittelständische Firmenkunden, zu beurteilen.[940] Die betroffenen Märkte, auf die sich ein

---

937 Kommission, Sektorenuntersuchung Unternehmensversicherungen, SEC(2007) 1231, S. 44 f.

938 BKartA, Tätigkeitsbericht 1997/1998, BT-Drucks. 14/1139, S. 158.

939 BKartA, Tätigkeitsbericht 1997/1998, BT-Drucks. 14/1139, S. 158.

940 RPW 2008/2, 260; AWD ist ein gebundener Versicherungsvertretervertrieb i.S.v. § 59 Abs. 2 VVG, da das Unternehmen während eines Kalenderjahres Provisionseinnahmen mehrheitlich mit einem oder zwei Versicherungsunternehmen realisierte.

Zusammenschluss hätte auswirken können, waren der Versicherungsmarkt und der Markt für die Beratung und Vermittlung von Einzel-Lebensversicherungen. Die WeKo grenzte den Markt für die Beratung und Vermittlung von Einzel-Lebensversicherungen weiter in Teilmärkte für den Eigen- und Fremdvertrieb ab.[941] Ausgehend von der Marktuntersuchung der Kommission zu Unternehmensversicherungsmärkten[942] würden Privatkunden zwar in der Regel nicht zwischen den einzelnen Absatzkanälen unterscheiden, grundsätzlich könne aber auch für Nachfrager von Einzel-Lebensversicherungen von Bedeutung sein, ob die mit der Vermittlung verbundenen Beratungsdienstleistungen je nach Vertriebskanal umfangreicher oder gar wegfallend, abhängig oder unabhängig ausfallen.[943] Hinzu komme, dass Lebensversicherer immer öfter einen parallelen Vertrieb von Versicherungsprodukten über unterschiedliche Vertriebskanäle (sogenannte *Multi-Verkaufskanal-Strategie*) praktizierten, weshalb aus ihrer Sicht die Vertriebskanäle unterschiedliche, sachlich relevante Märkte bilden. Ob der Fremdvertrieb von Einzel-Lebensversicherungen sogar noch weiter in gebundene und ungebundene Fremdvermittler unterteilt werden kann, hielt die WeKo zwar grundsätzlich für möglich, musste dies aber im Ergebnis nicht entscheiden.[944]

d) Fusionskontrollrechtlich maßgebliche Marktgegenseite

Die Kommission hatte als fusionskontrollrechtlich maßgebliche Marktgegenseite bei der Marktabgrenzung auf die Sicht der Versicherungsnehmer abgestellt. Gleichwohl hatte sie im Verfahren *KKR/Willis Coroon* festgestellt, dass Versicherungsmakler als Intermediäre zwischen der Angebotsseite (den Versicherungsunternehmen) und der Nachfrageseite (den Versicherungsnehmern) tätig seien.[945] Auf den Hinweis der Parteien im Verfahren *Sampo/IF Skadeförsäkring*, dass selbst dann, wenn der Fremdvertrieb aus Sicht der Versicherungskunden durch den Direktvertrieb ersetzt werden könne, aus der Sicht miteinander konkurrierender Versicherungsunternehmen der Direktvertrieb durch einen anderen Versicherer schlicht keinen alternativen Vertriebskanal darstellt, ging die Kommission nicht weiter ein.[946] Die WeKo bezog hingegen bei der Marktabgrenzung auch die Sicht der Versicherer als Marktgegenseite ein. Der *AWD* stehe als Berater und Vermittler von fremden Lebensversicherungen zwischen den Versicherern und Versicherungskunden. Zwei Marktgegenseiten seien von dem Zusammenschlussvorhaben mithin betroffen gewesen: einerseits die Nachfrager von Lebensversicherungsprodukten, die

941 RPW 2008/2, 260 (262).
942 Kommission, Sektorenuntersuchung Unternehmensversicherungen, Arbeitspapier, SEC(2007) 1231, S. 44 f., a.a.O.
943 RPW 2008/2, 260 (263).
944 RPW 2008/2, 260 (263).
945 Kommission vom 24.8.1998, COMP/IV/M.1280, Rn. 7 – KKR/Willis Coroon.
946 Kommissionsentscheidung vom 28.4.2004, COMP/M 3395, Rn. 12 – Sampo/IF Skadeförsäkring.

Versicherungsnehmer, und andererseits die Lebensversicherer, denen *AWD* einen Vertriebskanal für ihre Produkte anbiete.[947] Gleichwohl hat die Kommission im Rahmen der von ihr durchgeführten Fusionskontrolle zutreffend auf die Sicht der Versicherungsnehmer abgestellt, soweit sie überprüft hat, ob durch den Unternehmenszusammenschluss die Auswahlmöglichkeiten der Versicherungsnehmer als Endabnehmer wesentlich eingeengt werden.

e) Zusammenfassung

Eine genaue Abgrenzung des Angebotsmarktes für Versicherungsvertriebsleistungen wurde von der Verwaltungspraxis in den Fusionskontrollverfahren regelmäßig offen gelassen, da auch bei der denkbar engsten Marktabgrenzung eine Beeinträchtigung des gemeinsamen Marktes durch den Zusammenschluss jeweils nicht zu erwarten war. Die fusionskontrollrechtlich maßgebliche Marktgegenseite bildete bei den Untersuchungen der Kommission in erster Linie die Versicherungsnehmerseite. Die Erwägungen der Kommission zur Marktabgrenzung lassen sich wie folgt zusammenfassen: Der Vertrieb von

- Lebensversicherungsprodukten,
- Nicht-Lebensversicherungsprodukten und
- Rückversicherungsprodukten

kann grundsätzlich unterschiedliche sachliche Märkte bilden.[948] Der Markt für den Vertrieb von Nicht-Lebensversicherungsprodukten kann weiter nach verschiedenen Vertriebskanälen unterschiedenen werden, sofern die Versicherungskunden zwischen den Leistungsangeboten der Vertriebskanäle unterscheiden.[949] Auf dem Markt für den Vertrieb von Nicht-Lebensversicherungsprodukten wurden deshalb weiterhin Teilmärkte unterschieden für:

- die Vermittlung von Versicherungsschutz und Beratung von Geschäftskunden und Großunternehmen sowie multinationale Kunden durch Versicherungsmakler und

947 RPW 2008/2, 260 (262).

948 Kommission vom 23.8.1998, COMP/M.1307– Marsh&McLennan/Sedgwick, Rn. 9; vom 24.8.1998, COMP/ IV/M.1280, Rn. 7 – KKR/Willis Coroon; vgl. auch Esser/Stappert in MüKo-Europäisches Wettbewerbsrecht, SB Versicherungswirtschaft, Rn. 220 f.; hierzu auch Schneider in Wiedemann, HdB-Kartellrecht, § 33, Rn. 82.

949 Kommission vom 23.8.1998, COMP/M.1307, Rn. 13 – Marsh&McLennan/Sedgwick; Kommission, Sektorenuntersuchung Unternehmensversicherungen, Arbeitspapier, SEC(2007) 1231, S. 44 f., a.a.O.; keine Unterscheidung zwischen Eigen- und Fremdvertrieb hatte die Kommission in ihrer Entscheidung vom 23.9.2013, COMP/M.6957, Rn. 28 – IF P&C/Topdanmark angenommen.

- den Vertrieb von Versicherungsschutz an Privatkunden (einschließlich kleiner Geschäftskunden mit standardisiertem Risikoprofil)[950] über alle Vertriebswege.[951]

Die Kommission ließ offen, ob eine weitergehende risiko- bzw. produktspezifische Segmentierung des Marktes aus Sicht der Versicherungskunden vorzunehmen ist.[952] Gleichwohl wies sie in diesem Zusammenhang darauf hin, dass sich die Tätigkeiten und somit das Leistungsangebot von Versicherern und Versicherungsvermittlern unterscheiden sowie anderen regulatorischen Anforderungen unterliegen, was gegen eine weitergehende risiko- bzw. produktspezifische Segmentierung sprechen würde. Außerdem zeigte sie auf, dass Versicherungsmakler nur allgemeine Fähigkeiten und Kenntnisse zur Erbringung ihrer Leistung (Beratung und Versicherungsvermittlung) in den einzelnen Versicherungsproduktsparten benötigen, die sich auf alle Versicherungsbereiche übertragen lassen.[953] Kleinere Teilmärkte könnten allerdings dann abgegrenzt werden, wenn der Vertrieb bestimmter Versicherungsprodukte oder die Beratung bestimmter Zielgruppen ein beachtliches Know-how oder eine besondere Spezialisierung erfordert, um wirksam am Wettbewerb teilnehmen zu können. Dies nahm die Kommission für die Vermittlung von

- Kreditversicherungen,
- Rückversicherungen,
- D&O Versicherungen sowie
- Versicherungsschutz für Kunden aus der Schiff-, Luft- und Raumfahrt sowie aus dem Energiesektor an.[954]

Ferner hatte die Schweizerische WeKo in einer fusionskontrollrechtlichen Entscheidung den Markt für den Vertrieb von Lebensversicherungsprodukten in Teilmärkte für den

- Eigenvertrieb von Einzel-Lebensversicherungen und
- Fremdvertrieb von Einzel-Lebensversicherungen unterschieden.[955]

---

950 Kommission vom 23.8.1998, COMP/M.1307 – Marsh&McLennan/Sedgwick.
951 Vgl. dazu auch Esser/Stappert in MüKo-Europäisches Wettbewerbsrecht, SB Versicherungswirtschaft, Rn. 222 ff.
952 Kommission vom 23.8.1998, COMP/M.1307, Rn. 18 – Marsh&McLennan/Sedgwick; hierzu auch Esser/Stappert in MüKo-Europäisches Wettbewerbsrecht, SB Versicherungswirtschaft, Rn. 225; Schneider in Wiedemann, HdB-Kartellrecht, § 33, Rn. 82.
953 Kommission vom 24.8.1998, COMP/ IV/M.1280, Rn. 6 – KKR/Willis Coroon.
954 Kommission vom 23.8.1998, COMP/M.1307, Rn. 18 f. – Marsh&McLennan/Sedgwick; vom 24.8.1998, COMP/IV/M.1280, Rn. 7 – KKR/Willis Coroon; vgl. auch Esser/Stappert in MüKo-Europäisches Wettbewerbsrecht, SB Versicherungswirtschaft, Rn. 225.
955 WeKo in RPW 2008/2, 260 (263).

3. *Der relevante Nachfragemarkt für Versicherungsvertriebsleistungen*

Bei der Abgrenzung des relevanten Marktes im Rahmen der Missbrauchskontrolle ist stets auf die Sicht der diskriminierten bzw. behinderten Marktgegenseite abzustellen,[956] denn Marktmacht wird vor allem durch das Ausmaß der Ausweichmöglichkeiten der betroffenen Marktgegenseite bestimmt.[957] Die Angebotsmacht eines Unternehmens wird durch die Ausweichmöglichkeiten seiner Abnehmer bestimmt, während sich die Nachfragemacht nach den Ausweichmöglichkeiten der Anbieter richtet; eine unterschiedliche Marktabgrenzung ist dementsprechend vorzunehmen, je nachdem, ob Angebots- oder Nachfragemacht Gegenstand der Prüfung sind.[958] Das Bedarfsmarktkonzept ist spiegelbildlich auf die Abgrenzung von Nachfragemärkten anzuwenden.[959]

Um die wirtschaftlichen Machtverhältnisse zwischen Versicherern und Versicherungsmaklern beurteilen zu können, ist danach der Nachfragemarkt für Versicherungsvertriebsleistungen aus Sicht der Versicherungsmakler abzugrenzen.

a) *Nachfragerstellung des Versicherers trotz Beauftragung des Maklers durch den Versicherungsnehmer*

Für die Stellung des Versicherers als Nachfrager von Vertriebsleistungen der Versicherungsmakler ist unerheblich, dass der Versicherungsnehmer den Versicherungsmakler mit der Beratung und Vermittlung von Versicherungsschutz beauftragt.

Der Bundesgerichtshof hat für den Tatbestand der unbilligen Behinderung und des Boykotts (§ 21 Abs. 1 GWB) entschieden, dass grundsätzlich derjenige Nachfrager einer Ware oder gewerblichen Leistung ist, der die Auswahlentscheidung zwischen den Leistungserbringern trifft.[960] Derjenige, der über die Auswahl des Leistungserbringers entscheidet, führe schließlich Angebot und Nachfrage

---

956 Vgl. nur BGH NJW 2011, 2730 – MAN-Vertragswerkstatt (zur Angebotsmacht); BGH NJW-RR 1988, 1069 (1070) – Sonderungsverfahren (zur Nachfragemacht); Bechthold/Bosch, GWB, § 18, Rn. 5.

957 Bardong in Langen/Bunte, GWB, § 18, Rn. 15.

958 Bardong in Langen/Bunte, GWB, § 18, Rn. 15; Bechthold/Bosch, GWB, § 18, Rn. 6; Richter/Steinforth in Wiedemann, HdB-Kartellrecht, § 20, Rn. 15.

959 BGH BGH NJW-RR 1988, 1069 (1070) – Sonderungsverfahren; KG WuW OLG 3577, 3585 – Hussel/Mara; KG WuW/E OLG 3917, 3927 f. – Coop/Wandmaker; Fuchs/Möschel in Immenga/Mestmäcker, GWB, § 18, Rn. 65, Bardong in Langen/Bunte, GWB, § 18, Rn. 41; für Art. 102 AEUV vgl. Bulst in Langen/Bunte, AEUV, Art. 102, Rn. 41, 68, der Missbrauch von Nachfragemacht hat im europäischen Kartellrecht jedoch bislang kaum praktisch bedeutsam.

960 BGHZ 175, 333, Rn. 29 – Kreiskrankenhaus Bad Neustadt; BGH GRUR 1999, 1031 (1033) – Sitzender Krankentransport; BGH NJW 2000, 3426 (3428) – Zahnersatz aus Manila; ähnlich im Sozialversicherungsbereich BGH GRUR 2003, 257 – Wertgutschein Asylbewerber.

zusammen.[961] Das Gericht hatte dies unter anderem in Fällen entschieden, die dem Sachleistungsprinzip der gesetzlichen Krankenversicherung unterfielen. Danach sollte beispielsweise nicht der gesetzliche Krankenversicherer Nachfrager von Krankentransportleistungen sein, sondern der Patient bzw. sein Arzt, der die Auswahlentscheidung zwischen den Krankentransportunternehmen trifft.[962] In diesem Sinne hatte auch das Oberlandesgericht Celle für die Kfz-Haftpflichtversicherung entschieden, dass aus der reinen Ersatzverpflichtung eines Schädigers bzw. seiner Haftpflichtversicherung hinsichtlich aller Schadenspositionen nicht folge, dass der Schädiger bzw. sein Haftpflichtversicherer auch zum Nachfrager der Ersatzleistungen für den Geschädigten werde.[963]

Dem folgend könnte vertreten werden, dass ausschließlich der Versicherungsnehmer als Auftraggeber des Maklers (§ 59 Abs. 3 S. 1 VVG) die Auswahlentscheidung trifft und damit allein Nachfrager der Maklerdienstleistung ist. Dafür spräche, dass nach der Rechtsprechung des Bundesgerichtshofes eine Tätigkeit für den Versicherer grundsätzlich nicht zum gesetzlichen Leitbild des Versicherungsmaklers gehört.[964] Eine solche Betrachtungsweise wird nach der hier vertretenen Ansicht den tatsächlichen und wirtschaftlichen Gegebenheiten auf dem Markt für den Vertrieb von Versicherungsprodukten jedoch nicht hinreichend gerecht. Der Versicherungsmakler erbringt bei der Vermittlung von Versicherungsschutz simultan eine Beschaffungsleistung für den Versicherungsnehmer und eine Absatzleistung für den Versicherer.[965] Die Absatzleistung für den Versicherer wird auch selbständig vom Versicherer durch den Abschluss von Vertriebsvereinbarungen, insbesondere Courtageabkommen und Courtagezusagen, bei Versicherungsmaklern nachgefragt. In der Praxis werden Versicherungsanträge von Maklern ohne den Abschluss einer Courtagevereinbarung von Versicherern regelmäßig nicht angenommen.[966] Ihre Leistungsbeziehung gestalten Versicherer und Versicherungsmakler mithin auch rechtlich aus.

Der Versicherer kann zudem eine eigene Auswahlentscheidung treffen. Er schuldet dem Versicherungsmakler nur für die erfolgreiche Vermittlung eines Versicherungsvertrages die Courtage. Der Versicherer wird daher, anders als beispielsweise ein gesetzlicher Krankenversicherer oder ein Haftpflichtversicherer im Erstattungsfall, nicht schon mit der Beauftragung des Versicherungsmaklers durch den Versicherungskunden zum Courtageschuldner, sondern erst, wenn er das vom Versicherungsmakler vermittelte Risiko auch tatsächlich in Deckung nimmt. Der Versicherer besitzt mithin einen Entscheidungsspielraum dahin, ob er mit einem Versicherungsmakler eine entgeltpflichtige Geschäftsbeziehung eingehen will oder

---

961 BGHZ 175, 333, Rn. 29 – Kreiskrankenhaus Bad Neustadt.
962 BGH GRUR 1999, 1031(1033) – Sitzender Krankentransport.
963 OLG Celle NVZ 1999, 250 – Unfallersatzwagen.
964 BGH GRUR 2016, 820 (822).
965 Vgl. Viertes Kapitel B. III. 1.
966 Vgl. Erstes Kapitel A. I. 1.

nicht. Der Versicherungsnehmer ist auch kein Nachfragedisponent für den Versicherer, denn der Versicherer bestimmt seinen Bedarf und seine Nachfrage selbst, wenngleich er dabei grundsätzlich auch die Erwartungen der Versicherungsnehmer berücksichtigen muss. Versicherer richten ihre strategische Unternehmenspolitik vor allem an den Interessen der Vermittler aus, indem sie ihre Versicherungsprodukte vertriebsorientiert gestalten (*vertikales Marketing*).[967]

Funktional verschiedene Marktteilnehmer können zudem nebeneinander als kartellrechtlich relevante Nachfrager in Betracht kommen.[968] Versicherer treten durch den Abschluss von Courtage- oder ähnlichen Vertriebsvereinbarungen mit Versicherungsmaklern in eine unmittelbare Rechtsbeziehung. Alternativ könnte deshalb auch ein eigenständiger Markt für Vertriebsvereinbarungen angenommen werden. Die Rechtsprechung kennt Märkte, deren Gegenstand vergleichbare Rahmenvereinbarungen sind. So wird z.B. die Existenz eines (weiteren) Marktes angenommen, auf dem sich die Krankenversicherer, bzw. ihre Träger, mit Unternehmen begegnen, die Krankentransportleistungen erbringen.[969] Der Bundesgerichtshof führte diesbezüglich in der Entscheidung „*Einzelkostenerstattung*“aus:

> *„Bei der im Kartellrecht maßgeblichen wirtschaftlichen Betrachtungsweise stellen sich die Dinge so dar, daß die Krankenkassen auf dem Markt Rahmenverträge für Krankentransporte anbieten, die von den Krankentransportunternehmen nachgefragt werden (vgl. dazu BGHZ 36, 91, 103 ff. 1 – Gummistrümpfe). In diesen Verträgen ist allgemein geregelt, unter welchen Rahmenbedingungen und zu welchen Preisen die Krankentransportleistungen von den Krankentransportunternehmen zu erbringen sind. Auch wenn das Transportunternehmen im Einzelfall einen vertraglichen Vergütungsanspruch gegen denjenigen Patienten erwirbt, der die betreffende Transportleistung abruft, so steht doch die Bekl. dem Transportunternehmen auf dem Markt für den Abschluß der Verträge nach § 133 Abs. 1 SGB V [Rahmenverträge, Ergänzung durch Verfasserin] und insoweit gegenüber, als auch die direkte Abrechnung der Vergütungen eine wirtschaftliche Tätigkeit ist, die von der einen Seite nachgesucht, von der anderen gewährt wird.“*[970]

Nach diesen Grundsätzen erwog die Rechtsprechung und Verwaltungspraxis zudem die Existenz eines Marktes für Regulierungsabkommen zwischen Haftpflichtversicherern und Autovermietern.[971] Dass ein Nachfragemarkt zwischen

---

967 Farny, Versicherungsbetriebslehre, S. 525; Habschick/Evers, Studie im Auftrag des Bundesministeriums für Ernährung, Landwirtschaft und Verbraucherschutz (BMELV), Anforderungen an Finanzvermittler – mehr Qualität, bessere Entscheidungen, S. 73.

968 So auch ausdrücklich BGHZ 175, 333, Rn. 36 – Kreiskrankenhaus Bad Neustadt.

969 BGH WuW/E 2707 (2713) – Krankentransportunternehmen II; BGH GRUR 1991, 868 (871) – Einzelkostenerstattung; ähnlich BGHZ 36, 91 (103 ff.) – Gummistrümpfe.

970 BGH GRUR 1991, 868 (871) – Einzelkostenerstattung.

971 KG NJW-RR 1997, 874 (876) – Carpartner; OLG Celle NVZ 1999, 250 – Unfallersatzwagen.

Versicherungsmaklern und Versicherungsnehmern besteht, schließt danach jedenfalls nicht aus, dass ein (weiterer) Markt zwischen Versicherern und Versicherungsmakler existiert. Versicherer und Versicherungsmakler stehen sich mithin auf einem gemeinsamen Markt gegenüber.[972]

b) Abgrenzungskriterien

Das für die Abgrenzung von Angebotsmärkten entwickelte Bedarfsmarktkonzept kann bei der Abgrenzung von Nachfragemärkten spiegelbildlich angewendet werden.[973] Dem sachlich relevanten Nachfragemarkt sind danach alle Absatzmöglichkeiten für ein bestimmtes Produkt oder eine Dienstleistung aus Anbietersicht zuzurechnen, ohne dass der Anbieter an dem bisher angebotenen Produkt oder der gewerblichen Leistung etwas ändern muss.[974]

Kann der Anbieter nicht auf andere Absatzmöglichkeiten ausweichen, muss in einem zweiten Schritt untersucht werden, ob bzw. inwieweit er dem Verhalten eines Nachfragers oder einer Gruppe von Nachfragern dadurch ausweichen kann, dass er sein Angebot wirtschaftlich sinnvoll umstellt (Angebotsumstellungsflexibilität).[975] Das Konzept der Angebotsumstellungsflexibilität dient nicht nur dazu, Produkte zusammenzufassen, die sich in Größe, Stärke, Material etc. geringfügig unterscheiden, das Konzept dient auch dazu, Dienstleistungsgruppen zusammenzufassen.[976] Danach können Leistungen zusammengefasst werden, die den gleichen Bedarf abdecken und deren Entwicklung und Herstellung ein vergleichbares Entwicklungs-, Fertigungs- bzw. unternehmensspezifisches Know-how sowie gleiche Fertigungseinrichtungen voraussetzen.[977] Das gesamte Leistungsspektrum bildet dann den relevanten Markt.[978]

---

972 So im Ergebnis auch OLG München, Urteil vom 10.6.2010, Az. U (K) 5651/09, Rn. 27, juris.

973 Vgl. nur BGH NJW-RR 1988, 1069 (1070) – Sonderungsverfahren; Fuchs/Möschel in Immenga/Mestmäcker, GWB, § 18, Rn. 65, Bardong in Langen/Bunte, GWB, § 18, Rn. 41; für Art. 102 AEUV vgl. Bulst in Langen/Bunte, AEUV, Art. 102, Rn. 41, 68, der Missbrauch von Nachfragemacht war im europäischen Kartellrecht jedoch bislang kaum praktisch bedeutsam.

974 Vgl. nur Fuchs/Möschel in Immenga/Mestmäcker, GWB, § 18, Rn. 66 m.w.N.

975 OLG Düsseldorf NJW 1981, 585 (586) – Errichtung von Fernmeldetürmen; Bardong in Langen/Bunte, GWB, § 18, Rn. 43; Fuchs/Möschel in Immenga/Mestmäcker, GWB, § 18, Rn. 66 m.w.N.

976 Thomas in Immenga/Mestmäcker, GWB, § 36, Rn. 120.

977 BKartA WuW/E BKartA 2729 (2737) – Hochtief/Philipp Holzmann; KG WuW/E DE-R 94 (96) – Hochtief/Philipp Holzmann; OLG Düsseldorf NJW 1981, 585 (586) – Errichtung von Fernmeldetürmen, Thomas in Immenga/Mestmäcker, GWB, § 36, Rn. 120.

978 Thomas in Immenga/Mestmäcker, GWB, § 36, Rn. 120.

aa) Know-how und Spezialisierung

(1) *Allgemeine Vermittlungs- und Vertriebstätigkeiten*

Nicht jede gewerbliche Vermittlungs- bzw. Vertriebstätigkeit bildet einen eigenständigen sachlichen Markt. Das Oberlandesgericht Karlsruhe hatte beispielsweise entschieden, dass die Tätigkeit eines Vermittlungsvertreters für eine staatliche Lotteriegesellschaft keinen eigenständigen sachlich relevanten Markt bildet.[979] Seine Vermittlungstätigkeit sei mit der gewerblichen Tätigkeit als Vermittler anderer gewerblicher Leistungen, wie Bausparverträgen oder Lebensversicherungsverträgen, ebenso gut austauschbar wie mit der gewerblichen Tätigkeit beim Betrieb von Handelsgeschäften beliebiger Art. Alle diese Betätigungen seien auf die Erzielung von Einkommen in Form von Provisionen oder Handelsspannen durch gewerbliche Tätigkeit gerichtet, erfordern Einsatz von Arbeitskraft, gewisse unternehmerische Grundkenntnisse, aber keine spezielle längere Ausbildung, sowie gewisse sächliche Betriebsmittel wie Räumlichkeiten."[980] Der Vermittlungsvertreter einer staatlichen Lotteriegesellschaft sei deshalb auf einem *„allgemeinen Markt für gewerbliche Tätigkeiten beim Betrieb von Handelsgeschäften oder bei der Vermittlung gewerblicher Leistungen"* tätig.[981]

Aufgrund gleicher Erwägungen kam auch das Oberlandesgericht Frankfurt am Main in einem Urteil aus dem Jahr 2014 zu dem Ergebnis, dass die Tätigkeit eines Bezirksstellenleiters für ein staatliches Lotterieunternehmen keinen eigenständigen sachlichen Markt bildet, sondern grundsätzlich mit anderen gewerblichen Tätigkeiten als Vermittler von Dienstleistungen austauschbar ist.[982] Ein Betriebsstellenleiter benötige nach Ansicht des Gerichts für die Ausübung seiner Tätigkeit keine speziellen Vorkenntnisse, sondern lediglich allgemeine kaufmännische Kenntnisse und Vertriebserfahrungen sowie eine Einarbeitungszeit von wenigen Wochen.[983] Ein Bezirksstellenleiter könne daher auf andere Unternehmen ausweichen, die potentielles Interesse an Dienstleistungen eines Handelsvertreters in Form der Kontrolle, Überwachung und Verbesserung ihrer Absatzwege haben. Für ihn komme – wenn nicht gar jede Tätigkeit als Handelsvertreter – so doch eine breite Palette vergleichbarer Tätigkeiten im Vertriebsbereich in Betracht.[984]

Fraglich ist, ob nach diesen Grundsätzen auch die gewerbliche Vermittlungs- bzw. Vertriebstätigkeit eines Versicherungsmaklers für einen Versicherer mit jeder beliebigen gewerblichen Vertriebstätigkeit austauschbar ist. In der Folge kämen als Nachfrager von Vertriebsleistung der Versicherungsmakler alle Unternehmen in

---

979 Thomas in Immenga/Mestmäcker, GWB, § 36, Rn. 120; dazu gleich OLG Karlsruhe, Urteil vom 25.5.1977, Az. 6 U 237/7, Rn. 30, juris.

980 OLG Karlsruhe, Urteil vom 25.5.1977, Az. 6 U 237/7, Rn. 30, juris.

981 OLG Karlsruhe, Urteil vom 25.5.1977, Az. 6 U 237/7, Rn. 34, juris.

982 OLG Frankfurt a.M., Urteil vom 4.02.2014, Az. 11 U 22/13 (Kart), Ls., juris.

983 OLG Frankfurt a.M., Urteil vom 4.2.2014, Az. 11 U 22/13 (Kart), Rn. 22, juris.

984 OLG Frankfurt a.M., Urteil vom 4.2.2014, Az. 11 U 22/13 (Kart), Rn. 22 f., juris.

Betracht, die allgemeine Vertriebstätigkeiten nachsuchen, d.h. unabhängig davon, ob es sich dabei um den Vertrieb von Versicherungsverträgen, Waren oder anderen gewerblichen Leistungen handelt.

Versicherungsmakler benötigen zur Ausübung ihres Berufes jedoch nicht nur allgemeine kaufmännische Fähigkeiten und Vertriebserfahrungen, sondern müssen über versicherungsfachspezifische Produkt- und Beratungskenntnisse verfügen, um ihren Beruf ausüben zu können. Diese besonderen Fachkenntnisse haben sie im Rahmen einer Sachkundeprüfung den Industrie und Handelskammern nachzuweisen. Der Sachkundenachweis ist Voraussetzung für die Erteilung einer Gewerbeerlaubnis nach § 34 d GewO i.V.m. § 1 Abs. 2 VersVermV, die sie zur Aufnahme der Tätigkeit als Versicherungsmakler berechtigt. Es kann zudem unterstellt werden, dass die Tätigkeit hauptberuflicher Versicherungsmakler einen gewissen Einsatz von Betriebsmitteln erfordert, insbesondere Kosten zur Akquise und Betreuung eines Kundenstammes. Versicherungsmakler betreiben z.T. zudem unter eigenem Kostenaufwand Produktmarketing.[985] Wer hauptberuflich gewerblich Versicherungen vermittelt, kann daher nicht ohne gewichtige Beeinträchtigung seiner Wettbewerbsfähigkeit auf die Erbringung von Vertriebsleistungen in anderen Branchen oder den Betrieb von Handelsgeschäften beliebiger Art ausweichen. Das Angebot gewerblicher Vermittlungs- bzw. Vertriebsleistungen für Versicherungsprodukte stellt mithin eine selbständig marktfähige Dienstleistung des hauptberuflich tätigen Versicherungsmaklers dar.[986] Dieses Ergebnis wird letztlich auch durch die Kommission bestätigt, die im Rahmen verschiedener Fusionskontrollverfahren einen eigenständigen Angebotsmarkt für die Beratungs- und Vermittlungsleistungen von Versicherungsmaklern abgegrenzt hatte.[987]

(2) *Besonderes Know-how und Spezialisierungen*

Weiterhin ist fraglich, ob und nach welchen Kriterien das Vertriebsleistungsangebot von Versicherungsmaklern in weitere Teilmärkte segmentiert werden kann. Unterscheidbare Dienstleistungsangebote für verschiedene Nachfragergruppen liegen nach der Rechtsprechung insbesondere dann vor, wenn besonderes Know-how oder eine Spezialisierung für die Erbringung der angebotenen Dienstleistung erforderlich ist und ein Ausweichen oder eine Umstellung auf andere Nachfrager zu einer funktionsbedingten Änderung der Struktur des Anbieters führen würde.[988] So kann beispielsweise ein Ingenieur oder Architekt nicht auf andere Spezialsparten seines Berufes verdrängt werden, wenn er hierzu sein Tätigkeitsbild und

---

985 Habschick/Evers, Studie im Auftrag des BMEL(V), a.a.O., S. 73.

986 So auch Beenken, a.a.O., S. 37.

987 Viertes Kapitel B. III. 2.

988 Vgl. nur OLG Düsseldorf NJW 1981, 585 (586) – Errichtung von Fernmeldetürmen; Kommission vom 3.12.2009, COMP/M.5597, Rn. 38 – Towers Perrin/Watson Wyatt.

die Palette seines relevanten Leistungsangebotes verändern müsste.[989] Ferner unterschied die Kommission im Fusionskontrollverfahren *Towers Perrin/Watson Wyatt* einen sachlichen Beratermarkt für Lebensversicherer und einen sachlichen Beratermarkt für Nicht-Lebensversicherer, weil die Beratung von Lebens- und Nicht-Lebensversicherungsunternehmen *„distinct specialist technical and market knowledge"* erfordere.[990]

Nach diesen Grundsätzen könnte von einem weitgehend einheitlichen Nachfragemarkt für Versicherungsvertriebsleistungen für Versicherer ausgegangen werden, weil Versicherungsmakler aufgrund ihrer Fachkenntnisse auf die Vermittlung einer Vielzahl verschiedener Versicherungsprodukte von Versicherern ausweichen können, ohne dabei ihr Tätigkeitsbild und die Palette ihres relevanten Leistungsangebotes zu verändern. Für eine solch weite Marktabgrenzung könnte insbesondere sprechen, dass Versicherungsmakler im Rahmen der Sachkundeprüfung für die Gewerbezulassung nach § 34d Abs. 5 Nr. 4 GewO i.V.m. § 1 Abs. 2 VersVermV (Fassung 2007) in fast allen Versicherungssparten fachspezifische Produkt- und Beratungsgrundkenntnisse belegen müssen. Gegenstand der Sachkundeprüfung sind die Kundenberatung (Bedarfsermittlung, Lösungsmöglichkeiten, Produktdarstellung und Information) und Grundlagen in den Bereichen der privaten Vorsorge durch Lebens-, Renten- und Berufsunfähigkeitsversicherung sowie Grundzüge der betrieblichen Altersvorsorge (Direktversicherung und Pensionskasse durch Entgeltumwandlung) sowie der Unfallversicherung, Krankenversicherung, Pflegeversicherung, verbundene Hausratversicherung, verbundene Gebäudeversicherung, Haftpflichtversicherung, Kraftfahrtversicherung und Rechtsschutzversicherung. Versicherungsmakler, die die erforderliche Sachkundeprüfung abgelegt haben, verfügen danach in nahezu allen Versicherungssparten über fachspezifische Produkt- und Beratungsgrundkenntnisse. Ihr gesamtes Vertriebsleistungsangebot für Versicherer könnte dementsprechend in einer einzigen Marktdefinition zusammengefasst werden, d.h. unabhängig davon, welche Versicherungsprodukte sie an welche Zielgruppen von Versicherungsnehmern vermitteln. Bestätigt wird dies auch durch die Feststellung der Kommission, dass das Leistungsangebot von Versicherungsmaklern in hohem Maße substituierbar ist, weil Versicherungsmakler häufig nur allgemeine Kenntnisse und Fähigkeiten für die Vermittlung von Versicherungsprodukten benötigten, die grundsätzlich auf alle Arten von Versicherungen anwendbar sind.[991] Versicherungsmakler können danach in der Regel frei eine breite Palette an Versicherungsprodukten anbieten.

Allerdings hatte die Kommission auch festgestellt, dass eine Ausnahme vom hohen Substituierbarkeitsgrad bestehe, wenn beachtliche Zusatzkenntnisse und Spezialisierungen erforderlich sind, um wirksam am Wettbewerb teilnehmen zu können, wie in der Kredit- und Rückversicherung[992] sowie für die Vermittlung

989 OLG Düsseldorf NJW 1981, 585 (586) – Errichtung von Fernmeldetürmen.
990 Kommission vom 3.12.2009, COMP/M.5597 Rn. 38 – Towers Perrin/Watson Wyatt.
991 Kommission vom 24.8.1998, COMP/IV/M.1280, Rn. 7 – KKR/Willis Coroon.
992 Kommission vom 24.8.1998, COMP/IV/M.1280, Rn. 7 – KKR/Willis Coroon.

spezieller Risiken, wie der D&O-Versicherung als auch der Versicherungsvermittlung in den Bereichen der Schiff-, Luft- und Raumfahrt sowie dem Energiesektor.[993] Benötigen Versicherungsmakler danach besonderes Know-how für die Vermittlung bestimmter Versicherungsprodukte und/oder eine besondere Spezialisierung auf bestimmte Zielgruppen von Versicherungsnehmern mit einem bestimmten Versicherungsbedarf, um effektiv am Wettbewerb teilnehmen zu können, kann auch eine weitere Segmentierung des Nachfragemarktes für Versicherungsvertriebsleistungen für Versicherer gerechtfertigt sein. Müsste der Versicherungsmakler bei einer Umstellung des von ihm bisher vertriebenen Versicherungsproduktsortiments auf andere Versicherungsprodukte oder Zielgruppen erhebliche Wettbewerbsnachteile in Kauf nehmen, können auch entsprechend unterscheidbare Vertriebsleistungsangebote für Versicherer und damit kleinere Teilmärkte vorliegen.

Eine Spezialisierung des Versicherungsmaklers auf bestimmte Zielgruppen und ein besonderes zielgruppen- und produktspezifisches Know-how kann in der Praxis – neben den von der Kommission bereits benannten Produktbereichen und Branchen – durchaus in weiteren Versicherungssegmenten für eine erfolgreiche Wettbewerbsteilnahme erforderlich sein. Um ihren Kunden optimale Deckungskonzepte anbieten zu können, ihre Organisation und Marketingaktivitäten zu standardisieren, aber auch um Haftungspotentiale zu minimieren, bauen Versicherungsmakler häufig besonderes Know-how im Hinblick auf die Bedarfssituation verschiedener Zielgruppen und vorhandener Lösungsangebote auf.[994] Die Mehrheit der Versicherungsmakler ist auf bestimmte Kunden- und Produktsegmente spezialisiert. Die *Erschließung* einer Zielgruppe durch Akquise-Maßnahmen und der Aufbau von Know-how erfordert z.T. erhebliche Investitionen der Versicherungsmakler. Dies ist jedoch oft unumgänglich, da es Maklerfirmen erst durch ein zielgruppenorientiertes Marketing und die Bildung von Geschäftsschwerpunkten möglich ist, sich auf einem Markt mit einem starken Verdrängungswettbewerb wie dem Versicherungsvermittlermarkt voneinander und anderen Vermittlertypen abzugrenzen und im Wettbewerb zu behaupten. Die Kundenbindung innerhalb einer Zielgruppe beträgt zudem durchschnittlich zehn Jahre.[995] In dieser Zeit vermittelt ein Versicherungsmakler ca. sechs verschiedene Versicherungsverträge, womit die Spartenvielfalt der Versicherungsmakler gleichwohl groß ausfällt.[996] Wie hoch der Spezialisierungsgrad von Versicherungsmaklern auf bestimmte Zielgruppen und Produktsegmente ist und inwieweit die Notwendigkeit zum Aufbau von besonderem Know-how besteht und welche Bedeutung dies für ihre Umstellungsmöglichkeiten im Rahmen der Marktabgrenzung hat, kann nur im Einzelfall beurteilt werden.

---

993 Kommission vom 23.8.1998, COMP/M.1307, Rn. 18 – Marsh&McLennan/Sedgwick.
994 Baumann/Beenken/Sandkühler, Maklermanagement, a.a.O., S. 194 ff.
995 Baumann/Beenken/Sandkühler, Maklermanagement, S. 198.
996 Baumann/Beenken/Sandkühler, Maklermanagement, S. 198.

bb) Produkte und Risiken

Des Weiteren könnte eine produkt- bzw. risikobezogene Unterteilung des Nachfragemarkts für Versicherungsvertriebsleistungen, akzessorisch zum Versicherungs(produkt)markt, aus Sicht der Versicherungsmakler in Betracht kommen.

(1) *Rechtsprechung*

Der Kartellsenat des Oberlandesgerichts München hatte in einem Fall darüber zu befinden, ob eine Versicherung (bzw. ihre 100 %ige Tochtergesellschaft) eine Versicherungsmaklerin durch die Kündigung der Courtagevereinbarung i.S.v. §§ 19 Abs. 2 Nr. 1, 20 Abs. 1 GWB diskriminiert oder unbillig behindert.[997] Das Gericht grenzte in sachlicher und räumlicher Hinsicht einen sehr kleinen Teilmarkt für die entgeltpflichtige Vermittlung von Verträgen zur betrieblichen Altersversorgung ab. Er war beschränkt auf Personen, die unter den Geltungsbereich des Tarifvertrags zur Entgeltumwandlung für Arbeitnehmer/-innen im kommunalen öffentlichen Dienst (TV-EUmw/VKA) vom 18.2.2003 fielen. Die Versicherung bzw. ihre beklagte Tochtergesellschaft sei auch Nachfragerin entsprechender Vermittlungsleistungen von Versicherungsmaklern auf diesem Markt gewesen. Eine Besonderheit lag darin, dass die beklagte Versicherung eine von nur drei Anbietern betrieblicher Altersversorgung gemäß dem Rahmenabkommen Entgeltumwandlung im kommunalen öffentlichen Dienst nach dem genannten Tarifvertrag war.[998]

Das Landgericht München I lehnte in der Vorgängerentscheidung einen solch engen Produkt- bzw. Risikobezug bei der Abgrenzung des sachlich und räumlich relevanten Marktes hingegen ab.[999] Der sachlich relevante Markt sollte nach Ansicht des Landgerichts den gesamten Markt für provisionspflichtige Versicherungsvermittlungsleistungen umfassen, der nicht auf den Spezialbereich der kommunalen betrieblichen Altersversorgung beschränkt sei. Versicherungsmakler seien generell am Abschluss von Provisionsvereinbarungen mit Versicherungsunternehmen interessiert. Die klagende Versicherungsmaklerin sei im Bereich der provisionspflichtigen Vermittlung von betrieblichen Altersvorsorgeprodukten schließlich auch für nicht-kommunale Arbeitgeber tätig gewesen. Das Landgericht schloss sich damit dem Vortrag der Beklagten an, wonach es nicht gerechtfertigt sein sollte, ein einzelnes Versicherungsprodukt auszuwählen und danach den sachlich relevanten Markt für Versicherungsvermittlungsleistungen zu bestimmen.[1000]

(2) *Stellungnahme*

Weder in der Literatur noch in der Rechtsprechung wurde, mit Ausnahme der genannten Entscheidungen, soweit ersichtlich, bisher erörtert, ob der

997 OLG München, Urteil vom 10.6.2010, Az. U (K) 5651/09, juris.
998 OLG München, Urteil vom 10.6.2010, Az. U (K) 5651/09, Rn. 27, juris.
999 LG München, Urteil vom 6.10.2009, Az. 9 HK O 18153/08 (unveröffentlicht).
1000 LG München, Urteil vom 6.10.2009, Az. 9 HK O 18153/08 (unveröffentlicht).

Nachfragemarkt für Versicherungsvertriebsleistungen produkt- bzw. risikobezogen abzugrenzen ist.

Für eine produkt- bzw. risikobezogene Abgrenzung von Teilmärkten im Bereich des Versicherungsvertriebs spricht zunächst, dass Versicherungsmakler den Versicherern einen Vertriebskanal bieten und damit wie Händler für Versicherungsprodukte auf dem Versicherungsmarkt tätig werden.[1001] Nach den Vertikal-Leitlinien der Kommission kann ein Händler, der als Wiederverkäufer agiert, beim Bezug von Endprodukten die Präferenzen der Endverbraucher grundsätzlich nicht außer Acht lassen.[1002] Die Bedarfsstruktur von Versicherungsnehmern, die bei einer solchen Betrachtungsweise Endverbraucher wären, ist selten homogen, weil Versicherungsnehmer in der Regel keine *„Versicherungsbündel"* nachfragen, sondern die Beschaffung von Versicherungsschutz für individuelle Risiken und eine diesbezügliche Beratung.[1003] Besteht danach zwischen den Versicherungsprodukten, die ein Versicherungsnehmer nachfragt und die vom Versicherungsmakler vermittelt werden, aus Sicht der Versicherungskunden kein Wettbewerbsverhältnis, erscheint auch die Zusammenfassung von Vertriebsleistungen für bestimmte Produkte zu einem *„Leistungsbündel"* fragwürdig. In der Konsequenz fände bei der Abgrenzung des Nachfragemarktes für Versicherungsvertriebsleistungen das Bedarfsmarktkonzept aus Sicht der Versicherungsnehmer Anwendung. Die Ausweichmöglichkeiten des Maklers entsprächen dann den Austauschmöglichkeiten der Versicherten auf dem Versicherungs(produkt)markt. Auf die Breite des Leistungsspektrums eines Versicherungsmaklers käme es nicht mehr an.

Gegen eine solch enge, risikobezogene Segmentierung spricht zunächst, dass aus der Sicht der Versicherungsmakler die wirtschaftliche Macht der Versicherer in eben ihrer Eigenschaft als Nachfrager von Vertriebsleistungen zu beurteilen ist und nicht die Macht der Versicherer als Anbieter von Versicherungsprodukten. Die Marktabgrenzung, als erster Schritt der kartellrechtlichen Verhaltenskontrolle, dient dem Zweck, wirtschaftliche Machtverhältnisse auf der betroffenen Marktstufe festzustellen und grundsätzlich nicht dazu, Endverbraucherinteressen (mittelbar) zu berücksichtigen.[1004] Nicht abgeleitete, sondern nur die unmittelbaren wirtschaftlichen Beziehungen sind zu beurteilen und zwar auch dann, wenn die Ausweichmöglichkeiten der Endabnehmer eine Rolle spielen.[1005] Die Definition des Bedarfsmarktes impliziert gerade, dass es primär auf die Sicht des unmittelbaren Abnehmers, bzw. auf dem Nachfragemarkt die Sicht des Anbieters ankommt,

1001 Vgl. Viertes Kapitel B. II. 3. a).

1002 Vgl. Rn. 89 Vertikal-Leitlinien, ABl. EU vom 19.5.2010, L 130/1.

1003 Die Austauschbarkeit von Versicherungsprodukten ist aus Sicht der Versicherungsnehmer nahezu null, vgl. Viertes Kapitel B. II. 1. a).

1004 OLG Düsseldorf, Urteil vom 9.1.2015, Az. VI Kart 1/14 (V), BeckRS 2015, 03467, Rn. 24 – HRS.

1005 OLG Düsseldorf, Urteil vom 9.1.2015, Az. VI Kart 1/14 (V), BeckRS 2015, 03467, Rn. 24 – HRS.

unbeschadet dessen, dass seine Bedürfnisse und Präferenzen durch die Bedürfnisse und Präferenzen der nächsten Stufe (Endverbraucher) beeinflussbar sind.[1006]

Ferner agiert der Versicherungsmakler nicht als Wiederverkäufer von Versicherungsleistungen.[1007] Er ist reiner Intermediär einer fremden Dienstleistung, so dass sich für ihn häufig mehr Umstellungsmöglichkeiten ergeben können als für einen Wiederverkäufer von Waren. Er ist nicht in gleichem Maß dem Druck der Versicherer ausgesetzt wie ein Wiederverkäufer dem Druck der Hersteller. Als reiner Intermediär trägt er keinerlei Risiko aus den vermittelten Versicherungsverträgen und hat weder ein Warenlager zu führen noch Vorräte zu beschaffen. Die *„Kapitalbildung in Warenlagern und die Möglichkeit von Vermögensverlusten infolge Schwund, Verderb und Nachfrageverschiebung entfallen"*.[1008] Er kann sich als Dienstleister daher eher um die Vermittlung anderer Versicherungsprodukte von anderen Versicherern bemühen, als ein Wiederverkäufer sein Warensortiment umstellen kann. Versicherungsmakler benötigen zudem nur für bestimmte Versicherungsproduktlinien und Sparten Zusatzkenntnisse und Spezialisierungen, um wirksam am Wettbewerb teilnehmen zu können.[1009]

Gestützt wird die Betrachtungsweise, grundsätzlich keine risikobezogene Segmentierung vorzunehmen, durch die konzeptionellen Überlegungen des Bundeskartellamtes zur Abgrenzung zweiseitiger Märkte.[1010] Bei der Abgrenzung zweiseitiger (Angebots-) Märkte sei danach nicht auf das Produkt abzustellen, für das die Plattform als Intermediär den Kontakt oder die Transaktion der Nutzergruppen vermittelt, sondern ausschließlich auf die Vermittlungsleistung des Intermediärs selbst. Der Umstand, dass Handelsvertreter nach der Vertikal-GVO für die Zwecke der Vertikal-GVO gemäß Art. 1 lit. h der Vertikal-GVO[1011] als Abnehmer einzuordnen sind, führt zu keiner anderen Beurteilung, denn auch Handelsvertreter seien danach zunächst Anbieter einer Vermittlungsdienstleistung gegenüber dem Prinzipal auf der einen und den Kunden auf der anderen Seite und damit in der typischen Ausgestaltung nicht Händler des Produktes, das sie vorher beschaffen.[1012]

1006 So OLG Frankfurt a.M. zum Angebotsmarkt, Urteil vom 29.7.2014, Az. 11 U 6/14 (Kart), BeckRS 2015, 18430; vgl. auch OLG Düsseldorf, Urteil vom 9.1.2015, Az. VI Kart 1/14 (V), BeckRS 2015, 03467, Rn. 24 – HRS.

1007 Vgl. Viertes Kapitel B. II. 3. a).

1008 Traub, a.a.O., S. 55.

1009 Kommission vom 24.8.1998, COMP/ IV/M.1280, Rn. 7 – KKR/Willis Coroon.

1010 BKartA, Arbeitspapier Marktmacht von Plattformen und Netzwerken, Juni 2016, a.a.O., S. 31.

1011 „Abnehmer" ist auch ein Unternehmen, das auf der Grundlage einer unter Artikel 101 Abs. 1 AEUV fallenden Ver einbarung Waren oder Dienstleistungen für Rechnung eines anderen Unternehmens verkauft.

1012 BKartA, Arbeitspapier Marktmacht von Plattformen und Netzwerken, Juni 2016, a.a.O., S. 31.

Zudem ist die Vertikal-GVO nur auf Vereinbarungen zwischen Unternehmen und auf abgestimmte Verhaltensweisen anwendbar. Einseitige Handlungen beteiligter Unternehmen fallen nicht unter die Vertikal-GVO. Sie fallen in den Anwendungsbereich von Art. 102 AEUV, der die missbräuchliche Ausnutzung einer marktbeherrschenden Stellung verbietet.[1013] Aus Sicht der Versicherungsmakler können bei der Abgrenzung von Teilmärkten für Versicherungsvertriebsleistungen mithin alle Versicherer als Nachfrager berücksichtigt werden, deren Produkte der Versicherungsmakler aufgrund seiner versicherungsfachspezifischen Produkt- und Beratungskenntnisse an Versicherungsnehmer vermitteln kann, ohne dass sein Ausweichen zu einer Beeinträchtigung seiner Wettbewerbsfähigkeit führen würde. Eine Beeinträchtigung seiner Wettbewerbsfähigkeit durch das Ausweichen auf andere Versicherer als Nachfrager ist in der Regel dann nicht zu erwarten, wenn er weder sein Unternehmen noch sein relevantes Leistungsangebot wesentlich umstrukturieren müsste oder einen erheblichen Akquisitionsaufwand im Hinblick auf die Gewinnung einer neuen Zielgruppe hätte. Die Abgrenzung des Nachfragemarktes für Versicherungsvertriebsleistungen ist damit weitgehend unabhängig von bestimmten Versicherungsrisiken bzw. -produkten.

cc) Beschränkung durch Vertrags- und Aufsichtsrecht

Das wettbewerbliche Verhalten von Versicherungsmaklern beim Vertrieb von Versicherungsprodukten wird wesentlich durch die gesetzlich normierten Beratungspflichten im VVG bestimmt, aber auch durch das von der Rechtsprechung geprägte Leitbild vom treuhänderähnlichen Sachwalter[1014] beeinflusst. Zudem werden die wettbewerblichen Verhaltensspielräume durch die gewerberechtlichen Erlaubnispflichten, das VAG sowie durch das RDG gelenkt.[1015]

§ 60 Abs. 1 S. 1 VVG und die Stellung als treuhänderähnlicher Sachwalter wirken sich unmittelbar auf die Bildung der Beratungsgrundlage des Versicherungsmaklers aus. Die daraus resultierenden, kartellrechtlich relevanten Konsequenzen für die Sortimentsgestaltungspraxis der Versicherungsmakler sollen in Abschnitt D erörtert werden. Beschränkungen, die sich aus der gewerberechtlichen Erlaubnispflicht nach § 34d GewO für das wettbewerbliche Verhalten des Versicherungsmaklers ergeben, insbesondere aus dem in § 34d Abs. 1 GewO verankerten Grundsatz der Polarisierung,[1016] werden im Rahmen der Prüfung der Unbilligkeit einer potentiellen Behinderung in Abschnitt E berücksichtigt. Ferner ergeben sich aus den speziellen, weiteren Erlaubnistatbeständen des KWG und der GewO Beschränkungen, wenn die Beratung über bestimmte Produkte einer speziellen Erlaubnis bedarf. Besitzt der Versicherungsmakler diese

---

1013 Vgl. Rn. 25 der Vertikal-Leitlinien, ABl. EU vom 19.5.2010, L 130/1.
1014 BGHZ 94, 356 – Sachwalter-Urteil.
1015 Wie hier, ausführlich Schmidt, a.a.O., S. 93 ff.
1016 Zum Entscheidungszwang Zweites Kapitel B. II. 3. a).

nicht, darf er den erlaubnispflichtigen Vertrieb von Produkten nicht vornehmen bzw. seinen Kunden keine diesbezügliche Empfehlung geben. Eine fehlende Erlaubnis beschränkt damit die Angebotsumstellungsflexibilität des Versicherungsmaklers auf den Vertrieb der Produkte, für deren Vermittlung er eine gewerberechtliche Erlaubnis besitzt oder für deren Vermittlung eine Erlaubnis nicht erforderlich ist.[1017]

Weitere Einschränkungen können sich zudem nach dem VAG ergeben. Versicherungsmakler dürfen in Deutschland nur Verträge eines Versicherungsunternehmens vermitteln, das die nach dem VAG erforderliche Erlaubnis zum Geschäftsbetrieb besitzt. Vermitteln sie unerlaubte Versicherungsgeschäfte kann die Aufsichtsbehörde die sofortige Einstellung des Geschäftsbetriebs vom Vermittler nach § 308 Abs. 4 i.V.m. Abs. 1 VAG verlangen. Aus dieser Einschränkung werden sich in erster Linie räumliche Beschränkungen des Nachfragemarktes für Versicherungsvertriebsleistungen ergeben.[1018] Das Provisionsabgabeverbot nach § 34d Abs. 1 S. 5 und 4 GewO i.V.m. § 48b VAG für Versicherungsvermittler beschränkt den wettbewerblichen Handlungsspielraum von Versicherungsmaklern darüber hinaus beträchtlich.[1019] Gegenstand einer Honorarvermittlung durch Versicherungsmakler kann deshalb nur die Vermittlung von Nettoprodukten sein.[1020] Die Möglichkeit der Vermittlung von Nettopolicen als Alternative zu Bruttopolicen spielt für die Marktabgrenzung keine Rolle, weil Versicherer keine Vermittlungsleistungen für Nettopolicen nachfragen. Sie soll aber im Rahmen der Interessenabwägung in Abschnitt E Berücksichtigung finden. Das RDG wirkt sich nicht auf die Ausweichmöglichkeiten der Versicherungsmakler bei der Vermittlung von Versicherungsprodukten gegen Courtage aus, da es jedenfalls eine vermittlungsakzessorische rechtliche Beratung als Annextätigkeit zur Vermittlung erlaubt.[1021]

c) Zusammenfassung

Die gewerbliche Tätigkeit von Versicherungsmaklern stellt eine selbständige, marktfähige Dienstleistung im Sinne des Kartellrechts dar. Dabei steht der Stellung des Versicherers als Nachfrager von Vertriebsleistungen der Versicherungsmakler nicht entgegen, dass der Versicherungsnehmer den Versicherungsmakler mit der Beratung und Vermittlung von Versicherungsschutz beauftragt, denn der Versicherer kann eine eigene Auswahlentscheidung treffen und ist wirtschaftlich Belasteter der Maklerdienstleistung.

1017 Vgl. z.B. zur Anlageberatung durch Versicherungsvermittler Schmidt, a.a.O., S. 110 f.

1018 Dazu sogleich Viertes Kapitel B. III. 4.

1019 Vgl. dazu unten Viertes Kapitel B. III. 5.

1020 Vgl. Erstes Kapitel B. III. 1. d).

1021 Ähnlich wie hier Schmidt, a.a.O., S. 132.

Der gewerbliche, hauptberufliche Vertrieb von Versicherungsprodukten kann grundsätzlich nicht durch Vertriebstätigkeiten in anderen Branchen ausgetauscht werden. Ferner ist der Nachfragemarkt für Versicherungsvertriebsleistungen nicht akzessorisch zum Versicherungsproduktmarkt abzugrenzen, denn maßgeblich ist bei der Abgrenzung die Angebotsumstellungsflexibilität der Versicherungsmakler, d.h. ihre Möglichkeiten auf andere Versicherer als Nachfrager von Vertriebsleistungen für Versicherungsprodukte auszuweichen. Die Vermittlung eines bestimmten – wenngleich aus Sicht der Versicherungskunden nicht substituierbaren – Versicherungsproduktes stellt in der Regel nur einen Ausschnitt aus einer Reihe möglicher Dienstleistungen eines Versicherungsmaklers dar, die zu einem Dienstleistungsbündel zusammengefasst werden können. Ein unterscheidbares Dienstleistungsangebot des Versicherungsmaklers kann aber dann vorliegen, wenn er ein besonderes Know-how oder eine Spezialisierung für die von ihm vermittelten Versicherungsprodukte an bestimmte Zielgruppen für eine erfolgreiche Teilnahme am Wettbewerb benötigt.

Die Vorschriften der GewO und des VAG sind bei kartellrechtlichen Abgrenzung des Nachfragemarktes für Versicherungsvertriebsleistungen zu berücksichtigen. Eine fehlende Erlaubnis z.B. zum Vertrieb von Kapitalanlageprodukten beschränkt die Angebotsumstellungsflexibilität des Versicherungsmaklers auf den Vertrieb von Produkten, für die er eine Erlaubnis besitzt und Produkte, die erlaubnisfrei vermittelt werden können. Nach dem VAG dürfen Versicherungsmakler in Deutschland Verträge eines Versicherers nur vermitteln, wenn der Versicherer eine Erlaubnis zum Geschäftsbetrieb besitzt.

4. *Räumliche Marktabgrenzung*

Der räumlich relevante Markt umfasst nach dem Bedarfsmarktkonzept alle Nachfrager nach Versicherungsvertriebsleistungen, die aus Maklersicht in Betracht kommen. Die Kommission hatte den Angebotsmarkt für den Vertrieb von Nicht-Lebensversicherungen und Lebensversicherungen national abgegrenzt.[1022] Versicherungskunden fragten Versicherungsvermittlungsleistungen in der Regel in den Ländern nach, in denen sie selbst aktiv sind.[1023] In Versicherungsbereichen, die gewerbliche Kunden betreffen, entstünde jedoch zunehmend ein gemeinschaftsweiter Wettbewerb.[1024] Die Kommission stellte fest, dass die internationale und grenzüberschreitende Tätigkeit von unabhängigen Versicherungsmaklern zur

1022 Kommission vom 23.9.2013, COMP/M.6957, Rn. 30 ff. – IF P&C/ Topdanmark; vom 23.8.1998, COMP/M.1307, Rn. 20 – Marsh&McLennan/Sedgwick; vom 24.8.1998, COMP/ IV/M.1280, Rn. 10 – KKR/Willis Coroon; vom 23.7.2012, COMP/M.6649, Rn. 18 – Allianz/Insurance Portfolio and Brokerage Services of GAN EUROCOURTAGE.

1023 Kommission vom 23.8.1998, COMP/M.1307, Rn. 21 – Marsh&McLennan/Sedgwick.

1024 Kommission vom 23.8.1998, COMP/M.1307, Rn. 21 – Marsh&McLennan/Sedgwick; vom 24.8.1998, COMP/IV/M.1280, Rn. 10 – KKR/Willis Coroon.

wachsenden Internationalisierung der Versicherungsbranche beigetragen habe; um die besten Angebote für ihre Kunden zu finden, wendeten sich Versicherungsmakler regelmäßig an Versicherungsgesellschaften weltweit.[1025] Große und multinationale Versicherungskunden bevorzugten die Beauftragung eines Versicherungsmaklers zur Platzierung verschiedener Risiken vor allem dann, wenn das Risiko verschiedene Länder betrifft, in denen sie tätig sind. Sie beauftragten hingegen verschiedene Versicherungsmakler, wenn Risiken abgesichert werden sollen, die nur begrenzte geografische Auswirkungen haben.[1026] Ob der Angebotsmarkt für die Vermittlung von Lebens- und Nichtlebensversicherungen weiter als der nationale Markt ist, ließ die Kommission in allen Entscheidungen im Ergebnis offen.[1027] Lediglich den Markt für den Vertrieb bzw. die Vermittlung von Rückversicherungen grenzte die Kommission, ausgehend von der Abgrenzung der Rückversicherungsmärkte, als weltweiten Markt ab.[1028]

Für die Abgrenzung des Nachfragemarktes für Versicherungsvertriebsleistungen ist auf die Sicht der Versicherungsmakler abzustellen. Kann danach die Nachfrage inländischer Versicherer nach Vertriebsleistungen für ihre Produkte durch die Nachfrage ausländischer Versicherer substituiert werden, wäre der räumlich relevante Markt weiter als der nationale. Mit der Umsetzung der IMD[1029] sollte ein gemeinsamer Binnenmarkt für Finanzdienstleistungen geschaffen werden. Versicherungs- und Rückversicherungsvermittler sollten auf dem gesamten Binnenmarkt ihr Recht auf Niederlassungsfreiheit (Art. 49 AEUV) und Dienstleistungsfreiheit (Art. 56 AEUV) in Anspruch nehmen können.[1030] Aber auch nach der Richtlinienumsetzung blieben erhebliche Unterschiede zwischen den nationalen Vorschriften bestehen, die Hindernisse für die Aufnahme und Ausübung der Tätigkeit des Versicherungs- und Rückversicherungsvertriebs im Binnenmarkt bildeten.[1031] Der Binnenmarkt sollte deshalb durch die IDD[1032] weiter gestärkt werden, um einen wirklichen Binnenmarkt für Lebens- und Sachversicherungsprodukte sowie -dienstleistungen zu schaffen.[1033]

Die Verfolgung des Binnenmarktziels durch die Kommission genügt jedoch noch nicht zum Nachweis, dass Versicherer auch tatsächlich grenzüberschreitend

1025 Kommission vom 24.8.1998, COMP/IV/M.1280, Rn. 11 – KKR/Willis Coroon.
1026 Kommission vom 23.8.1998, COMP/M.1307, Rn. 21 – Marsh&McLennan/Sedgwick.
1027 Kommission vom 23.9.2013, COMP/M.6957, Rn. 30 ff. – IF P&C/Topdanmark; vom 23.8.1998, COMP/M.1307, Rn. 20 – Marsh&McLennan/Sedgwick; vom 24.8.1998, COMP/IV/M.1280, Rn. 10 – KKR/Willis Coroon; vom 23.7.2012, COMP/M.6649, Rn. 18 – Allianz/Insurance Portfolio and Brokerage Services of GAN EUROCOURTAGE.
1028 Kommission vom 23.8.1998, COMP/M.1307, Rn. 23 – Marsh&McLennan/Sedgwick.
1029 Richtlinie 2002/92/EG, ABl. EG L 9/3 vom 15.1.2003.
1030 6. Erwägungsgrund der IMD.
1031 9. Erwägungsgrund der IDD.
1032 Richtlinie 2016/97, ABl. L 26 vom 2.2.2016.
1033 9. Erwägungsgrund der IDD.

mit Versicherungsmaklern Vertriebsvereinbarungen schließen. Wie bereits gezeigt, betrug der Marktanteil von Versicherungsunternehmen aus dem europäischen Wirtschaftsraum am Erstversicherungsgeschäft in Deutschland 2015 nur 5,4 % in der Lebensversicherung und 6,1 % in der Nicht-Lebensversicherung.[1034] Ihr Anteil am Nachfragemarkt nach Versicherungsvertriebsleistungen von Maklern aus Deutschland ist dementsprechend klein. Aus Sicht der Versicherungsmakler ist danach der Nachfragemarkt für Versicherungsvertriebsleistungen meist ebenso national beschränkt wie der Erstversicherungsmarkt.

Eine Beschränkung der Nachfrager nach Versicherungsvertriebsleistungen aus Sicht der Versicherungsmakler ergibt sich zudem daraus, dass Versicherungsmakler in Deutschland grundsätzlich nur Verträge eines Versicherungsunternehmens empfehlen dürfen, das die nach dem VAG erforderliche Erlaubnis zum Geschäftsbetrieb besitzt. Versicherungsunternehmen bedürfen nach § 8 VAG zum Geschäftsbetrieb der Erlaubnis der Aufsichtsbehörde. Erstversicherungsunternehmen mit Sitz in einem anderen Mitglieds- oder Vertragsstaat (Herkunftsstaat), mit Ausnahme der in den §§ 65 und 66 VAG genannten Unternehmen, dürfen das Versicherungsgeschäft in Deutschland durch eine Niederlassung oder im Dienstleistungsverkehr nach entsprechender Notifikation ausüben (*Passporting*). Versicherungsunternehmen eines Drittstaats, die im Inland das Erst- oder Rückversicherungsgeschäft betreiben wollen, bedürfen zum Geschäftsbetrieb der Erlaubnis der Aufsichtsbehörde nach § 67 Abs. 1 VAG.

Eine weitere räumliche Marktabgrenzung als die nationale kommt in Betracht, wenn Versicherungsschutz für große Gewerbekunden, Industriekunden oder Rückversicherungsschutz auf europa- oder sogar weltweiten Versicherungsproduktmärkten vom Versicherungsmakler besorgt wird.[1035] Eine engere geographische Marktabgrenzung als die nationale kann in Betracht kommen, wenn gesetzliche Marktregulierungsvorschriften, wie beispielsweise das Regionalprinzip der Kreis- und Stadtsparkassen oder öffentlich-rechtlichen Versicherer[1036], eine regionale

---

1034 BaFin, Statistik Erstversicherungsunternehmen und Pensionsfonds 2016, S. 5, abrufbar unter: https://www.bafin.de/SharedDocs/Downloads/DE/Statistik/Erstversicherer/dl_st_16_erstvu_gesamt_va.pdf;jsessionid=EB9CBDA6C5580088FBC3103FE2862E7A.1_cid363?__blob=publicationFile&v=3, Stand:16.12.2017.

1035 Zum weltweiten Vertriebsmarkt für Rückversicherungen vgl. Kommission vom 23.8.1998, COMP/M.1307, Rn. 23 – Marsh&McLennan/Sedgwick.

1036 Das Regionalprinzip der öffentlich-rechtlichen Versicherungsgesellschaften schließt einen Wettbewerb zwischen den öffentlich-rechtlichen Versicherungsgesellschaften aus, genau wie das Regionalprinzip der Sparkassen. Es beruht auf unterschiedlichen Rechtsgrundlagen. Art. 74 Nr. 11 GG weist das private Versicherungswesen der konkurrierenden Gesetzgebung zu, im Umkehrschluss ist die Ausgestaltung des öffentlich-rechtlichen Versicherungswesens den Ländern überlassen. Daraus ergibt sich bereits das Regionalprinzip für öffentlich-rechtliche Versicherungsgesellschaften, sofern die Länder keine abweichenden Vereinbarungen getroffen haben. Wird das Versicherungsgeschäft jedoch in privatrechtlicher Form von öffentlichen Versicherungsaktiengesellschaften betrieben, unterliegen diese Unternehmen genau

Angebots- oder Nachfragebeschränkung bedingen.[1037] So ging beispielsweise das Oberlandesgericht München in der zitierten Entscheidung davon aus, dass der räumliche Markt für Versicherungsvermittlungsleistungen der dort genannten betrieblichen Versicherungsvorsorgeprodukte auf Bayern begrenzt war, weil die beklagte Versicherung als eine von nur drei Anbietern betrieblicher Altersversorgung in Bayern tätig gewesen ist.[1038]

5. Exkurs: Keine Preisbindung der zweiten Hand auf dem Versicherungsvertriebsmarkt

Der Versicherungsnehmer trägt bei Bruttotarifen die Courtage als Abschlusskosten mittelbar über die von ihm zu entrichtende Versicherungsprämie. Die Höhe der Courtage vereinbart jedoch nicht der Versicherungsnehmer, sondern der Versicherer mit dem Versicherungsmakler durch Vertriebsvereinbarungen. Das nunmehr gesetzlich verankerte Provisionsabgabeverbot in § 48b VAG n.F. nimmt im Falle der Vermittlung einer Bruttopolice Versicherungsmaklern und Versicherungsnehmern die Möglichkeit, bilateral, d.h. ohne Mitwirkung des Versicherers, eine Vereinbarung über die Höhe des Vermittlungs- und Betreuungsentgeltes für den Versicherungsmakler zu treffen.[1039]

In der Literatur wurde daher bereits unter Geltung der noch im Verordnungswege erlassen Verbote lange diskutiert, ob Versicherer gegen das Verbot der Preisbindung der zweiten Hand (Art. 101 Abs. 1 AEUV i.V.m. Art. 4 a Vertikal-GVO[1040]) verstoßen, wenn sie die Courtage mit dem Versicherungsmakler vereinbaren und

---

wie Privatunternehmen den bundesrechtlichen Gesetzen, die keine Beschränkung des Geschäftsgebietes vorsehen. Da aber auch sie als öffentlich-rechtliche Versicherungsgesellschaften in der Regel dem Verband der öffentlichen Versicherer angeschossen sind, unterwerfen sie sich unabhängig von ihrer Rechtsform innerhalb Deutschlands satzungsgemäß dem Regionalprinzip des Verbandes, vgl. Homburg, Legitimität des öffentlichen Versicherungswesens in der Bundesrepublik Deutschland, S. 59; Bunte/Stancke, Leitfaden Versicherungskartellrecht, S. 57 f.

1037 So zum Regionalprinzip der Kreis- und Stadtsparkassen Richter in Wiedemann, HdB-Kartellrecht, § 20, Rn. 42; vgl. Monopolkommission, 20. Hauptgutachten 2012/2013, S. 680 „gesetzlich angeordnetes Gebietskartell", kritisch dazu Bunte, WM 2016, 905; zur regionalen Abgrenzung von Sparkassenmärkten BKartA vom 28.2.2002, Az. B 4 – 51/11, Rn. 102 ff. – Haspa/KSK Lauenburg; BKartA, Beschluss vom 21.10.2010, Az. B 4 – 45/10, BeckRS 2016, 14396; BKartA, Beschluss vom 3.6.2013, Az. B 4 64100 Fa 20/13, BeckRS 2016, 14393.

1038 OLG München, Urteil vom 10.6.2010, Az. U (K) 5651/09, Rn. 27, juris.

1039 Vgl. ausführlich zum Sondervergütungs- und Provisionsabgabeverbot Erstes Kapitel B. IV. 2.

1040 Verordnung (EU) Nr. 330/2010 vom 20.4.2010 über die Anwendung von Artikel 101 Abs. 3 AEUV auf Gruppen von vertikalen Vereinbarungen und abgestimmten Verhaltensweisen, ABl, EU v. 23.4.2010, L 102/1 (Vertikal-GVO).

diese als Abschlusskosten pauschal in die Versicherungsprämie einkalkulieren.[1041] Auch die Kommission hatte im Rahmen ihrer Sektorenuntersuchung auf Unternehmensversicherungsmärkten die Frage aufgeworfen, ob Preiswettbewerb im Hinblick auf die Vermittlungsleistung im Rahmen eines courtagebasierten Vergütungssystems überhaupt möglich sei.[1042]

Schaloske[1043] vertritt, dass Vereinbarungen in Rahmenverträgen zwischen Versicherern und Versicherungsmaklern nicht in den Anwendungsbereich von Art. 101 Abs. 1 AEUV fallen, soweit sie keine wettbewerbsrelevanten Bindungen entfalten. Vertikale Beschränkungen könnten bei einer analogen Anwendung des sogenannten Handelsvertreterprivilegs nach den Vertikal-Leitlinien der Kommission[1044] unbedenklich sein. Den Versicherungsmakler treffe schließlich, wie den echten Handelsvertreter, nicht das mit dem Abschluss der Zweitverträge verbundene Vertragsrisiko. Das Verbot der Preisbindung der zweiten Hand wäre dann nicht auf Vereinbarungen zwischen Versicherer und Versicherungsmakler anwendbar.[1045] Gegen eine, wohl auch analoge Anwendung des Handelsvertreterprivilegs auf Vereinbarungen zwischen dem Versicherer und dem Versicherungsmakler hatte sich aber bereits die Kommission in der Sektorenuntersuchung deutlich ausgesprochen, indem sie eine solche Betrachtungsweise als *„evidently incompatible"* bezeichnete.[1046]

Stancke[1047] hält bereits die Frage der Kommission, ob bei einem courtagebasierten Vergütungssystem ein Wettbewerb um die Vermittlungsvergütung überhaupt stattfinde, für eine unzutreffende Grundannahme. Denn Wettbewerb existiere, aber eben nicht aufseiten der Versicherungsnehmer, sondern aufseiten der Versicherer. Dies sei wettbewerbsökonomisch auch richtig, weil der Versicherer die Courtage zahle und daher auch am besten für einen effektiven Preiswettbewerb sorgen könne. Der Versicherer müsse Courtagesätze mit Vertriebsmittlern aushandeln können, um wettbewerbsfähige Bruttopreise für seine Versicherungsleistung bestimmen zu können. Die Courtage sei ein Kostenelement des

---

1041 Vgl. Schwintowski in Bruck/Möller, VVG, § 59 Rn. 125 f.; ders. NJW 2014, 1658 (1662); Icha, a.a.O., S. 506 ff. (522); Freund, VersR 2014, 1289 (1292); Möller, FD-VersR 2014, 359869; Stancke, VersR 2009, 1168 (1173).

1042 Arbeitspapier der Kommission zur Sektorenuntersuchung Unternehmensversicherung, SEC(2007) 1231, a.a.O., S. 71; im Zwischenbericht, S. 4 f., hebt die Kommission hervor, dass der Preiswettbewerb jedoch vor allem durch die mangelnde Transparenz der Maklervergütung reduziert werde.

1043 Schaloske, VersR 2008, 734 (740).

1044 Rn. 12 ff. Vertikal-Leitlinien, ABl. EU v. 19.5.2010, L 130/1.

1045 Vgl. grundsätzlich zur Anwendung auf den „echten" Handelsvertreter vgl. Rn. 18 der Vertikal-Leitlinien, ABl. EU v. 19.5.2010, L 130/1; EUGH, Urteil vom 14.12.2006, Rs C-217/05, Slg 2006, I-11987, Rn. 44 – Spanische Tankstellen I.

1046 Kommission, Sektorenuntersuchung Unternehmensversicherungen, Arbeitspapier, SEC(2007) 1231, S. 38, a.a.O.

1047 Stancke, VersR 2009, 1168 (1173).

Versicherungsproduktes, genau wie Verwaltungskosten oder kalkulierter Schadensbedarf. Versicherer und Versicherungsmakler setzten mit ihrer Courtagevereinbarung auch keine Wiederverkaufspreise für das Versicherungsprodukt fest, da Versicherungsmakler keine Wiederverkäufer, sondern reine Vermittler fremder Versicherungsleistungen seien. Eine andere – wettbewerbsrechtlich wohl kaum zu rechtfertigende – Situation bestünde nur dann, wenn Versicherer durch Rahmenabkommen auch die Höhe von Honoraren festlegten, die Versicherungsmakler mit ihren Kunden vereinbaren.

Freund[1048] hält dem entgegen, dass allein die Tatsache, dass der Versicherer Courtageschuldner sei, kein Einwand gegen eine wettbewerbsbeschränkende Preisfestsetzung durch den Versicherer sei, da die Courtage letztlich über die Prämie vom Versicherungsnehmer getragen werde. Vereinbart der Versicherer die Courtage, bleibe kein Raum zur qualitativen Differenzierung der Maklerleistung aus Sicht der Versicherungsnehmer, wobei dessen Umfang und Qualität wohl besser vom Versicherungsnehmer als Leistungsempfänger beurteilt werden könnten als vom Versicherer. Ein mit dem Versicherungsnehmer vereinbarter Preis für die Maklerdienstleistung habe daher eine bessere Steuerungsfunktion.[1049] Die Vereinbarung der Courtage zwischen Versicherer und Versicherungsmakler führe jedoch nur bezüglich der Bestandteile der Maklerdienstleistung zu einer Drittpreisbindung, die der Versicherungsmakler dem Versicherungsnehmer und nicht dem Versicherer erbringt. Soweit der Versicherungsmakler (auch) dem Versicherer Leistungen erbringt, scheide eine Anwendung des Preisbindungsverbots von vornherein aus. Eine präzise Abgrenzung der Leistungselemente der Maklerdienstleistung zugunsten des Versicherers einerseits und zugunsten des Versicherungsnehmers andererseits sei faktisch kaum möglich, weil viele Leistungen beiden Parteien zugute kommen. Eine künstliche Aufspaltung der Maklerdienstleistung, um einzelne Leistungsbestandteile getrennt zu bepreisen, abzurechnen und zu bezahlen, werde auch praktischen Bedürfnissen nicht gerecht. Eine solche Aufspaltung sei aber schon deshalb nicht geboten, weil Versicherungsmakler Teile ihrer Courtage an Versicherungsnehmer abgeben könnten und so durch solche Provisionsabgabe miteinander in Wettbewerb treten könnten. Die Rechtslage in Deutschland verbiete zwar eine Provisionsabgabe derzeit, die Wirksamkeit und Durchsetzung der Verbote sei aber zum jetzigen Zeitpunkt offen.[1050] Eine Provisionsteilung wäre zudem in der Handhabung einfacher und flexibler als der Versuch, sich mit dem Versicherer und dem Versicherungsnehmer getrennt über den Preis der Bestandteile der Maklerdienstleistung zu einigen. Mit einer Provisionsteilungsvereinbarung könne schließlich auch dem Interesse des Versicherungskunden nach einer qualitativen und quantitativen Differenzierung hinreichend Rechnung getragen werden.

1048 Freund, VersR 2014, 1289 (1292 ff.).
1049 Ähnlich auch Icha, a.a.O., S. 519.
1050 Der Beitrag von Freund wurde vor dem Entwurf für ein gesetzliches Provisionsabgabeverbot veröffentlicht.

Nach allen drei Ansichten sind Courtagevereinbarungen zwischen Versicherern und Versicherungsmaklern sowie die Einkalkulierung der Abschlusskosten in die Bruttoprämie kartellrechtlich unbedenklich, wenngleich sich die Begründungen inhaltlich unterscheiden. Dem Ergebnis kann zugestimmt werden, ergänzt durch die nachstehenden Erwägungen:

Versicherungsmakler sind Intermediäre auf einem zweiseitigen Markt, auf dem – wie oben dargestellt – der Preis für die Vermittlung typischerweise mit nur einer Nachfrageseite vereinbart wird.[1051] Die Verteilung der Entgelte erfolgt dort unabhängig von der Frage, welche Nachfrageseite die höchsten Kosten beim Intermediär verursacht und die umfangreichsten Leistungen in Anspruch nimmt. Zudem kalkuliert die unmittelbar kostenbelastete Seite regelmäßig das Entgelt für die Intermediärsleistung als Vertriebskosten in den Endprodukt- oder Dienstleistungspreis ein, der dann wiederum von der anderen Seite bezahlt wird. Der Umstand, dass allein der Versicherer als einer von zwei Nutzern die Vergütung des Maklers zahlt (und diese in den Endpreis einkalkuliert), ist mithin kein Novum auf zweiseitigen Intermediärmärkten. Diese für zweiseitige Märkte sogar typische Preisstruktur erzeugte, soweit ersichtlich, bislang auch keine kartellrechtlichen Bedenken im Hinblick auf eine mögliche Preisbindung der zweiten Hand. Ferner ist auch die Honorarvermittlung kartellrechtlich unbedenklich, d.h. der Fall, in dem der Versicherungsnehmer die Maklervergütung vollständig zahlt und damit ebenfalls Leistungsbestandteile vergütet, die dem Versicherer zugute kommen.

Geht man zudem davon aus, dass nach wohl herrschender Ansicht Rahmenabkommen zwischen Versicherern und sonstigen Leistungserbringern, wie z.B. Kfz-Werkstätten oder medizinischen Leistungserbringern, den Wettbewerb in der Regel nicht beschränken,[1052] kann auch die Vereinbarung der Courtagehöhe zwischen Versicherer und Versicherungsmakler keine kartellrechtlichen Bedenken erzeugen. Versicherer vereinbaren mit Leistungserbringern Rahmenabkommen, um dem steigenden Kostendruck im Wettbewerb entgegenzuwirken; auf diese Weise sollen insbesondere im Bereich der Kfz-Versicherung und im Bereich der Krankenversicherung die Kosten unter Kontrolle gehalten und möglichst sogar gesenkt werden.[1053] Vertragspartei des Leistungserbringers ist jedoch nicht der Versicherer, sondern beispielsweise in der Krankenversicherung, der Versicherte und in der Kfz Haftpflichtversicherung der Geschädigte.[1054] Eine Ansicht ist daher, dass Versicherer in diese Vertragsbeziehungen eingreifen, wenn sie Preis, Qualität und Zeitpunkt der Leistung in Rahmenabkommen festlegen und damit gegen

1051 Viertes Kapitel B. III. b) aa).

1052 Stancke, VersR 2014, 1043 (1046 ff.); ders. VersR 2005, 1324 (1331); Brinker/Siegert, VersR 2006, 30 (32 f.); Bunte, VersR 1997, 1429 (1433); Kerst/Mack, VersR 2005, 479 (481); Schoenfeld/Kalis, VersR 2001, 1325 (1331); a.A. Dreher/Hoffmann/Kling, a.a.O., S. 215, Rn. 69 ff.

1053 Stancke, VersR 2014, 1043 (1044 f.).

1054 Dreher/Hoffmann/Kling, a.a.O., S. 215; Rn. 69; Stancke, VersR 2014, 1043.

das Preisbindungsverbot verstoßen.[1055] Dem wird jedoch zutreffend entgegengehalten, dass das wirtschaftliche Risiko und die finanziellen Folgen der Auswahlentscheidung über den Leistungserbringer im Erstattungsfall jedoch weder den Versicherungsnehmer noch den Geschädigten unmittelbar treffen, sondern den Versicherer.[1056] Er trage die wirtschaftlichen Folgen der Nachfrageentscheidung des Versicherten und wird daher als *„faktischer"* oder *„wirtschaftlicher Nachfrager"* der Leistungen betrachtet, mit der Folge, dass die Rahmenvereinbarung mit dem Leistungserbringer in der Regel nicht dem Preisbindungsverbot unterfallen.[1057] Ohne Rahmenabkommen würden effiziente Marktmechanismen ausgeschaltet, weil vertraglicher Nachfrager und wirtschaftlich Belasteter auseinanderfallen.[1058] Bei der kartellrechtlichen Beurteilung sei daher nicht allein auf die rechtlichen Leistungsbeziehungen abzustellen, wenn der Anspruchsberechtigte eine Nachfrage steuert, deren wirtschaftliche Folgen er nicht, zumindest nicht unmittelbar trägt.[1059] Das Konzept des wirtschaftlichen Nachfragers in Erstattungsfällen wird ökonomisch damit gerechtfertigt, dass Versicherungsnehmern und Geschädigten bei der Beauftragung von Leistungserbringern, wie z.B. einer KFZ-Reparaturwerkstatt, die Kostensensibilität fehle.[1060] Es bestehe wenig Anreiz für sie, die aufgewendeten Kosten – wohl aber nur bis zur Grenze einer etwaigen Schadensminderungspflicht – gering zu halten.[1061] Dieses Phänomen wird als *Ex-Post-Moral-Hazard* bezeichnet.[1062] Dem Versicherer sei deshalb auch aus ökonomischer Sicht ein Verhandlungsmandat zuzusprechen.[1063]

Grundsätzliche kartellrechtliche Bedenken bestehen allerdings gegen das Provisionsabgabeverbot.[1064] Vertraglich vereinbarte Provisionsrabattverbote könnten nach Ansicht der Kommission eine unzulässige und nicht freistellungsfähige Preisbindung der zweiten Hand darstellen.[1065] Anknüpfungspunkt für ein

---

1055 So insbesondere Dreher/Hoffmann/Kling, a.a.O., S. 215, Rn. 69.

1056 Stancke, VersR 2014, 1043 (1046); Brinker/Siegert VersR 2006, 30 (31); Bunte, VersR 1997, 14.

1057 Stancke, VersR 2014, 1043 (1046); ders. VersR 2005, 1324 (1331); im Ergebnis wohl auch Brinker/Siegert, VersR 2006, 30 (32 f.); Bunte, VersR 1997, 1429 (1433); Kerst/Mack, VersR 2005, 479 (481); Schoenfeld/Kalis, VersR 2001, 1325 (1331); a.A. Dreher/Hoffmann/Kling, a.a.O., S. 216, Rn. 72 ff.

1058 Stancke, VersR 2014, 1043.

1059 Stancke, VersR 2014, 1043 (1046); Brinker/Siegert VersR 2006, 30 (32).

1060 Zum fehlenden Preiswettbewerb aufgrund der Tatsache, dass den Geschädigten bereits das Interesse fehle, die von ihm nicht zu tragenden Kosten gering zu halten, KG VersR 1996, 1556 – Carpartner; Stancke, VersR 2014, 1043 (1047).

1061 Stancke, VersR 2014, 1043 (1047) m.w.N.

1062 Stancke, VersR 2014, 1043 (1047) m.w.N. (Fn. 37).

1063 Stancke, VersR 2014, 1043 (1047).

1064 Vgl. Erstes Kapitel IV. 2.

1065 Abschlussbericht der Kommission, Untersuchung der Unternehmensversicherungen gemäß Artikel 17 der Verordnung (EG) Nr. 1/2003, KOM(2007) 556 endgültig, S. 7, a.a.O; vgl. schon im Zwischenbericht, S. 5.

kartellrechtlich vorwerfbares Verhalten ist in diesen Fällen jedoch nicht die Vereinbarung der Courtagehöhe mit dem Versicherungsmakler und die pauschale Einkalkulierung von Abschlusskosten in die Bruttoprämie, sondern das nunmehr gesetzlich geregelte Provisionsrabatt- bzw. abgabeverbot in § 34d Abs. 1 S. 6 GewO n.F. bzw. § 48b VAG n.F. Sofern daraus eine Beschränkung des Wettbewerbs für den Versicherungsmakler resultiert, beruht diese aber auf einer gesetzgeberischen Entscheidung, die nur im politischen Prozess gelöst werden kann. Nicht begründen lässt sich damit, dass das courtagebasierte Vergütungssystem – insbesondere bei Fehlen eines ausreichenden, alternativen Angebotes von Nettotarifen – per se wettbewerbsbeschränkend wirkt.

IV. Zwischenergebnis

Wird ein Versicherungsmakler vom Versicherer nicht in dessen Vertriebssystem aufgenommen, ist der für die kartellrechtliche Missbrauchskontrolle abzugrenzende relevante Markt der Nachfragemarkt für Versicherungsvertriebsleistungen. Er ist nicht akzessorisch zum Versicherungs(produkt)markt. Maßgeblich für die Abgrenzung des Versicherungsvertriebsmarktes ist die Angebotsumstellungsflexibilität der Versicherungsmakler, d.h. ihre Möglichkeiten auf andere Versicherer als Nachfrager von Vertriebsleistungen für Versicherungsprodukte auszuweichen. Die Marktstellung eines Versicherers als Anbieter auf dem Versicherungs(produkt)markt kann deshalb keinen Aufschluss darüber geben, welche Marktstellung der Versicherer als Nachfrager von Versicherungsvertriebsleistungen einnimmt. Ferner können Versicherer auf dem Markt für den Vertrieb von Versicherungsprodukten doppelt Normadressaten sein. Im Hinblick auf das kartellrechtliche Diskriminierungsverbot sind sie Nachfrager von Versicherungsvertriebsleistungen (Vertikalverhältnis), mit Blick auf das Behinderungsverbot könnten sie zudem Wettbewerber der Versicherungsmakler beim Absatz von Versicherungsprodukten sein (Horizontalverhältnis).

C. Marktbeherrschende Stellung eines oder mehrerer Versicherer

Nach § 18 GWB ist ein Unternehmen marktbeherrschend, soweit es als Anbieter oder Nachfrager einer bestimmten Art von Waren oder gewerblichen Leistungen auf dem sachlich und räumlich relevanten Markt ohne Wettbewerber ist, keinem wesentlichen Wettbewerb ausgesetzt ist oder eine im Verhältnis zu seinen Wettbewerbern überragende Marktstellung hat. Gem. § 18 Abs. 4 GWB wird vermutet, dass ein Unternehmen marktbeherrschend ist, wenn es einen Marktanteil von mindestens 40 % hat. Nach § 18 Abs. 5 GWB sind zwei oder mehr Unternehmen marktbeherrschend, wenn zwischen ihnen für eine bestimmte Art von Waren oder gewerblichen Leistungen wesentlicher Wettbewerb nicht besteht und sie in ihrer Gesamtheit die Voraussetzungen des § 18 Abs. 1 GWB erfüllen. Es wird vermutet, dass eine Gesamtheit von Unternehmen marktbeherrschend ist, wenn sie aus drei oder weniger Unternehmen besteht, die zusammen einen Marktanteil von 50 % erreichen, oder aus fünf oder weniger Unternehmen besteht, die zusammen einen Marktanteil von zwei Dritteln erreichen, § 18 Abs. 6 GWB.

Im europäischen Kartellrecht werden keine Marktbeherrschungsschwellen normiert. Nach der Rechtsprechung des EuGH, der sich die Kommission angeschlossen hat, wird die Marktbeherrschung durch ein Unternehmen beschrieben als

> *„wirtschaftliche Machtstellung eines Unternehmens [..., Auslassung durch die Verfasserin] die dieses in die Lage versetzt, die Aufrechterhaltung eines wirksamen Wettbewerbs auf dem relevanten Markt zu verhindern, indem sie ihm die Möglichkeit verschafft, sich seinen Wettbewerber, seinen Abnehmern und letztlich den Verbrauchern gegenüber in einem nennenswerten Umfang unabhängig zu verhalten. Eine solche Stellung schließt im Gegensatz zu einem Monopol oder einem Quasimonopol einen gewissen Wettbewerb nicht aus, versetzt aber die begünstigte Firma in die Lage, die Bedingungen, unter denen sich dieser Wettbewerb entwickeln kann, zu bestimmen oder wenigstens merklich zu beeinflussen, jedenfalls aber weitgehend in ihrem Verhalten hierauf keine Rücksicht nehmen zu müssen, ohne dass ihr dies zum Schaden gereichte."*[1066]

Bei Marktanteilen zwischen 40 % und 75 % wird eine marktbeherrschende Stellung deshalb erst angenommen, wenn weitere Faktoren hinzutreten, die es dem Unternehmen erlauben, sich unabhängig von den Bedingungen, unter denen sich Wettbewerb entwickeln kann, zu verhalten.[1067] Von Bedeutung ist hierbei insbesondere sein Abstand zum nächstkleineren Wettbewerber.[1068] Bei Marktanteilen unter 40 % schließt die Kommission eine marktbeherrschende Stellung in der Regel aus.[1069] Neben der individuellen Marktbeherrschung durch ein Einzelunternehmen hält die Kommission auch eine kollektive Marktbeherrschung durch mehrere Unternehmen für möglich.[1070] Die Marktanteilsschwellen, die eine Marktbeherrschung nach Art. 102 AEUV indizieren, liegen tendenziell höher als die Marktbeherrschungsvermutungen des § 18 Abs. 4 und 6 GWB.[1071]

1066 St. Rspr. vgl. nur EuGH, Urteil vom 13.2.1979, Rs. 85/76, Slg. 1979, 461, Ls. 4 und Rn. 38 f. – Hoffmann-LaRoche/Kommission und st. Verwaltungspraxis vgl. nur Kommission vom 14.12.1985, IV/30.698, ABl. 1985 L 374/1, Rn. 67 – ECS/Akzo II.

1067 St. Rspr. EuGH, Urteil vom 13.2.1979, Rs. 85/76, Slg. 1979, 461, Ls. 4 – Hoffmann-LaRoche/Kommission; EuGH Urteil vom 3.7.1991, Rs. C-62/86, Slg. 1991, I-3359, Rn. 60 – Akzo/Kommission.

1068 St. Rspr. EuGH Urteil vom 13.2.1979, Rs. 85/76, Slg. 1979, 461, Ls. 5 – Hoffmann-LaRoche/Kommission.

1069 Kommission, Erläuterungen zu den Prioritäten der Kommission bei der Anwendung von Artikel 82 des EGV auf Fälle von Behinderungsmissbrauch durch marktbeherrschende Unternehmen, ABl. 2009 Nr. C 45/7, Rn. 14.

1070 Kommission, DG Competition discussion paper on the application of Article 82 of the Treaty to exclusionary abuses, 2005, Rn. 43 ff., abrufbar unter: http://ec.europa.eu/competition/antitrust/art82/discpaper2005.pdf, Stand: 16.12.2017.

1071 Vgl. nur Bechthold/Bosch, GWB, § 19, Rn. 81 m.w.N.

I. Versicherungsmarkt

Angesichts der Heterogenität des deutschen Versicherungsmarktes (trotz z.T. zunehmender Konzentrationen durch Fusionen) überschreitet derzeit kein Erstversicherer die Marktbeherrschungsschwellen.[1072]

Tabelle 3: *Marktanteile der 5 größten Erstversicherer 2016 geordnet nach verdienten Brutto-Beiträgen*[a]

Leben in %		Schaden/Unfall in %		Kranken in %		Pensionsfonds in %	
Allianz	20,9	Allianz	12,2	Debeka	14,7	Metzler PF AG	26,6
R+V	5,9	Allianz Global	5,3	DKV	12,7	R+V PF AG	17,6
Aachen Münchener	5,7	HDI-Gerling Industrie	5,2	Allianz Private	8,8	Allianz PF AG	9,6
Zurich Deutscher Herold	4,1	AXA	5,2	AXA	7,7	DEVK PF AG	4,7
Debeka	4,0	R+V	4,8	Signal	5,5	Deutscher PF AG	4,2

[a] BaFin, Statistik Erstversicherungsunternehmen und Pensionsfonds 2016, a.a.O., S. 12 ff.; Verdiente Brutto-Beiträge sind die im Geschäftsjahr oder in den Vorjahren fällig gewordenen vertraglichen Beiträge der Versicherungsnehmer, die der Risikotragung im laufenden Geschäftsjahr dienen, vgl. Fürstenwerth/Weiß, VersicherungsAlphabet, „Verdiente Beiträge", S. 674; Die von der BaFin veröffentlichten Marktanteile geben den Anteil des jeweiligen Unternehmens am gesamten unter deutscher Bundes- oder Landesaufsicht abgeschlossenen Versicherungsgeschäft an, schließen also das im Ausland akquirierte Geschäft ein. Dementsprechend entspricht ihr Marktanteil nicht den Marktanteilen am gesamten deutschen Versicherungsmarkt. Zudem sind auf dem deutschen Versicherungsmarkt auch Unternehmen tätig, die nicht unter deutscher Aufsicht stehen, vgl. BaFin-Statistik, a.a.O.

Eine Marktbeherrschung durch einzelne Versicherer wird aufgrund der Privatisierung staatsmonopolistisch betriebener Versicherungsgesellschaften aber auf osteuropäischen Versicherungsmärkten für möglich gehalten.[1073] Der Rückversicherungsmarkt ist ein weltweiter Markt, weshalb die von der BaFin ermittelten Marktanteile der Rückversicherer, die unter deutscher Aufsicht stehen, keine Auskunft im Hinblick auf ihre Marktanteile auf dem weltweiten Markt geben können.

1072 Dreher/Hoffmann/Kling, a.a.O., S. 253, Rn. 5, S. 8, Rn. 15; Stancke in Bürkle, Compliance in Versicherungsunternehmen, § 13 Kartellrecht, Rn. 38; im Rahmen dieser Arbeit sollen Sozialversicherungen, insbesondere die GKV nicht betrachtet werden, da sie nicht von Versicherungsvermittlern vermittelt werden.

1073 Dreher/Hoffmann/Kling, a.a.O., S. 253, Rn. 6.

Tabelle 4: *Die fünf größten Rückversicherer 2015 geordnet nach verdienten Bruttobeiträgen.*[a]

Rückversicherer	in Mio EUR	Marktanteil in %[b]
Branche gesamt	58.806	100
München Rück	23.394	39,8
Hannover Rück SE	11.849	20,1
Allianz SE	10.395	17,7
General Reinsurance	2.555	4,3
R+V Versicherung	2.237	3,8

[a] BaFin, Statistik Rückversicherungsunternehmen 2016/17, S. 31, Tabelle 660, abrufbar unter: https://www.bafin.de/SharedDocs/Downloads/DE/Statistik/Rueckversicherer/dl_st_16_17_rueckv_tab_pdf_va.pdf?__blob=publicationFile&v=3, Stand: 16.12.2017.
[b] Eigene Berechnung.

Eine Marktbeherrschung durch mehrere Versicherer könnte aber auf Spezialversicherungsmärkten für besonders hohe Risiken in Betracht kommen, auf denen Versicherungsschutz regelmäßig von einem Versicherungskonsortium angeboten wird.[1074] Die Kommission nahm, soweit ersichtlich, die kollektive Marktbeherrschung durch ein Konsortium bisweilen nur in einem Fall im Bereich der P&I Versicherung an. Auf dem Weltmarkt für P&I-Direktversicherungen und Rückversicherung für Versicherungsschutz von über ca. 1,8 Mrd. EUR seien die sogenannten *P&I Clubs* (*Protection and Indemnity Clubs*), die Mitglieder der International Group (IG)[1075] sind,

1074 Dreher/Hoffmann/Kling, a.a.O., S. 253, Rn. 5; Stancke, VersR 2012, 1346 (1349), ders. in Bürkle, Compliance in Versicherungsunternehmen, § 13 Kartellrecht, Rn. 38.

1075 Die International Group (IG) of P&I-Clubs ist ein weltweiter Verein von P&I-Clubs. P&I-Clubs sind Versicherungsvereine auf Gegenseitigkeit, die von englischen Reedern zur Absicherung ihrer erheblichen Haftpflichtrisiken gegründet wurden, weil Schiffskaskoversicherer nur einen Teilbetrag der Haftpflichtschäden in der Schifffahrt decken konnten und die Übernahme weiterer Risiken ausgeschlossen war, vgl. Heiß in VersR-Hdb, § 38, Rn. 336. Sechs P&I Clubs haben erstmals 1899 ein Pooling Agreement zur Schadensteilung zwischen den Vereinen getroffen. 1999 waren 18 P&I Clubs am Pooling Agreement beteiligt. Das International Group Agreement (IGA) war ursprünglich ein Gentlemen's Agreement zwischen den Clubs zur Einführung einer Reihe von Regeln für Versicherungsangebote an Reederer, die bereits Mitglied eines anderen Clubs waren. Zu Beginn der 1980er Jahre wurde aus diesem Gentlemen's Agreement eine schriftliche Vereinbarung zwischen allen Mitgliedern der IG, vgl. Kommission vom 12.4.1999, Nr. IV/D-1/30.373 und Nr. IV/D-l/37.143, ABl. 1999 EG Nr. L 125/12, Rn. 14 ff., 29 – P&I- Clubs II.

marktbeherrschend.[1076] Ihm gehören selbständige Unternehmen an, die durch starke wirtschaftliche Bande miteinander verknüpft sind.[1077] Die auf diese Weise von der IG gehaltene kollektive Stellung hat einen beherrschenden Charakter.[1078]

Das Oberlandesgericht Karlsruhe hatte im Jahr 2014 zudem festgestellt, dass die Versorgungsanstalt des Bundes und der Länder (VBL) bis dato eine marktbeherrschende Stellung auf dem relevanten Markt der betrieblichen Alters-, Erwerbsminderungs- und Hinterbliebenenversorgung für im öffentlichen Dienst Beschäftigte (§ 2 Abs. 1 VBLS) hatte.[1079] Ob diese Stellung weiterhin besteht, soll im Rahmen dieser Arbeit nicht untersucht werden, mangels Relevanz dieser Produkte für den Versicherungsvertrieb durch Versicherungsmakler.

II. Versicherungsvertriebsmarkt

Es existiert – soweit ersichtlich – kein verfügbares Datenmaterial zum Nachfragemarkt für Versicherungsvertriebsleistungen, das eine Aussage über die Machtstellung von Versicherungsunternehmen auf diesem Markt zulässt. Generell bestehen Machtverhältnisse auf Dienstleistungsmärkten wie hier nur selten, da aufgrund der großen Angebotsumstellungsflexibilität der Dienstleistungsanbieter der Markt häufig sehr weit abgegrenzt werden kann.[1080] Hier soll unterstellt werden, dass derzeit kein Versicherer als Nachfrager von Versicherungsvertriebsleistungen marktbeherrschend ist. Die Marktanteile der Versicherer auf den Versicherungsmärkten liefern hierfür zumindest ein Indiz, wenngleich der Vertriebsmarkt nicht akzessorisch ist. Unter Berücksichtigung der Marktanteile des Direktvertriebs am Neugeschäft in Deutschland[1081] kann zudem angenommen werden, dass kein Versicherer als Wettbewerber im Horizontalverhältnis marktbeherrschend ist.

III. Zwischenergebnis

Die Marktbeherrschung durch einen Versicherer auf dem Versicherungsmarkt sowie auf dem Markt für den Vertrieb von Versicherungsprodukten ist in der Regel nicht zu erwarten.

1076 Kommission vom 12.4.1999, Nr. IV/D-1/30.373 und Nr. IV/D-l/37.143, ABl. 1999 EG Nr. L 125/12, Rn. 63 – P&I- Clubs II.

1077 Kommission vom 12.4.1999, Nr. IV/D-1/30.373 und Nr. IV/D-l/37.143, ABl. 1999 EG Nr. L 125/12 – P&I- Clubs II, Rn. 121.

1078 Kommission vom 12.4.1999, Nr. IV/D-1/30.373 und Nr. IV/D-l/37.143, ABl. 1999 EG Nr. L 125/12, Rn. 123 – P&I- Clubs II, Rn. 123.

1079 OLG Karlsruhe, Urteil vom 27.8.2014, Az. 6 U 115/11 (Kart.), BeckRS 2014, 20482; offen gelassen BGH VersR 2014, 1473 (1475); BGH VersR 2014, 759 (765), der BGH hielt aber eine marktbeherrschende Stellung der VBL für möglich.

1080 So Bechthold/Bosch, a.a.O. § 18, Rn. 9 m.w.N.

1081 Vgl. Zweites Kapitel B. III. 2.

D. Relativ marktstarke Versicherer

Nach § 20 Abs. 1 GWB können Normadressaten des Diskriminierungs- und Behinderungsverbotes nicht nur marktbeherrschende Unternehmen sein, sondern gleichermaßen Unternehmen und Vereinigungen von Unternehmen, soweit von ihnen kleine oder mittlere Unternehmen als Anbieter oder Nachfrager einer bestimmten Art von Waren oder gewerblichen Leistungen abhängig sind. Abhängigkeit liegt vor, wenn für das potentiell diskriminierte Unternehmen ausreichende und zumutbare Möglichkeiten, auf andere Unternehmen auszuweichen, nicht vorhanden sind (relative Marktmacht). Ein Abhängigkeitsverhältnis kann nur im Vertikalverhältnis zwischen verschiedenen Marktstufen bestehen; horizontale Marktmacht erfasst § 20 Abs. 1 GWB nicht.[1082] Ein potentielles Abhängigkeitsverhältnis kann deshalb nur auf dem Nachfragemarkt für Versicherungsvertriebsleistungen bestehen und muss immer für den Einzelfall geprüft werden.

I. Kleine und mittlere Maklerunternehmen

Seit der 5. GWB Novelle 1989[1083] ist die Abhängigkeit eines Unternehmens nur dann tatbestandsbegründend, wenn es sich dabei um ein *„kleines oder mittleres Unternehmen"* handelt. Der Gesetzgeber ging davon aus, dass große Handelsunternehmen bei den gegebenen Marktrealitäten über ausreichend Alternativen verfügten und deshalb nicht geschützt werden müssten.[1084] Wann jedoch ein Unternehmen klein, mittel oder groß im Sinne des GWB ist, definiert der Gesetzgeber nicht. In der Rechtsprechung wurde z.T. angenommen, dass für ein Unternehmen, das nach § 35 Abs. 1 GWB einen Jahresumsatz von unter 500 Mio. DM erzielt, eine widerlegliche Vermutung bestehen kann, dass es sich um ein kleines oder mittleres Unternehmen handelt.[1085] Dennoch bleibt es erforderlich, dass in jedem Einzelfall Feststellungen dahingehend getroffen werden, ob es sich um ein kleines oder mittleres Unternehmen handelt.[1086] Die Einordnung eines Unternehmens als klein, mittel oder groß ist nicht nach absoluten Zahlen vorzunehmen, weil die Verhältnisse auf dem jeweils relevanten Markt berücksichtigt werden müssen.[1087] Es ist in erster Linie ein horizontaler Größenvergleich mit den Konkurrenten des betroffenen Unternehmens auf dem relevanten Markt

1082 Loewenheim in Loewenheim/Meessen/Riesenkampff, GWB, § 20, Rn. 11.
1083 BT-Drucks. 11/4610.
1084 BT-Drucks. 11/4610, S. 11.
1085 BGH WuW/E DE-R 984 (987 f.) – Konditionenanpassung; LG Nürnberg-Fürth, WuW/E DE-R 1659 (1661) – Schuh-Einzelhandel.
1086 Loewenheim in Loewenheim/Meessen/Riesenkampff, GWB, § 20, Rn. 9.
1087 BGH WuW/DE-R 984 (988) – Konditionenanpassung; Nothdurft in Langen/Bunte, GWB, § 20, Rn. 74; zunächst von absoluten Größenkriterien ausgehend Bechtold, GWB, § 20, Rn. 10.

vorzunehmen,[1088] aber auch ein vertikaler Vergleich mit der Marktgegenseite kommt in Betracht[1089].

Eine Vielzahl der im Vermittlerregister eingetragenen Versicherungsmakler erzielen nur geringe Umsätze und können daher unproblematisch als kleine und mittelständische Unternehmen i.S.v. § 20 Abs. 1 GWB eingeordnet werden.[1090] Auf dem Vermittlermarkt existieren aber auch sehr große, internationale Maklerfirmen, die vor allem im Industriekundengeschäft tätig sind, wie z.B. *Jauch & Hübener* oder *Marsh*[1091]. Zudem können Maklerpools, die selbst als Versicherungsmakler registriert sind und Provisionserlöse von über 100 Mio. EUR erzielen, ebenfalls zu den Marktgrößen auf dem Vermittlermarkt gehören[1092] und damit aus dem Schutzbereich der Norm ausscheiden.

II. Abhängigkeit vom Versicherer

Ausreichende Ausweichmöglichkeiten sind dann vorhanden, wenn das potentiell abhängige Unternehmen von den Wirtschaftsgütern oder Dienstleistungen des potentiell marktstarken Unternehmens auf Wirtschaftsgüter oder Dienstleistungen anderer Unternehmen ausweichen kann.[1093] Ausreichende Ausweichmöglichkeiten liegen aber noch nicht allein deshalb vor, weil das marktstarke Unternehmen wesentlichem Wettbewerb ausgesetzt ist.[1094] Besteht kein wesentlicher Wettbewerb, liegt in der Regel eine marktbeherrschende Stellung des Unternehmens im Sinne von § 19 Abs. 1 GWB vor; § 20 Abs. 1 GWB ist daher gerade für Märkte mit wesentlichem Wettbewerb wie hier von Bedeutung.[1095] Zumutbar sind Ausweichmöglichkeiten, wenn keine bzw. keine wesentlichen wirtschaftlichen Belastungen und Risiken für das abhängige Unternehmen mit den Ausweichmöglichkeiten verbunden sind.[1096] Ausweichmöglichkeiten sind jedenfalls dann nicht mehr zumutbar, wenn mit dem Ausweichen unverhältnismäßige Belastungen für das potentiell abhängige Unternehmen verbunden wären oder es zu große, nicht kalkulierbare Risiken eingehen müsste.[1097] Maßstab für die Bestimmung

---

1088 BGH WuW/E BGH 2875 (2879) – Herstellerleasing.

1089 BGH WuW/DE-R 984 (987) – Konditionenanpassung; BGH WuW/E BGH 2875 (2879) – Herstellerleasing; kritisch zu den daraus resultierenden Rechtsanwendungsproblemen Markert in Immenga/Mestmäcket, GWB, § 20, Rn. 10 m.w.N.

1090 Vgl. Zweites Kapitel B. III.

1091 Vgl. dazu Thomas, VW 2012, 798.

1092 So z.B. Fonds Finanz Maklerservice.

1093 BGH GRUR 1976, 206 (207) – Rossignol; BGH GUR 1979, 560 (561) – Nordmende; BGH GRUR 1980, 125 (127) – Modellbauartikel II.; Loewenheim in Loewenheim/Meessen/Riesenkampff, GWB, § 20, Rn. 15.

1094 Loewenheim in Loewenheim/Meessen/Riesenkampff, GWB, § 20, Rn. 16.

1095 Vgl. nur BGH GRUR 1976, 206 (207) – Rossignol; BGH WuW/E BGH 1567 (1568) – Nordmende; Loewenheim in Loewenheim/Meessen/Riesenkampff, GWB, § 20, Rn. 16.

1096 BGH WuW/E BGH 2491 (2494) – Opel-Blitz.

1097 Bericht des Wirtschaftsausschusses zur Novelle 1973, BT-Drucks. 7/765, S. 9 f.

zumutbarer Ausweichmöglichkeiten ist die Wettbewerbsfähigkeit des abhängigen Unternehmens auf dem relevanten Markt.[1098] Unerhebliche Beeinträchtigungen der Wettbewerbsfähigkeit sind zumutbar.[1099] Unzumutbarkeit liegt aber nicht erst dann vor, wenn existenzbedrohende Beeinträchtigungen der wirtschaftlichen Betätigung drohen.[1100] Eine Ausweichmöglichkeit ist nur dann zumutbar, wenn sie vom potentiell abhängigen Unternehmen zu den im Wesentlichen gleichen Voraussetzungen und Bedingungen in Anspruch genommen werden kann, die seinen Wettbewerbern zur Verfügung stehen.[1101]

In der Rechtsprechung und in der Literatur haben sich im Wesentlichen vier Fallgruppen der Abhängigkeit herausgebildet: die unternehmensbedingte, die sortimentsbedingte, die nachfragebedingte und die mangelbedingte Abhängigkeit. Nur die ersten zwei Fallgruppen sind hier relevant.

1. Unternehmensbedingte Abhängigkeit

Unternehmensbedingte Abhängigkeit kann sowohl auf Angebotsmärkten als auch auf Nachfragemärkten bestehen.[1102] Sie liegt vor, wenn ein Unternehmen seinen Geschäftsbetrieb so sehr auf einen bestimmten Anbieter oder Nachfrager von Waren oder gewerblichen Leistungen festgelegt hat, dass es nur unter Hinnahme schwerwiegender Wettbewerbsnachteile auf einen anderen Anbieter oder Nachfrager auf dem betreffenden Markt ausweichen kann.[1103] Die Hauptbetroffenen unternehmensbedingter Abhängigkeit sind Handelsunternehmen, die sich im Rahmen langfristiger Lieferbeziehungen als Handelsvertreter, Kommissionsagenten, Franchisenehmer oder Vertragshändler auf den Vertrieb der Ware eines bestimmten Herstellers konzentrieren und ihr äußeres Erscheinungsbild auf diesen ausgerichtet haben.[1104] Für sie bestehen meist keine ausreichenden und zumutbaren

---

1098 Vgl. nur OLG Frankfurt a.M. WuW/E DE-R 73 – Guerlain; Loewenheim in Loewenheim/Meessen/Riesenkampff, GWB, § 20, Rn. 18.

1099 Loewenheim in Loewenheim/Meessen/Riesenkampff, GWB, § 20, Rn. 18.

1100 BGH WuW/E BGH 2990 (2994) – Importarzneimittel.

1101 BGH WuW/E BGH 1620 (1623) – Revell Plastics; KG WuW/E OLG 2425 – Levis's-Jeans; Loewenheim in Loewenheim/Meessen/Riesenkampff, GWB, § 20, Rn. 18.

1102 Die Abhängigkeit eines Anbieters von einem Nachfrager aufgrund von Produktspezialisierung kann sowohl als nachfragebedingte als auch als unternehmensbedingte Abhängigkeit eingeordnet werden, vgl. Loewenheim in Loewenheim/Meessen/Riesenkampff, GWB, § 20, Rn. 35 f.; Westermann in MüKo-GWB, § 20, Rn. 27 m.w.N.

1103 Vgl. nur BGH WuW/E BGH 2491 (2493) – Opel Blitz; BGH NJW-RR 1995, 1260 (1263) – Kfz-Vertragshändler; Loewenheim in Loewenheim/Meessen/Riesenkampff, GWB, § 20, Rn. 30; Markert in Immenga/Mestmäcker, § 20, Rn. 38.

1104 Vgl. nur BGH WuW/E BGH 1455 – BMW-Direkthändler; BGH GRUR-RS 2015, 17973 – Porsche-Tuning; OLG Stuttgart WuW/E OLG 2103 – Porsche-Vertragshändler; KG WuW/E OLG 2247 – Parallellieferteile; OLG Düsseldorf WuW/E DE-R

Ausweichmöglichkeiten, weil ihr Kundenstamm nicht ohne Weiteres umgestellt werden kann und sie sich unter Einsatz eines bedeutenden Teils ihres Betriebskapitals auf eine bestimmte Marke oder ein bestimmtes Produkt spezialisiert haben.[1105] Insbesondere längerfristige Verträge mit Ausschließlichkeitsbindungen und Verhaltensvorschriften zugunsten des anderen Geschäftspartners begründen deshalb meist schon für sich eine Abhängigkeit des schwächeren Partners.[1106] Eine unternehmensbedingte Abhängigkeit von Newcomern ist begrifflich ausgeschlossen, weil Newcomer noch keine Vertragsbeziehung zum vermeintlich relativ marktstarken Unternehmen begründet haben.[1107]

Eine unternehmensbedingte Abhängigkeit eines Versicherungsmaklers von einem Versicherer auf dem Nachfragemarkt für Versicherungsvertriebsleistungen bestünde danach, wenn sich ein Versicherungsmakler durch beträchtliche Investitionen derart stark auf den Vertrieb von Versicherungsprodukten eines bestimmten Versicherers spezialisiert hat, dass er nur unter Hinnahme schwerwiegender wirtschaftlicher Nachteile auf eine Vertriebskooperation mit einem anderen Versicherer ausweichen könnte. Versicherungsmakler sind jedoch schon nach § 60 Abs. 1 S. 1 VVG als auch aufgrund ihrer Sachwalterstellung dazu verpflichtet, ihren Kunden Versicherungsschutz aus der Breite der am Markt erhältlichen Versicherungsprodukte zu empfehlen. Sie spezialisieren sich in der Regel nicht auf das Angebot eines einzelnen Versicherers. Eine derartige Spezialisierung kann zudem einen Verstoß gegen § 60 Abs. 1 S. 1 VVG darstellen und in Widerspruch zum gewerberechtlichen Status des Versicherungsmaklers nach § 34 d GewO stehen.[1108]

In der Praxis können sich Versicherungsmakler jedoch durch den Vertrieb spezieller Deckungskonzepte (auch *Maklerdeckungskonzepte* genannt) in gewissem Umfang auf das Angebot eines Versicherers konzentrieren. Versicherungsmakler (sowie Maklerpools und Verbünde) entwickeln häufig spezielle Deckungskonzepte für potentielle Versicherungskunden, die entscheidende Merkmale gemeinsam haben (z.B. niedergelassene Ärzte im Großraum Köln mit den Gemeinsamkeiten Beruf, eigene Praxis, Region; Zielgruppe können auch bestimmte Handwerksberufe wie Bäckereien, Konditoreien, Fleischereien und deren Handelsbetriebe

---

2235 (2237) – Baumarkt; Loewenheim in Loewenheim/Meessen/Riesenkampff, GWB, § 20, Rn. 30; Markert in Immenga/Mestmäcker, § 20, Rn. 38.

1105 OLG Stuttgart WuW/E OLG 2103 – Porsche-Vertragshändler; OLG Düsseldorf WuW/E OLG 2133 – Premiumbier; BKartA WuW/E BKartA 1805 – International Harvester; Loewenheim in Loewenheim/Meessen/Riesenkampff, GWB, § 20, Rn. 30.

1106 BGH NJW-RR 1995, 1260 (1263) – Kfz-Vertragshändler; Lübbert/Schöner in Wiedemann, HdB-Kartellrecht, § 24, Rn. 24.

1107 Markert in Immenga/Mestmäcker, GWB, § 20, Rn. 41; a.A. wohl OLG Düsseldorf, 20.9.1983, WuW/E OLG 3036 (3037 f.) – Peugeot-Vertretung, danach könne ein Kfz-Vertragshändler auch von einer von ihm noch nicht geführten Zweitmarke seines Lieferanten abhängig sein.

1108 Vgl. zu den Konsequenzen bei statuswidrigem Verhalten Zweites Kapitel B. II. 3. b).

sein[1109]) unter z.T. erheblichem Kostenaufwand.[1110] Die gemeinsamen Risikomerkmale der Zielgruppe ermöglichen eine Standardisierung des erforderlichen Versicherungsschutzes.[1111] Versicherer stellen den Versicherungsschutz nach Maßgabe des entwickelten Deckungskonzeptes bereit. Der Versicherungsmakler kann dann seiner Zielgruppe ein auf deren spezielle Bedürfnisse zugeschnittenes Versicherungskonzept anbieten, ohne vor jeder Vermittlung erneut mit dem Versicherer über den Deckungsumfang und die Tarife verhandeln zu müssen.[1112]

Weder der Status noch die Pflichten des Versicherungsmaklers werden durch die Vereinbarung spezieller Deckungskonzepte mit dem Versicherer beeinträchtigt.[1113] Der Entwurf von Bedingungen und Tarifen erbringt der Versicherungsmakler nicht für den Versicherer, sondern im Interesse der Versicherungsnehmer sowie im eigenen.[1114] Vereinbarungen über Maklerdeckungskonzepte enthalten in der Regel auch keine Wettbewerbsverbote für den Versicherungsmakler; ein Versicherungsmakler kann seinen Versicherungskunden daher statt dem Deckungskonzept auch Produkte eines anderen Versicherers vermitteln.[1115] Auch die Erteilung einer Abschlussvollmacht in diesem Zusammenhang beeinträchtigt den Maklerstatus grundsätzlich nicht, weil Versicherer häufig auch unabhängig von der Vereinbarung spezieller Deckungskonzepte Versicherungsmaklern zur Wahrnehmung bestimmter Aufgaben bevollmächtigten wie beispielsweise zur Schadensregulierung oder zum Prämieninkasso.[1116]

Ein Versicherungsmakler ist von einem Versicherer, der sein Deckungskonzept umsetzt, jedoch in der Regel nicht nach § 20 Abs. 1 GWB unternehmensbedingt abhängig. Eine unternehmensbedingte Abhängigkeit wird in der Praxis deshalb nicht zu erwarten sein, weil Wettbewerbsbeschränkungen, die mit der Vereinbarung und dem Vertrieb spezieller Deckungskonzepte einhergehen könnten, eher von der Gegenseite, d.h. den Versicherern, gefürchtet werden. Mitunter komme es vor, dass Versicherungsmakler durch die Vereinbarung exklusiver Deckungskonzepte den unmittelbaren Kontakt zu Versicherungsnehmern *„monopolisierten“*, weil sie nicht zu erkennen geben, wer der risikotragende Versicherer ihres Deckungskonzeptes sei.[1117] Versicherungsmakler vereinbarten zudem teilweise mit den Versicherern, dass im Falle eines Maklerwechsels der Versicherungsvertrag vom Versicherer gekündigt werden muss oder auf Standardbedingungen

---

1109 Weitere Beispiele bei Baumann/Beenken/Sandkühler, HdB-Maklermanagement, S. 172.
1110 Stancke, VersR 2009, 1168 (1173 f.).
1111 Stancke, VersR 2009, 1168 (1173 f.).
1112 Stancke, VersR 2009, 1168 (1174); ders. VersR 2012, 1346; Schaloske, a.a.O., S. 336.
1113 Stancke, VersR 2012, 1346 (1353).
1114 Stancke, VersR 2012, 1346 (1353).
1115 Stancke, VersR 2012, 1346 (1353).
1116 Stancke, VersR 2012, 1346 (1353).
1117 Stancke, VersR 2012, 1346 (1354) m.w.N.

umzustellen ist.[1118] Diese Vereinbarung verhindert, dass der Versicherungsnehmer vom Versicherer oder einem anderen Vermittler auf der Grundlage des Deckungskonzeptes weiterbetreut werden kann.[1119] Versicherungsmakler schützen so den wirtschaftlichen Wert ihrer Deckungskonzepte. Sie sollen bewirken, dass nur sie – und keine Dritten – Versicherungsprodukte nach Maßgabe des Deckungskonzepts vermitteln können.[1120] Eine Aufgabe der Geschäftsbeziehung mit dem Versicherungsmakler, der das Deckungskonzept entwickelt hat, ist mithin in erster Linie aus Sicht der Versicherer wirtschaftlich nachteilig.

Ferner müsste im Rahmen der Zumutbarkeitsprüfung auch das eigene Verhalten eines abhängigen Versicherungsmaklers Berücksichtigung finden. Dies gilt grundsätzlich dann, wenn ein Unternehmen in zurechenbarer Weise seinen Betrieb einseitig auf die Geschäftsbeziehung mit einem anderen Unternehmen ausgerichtet hat (selbstverschuldete Abhängigkeit).[1121] Im Falle der selbstverschuldeten Abhängigkeit können dem abhängigen Unternehmen bei einer möglichen Umstellung auf andere Geschäftspartner größere Opfer und Risiken zugemutet werden als einem Unternehmen, das unverschuldet in Abhängigkeit geraten ist.[1122] Die selbstverschuldete einseitige Ausrichtung darf allerdings dann nicht berücksichtigt werden, wenn sie marktüblich ist oder sogar vom Geschäftspartner verlangt wurde wie z.B. bei Ausschließlichkeitsbindungen.[1123] Maklerdeckungskonzepte enthalten regelmäßig keine Ausschließlichkeitsbindungen zulasten des Versicherungsmaklers, so dass eine selbstverschuldete Abhängigkeit eines Versicherungsmaklers von einem Versicherer in diesem Zusammenhang den Abhängigkeitstatbestand nach § 20 Abs. 1 GWB nicht erfüllen würde.

2. *Sortimentsbedingte Abhängigkeit*

Versicherer könnten zudem dann Normadressaten des Diskriminierungs- und Behinderungsverbots sein, wenn eine sortimentsbedingte Abhängigkeit des betroffenen Versicherungsmaklers vorläge.

a) Fallgruppen

Es werden zwei Formen der sortimentsbedingten Abhängigkeit unterschieden: die *Spitzenstellungsabhängigkeit* und die *Spitzengruppenabhängigkeit.* Spitzenstellungsabhängigkeit liegt vor, wenn der Hersteller einer Ware aufgrund der Qualität oder der Exklusivität seiner Ware auf dem Markt ein solches Ansehen genießt und eine solche Bedeutung erlangt hat, dass nachfragende Händler als Anbieter der

1118 Ausführlich zur Zulässigkeit Stancke, VersR 2012, 1346 (1351 f.).
1119 Stancke, VersR 2012, 1346 (1351 f.).
1120 Stancke, VersR 2012, 1346 (1348).
1121 Loewenheim in Loewenheim/Meessen/Riesenkampff, GWB, § 20, Rn. 19.
1122 Loewenheim in Loewenheim/Meessen/Riesenkampff, GWB, § 20, Rn. 19.
1123 Loewenheim in Loewenheim/Meessen/Riesenkampff, GWB, § 20, Rn. 19.

Produkte gegenüber Endabnehmern darauf angewiesen sind, gerade auch dieses Produkt im Sortiment zu führen.[1124] Abhängigkeit besteht damit nicht erst, wenn am Markt keine austauschbaren Waren vorhanden sind, sondern schon dann, wenn trotz Erhältlichkeit substituierbarer Waren im Hinblick auf die Verbrauchererwartung die betreffende Ware verfügbar sein muss.[1125] Mehrere Hersteller nebeneinander können danach eine Spitzenstellung einnehmen, wenn ihre Waren für den Händler unersetzbar sind.[1126] Ein Fachhändler muss z.B. ein bestimmtes *„Kernsortiment"* führen, wenn die Verbrauchergewohnheiten auf dem betreffenden Markt das Angebot mehrerer bestimmter, untereinander nicht substituierbarer Marken erfordert.[1127] Spitzengruppenabhängigkeit unterscheidet sich von der Spitzenstellungsabhängigkeit dadurch, dass ein Händler keine bestimmten, aber jedenfalls mehrere bedeutende, untereinander substituierbare Markenartikel führen muss, um den Endabnehmern ein wettbewerbsfähiges Sortiment anbieten zu können.[1128] Welche Hersteller zur Spitzengruppe gehören, richtet sich nach der typischen Sortimentsgestaltungspraxis vergleichbarer Handelsunternehmen.[1129] Abhängigkeit besteht bis zum Erreichen eines konkurrenzfähigen Sortimentsminimums.[1130] Sie kann grundsätzlich entfallen, wenn dem Händler andere Bezugsquellen zur Verfügung stehen.[1131]

Die sortimentsbedingte Abhängigkeit wurde in der Entscheidungspraxis des Bundeskartellamtes und der Gerichte bisher fast ausschließlich zugunsten von Nachfragern angenommen, es wird aber auch eine *„quasi-sortimentsbedingte"* Abhängigkeit von Anbietern für möglich gehalten.[1132] Diese Betrachtung wurde unter anderem abseits von direkten Lieferbeziehungen für Onlineplattformen vorgenommen.[1133]

1124 St. Rspr. vgl. nur BGH, GRUR 1976, 206 (208) – Rossignol; BGH NJW-RR 2000, 1286 (1288) – Designer-Polstermöbel.
1125 Bechtold in Bechtold, GWB, § 20, Rn. 13.
1126 Markert in Immenga/Mestmäcker, GWB, § 20, Rn. 32.
1127 BGH GRUR 1980, 125 (127) – Modellbauartikel II; Bechtold in Bechtold, GWB, § 20, Rn. 13; Markert in Immenga/Mestmäcker, GWB, § 20, Rn. 32.
1128 St. Rspr. vgl. nur BGH GRUR 1979, 560 (561) – Nordmende; Loewenheim in Loewenheim/Meessen/Riesenkampff, GWB, § 20, Rn. 23.
1129 BGH GRUR 1979, 560 (561) – Nordmende; NJW-RR 1987, 929 (931) – Belieferungsunwürdige Verkaufsstätten II; Markert in Immenga/Mestmäcker, GWB, § 20, Rn. 34.
1130 St. Rspr. vgl. nur BGH NJW 1985, 2135 (2136) – Technics.
1131 St. Rspr. vgl. nur BGH GRUR 1988, 640 (641) – Reparaturbetriebe; Bechthold/Bosch, GWB, § 20, Rn. 12 m.w.N.
1132 Nothdurft in Langen/Bunte, GWB, § 20, Rn. 38 f.
1133 BKartA, Beschluss vom 20.12.2013, Az. B9 66/10, BeckRS 2014, 04343, Rn. 236 – HRS; Nothdurft in Langen/Bunte, GWB, § 20, Rn. 39.

b) *Anwendung auf den Versicherungsmakler*

Die sortimentsbedingte Abhängigkeit eines Versicherungsmaklers von einem Versicherer kommt danach in Betracht, wenn der Versicherungsmakler ohne das Angebot eines bestimmten Versicherers oder mehrerer bestimmter Versicherer kein wettbewerbsfähiges Sortiment von anerkannten Versicherungsprodukten den Versicherungskunden anbieten kann.[1134] Versicherungsmakler können aber in den meisten Versicherungssparten, insbesondere im Massenversicherungsgeschäft der Privatkunden, eine Vielzahl vergleichbarer Versicherungsprodukte verschiedener Versicherungsgesellschaften vermitteln, so dass eine Abhängigkeit regelmäßig ausscheidet.[1135] Die Abhängigkeit eines Drittmaklers vom Angebot spezieller Maklerdeckungskonzepte scheidet danach ebenfalls regelmäßig aus, solange dem Makler die Vermittlung von Standardprodukten weiterhin möglich ist.[1136] Schließlich kann der innovativste Anbieter von Versicherungsschutz grundsätzlich nicht dazu verpflichtet werden, alle seine Produkte dem Markt zur Verfügung zu stellen, weil sich daraus *„entwicklungshemmende und antikompetitive"* Auswirkungen ergeben können.[1137]

3. *Abhängigkeit von einem (gesetzlich) normierten Sortiment*

Das wettbewerbliche Verhalten von Versicherungsmaklern beim Vertrieb von Versicherungsprodukten wird wesentlich durch die Beratungspflichten nach dem VVG sowie durch das von der Rechtsprechung geprägte Leitbild vom treuhänderähnlichen Sachwalter[1138] beeinflusst. Im Folgenden soll daher untersucht werden, ob diese Pflichten die Auswahlmöglichkeiten eines Versicherungsmaklers zwischen verschiedenen Versicherern bzw. deren Produkten soweit einschränken können, dass eine kartellrechtlich relevante Abhängigkeit von einem entsprechend *normierten Sortiment* entstehen kann.

a) *Die Beratungsgrundlage des Versicherungsmaklers nach § 60 Abs. 1 S. 1 VVG*

Nach § 60 Abs. 1 S. 1 VVG ist der Versicherungsmakler verpflichtet, seinem Rat eine hinreichende Zahl von auf dem Markt angebotenen Versicherungsverträgen und von Versicherern zu Grunde zu legen, so dass er nach fachlichen Kriterien eine Empfehlung dahin abgeben kann, welcher Versicherungsvertrag geeignet ist, die Bedürfnisse des Versicherungsnehmers zu erfüllen. Dies gilt nach § 60 Abs. 1 S. 2 VVG nur dann nicht, soweit er im Einzelfall vor Abgabe der

---

1134 Stancke, VersR 2012, 1346 (1349); ders. in VersR 2009, 1168 (1177).
1135 Wie hier Stancke, VersR 2012, 1346 (1349).
1136 So Stancke, VersR 2012, 1346 (1349).
1137 Stancke, VersR 2012, 1346 (1349).
1138 BGHZ 94, 356 (359) – Sachwalterurteil.

Vertragserklärung des Versicherungsnehmers diesen ausdrücklich auf eine eingeschränkte Versicherer- und Vertragsauswahl hinweist. Kommt der Versicherungsmakler dieser Pflicht nicht nach, kann er sich nach § 63 VVG schadensersatzpflichtig machen. Nach der Gesetzesbegründung ist Adressat der Schadensersatzpflicht in erster Linie der Versicherungsmakler, der sich keinen ausreichenden Marktüberblick verschafft hat und deswegen einen für den Versicherungsnehmer nach der Marktsituation objektiv ungünstigen oder ungeeigneten Versicherungsvertrag empfiehlt.[1139]

§ 60 Abs. 1 S. 1 VVG normiert nur einen Teil der vertraglichen Hauptpflichten des Versicherungsmaklers gegenüber dem Versicherungsnehmer.[1140] Die mit § 60 Abs. 1 S. 1 VVG geregelten Pflichten hatte der Versicherungsmakler als Sachwalter des Versicherungskunden nach dem Maklervertrag bereits vor der Normierung zu erfüllen.[1141] Die gesetzliche Regelung hat insofern nur klarstellenden Charakter.[1142] Eine Teilnormierung der Maklerpflichten wurde aufgrund der Umsetzung der IMD[1143] erforderlich.[1144] Die Vertragspflichten des Versicherungsmaklers werden weiterhin von dem vom Bundesgerichtshof entwickelten Leitbild vom treuhänderähnlichen Sachwalter geprägt.[1145] Der Gesetzgeber stellte klar, dass von der Ausnahmeregelung in § 65 VVG die Verpflichtungen des Versicherungsmaklers unberührt bleiben, die sich aus dem Maklervertrag und der hieraus nach der Rechtsprechung folgenden Sachwalterposition ergeben.[1146] Versicherungsmakler haben deshalb als Sachwalter ihrer Kunden in der Regel auch dann die Pflicht, einen geeigneten Versicherungsvertrag aus der Breite des Versicherungsmarktes zu empfehlen, wenn § 60 Abs. 1 S. 1 VVG, z.B. aufgrund von § 65 VVG, keine Anwendung findet.[1147] Bei einem Pflichtverstoß haftet der Versicherungsmakler dann nach dem allgemeinen Vertragsrecht gemäß § 280 Abs. 1 VVG i.V.m. dem Maklervertrag.

1139 BT-Drucks. 16/1935, S. 25: „

1140 So auch Reiff in MüKo-VVG, § 60, Rn. 15.

1141 Vgl. Reiff in MüKo-VVG, § 60, Rn. 16; vgl. auch Matusche-Beckmann in VersR-HdB, § 5, Rn. 286; vgl. zu den Maklerpflichten vor der Normierung ausführlich Matusche, a.a.O., S. 56, 66 ff.

1142 So wohl Reiff in MüKO-VVG, § 60, Rn. 15 i.V.m. 28; a.A. Schmidt, a.a.O., S. 204.

1143 Vgl. oben Richtlinie 2002/92/EG des Europäischen Parlaments und des Rates vom 9.12.2002 über Versicherungsvermittlung, ABl. EG vom 15.1.2003, L9/3.

1144 Reiff in MüKo-VVG, § 60, Rn. 16; ders. VersR 2004, 142 (148); Schulz, a.a.O., S. 91.

1145 So im Ergebnis wohl auch Reiff in MüKo-VVG, § 60, Rn. 16 zum gewohnheitsrechtlichen Inhalt des Maklervertrages; a.A. Schmidt a.a.O. 204 der vom „überkommenen Leitbild des Maklers als Sachwalter" spricht. Nach seiner Ansicht hat das Sachwalterurteil jedenfalls keine Bedeutung mehr für die vorvertraglichen Maklerpflichten.

1146 BT-Drucks. 16/1935, S. 26.

1147 Vgl. zu den Pflichten des Versicherungsmaklers vor der Normierung ausführlich Matusche, a.a.O., S. 56, 66 ff.

aa) Der „Markt"

Der Versicherungsmakler hat nach der Gesetzesbegründung den Versicherungskunden auf der Grundlage einer objektiven und ausgewogenen Untersuchung des Marktangebotes zu beraten, denn dies kann der Versicherungskunde von einem Versicherungsmakler als seinem Interessenvertreter erwarten.[1148] Die in einem ersten Schritt vorzunehmende Marktuntersuchung sei Voraussetzung für die Bestimmung einer hinreichenden Zahl von Angeboten als Beratungsgrundlage für die Empfehlung des Versicherungsmaklers. Die Anforderungen an Art und Umfang der vom Versicherungsmakler vorzunehmenden Marktuntersuchung seien jeweils nach den Umständen des Einzelfalls zu bestimmen; zu berücksichtigen sind hierbei insbesondere die Marktverhältnissen in dem jeweiligen Versicherungsbereich, für den der Versicherungsmakler seinem Kunden eine Empfehlung erteilt. Ausreichend könne hierbei die Durchführung regelmäßiger Marktuntersuchungen sein. Maßgeblich sei, dass der Versicherungsmakler sich eine fachliche Grundlage in einem Umfang verschafft hat, die ihn in die Lage versetzt, eine sachgerechte, den individuellen Bedürfnissen des Kunden entsprechende Empfehlung für einen konkreten Versicherungsvertrag abzugeben.[1149]

(1) *Abgrenzung nach dem kartellrechtlichen Bedarfsmarktkonzept*

Zur objektiven Bestimmung des *„Markts"* nach § 60 Abs. 1 S. 1 VVG liefert das kartellrechtliche Bedarfsmarktkonzept grundsätzlich ein taugliches Modell.[1150] Der Versicherungsmakler hat danach in seine Marktuntersuchung alle angebotenen Versicherungsverträge von Versicherern einzubeziehen, die aus Sicht der Versicherungsnehmer austauschbar sind.[1151] Weitere kartellrechtliche Marktabgrenzungsmethoden können im Rahmen von § 60 Abs. 1 S. 1 VVG nicht herangezogen werden. So spielt insbesondere die Angebotsumstellungsflexibilität der Versicherer keine Rolle, weil der Versicherungsmakler die Empfehlung eines konkreten Versicherungsproduktes nach § 60 Abs. 1 S. 1 VVG ausschließlich auf das aktuelle Angebot von Versicherungsverträgen und Versicherern beziehen.[1152] Die Anwendbarkeit des kartellrechtlichen Bedarfsmarktkonzeptes im Rahmen von § 60 Abs. 1 S. 1 VVG findet jedenfalls dort seine Grenze, wo der vom VVG und

---

1148 BT-Drucks. 16/1935, S. 23.

1149 BT-Drucks. 16/1935, S. 23.

1150 Schwintowski in Bruck/Möller, VVG, § 60, Rn. 13; so auch Michaelis in Schwintowski/Brömmelmeyer, VVG, § 60, Rn. 7; Schmidt, a.a.O., S. 55, 231 wie hier mit Einschränkungen.

1151 Schwintowski in Bruck/Möller, VVG, § 60, Rn. 9, 11; grundsätzlich Reiff, in MüKo-VVG, § 60, Rn. 17; Dörner in Prölss/Martin, VVG, § 60 Rn. 4; Baumann in Höra, AnwaltsHdB-VersR, § 4 Rn. 35; ders. in Looschelders/Pohlmann, VVG, § 60, Rn. 9; Fetzer, jurisPR-VersR 5/2007, Anm. 4; Matusche-Beckmann in Vers-HdB, § 5, Rn. 290.

1152 Schmidt, a.a.O., S. 54 f.

nach der Sachwalterrechtsprechung des Bundesgerichtshofes verfolgte Gesetzes- bzw. Vertragszweck erreicht wurde.[1153] VVG und GWB schützen schließlich unterschiedliche Rechtsgüter.[1154] Das GWB schützt die Freiheit des Wettbewerbs als solchen und gewährt den Betroffenen entsprechenden Individualschutz, während § 60 Abs. 1 VVG zum Schutz der Versicherungskunden, insbesondere der Verbraucher, eingeführt wurde.[1155] Die Anwendbarkeit ist danach insbesondere dann einzuschränken, wenn der Versicherungsmakler bereits bei der Marktuntersuchung den subjektiven Bedarf des Versicherungskunden besonders berücksichtigen muss, denn nach dem Bedarfsmarktkonzept, das objektiv auf die Marktgegenseite abstellt, spielt der subjektive Bedarf der Marktgegenseite keine Rolle.[1156] Umso individueller der vom Versicherungsnehmer nachgesuchte Versicherungsschutz ist, umso mehr wird vom Versicherungsmakler auch eine einzelfallbezogene Marktuntersuchung verlangt.[1157] Gleichwohl spricht diese Einschränkung nicht generell gegen eine Anwendbarkeit des Bedarfsmarktkonzeptes im Rahmen von § 60 Abs. 1 S. 1 VVG, da sich Abweichungen wohl nur im Einzelfall ergeben.[1158]

Hinzukommen weitere, praktische Erwägungen, die einer einschränkungslosen Anwendung des Bedarfsmarktkonzeptes zur Bestimmung des „*Marktes*“ nach § 60 Abs. 1 S. 1 VVG entgegenstehen. Faktisch können Versicherungsmakler schon keine Versicherungsangebote bei der Marktuntersuchung berücksichtigen, deren Tarifinformationen sie nicht in Erfahrung bringen können.[1159] Anders als die Kommission oder das Bundeskartellamt verfügt ein Versicherungsmakler auch nicht über aufsichtsrechtliche Eingriffsbefugnisse zur Untersuchung der Marktstrukturen.[1160] Gleichwohl können Versicherungsmakler von Maklerpools, Verbänden, Verbünden und Servicegesellschaften bei der Marktuntersuchung Unterstützung erhalten.[1161]

Der Versicherungsmakler muss bei seiner Marktuntersuchung nach § 60 Abs. 1 S. 1 VVG auch keine – aus Kundensicht möglicherweise substituierbaren – Alternativen zu Versicherungsverträgen, insbesondere

1153 Wie hier Schmidt, a.a.O., S. 53 f. zur unterschiedlichen Schutzrichtung der Rechtsgebiete.

1154 Schmidt, a.a.O., S. 53 f.

1155 Vgl. für § 60 VVG Erwägungsgrund 18 ff. der IMD.

1156 Schmidt, a.a.O., S. 54, der insbesondere auch auf neuartige Risiken hinweist.

1157 Koch, VW 2007, 248 (252); Beenken/Sandkühler, Das neue Versicherungsvermittlergesetz, S. 58; Schulz, a.a.O., S. 92.

1158 Schmidt, a.a.O., S. 54.

1159 Schmidt, a.a.O., S. 55, 235; ähnlich Münkel in Rüffer/Halbach/Schimikowski, § 60, Rn. 4; Matusche-Beckmann in Vers-HdB, § 5, Rn. 289.

1160 Schmidt, a.a.O., S. 55.

1161 Schmidt, a.a.O., S. 55.

Finanzdienstleistungsprodukten, berücksichtigen.[1162] Bereits der Wortlaut von § 60 Abs. 1 S. 1 VVG bezieht sich nur auf Versicherungsangebote und Versicherer. Versicherungsmakler sind zur Vermittlung alternativer Finanzprodukte zudem nur dann in der Lage, wenn die Produkte nach dem Gewerberecht erlaubnisfrei vermittelt werden dürfen oder sie über eine entsprechende zusätzliche Gewerbeerlaubnis verfügen. Die gewerberechtlichen Erlaubnisvorbehalte haben damit direkten Einfluss auf die Produktauswahlmöglichkeiten der Versicherungsmakler und beschränken die Pflicht zur Marktuntersuchung nach § 60 Abs. 1 S. 1 VVG.[1163] Gleichwohl ergäbe sich hieraus kaum eine Abweichung zur kartellrechtlichen Marktabgrenzung, weil die Ausweichmöglichkeiten des Versicherungsmaklers nach dem Kartellrecht ebenfalls durch aufsichtsrechtliche Erfordernisse beschränkt sind.[1164]

(2) *Berücksichtigung exklusiv vertriebener Versicherungsprodukte*

Sinn und Zweck des § 60 VVG erfordern nicht, dass der Versicherungsmakler bei der Marktuntersuchung auch Versicherer berücksichtigt, die ihre Produkte exklusiv über konkurrierende Vertriebsformen[1165] anbieten (insbesondere Angebote von Direktversicherern und Versicherern mit exklusivem Ausschließlichkeitsvertrieb).[1166] „*Markt*" im Sinne von § 60 Abs. 1 S. 1 VVG ist nicht der Versicherung(produkt)markt im kartellrechtlichen Sinne.[1167]

Der Versicherungsnehmer ist insoweit nicht schutzbedürftig.[1168] Zwar haben Versicherungsmakler bei ihrer Marktuntersuchung grundsätzlich auch die Angebote von Versicherern zu berücksichtigen, von denen sie keine Courtage erhalten,[1169] dies kann aber von vornherein nicht für Versicherungsgesellschaften gelten, von denen sie keine Vergütung erwarten dürfen, weil diese generell nicht mit

---

1162 So auch Schmidt, a.a.O., S. 232.
1163 Wie hier Schmidt, a.a.O., S. 95, 116.
1164 Viertes Kapitel B. III. 3. b) cc).
1165 Zu den konkurrierenden Vertriebsformen vgl. Zweites Kapitel B.
1166 Reiff in MüKo-VVG, § 60, Rn. 19 f.; Münkel in Rüffer/Halbach/Schimikowski, § 60, Rn. 4; Rixecker in Langheid/Rixecker, VVG, § 60, Rn. 5; Michaelis in Schwintowski/Brömmelmeyer, VVG, § 60, Rn. 8 f.; Beenken/Sandkühler, a.a.O., S. 57 f.; Fetzer, jurisPR-VersR 5/2007, Anm. 4; a.A. Schwintowski in Bruck/Möller, VVG, § 60, Rn. 11; Baumann in Höra, AnwaltsHdb-VersR, § 4 Rn. 35; ders. in Looschelder/Pohlmann, § 60, Rn. 9; Dörner in Prölss/Martin, VVG, § 60, Rn. 4; Icha, a.a.O., S. 368 ff.
1167 So aber Schwintowski in Bruck/Möller, VVG, § 60, Rn. 11.
1168 Vgl. Reiff in MüKo-VVG, § 60, Rn. 19; Michaelis in Schwintowski/Brömmelmeyer, VVG, § 60, Rn. 8.
1169 Schwintowski in Bruck/Möller, VVG, § 60, Rn. 11; Baumann in Höra, AnwaltsHdb-VersR, § 4 Rn. 35.

Versicherungsmaklern kooperieren.[1170] Der Versicherungsnehmer darf von seinem Versicherungsmakler als Sachwalter zwar durchaus eine aufwändige Marktuntersuchung und einen unparteiischen Rat fordern, gleichwohl kann er nicht verlangen, dass dieser seine Dienste ohne jede Aussicht auf eine Vergütung erbringt.[1171] Hat der Versicherungsmakler mit dem Versicherungsnehmer keine Honorarvereinbarung getroffen, muss letzterem klar sein, dass der Versicherungsmakler seine Vergütung vom Versicherer erhält bzw. nur solche Versicherer berücksichtigen kann, die grundsätzlich bereit sind, an Versicherungsmakler eine Vergütung zu zahlen.[1172]

Die Tätigkeit als Versicherungsmakler birgt zudem ein nicht unerhebliches Haftungspotential (nach den § 63 VVG und § 280 Abs. 1 BGB i.V.m. dem Maklervertrag), weshalb Versicherungsmakler für die Erlaubniserteilung nach § 34d Abs. 3 Nr. 3 GewO n.F. auch eine Berufshaftpflichtversicherung nachweisen müssen. Die Kosten für die Berufshaftpflichtversicherung kann der Versicherungsmakler ohne eine Vergütung seiner Tätigkeit – d.h. weder durch den Versicherer noch durch den Versicherungsnehmer – jedoch nicht kompensieren.[1173] Bei einer an Treu und Glauben zu orientierenden Auslegung des Maklervertrages, kann der Versicherungsnehmer daher ebenfalls keine Beratung über Direktversicherungsangebote erwarten. Zudem wäre eine zivilrechtliche Norm, die den Versicherungsmakler zu einer von vornherein unentgeltlichen Tätigkeit verpflichten würde, letztlich wohl auch unter dem Gesichtspunkt der Berufsausübungsfreiheit nur schwer verfassungsrechtlich zu rechtfertigen. Auch der Umstand, dass Versicherungsmakler im Bereich hochgradig standardisierter Versicherungsprodukte ihren Kunden in der Praxis zunehmend Direktversicherungen empfehlen, ändert hieran nichts.[1174] Durch diese Praxis wird lediglich das Serviceangebot für Kunden erweitert, in der Erwartung, Kunden zu binden, um weitere, courtagepflichtige Versicherungsverträge vermitteln zu können.[1175]

Ferner findet § 60 Abs. 1 S. 2 VVG, wonach der Versicherungsmakler von der Pflicht des § 60 Abs. 1 S. 1 VVG befreit werden kann, soweit er im Einzelfall vor Abgabe der Vertragserklärung des Versicherungsnehmers diesen ausdrücklich auf

1170 Reiff in MüKo-VVG, § 60, Rn. 19 f.; Münkel in Rüffer/Halbach/Schimikowski, § 60, Rn. 4; Rixecker in Langheid/Rixecker, VVG, § 60, Rn. 5; Michaelis in Schwintowski/Brömmelmeyer, VVG, § 60, Rn. 8; Beenken/Sandkühler, a.a.O., S. 57 f.; Fetzer, jurisPR-VersR 5/2007, Anm. 4; a.A. Schwintowski in Bruck/Möller, VVG, § 60, Rn. 11; Baumann in Höra, AnwaltsHdb-VersR, § 4 Rn. 35; ders. in Looschelder/Pohlmann, § 60, Rn. 9; Dörner in Prölss/Martin, VVG, § 60, Rn. 4.

1171 Reiff in MüKo-VVG, § 60, Rn. 20; Münkel in Rüffer/Halbach/Schimikowski, § 60, Rn. 4; Michaelis in Schwintowski/Brömmelmeyer, VVG, § 60, Rn. 9; zur *„Erwartungshaltung"* der Versicherungsnehmer vgl. BT-Drucks. 16/1935, S. 23.

1172 Reiff in MüKo-VVG, § 60, Rn. 20.

1173 Ähnlich wie hier Schulz, a.a.O., S. 95.

1174 Reiff in MüKo-VVG, § 60, Rn. 20; Meixner/Steinbeck, a.a.O., § 1, Rn. 394.

1175 Ähnlich Baumann/Beenken/Sandkühler, HdB-Maklermanagement, S. 167 f.

eine eingeschränkte Versicherer- und Vertragsauswahl hinweist, keine Anwendung, wenn der Versicherungsmakler Direktversicherer bei seiner Beratung grundsätzlich nicht berücksichtigen will, weil die Vorschrift eine Beschränkung der Beratungsgrundlage nur *„im Einzelfall"* vorsieht, d.h. Ausnahmecharakter hat.[1176] Der Versicherungsmakler kann seine Beratungsgrundlage danach nur individualvertraglich und im Hinblick auf die Umstände des konkreten Falles wirksam einschränken. Will ein Versicherungsmakler die Angebote von Direktversicherern und Versicherern mit exklusivem Ausschließlichkeitsvertrieb in dem von ihm hauptsächlich betreuten Versicherungsbereich unberücksichtigt lassen, muss er jedoch den Ausschluss zur *„Regel"* machen.[1177] Ein Versicherungsmakler, der *„ständig und systematisch"* seine Beratungsgrundlage beschränkt, entfernt sich aber von dem in §§ 59 Abs. 3, 60 Abs. 1 VVG niedergelegten Leitbild so erheblich, dass seine Tätigkeit nicht mehr der eines Versicherungsmaklers entspricht, mit der Folge, dass ein Widerruf seiner Maklererlaubnis durch die zuständige IHK in Betracht käme.[1178]

(3) *Berücksichtigung nicht-kooperierender Versicherer im Einzelfall*

Wünscht ein Versicherer, der seine Produkte grundsätzlich (auch) über Maklervertriebe absetzt, im Einzelfall keine Geschäftsbeziehung mit einem bestimmten Versicherungsmakler, ist die Situation differenzierter zu betrachten. Von der Literatur wird in diesem Fall vom Versicherungsmakler verlangt, dass er seinen Kunden darüber informiert, dass er einen bestimmten Versicherer bei seiner Marktanalyse nicht berücksichtigt hat.[1179] Ob ein Versicherungsmakler seine Beratungsgrundlage in diesem Fall beschränken muss und eine Informationspflicht nach § 60 Abs. 1 S. 2 VVG hat, hängt nach hier vertretener Ansicht jedoch grundsätzlich vom Umfang des Marktangebotes im jeweiligen Produktsegment ab. Ergibt die Marktanalyse des Versicherungsmaklers, dass er auch ohne die Einbeziehung dieses Versicherers seinen Rat an den Kunden auf eine hinreichende und repräsentative Zahl von Versicherungsangeboten stützen kann, ist eine Beschränkung seiner Versicherer- und Vertragsauswahl nicht erforderlich und mithin ein Hinweis an den Kunden

---

1176 Reiff in MüKo-VVG, § 60, Rn. 20; Münkel in Rüffer/Halbach/Schimikowski, § 60, Rn. 4; Rixecker in Langheid/Rixecker, VVG, § 60, Rn. 5; Michaelis in Schwintowski/Brömmelmeyer, VVG, § 60, Rn. 9; Schulz, a.a.O., S. 96; a.A. Schwintowski in Bruck/Möller, VVG, § 60, Rn. 11; Baumann in Höra, AnwaltsHdb-VersR, § 4 Rn. 35; Dörner in Prölss/Martin, VVG, § 60, Rn. 4; so wohl auch Matusche-Beckmann in VersR-HdB, § 5, Rn. 289.

1177 Rixecker in Langheid/Rixecker, VVG, § 60, Rn. 5; Reiff in MüKo-VVG, § 60, Rn. 20.

1178 Dörner in Prölss/Martin, § 60, Rn. 12 zum Ausnahmetatbestand; Reiff, VersR 2007, 724.

1179 Matusche-Beckmann in VersR-HdB, § 5, Rn. 289; so auch Reiff in MüKo-VVG, § 60, Rn. 19.

entbehrlich. Die Notwendigkeit einer Beschränkung muss deshalb vom konkreten Einzelfall abhängig gemacht werden.

Für eine Hinweispflicht besteht aber auch keine Rechtsgrundlage. Die Ausnahmeregelung des § 60 Abs. 1 S. 2 VVG erfasst nach Sinn und Zweck nicht den Fall, dass der Versicherungsmakler einen Versicherer aus seiner Beratungsgrundlage ausschließt, weil er von diesem keine Courtage (mehr) erhält. Der Gesetzgeber wollte mit § 60 Abs. 1 S. 2 VVG allein den Versicherungsmaklern, die sich keinen hinreichenden Marktüberblick verschaffen können, ermöglichen, ohne Statusverlust als Makler weiterhin tätig zu sein; was insbesondere für Versicherungsmakler wichtig ist, wenn sie außerhalb des von ihnen hauptsächlich betreuten Versicherungsbereichs beraten.[1180] So könne z.B. ein primär im Schiffversicherungsbereich tätiger Versicherungsmakler auch generell ohne Marktüberblick für seine Kunden Hundehaftpflichtrisiken bei nur einem Versicherer unterbringen, wenn er seine Kunden im Einzelfall darauf hinweist.[1181] Wenn der Makler jedoch einen hinreichenden Marktüberblick besitzt und es sich um einen Versicherer aus dem von ihm hauptsächlich betreuten Versicherungsbereich handelt, kann er sich danach nicht auf eine Beschränkung i.S.v. § 60 Abs. 1 S. 2 VVG berufen. Eine Beschränkung der Beratungsgrundlage außerhalb des Anwendungsbereiches von § 60 Abs. 1 S. 2 VVG ist problematisch, denn § 67 VVG verbietet dem Versicherungsmakler, von den §§ 60 bis 66 VVG zum Nachteil des Versicherungsnehmers abzuweichen. Eine Ausnahme besteht nur für Geschäfte mit Kunden, die Versicherungsschutz für Großrisiken (§§ 65, 210 Abs. 2 VVG) sowie See- und Rückversicherungen (§ 209 VVG) nachsuchen. Zudem ist der Versicherungsmakler nach dem Wortlaut des § 60 Abs. 2 S. 1 i.V.m. Abs. 1 S. 2 VVG nicht zur Nennung von Versicherungsangeboten und Gesellschaften verpflichtet, die er unberücksichtigt gelassen hat. Die Vorschrift verlangt dies nicht. Eine andere Auslegung würde zu dem widersinnigen Ergebnis führen, dass ein Versicherungsmakler, der keinen ausreichenden Marktüberblick besitzt, alle Versicherungsangebote von Versicherungsgesellschaften dem Versicherungsnehmer nennen müsste, die er gerade nicht überblicken kann.

bb) Die hinreichende Zahl von Angeboten

Welche Anzahl der am Markt angebotenen Versicherungsverträge und Versicherer einer *„hinreichenden Zahl“* gemäß § 60 Abs. 1 S. 1 VVG entspricht, lässt der Gesetzgeber offen. Er gibt lediglich vor, dass die Anforderungen einzelfallabhängig sind, wobei insbesondere den Marktbedingungen im jeweils relevanten Produktbereich eine besondere Bedeutung zukommt.[1182] Die Frage kann danach jedenfalls nicht pauschal beantwortet werden.[1183] Der Begriff ist nicht *„statisch“*,

1180 BT-Drucks. 16/1935, S. 23.
1181 BT-Drucks. 16/1935, S. 23.
1182 BT Drucks. 16/1935, S. 23.
1183 Fetzer, jurisPR-VersR 5/2007, Anm. 4.

sondern *„funktional-dynamisch“*.[1184] Handelt es sich demnach um einen Versicherungszweig, in dem nur sehr wenige Versicherer tätig sind, kann verlangt werden, dass der Versicherungsmakler alle am Markt vorhandenen und für ihn grundsätzlich auch erreichbaren Versicherungsangebote in seine Beratungsgrundlage einbezieht.[1185] Soll allerdings ein Standardprodukt im Massengeschäft vermittelt werden (z.B. Kfz-Haftpflichtversicherung), genügt eine fachlich hinreichende Auswahl der bedeutsamsten Versicherer,[1186] denn unter zumutbarem Aufwand kann in diesen Bereichen grundsätzlich kein Versicherungsmakler alle potentiell verfügbaren Versicherungsangebote ermitteln und bewerten.[1187]

Der Versicherungsmakler kann nur eine qualitative Vorauswahl der bedeutsamsten Versicherer treffen.[1188] Als bedeutsam können Versicherer angesehen werden, die über einen hohen Marktanteil verfügen, sich durch ihren Marktauftritt insbesondere ihre Werbung profilieren sowie aufgrund von qualitativen Kriterien wie Finanzstärke, Insolvenzsicherung, Bedingungen/AVB, Prämie/Preis, Antragsgestaltung, Service und Tarifmerkmale auszeichnen.[1189]

Die IDD enthält im 47. Erwägungsgrund nunmehr folgende Zielsetzung, die für eine Konkretisierung der Anforderungen an eine *„hinreichende“* Vorauswahl des Versicherungsmaklers herangezogen werden kann:

> *„Um zu bewerten, ob die Zahl von Verträgen und Anbietern, die vom Vermittler in Betracht gezogen werden, ausreichend groß ist, um für eine ausgewogene und persönliche Untersuchung zu taugen, sollte unter anderem den Bedürfnissen des Kunden, der Anzahl von Anbietern im Markt, dem Marktanteil dieser Anbieter, der Anzahl einschlägiger Versicherungsprodukte, die von jedem Anbieter verfügbar sind, und den Merkmalen dieser Produkte gebührend Rechnung getragen werden.“*[1190]

cc) Die Pflicht zur Empfehlung des am besten geeigneten Versicherungsvertrages

Der Versicherungsmakler hat nach § 60 Abs. 1 S. 1 VVG schließlich eine Empfehlung dahin abzugeben, welcher Versicherungsvertrag geeignet ist, die Bedürfnisse

---

1184 Schwintowski in Bruck/Möller, VVG, § 60 Rn. 14; Rüffer/Halbach/Schimikowski, VVG, § 60, Rn. 4; Matusche-Beckmann in VersR-HdB, § 5, Rn. 290.

1185 Matusche-Beckmann in VersR-HdB, § 5, Rn. 290; Baumann in Looschelders/Pohlmann, VVG, § 60, Rn. 3.

1186 Baumann in Looschelders/Pohlmann, VVG, § 60, Rn. 3; Fetzer, jurisPR-VersR 5/2007, Anm. 4; Schmidt, a.a.O., S. 236.

1187 Baumann in Höra, AnwaltsHdB-VersR, § 4, Rn. 24, 30.

1188 Schmidt, a.a.O., S. 236

1189 Fetzer, jurisPR-VersR 5/2007, Anm. 4; Matusche-Beckmann in VersR-HdB, § 5, Rn. 290; Reiff in MüKo-VVG, § 60, Rn. 21; Michaelis in Schwintowski/Brömmelmeyer, VVG, § 60, Rn. 11; Baumann in Höra, AnwaltsHdB-VersR, § 4, Rn. 31.

1190 47. Erwägungsgrund der Versicherungsvertriebsrichtlinie (EU) 2016/97 (kurz: IDD).

des Versicherungsnehmers zu erfüllen. Auch diese Pflicht bestand für den Versicherungsmakler bereits vor der gesetzlichen Normierung aufgrund des von der Rechtsprechung geprägten Leitbildes vom treuhänderähnlichen Sachwalter.[1191] Danach hatte der Versicherungsmakler als Vertrauter und Berater des Versicherungsnehmers individuellen, für das betreffende Objekt passenden Versicherungsschutz oft kurzfristig zu besorgen.[1192]

(1) *Pflichtinhalt und -umfang*

Anders als beispielsweise der österreichische Gesetzgeber hatte der deutsche Gesetzgeber bei der Umsetzung des IMD darauf verzichtet, vom Versicherungsmakler die Vermittlung des nach den Umständen des Einzelfalls bestmöglichen Versicherungsschutzes zu verlangen.[1193] In der versicherungsrechtlichen Literatur in Deutschland wurde deshalb diskutiert, wie hoch die Anforderungen an die Produktempfehlung des Versicherungsmaklers sind. Die Diskussion in der Literatur erschöpft sich nach hier vertretener Ansicht jedoch weitgehend in der Wahl der Begrifflichkeiten, während hinsichtlich Inhalt und Umfang der Pflicht im Wesentlichen Einigkeit besteht.[1194] So wird z.T. von einer Pflicht des Versicherungsmaklers zum *„best advice"* gesprochen, vorwiegend angelehnt an die englischen Standesregeln für Finanz- und Versicherungsmakler nach dem Financial Service Act von 1986.[1195] Die Vertreter dieser Ansicht machen aber deutlich, dass *„best advice"* nicht die Empfehlung des besten Produktes zum billigsten Preis bedeutet.[1196] Z.T. wird der Begriff *„suitable advice"* bevorzugt,[1197] inhaltlich ist damit aber nichts anderes gemeint, als eine optimale Absicherung des Risikos.[1198] Wieder andere sprechen von der Empfehlung des *„passendsten Angebotes, welches den Interessen des Kunden am ehesten entspricht"*.[1199] Weitere Umschreibungen reichen von der Pflicht zur

---

1191 Reiff in MüKo-VVG, § 60, Rn. 15; Schimikowski, Versicherungsvertragsrecht, S. 96 f., Rn. 142; Matusche, a.a.O., S. 56, 66 ff.; dies. in VersR-HdB, § 5, Rn. 286 m.w.N.

1192 BGHZ 94, 356 – Sachwalterurteil.

1193 § 28 Nr. 3 ÖMaklerG, ÖBGBl.1996/262.

1194 Zum Streit und den daraus resultierenden inhaltlichen Abweichungen vgl. Schmidt, a.a.O., S. 245 f.; Baumann in Höra, AnwaltsHdB-VersR, § 4, Rn. 27 ff.

1195 Zinnert, a.a.O., S. 225 ff; noch Werber, VersR 1992, 917; Schmidt, a.a.O., S. 245 ff.; ablehnend insbesondere Baumann in Höra, AnwaltsHdB-VersR, § 4, Rn. 27 ff.; vgl. auch Böttcher-Völker, Best Advice im Versicherungsrecht, passim; Financial Service Act von 1986 abrufbar unter: http://www.legislation.gov.uk/ukpga/1986/60/pdfs/ukpga_19860060_en.pdf, Stand: 16.12.2017.

1196 Vgl. dazu Zinnert, a.a.O., S. 225 (226).

1197 So Schwintowski in Bruck/Möller, VVG, § 60 Rn. 14; Werber, VersR 2010, 553 (554); Beenken/Sandkühler, a.a.O., S. 57; Münkel in Rüffer/Halbach/Schimikowski VVG § 61 Rn. 12; kritisch Schmidt, a.a.O., S. 245 f.

1198 Schwintowski in Bruck/Möller, VVG, § 60, Rn. 14.

1199 Dörner in Prölss/Martin, VVG, § 60, Rn. 6 und § 61 Rn. 23.

Empfehlung einer *„geeigneten, gut vertretbaren“*[1200] Lösung oder eines *„bedarfsgerechten“*[1201] bis hin zum *„bestmöglichen“*[1202] Versicherungsschutz.

Die Wahl der Begrifflichkeit kann letztlich dahinstehen. Handlungsmaxime des Versicherungsmaklers kann bei einer an den Wünschen und Bedürfnissen des Kunden orientierten Beratung, so der Wortlaut von § 61 VVG, allein eine am Bedarf ausgerichtete und bestmögliche Absicherung des Kundenrisikos sein.[1203] Jeder empfohlene Versicherungsvertrag muss deshalb zunächst den Wünschen und Bedürfnissen des Kunden hinsichtlich seines Versicherungsbedarfs entsprechen. Die Pflicht zur Feststellung der Wünsche und Bedürfnisse des Versicherungsnehmers und deren Dokumentation nach § 61 VVG würde jeden Sinns entbehren, wenn der Versicherungsmakler ohne Rücksicht auf die festgestellten Wünsche und Bedürfnisse seines Kunden jedes objektiv geeignete Versicherungsprodukt vermitteln könnte.[1204] *„Ist der Rat nicht bedürfnisgerecht, ist er wertlos.“*[1205] Der Versicherungsmakler, der als treuhänderischer Sachwalter des von ihm betreuten Kunden tätig wird, hat dem Kunden daher eine auf seine individuellen Wünsche und Bedürfnisse zugeschnittene passende Versicherung zu empfehlen.[1206]

Ferner hat der Versicherungsmakler bei einer am Kundenbedarf orientierten Empfehlung die Pflicht, das aus Kundensicht am besten geeigneten Versicherungsprodukt zu empfehlen.[1207] Die Pflicht zur Bildung einer hinreichenden Beratungsgrundlage nach § 60 Abs. 1 S. 1 VVG wäre entbehrlich, wenn der Versicherungsmakler nicht die Auswahl des am besten geeigneten Produktes aus der von ihm ermittelten Vorauswahl schulden würde, denn er könnte sonst jedes geeignete Versicherungsprodukt empfehlen, ohne dass es auf eine vorher zu bildende Referenzauswahl ankäme.[1208] Versicherungsmakler haben eine besondere Fürsorge- und Treuepflicht inne, im Rahmen derer sie gehalten sind, die Versicherung vorzuschlagen und zu vermitteln, die dem Versicherungskunden die

---

1200 Werber, VersR 2010, 553 (554).
1201 Baumann in Looschelders/Pohlmann, VVG, § 60, Rn. 11; ders. in Höra, AnwaltsHdB-VersR, § 4, Rn. 30.
1202 Matusche, a.a.O., S. 65; Matusche-Beckmann in VersR-HdB, § 5, Rn. 316.
1203 So schon zur Rechtslage vor der Normierung Matusche, a.a.O., S. 65; Bruck, Das Privatversicherungsrecht, S. 153; heute: ausführlich Schmidt, a.a.O., S. 245 ff.; vgl. auch Abraham, VersR 2005, 43 (46).
1204 So auch Schmidt, a.a.O., S. 245 f.
1205 Schmidt, a.a.O., S. 245.
1206 So ausdrücklich BGH VersR 2012, 619 (620); unklar LG München VersR 2016, 1315 (1316 und Ls. 2).
1207 Matusche, a.a.O., S. 65; Bruck, a.a.O., S. 153; Waldstein, Der Versicherungsmakler, S. 25; nach der Normierung weiterhin Matusche-Beckmann in VersR-HdB, § 5, Rn. 286 f.; Schmidt, a.a.O, S. 246; ähnlich wohl auch Dörner in Prölss/Martin, VVG, § 60, Rn. 6 und § 61 Rn. 23, wenn er vom „passendsten Angebot“ spricht.
1208 Schmidt, a.a.O., S. 247.

bestmögliche Absicherung bietet.[1209] Die Empfehlung eines Versicherers, der nur im Marktmittelfeld liegt, statt bzw. ohne auch das Angebot des Marktführers vorzuschlagen, wäre danach nicht ausreichend.[1210]

Unlängst finden sich diese Handlungsmaxime im Wesentlichen auch in der IDD wieder. Art. 17 Abs. 1 der IDD[1211] regelt für alle Versicherungsvertriebsformen:

> *„Die Mitgliedstaaten stellen sicher, dass Versicherungsvertreiber bei ihrer Versicherungsvertriebstätigkeit gegenüber ihren Kunden stets ehrlich, redlich und professionell in deren bestmöglichem Interesse handeln."*

Diese Wohlverhaltensregel wird mit § 1a VVG i.V.m. § 59 Abs. 1 S. 2 VVG für Versicherungsmakler in deutsches Recht umgesetzt.[1212] Die deutsche Fassung der IDD als auch das Umsetzungsgesetz schreibt danach allerdings nur ein Handeln im *„bestmöglichen"* Interesse der Kunden vor, wohingegen die englische (und erste) Fassung der IDD vorsah:

> *„Member States shall ensure that, when carrying out insurance distribution, insurance distributors always act honestly, fairly and professionally in accordance with the best interests of their customers."*[1213]

Bei einer wörtlichen Übersetzung hat der Versicherungsvertreiber danach im *„besten"* und nicht (nur) im *„bestmöglichen"* Interesse der Kunden zu handeln. Art. 20 Abs. 1 IDD konkretisiert den Beratungsstandard für Versicherungsvertreiber zudem wie folgt:

> *„Jeder angebotene Vertrag muss den Wünschen und Bedürfnissen des Kunden hinsichtlich der Versicherung entsprechen. Erfolgt vor Abschluss eines spezifischen Vertrags eine Beratung, richtet der Versicherungsvertreiber eine persönliche Empfehlung an den Kunden, in der erläutert wird, warum ein bestimmtes Produkt den Wünschen und Bedürfnissen des Kunden am besten entspricht."*

Das IDD-Umsetzungsgesetz geht auf diese in der IDD ausdrücklich formulierte Beratungspflicht nicht ein. Weder erfolgte eine Ergänzungen noch eine Konkretisierung der Beratungspflicht in § 61 Abs. 1 S. 1 VVG. Der Unterschied der Begrifflichkeiten ist jedoch nicht belanglos. So ist das „beste" Interesse durchaus objektiv bestimmbar, während die Formulierung *„bestmöglich"* eher auf die subjektive Situation beim Makler abstellt und damit diesem einen deutlich weiteren Beurteilungsspielraum einzuräumen scheint, als von der IDD vorgesehen. Ähnlich wie bei der Umsetzung von Art. 17 Abs. 1 der IDD in § 1 a Abs. 1 S. 1 VVG

1209 Vgl. so für die Lebensversicherung LG Itzehoe VuR 2011, 312, Rn. 23.

1210 LG Itzehoe VuR 2011, 312, Rn. 22.

1211 Richtlinie (EU) 2016/97, ABl. vom 2.2.2016, L 26.

1212 BGBl. I 2017, S. 2789.

1213 Abrufbar unter: http://eur-lex.europa.eu/legal-content/EN/TXT/PDF/?uri=CELEX:32016L0097&from=DE, Stand: 16.12.2017; Hervorhebung durch Verfasserin.

könnte hier ebenfalls erwogen worden sein, dass eine solche Pflicht bereits nach der geltenden Gesetzeslage gemäß den Grundsätzen von Treu und Glauben (§ 242 BGB) oder nach § 61 Abs. 1 VVG besteht.[1214] Letztlich kann dies aber dahinstehen, da die deutschen Normen jedenfalls richtlinienkonform auszulegen sind, d.h. der in Art. 20 IDD implizit enthaltene Beratungsstandard ist bei der Auslegung von § 60 VVG zu berücksichtigen. Im Ergebnis wird ein Versicherungsmakler danach zur Empfehlung eines Versicherungsvertrages verpflichtet sein, der den Wünschen und Bedürfnissen des Kunden jedenfalls objektiv am besten entspricht.

(2) *Fachliche Kriterien zur Bestimmung*

Welches Versicherungsprodukt am besten geeignet ist, die Bedürfnisse des Versicherungskunden zu erfüllen, ist vom Versicherungsmakler anhand fachlicher Kriterien zu bestimmen. Anerkannte fachliche Kriterien sind vor allem die Produktqualität und die Qualität der Versicherungsgesellschaft.[1215] Es existieren aber keine festgelegten fachlichen Bewertungsstandards; der Versicherungsmakler hat daher in Bezug auf die Auswahlmethode einen gewissen Beurteilungsspielraum.[1216] Zudem haben die Vorgaben des Kunden aufgrund der Bedarfsgerechtheit der Empfehlung grundsätzlich Vorrang vor einer standardisierten Produktbewertung.[1217]

(11) Produktqualität

Die Produktqualität wird in erster Linie durch das Preis-Leistungs-Verhältnis bestimmt, d.h. dem Verhältnis der Prämienhöhe zum Leistungsumfang des Versicherungsvertrages, so dass nicht der *„billigste"* Versicherer auch der am ehesten geeignete ist.[1218] Die Allgemeinen Versicherungsbedingungen (AVB) sind für den Leistungsumfang deshalb maßgeblich, weil Risikoeinschlüsse und Ausschlüsse vom Versicherungsmakler bei der Bestimmung der Produktqualität zu berücksichtigen sind.[1219] Der Versicherungsmakler hat darauf zu achten, das Risiko nicht

---

1214 BT-Drucks. 18/11627, S. 42.

1215 Fetzer, jurisPR-VersR 5/2007, Anm. 4, der auf die Entwicklung der Auswahlkriterien durch die Projektgruppe „Auswahlkriterien für den Rat des Maklers" des Arbeitskreises „EU-Vermittlerrichtlinie Dokumentation" verweist, ursprünglich abrufbar unter: www.vermittlerprotokoll.de, so heute nicht mehr verfügbar; dem folgend Dörner in Prölss/Martin, VVG, § 61, Rn. 23; Münkel in Rüffer/Halbach/Schimikowski, VVG, § 60, Rn. 4; Matusche-Beckmann in VersR-HdB, § 5, Rn. 316.

1216 Schmidt, a.a.O., S. 249.

1217 Schmidt, a.a.O., S. 249; zur finanziellen Leistungsfähigkeit eines Versicherungsnehmers, vgl. OLG Frankfurt VersR 2001, 1542.

1218 So bereits Matusche, a.a.O., S. 67; Dörner in Prölss/Martin, VVG, § 61, Rn. 23; Münkel in Rüffer/Halbach/Schimikowski, VVG, § 60, Rn. 4; Matusche-Beckmann in VersR-HdB, § 5, Rn. 316; vgl. auch zur Rentabilität des Produkts LG Itzehoe VuR 2010, 280.

1219 Matusche, a.a.O., S. 73 ff. zur Pflicht des Versicherungsmaklers Abweichung von den Standard AVB des Versicherers zu vereinbaren.

unter- und auch nicht überzuversichern.[1220] Weitere Leistungsmerkmale des Versicherungsvertrages können Zusatzleistungen wie Assistance-Leistungen sein. Leistungsbestimmend kann auch sein, inwieweit die AVB des Vertrages von den Musterbedingungen des GDV zugunsten oder zulasten des Versicherungsnehmers abweichen.[1221] Auch das Recht, dem der Versicherungsvertrag unterliegt, der Gerichtsstand sowie die Gestaltung und Sprache der Vertragsunterlagen können für die Geeignetheit eines Produktes von Bedeutung sein.[1222] Die Art und Weise der Antragsgestaltung kann ebenso eine Rolle spielen, insbesondere dann, wenn der Antrag vom Versicherungsnehmer auszufüllen ist. Letztlich kann auch die Vertragslaufzeit des Versicherungsvertrages ein Qualitätsmerkmal sein, da es durchaus im Interesse der Kunden ist, nicht langfristig an Verträge gebunden zu sein, um stets ohne größere Schwierigkeiten den Versicherungsschutz durch einen Wechsel anpassen zu können.[1223]

In der Privaten Krankenversicherung ist vor allem die Produktkalkulation zu beachten, insbesondere die Art und Höhe der Sicherheitszuschläge[1224] sowie künftige Prämienanpassungen.[1225] Bei Lebensversicherungen und anderen Vorsorgeprodukten sind vor allem die Rentabilität und das Anlagerisiko von Bedeutung,[1226] die Berechnung der Gewinnbeteiligung anhand aktueller Sterbetafeln,[1227] die steuerliche Anerkennung[1228] und die Höhe der Abschluss- und Verwaltungskosten sowie Garantiekosten. Eigene Verdienstinteressen hat der Versicherungsmakler grundsätzlich zurückzustellen.[1229]

Ein reiner Preisvergleich ist danach nur bei hochgradig standardisierten Versicherungsprodukten, wie der Kfz-Haftpflichtversicherung, möglich, vorausgesetzt

1220 Matusche, a.a.O., S. 69 m.w.N.

1221 Matusche, a.a.O., S. 73 so noch zu Abweichungen von den durch das BAV genehmigten AVB.

1222 Fetzer, jurisPR-VersR 5/2007, Anm. 4; Matusche, a.a.O., S. 71 zur Vertragsgestaltung.

1223 Ausführlich Matusche, a.a.O., S. 76 f.

1224 Der Sicherheitszuschlag beträgt nach § 7 der Kalkulationsverordnung (KalV) mindestens 5 %, kann aber auch höher ausfallen.

1225 Matusche, a.a.O., S. 66; Der Versicherungsnehmer kann den Vertrag nach § 40 VVG kündigen, wenn der Versicherer durch Anpassungsklauseln die Prämie erhöht, ohne dass sich der Umfang des Versicherungsschutzes entsprechend ändert. Gleiches gilt, wenn der Versicherer auf Grund einer Anpassungsklausel den Umfang des Versicherungsschutzes vermindert, ohne die Prämie herabzusetzen.

1226 LG Itzehoe Urteil vom 29.10.2009, Az. 7 O 27/09, juris; Fetzer, jurisPR-VersR 5/2007, Anm. 4.

1227 OLG Düsseldorf VersR 2001, 705; OLG Koblenz VersR 2000, 1357.

1228 Ein Beratungsfehler ist hingegen nicht anzunehmen, wenn ein Vermittler bei Vertragsschluss über die steuerliche Absetzbarkeit zutreffend Auskunft gegeben hat, jedoch später eine nicht vorhersehbare Änderung der BFH Rechtsprechung eingetreten ist, vgl. OLG Karlsruhe VersR 1994, 585.

1229 So auch Matusche, a.a.O., S. 68.

die Versicherungsverträge haben den gleichen Deckungsumfang und die Leistungsfähigkeit der Versicherer ist vergleichbar.[1230] Versicherungsproduktratings können den Versicherungsmakler bei der Beurteilung der Produktqualität unterstützen. Verbraucherorganisationen und unabhängige Unternehmen testen in regelmäßigen Abständen die Qualität einzelner Versicherungsprodukte, d.h. Versicherungsbedingungen, Tarifleistungen und Preise und vergeben Gütesiegel gegen Entgelt.[1231] Zu Bedenken ist hierbei aber, dass nahezu jedem Rating unterschiedliche Bewertungskriterien mit verschiedener Gewichtung zugrunde liegen; Prüfungsmethoden, die Auswahl der Testobjekte, selbst die Darstellung der Prüfungsergebnisse sind meist nur wenig vergleichbar.[1232] Dies kann dazu führen, dass der Versicherer, der häufig neue Versicherungsprodukte mit neuen Leistungsbeschreibungen, die z.T. auch völlig unsinnige Leistungsmerkmale enthalten können, besonders gut bei Ratings durch Zusatzleistungen abschneidet. Außerdem spielt die Solvenz und Zahlungsfähigkeit des Versicherers beim Produktrating in der Regel keine Rolle, was beispielsweise dazu führte, dass noch im Jahr 2009 die Stiftung Finanztest den später insolventen holländischen Kfz-Haftpflichtversicherer *ineas* aufgrund günstiger Preise mit Bestnoten versah.[1233] Ratings veralten zudem sehr schnell, weil sie ausschließlich die Vergangenheit betrachten; kurzfristige und aktuelle Entwicklungen am Markt können sie nicht immer ausreichend berücksichtigen.[1234] Ratings richten sich überdies an einen großen Adressatenkreis, der individuelle Kundenbedarf spielt mithin keine Rolle, anders als dies nach § 60 Abs. 1 S. 1 VVG verlangt wird.[1235] Versicherungsmakler können daher nicht ausschließlich Versicherungsproduktratings heranziehen, um die Geeignetheit eines Versicherungsproduktes im Sinne von § 60 Abs. 1 S. 1 VVG zu bestimmen.

(22) Unternehmensqualität

Für die Bestimmung der Qualität einer Versicherungsgesellschaft ist in erster Linie ihre Solvenz, aber auch ihr Regulierungsverhalten und Service gegenüber dem Versicherungskunden entscheidend.[1236] Nur dauerhaft leistungsfähige und finanziell solide Unternehmen können die Erfüllung ihrer vertraglichen Pflichten gegenüber dem Versicherungsnehmer gewährleisten.[1237] Insbesondere in der Kfz-Versicherung

---

1230 Ähnlich Dörner in Prölss/Martin, VVG, § 61, Rn. 23.
1231 Vgl. Böttcher-Völker, a.a.O., S. 28 f., insbesondere zum Vorschlag aufsichtsrechtlicher Gütesiegel m.w.N.
1232 Ausführlich Böttcher-Völker, a.a.O., S. 29.
1233 Zeitschrift Stiftung Warentest, Finanztest, Ausgabe November 2009.
1234 Böttcher-Völker, a.a.O., S. 29.
1235 Ähnlich Böttcher-Völker, a.a.O., S. 29 f.
1236 Matusche, a.a.O., S. 57 ff. m.w.N.; Fetzer, jurisPR-VersR 5/2007, Anm. 4, m.w.N.; dem folgend Dörner in Prölss/Martin, VVG, § 61, Rn. 23; Münkel in Rüffer/Halbach/Schimikowski, VVG, § 60, Rn. 4; Matusche-Beckmann in VersR-HdB, § 5, Rn. 316.
1237 Dreher/Hoffmann/Kling, a.a.O., S. 8, Rn. 15.

hat sich in der Vergangenheit gezeigt, dass ein besonders scharfer Wettbewerb nicht nur zu niedrigen Versicherungsprämien führt, sondern eben auch zu der Gefahr, dass ein Versicherer mit seiner Leistung ausfällt.[1238] Die Bedeutung der Solvenz eines Versicherers ist vor allem beim Abschluss von Verträgen mit langer Vertragslaufzeit wichtig. Dies gilt insbesondere für Lebensversicherungsverträge, die wirtschaftlich existenzielle Risiken der Versicherungsnehmer absichern, aber den Schwankungen der Kapitalmärkte unterliegen.[1239]

Die finanzielle Notlage eines Versicherers ist für Versicherungsmakler nicht leicht zu erkennen, vor allem dann, wenn der Versicherer diese in der Öffentlichkeit leugnet. Mit der Solvenzprüfungspflicht übernimmt der Versicherungsmakler daher keine Garantiehaftung für die Zahlungsfähigkeit des empfohlenen Versicherers.[1240] Weitgehend belastbare Aussagen über die Solvenz eines Versicherers können gegebenenfalls den nach § 40 VAG zu veröffentlichen jährlichen Solvabilitäts- und Finanzberichten der Versicherer entnommen werden. Sogenannte *Stresstests*, die vor allem Versicherungsaufsichtsbehörden durchführen, um die wirtschaftliche Leistungsfähigkeit eines Versicherers unter Annahme eines Krisenszenarios, wie Einbrüche am Aktien- und Immobilienmarkt, Änderung des Zinsniveaus, Inflationszunahme und Naturkatastrophen zu prüfen, können wegen des Ausnahmecharakters der Testszenarien nur bedingt eine Aussage über die Solvenz eines Versicherers treffen. Ratingagenturen, wie *Standard & Poor's*, *Fitch* und *Assekurata*, bewerten regelmäßig die Zahlungsfähigkeit von Versicherern im Auftrag der zu bewertenden Unternehmen (Auftragsbewertung) und können eine Hilfestellung bieten. Spätestens seit der Finanzmarktkrise im Jahr 2008 sind Unternehmensratings von Ratingagenturen jedoch erheblich in die Kritik geraten, weil sie die verschlechterte Marktlage nicht früh genug dargestellt hatten und es ihnen darüber hinaus nicht gelang, ihre Ratings rechtzeitig anzupassen, als sich die Krise auf dem Markt schon zugespitzt hatte.[1241]

cc) Zusammenfassung

Die Beratungspflichten des Versicherungsmaklers nach § 60 Abs. 1 S. 1 VVG sowie nach dem von der Rechtsprechung geprägten Leitbild vom treuhänderähnlichen Sachwalter normieren die Beratungsgrundlage und Produktauswahl des

---

1238 Dreher/Hoffmann/Kling, a.a.O., S. 8, Rn. 15 ebenso zum Beispiel der niederländischen *ineas* Kfz-Versicherung.

1239 Die BaFin hatte z.B. im Juni 2003 den Versicherungsbestand der unter erheblichen Verlusten leidenden Mannheimer Lebensversicherung AG auf die Auffanggesellschaft Protektor Lebensversicherungs-AG übertragen, nachdem ein bracheninterner Sanierungsplan gescheitert war. Die Auffanggesellschaft hat die Altverträge der Versicherungsnehmer fortgeführt.

1240 Matusche, a.a.O., S. 60; ähnlich Böttcher Völker, a.a.O., S. 144.

1241 10. Erwägungsgrund der Verordnung (EG) Nr. 1060/2009 vom 16.9.2009 über Ratingagenturen, ABl. EU vom 17.11.2009, L 302/1(2).

Versicherungsmaklers für seinen Kunden. Zur Abgrenzung des *„Marktes“* nach § 60 Abs. 1 VVG kann das kartellrechtliche Bedarfsmarktkonzept herangezogen werden, soweit der Methode und dem Ergebnis der Vertragszweck des Maklervertrages, der Schutzzweck des VVG sowie die Sachwalterrechtsprechung des Bundesgerichtshofes nicht entgegenstehen. Danach haben Versicherungsmakler grundsätzlich alle auf dem Versicherungsmarkt angebotenen und aus Sicht der Versicherungskunden substituierbaren Versicherungsverträge bei der Marktuntersuchung zu berücksichtigen; ausgeschlossen sind jedoch Versicherungsprodukte, die ausschließlich über konkurrierende Vertriebsformen abgesetzt werden wie z.B. Direktversicherungen. Gleiches gilt schon nach dem Wortlaut von § 60 Abs. 1 S. 1 VVG für Finanzanlageprodukte, die Versicherungsprodukte aus Kundensicht substituieren können. Anschließend trifft der Versicherungsmakler auf der Grundlage seiner Marktuntersuchung eine *„hinreichende“* Produktvorauswahl für seine Kunden. Wie groß diese Zahl ist, hängt von den Umständen des Einzelfalls, insbesondere den Marktverhältnissen wie der Anzahl der Anbieter im Markt, dem Marktanteil dieser Anbieter, der Anzahl einschlägiger Versicherungsprodukte, die von jedem Anbieter verfügbar sind, und den Merkmalen dieser Produkte, ab. In Versicherungssparten mit einem kleinen Angebot hat der Versicherer dementsprechend alle grundsätzlich vermittelbaren Versicherungsprodukte zu berücksichtigen, im Massenversicherungsgeschäft muss er hingegen nur eine qualitative Vorauswahl treffen. Aus seiner Produktvorauswahl hat er dann nach fachlichen Kriterien und dem Kundenbedarf entsprechend, das beste Versicherungsprodukt auszuwählen und dem Versicherungsnehmer zu empfehlen.

b) Kartellrechtliche Implikationen der Beratungspflichten

aa) Vorüberlegung

In der Rechtsprechung ist anerkannt, dass die marktbeherrschende Stellung eines Unternehmens aufgrund einer gesetzlichen Vorschrift bestehen kann.[1242] Für die Anwendbarkeit des Missbrauchsverbotes auf marktbeherrschende Unternehmen kommt es nicht darauf an, auf welchen Umständen die Marktstärke des Normadressaten beruht.[1243] Dies gilt selbst dann, wenn das marktbeherrschende Unternehmen durch Gesetze verpflichtet wird, sich willkürfrei zu verhalten und durch eine Behörde besonders beaufsichtigt wird.[1244] Für die Begründung relativer Marktmacht eines Unternehmens nach § 20 Abs. 1 GWB kann nichts anderes gelten. Gesetzliche Verhaltensvorschriften können schließlich die wettbewerblichen

---

1242 BGH WuW/E BGH 2584 (2586) – Lotterievertrieb m.w.N.; Nothdurft in Langen/Bunte, GWB, § 19, Rn. 71.

1243 Nothdurft in Langen/Bunte, GWB, § 19, Rn. 71.

1244 BGH, Urteil vom 3.5.1988, WuW/E BGH 2497 (2502) – Gema Wertungsverfahren; Nothdurft in Langen/Bunte, GWB, § 19, Rn. 71.

Handlungsspielräume von Unternehmen auch insoweit einschränken, dass dem betroffenen Unternehmen auf dem relevanten Markt nur eine begrenzte Zahl an Ausweichmöglichkeiten zur Verfügung steht.

Eine exakte Zuordnung jeder Fallkonstellation zu einer von der Rechtsprechung entwickelten Abhängigkeitsform lässt sich nicht immer vornehmen. Dies ist aber auch nicht erforderlich, denn die Fallgruppen dienen in erster Linie dazu, die vielfältigen Anwendungsfälle zu systematisieren und ermöglichen eine leichtere Bewertung neuer Fallkonstellationen.[1245] Die Frage, welche Form der Abhängigkeit infolge einer Normierung der Beratungsgrundlage des Versicherungsmaklers vorliegen würde, braucht daher nicht vertieft werden. Gleichwohl besteht eine Ähnlichkeit zum Fall der sortimentsbedingten Abhängigkeit, soweit Vorschriften die Sortimentsgestaltungspraxis der Versicherungsmakler beeinflussen. Die von der Rechtsprechung entwickelten Grundsätze zur sortimentsbedingten Abhängigkeit können deshalb entsprechend herangezogen werden.

bb) Rechtsprechung und Literatur

Wegen der Stellung der Versicherungsmakler als treuhänderähnliche Sachwalter ihrer Kunden sowie ihrer Beratungspflichten nach § 60 Abs. 1 S. 1 VVG erwog das Oberlandesgericht München die Abhängigkeit einer Versicherungsmaklerin von einer Lebensversicherung bzw. ihrer Tochtergesellschaft gemäß § 20 Abs. 2 GWB a.F. (§ 20 Abs. 1 GWB n.F.) auf dem relevanten Versicherungsvertriebsmarkt:[1246]

> *„Die Klägerin hat als Versicherungsmaklerin, die als treuhänderähnliche Sachwalterin die Interessen ihrer Kunden wahrzunehmen hat (vgl. Baumann in Looschelders/Pohlmann, VVG-Kommentar, § 59, Rdn. 16 m.w.N.), bei Kunden im Bereich des kommunalen öffentlichen Dienstes in Bayern ein Interesse daran, diesen auch die von der Beklagten bzw. der B. Versicherung Lebensversicherung AG angebotenen Verträge zur betrieblichen Altersversorgung für Personen, die unter den Geltungsbereich des genannten Tarifvertrags fallen, vermitteln zu können; ansonsten wäre das Spektrum der für derartige Kunden im Bereich des kommunalen öffentlichen Dienstes in Betracht kommenden Versicherungsverträge, auf dessen Grundlage die Klägerin ihren Kunden Rat erteilt (vgl. § 60 Abs. 1 VVG), in einem wichtigen Punkt inkomplett. Insoweit bestehen für die Klägerin keine ausreichenden und zumutbaren Möglichkeiten, auf andere Unternehmen als Nachfrager von Versicherungsvermittlungsleistungen – etwa bezüglich anderer Bereiche wie der betrieblichen Altersversorgung für Arbeitnehmer in der Privatwirtschaft – auszuweichen.“*[1247]

1245 Westermann in MüKo-GWB, § 20, Rn. 27.

1246 OLG München, Urteil vom 10.6.2010, Az. U (K) 5651/09, Rn. 27, juris.

1247 OLG München, Urteil vom 10.6.2010, Az. U (K) 5651/09, juris; Das Gericht konnte dahinstehen lassen, ob die betroffene Versicherung Normadressatin war, weil es zu dem Ergebnis kam, dass die Kündigung der Courtagevereinbarung durch die Versicherung jedenfalls gerechtfertigt gewesen ist.

In der Literatur wurde im Anschluss an diese Entscheidung die Frage aufgeworfen, ob ein Versicherungsmakler auch bei einer deutlich größeren Zahl an Produktangeboten von jedem einzelnen in Betracht kommenden Versicherer abhängig sein kann.[1248] *Schwintowski* hält eine Abhängigkeit zumindest dann grundsätzlich für möglich, wenn ein Versicherungsmakler gezwungen wäre, seinem Kunden eine unteroptimale Versicherung zu vermitteln.[1249]

cc) Abhängigkeit von einer hinreichenden Zahl von auf dem Markt angebotenen Versicherungsverträgen und von Versicherern

Ein Versicherungsmakler kann nach der Rechtsprechung des Bundesgerichtshofes seine zentrale Beratungsleistung gegenüber einem Versicherungsinteressenten nur erbringen, wenn er seine Empfehlungen auf eine hinreichende Zahl von auf dem Markt angebotenen Versicherungsverträgen und von Versicherern stützt beziehungsweise zu stützen vermag.[1250] Die Pflicht zur Bildung einer hinreichenden Beratungsgrundlage aus der Breite des vorhandenen Marktangebotes stellt eine selbständige schadensersatzbegründende, zivilrechtliche Pflicht dar und ist nicht bloße *„Organisationspflicht"* des Versicherungsmaklers.[1251] Hat der Versicherungsmakler seine Beratungsgrundlage nicht korrekt gebildet, weil z.B. weitere, besser geeignete Versicherungsprodukte von ihm hätten berücksichtigt werden müssen, haftet er seinem Kunden für einen daraus entstandenen Schaden nach § 63 VVG bzw. nach § 280 BGB i.V.m. dem Maklervertrag.[1252] Das haftungsbegründende Verhalten ist hier die Vermittlung eines bestimmten Produktes, obwohl besser geeignete Produkte vorhanden gewesen wären.[1253]

Allerdings ist ein Versicherungsmakler, um seiner Pflicht aus § 60 Abs. 1 S. 1 VVG nachkommen und seiner Sachwalterstellung gerecht werden zu können, nicht darauf angewiesen, jeden Vertrag eines Versicherers vermitteln zu können und zwar auch dann nicht, wenn er diesen grundsätzlich in seine Beratungsgrundlage einbeziehen muss. Auf die (entgeltliche) Vermittelbarkeit von Versicherungsprodukten, die Versicherer ausschließlich über konkurrierende Vertriebswege absetzen, kann er schon deshalb nicht angewiesen sein, weil er ohne jede Aussicht auf eine Vergütung nicht verpflichtet ist, diese Produkte überhaupt in seine Beratungsgrundlage einzubeziehen.[1254] Ein Versicherungsmakler ist aber auch nicht auf die Vertriebskooperation mit jedem Versicherer angewiesen, der Versicherungsmaklern für die erfolgreiche Vermittlung seiner Produkte eine Courtage verspricht

1248 Bonacker, GRURPrax 2011, 21; ähnlich Schwintowski, VUR 2010, 433(435).
1249 Schwintowski, VUR 2010, 433 (435); ders. in Bruck, VVG, § 59, Rn. 123.
1250 Vgl. nur BGH VersR 2012, 619(620).
1251 Wie hier Schmidt, a.a.O., S. 231; im Ergebnis auch LG Itzehoe VuR 2011, 312, Rn. 22.
1252 Schmidt, a.a.O., S. 231; ähnlich Dörner in Prölss/Martin, § 60, Rn. 29.
1253 Schmidt, a.a.O., S. 231.
1254 Ausführlich dazu Viertes Kapitel D. II. 3. a) aa)(2).

und die er in seine Beratungsgrundlage einbeziehen muss. Nach dem ausdrücklichen Wortlaut von § 60 Abs. 1 S. 1 VVG hat der Versicherungsmakler den Markt zu untersuchen und eine hinreichend repräsentative Anzahl an Versicherungsangeboten und Versicherern seiner konkreten Empfehlung zugrunde zu legen. Der Wortlaut der Norm verlangt gerade nicht vom Versicherungsmakler, alle von ihm hierbei zu berücksichtigenden Versicherungsangebote dem Versicherungsnehmer auch zur Auswahl zur Verfügung zu stellen.[1255] Im Gegenteil, der Versicherungsmakler ist verpflichtet die verfügbaren Angebote zu vergleichen und seinem Kunden einen konkreten, bedarfsgerechten Versicherungsvertrag zu empfehlen.

dd) Abhängigkeit vom am besten geeigneten Versicherungsprodukt

Der Versicherungsmakler hat aus der von ihm getroffenen Vorauswahl den Versicherungsvertrag auszuwählen und seinem Kunden zu empfehlen, der dessen Bedarf am besten entspricht.[1256] Die Produktempfehlung hat danach auf der Grundlage eines Vergleichs der ermittelten Versicherungsangebote im *„Produktkorb"* zu erfolgen.[1257] Die Pflicht wird vom Versicherungsmakler verletzt, wenn er aus einer zutreffend gebildeten Beratungsgrundlage nicht das am besten geeignete Versicherungsprodukt auswählt und empfiehlt, weil er beispielsweise einen fehlerhaften Vergleich vorgenommen hat[1258] oder sich von anderen, nicht bedarfsorientierten und damit nicht berücksichtigungsfähigen Interessen bei seiner Empfehlung hat leiten lassen (z.B. von seinem eigenen Courtageinteresse).

(1) *Optimale Bedarfsgerechtigkeit im Einzelfall*

Wurde der Versicherungsmakler von seinem Kunden mit der Vermittlung einer bestimmten Risikoabsicherung beauftragt, d.h. liegt ein konkreter Maklerauftrag mit einem konkreten Versicherungskunden vor, ist fraglich, ob der Versicherungsmakler auf eine entgeltliche Vertriebskooperation mit dem Versicherer, dessen Produkt nach fachlichen Kriterien den Bedarf des Kunden am besten decken würde, im Sinne von § 20 Abs. 1 GWB angewiesen ist.

Ein Versicherungsmakler könnte auf die Vermittlung eines konkreten Versicherungsproduktes angewiesen sein, wenn er dieses bei der Bildung seiner Beratungsgrundlage nicht außer Acht lassen darf, weil beispielsweise nur wenige Anbieter in dem relevanten Marktsegment vorhanden sind, der anbietende Versicherer zu den Marktführern gehört oder der spezielle Kundenbedarf bereits bei der Marktuntersuchung eine Einbeziehung erfordert, und ein Vergleich der in die Beratungsgrundlage einbezogenen Angebote ergibt, dass das zu berücksichtigende Versicherungsprodukt auch das beste Angebot für den Kunden im konkreten

---

1255 Wie hier Schmidt, a.a.O., S. 237; a.A. wohl Dörner in Prölss/Martin, § 61, Rn. 23.
1256 Vgl. Viertes Kapitel D. II. 3. a) cc).
1257 Schmidt, a.a.O., S. 230.
1258 Schmidt, a.a.O., S. 231.

Einzelfall darstellt. Eine Beschränkung der Versicherer- und Vertragsauswahl nach § 60 Abs. 1 S. 2 VVG wird hier kaum zulässig sein. Oben wurde erörtert, dass eine Beschränkung der Beratungsgrundlage allein deshalb, weil der Versicherungsmakler für die Empfehlung bzw. Vermittlung des optimalsten Versicherungsangebotes weder vom Versicherer noch vom Versicherungsnehmer eine Vergütung erhält, Sinn und Zweck der Ausnahmeregelung widerspricht. Der Gesetzgeber hatte mit der Vorschrift den Fall vor Augen, dass ein Versicherungsmakler ausnahmsweise ohne Marktüberblick einen Versicherungsvertrag aus einem von ihm nicht haupsächlich vertriebenen Produktsegment vermittelt.[1259] Es ist mithin zweifelhaft, ob die Ausnahmeregelung auch auf den Fall angewendet werden kann, in dem der Versicherungsmakler einen hinreichenden Marktüberblick besitzt, jedoch aufgrund seines Courtageinteresses eine Einschränkung im Einzelfall vornehmen muss. Will der Versicherer, der das optimalste Versicherungsprodukt anbietet, keine Geschäftsbeziehung mit dem Versicherungsmakler eingehen, erhält dieser für die Empfehlung des (Brutto-)Produktes keine Courtage.

Die gesetzliche Möglichkeit zur Beschränkung der Versicherer und Vertragsauswahl würde zudem wohl auch keine ausreichende und zumutbare Ausweichmöglichkeit im Sinne von § 20 Abs. 1 GWB aus Sicht des Versicherungsmaklers darstellen. Allerdings ist nach § 20 Abs. 1 GWB für die Feststellung relativer Marktmacht in jedem Fall erforderlich, dass der Normadressat auf einem bestimmten sachlich und räumlich relevanten Markt eine derartige Marktbedeutung gewonnen hat, dass für die Teilnehmer der Marktgegenseite der Geschäftsverkehr gerade mit diesem Unternehmen zur Aufrechterhaltung ihrer Wettbewerbschancen erforderlich ist.[1260] Für die Anwendbarkeit des kartellrechtlichen Missbrauchsverbotes muss der Versicherungsmakler danach auf die Vermittlung der Versicherungsangebote derart angewiesen sein, dass er ohne diese das Maklergeschäft nicht erfolgreich betreiben kann. Kann ein Versicherungsmakler jedoch nur einem einzigen seiner Kunden das für diesen individuell bestmögliche Versicherungsangebot nicht vermitteln, ist in der Regel kein genereller Nachteil für seine Wettbewerbsfähigkeit zu erwarten. Der Kunde müsste sich zwar entscheiden, ob er den Versicherungsmakler wechselt oder mit seiner Hilfe einen weniger optimalen Versicherungsvertrag bei einem anderen Versicherer abschließen will; der Makler bliebe aber weiterhin in der Lage, diesem und anderen Kunden seine Beratungs- und Vermittlungsleistung anzubieten, und zwar auch im selben Versicherungssegment. Denn welches Versicherungsprodukt für den einzelnen Kunden das optimalste ist, hängt vom jeweiligen Versicherungsbedarf des Kunden ab. So kann für einen anderen Kunden ein gänzlich anderes Versicherungsprodukt aus dem gleichen Versicherungssegment die optimalste Deckung bieten. Es wurde bereits mehrfach darauf verwiesen, dass der Versicherungsbedarf von Versicherungsnehmern in der Regel nicht homogen ist. Die Qualität eines Produktes wird von einer Vielzahl von

1259 BT-Drucks. 16/1935, S. 23.
1260 Westermann in MüKO-GWB, § 20, Rn. 20.

Faktoren, die für jeden Kunden unterschiedlich gewichtet werden können, beeinflusst. Letztlich kommt dem Versicherungsmakler auch ein gewisser Beurteilungsspielraum zu, wenn er das individuell beste Versicherungsprodukt aus der von ihm getroffenen Vorauswahl nach fachlichen Kriterien bestimmt. Mithin wird die Wettbewerbsfähigkeit eines Versicherungsmaklers in der Regel nicht von einem einzelnen Geschäft, das sich aufgrund der besonderen Bedarfssituation des Kunden nicht realisieren lässt, abhängig sein.

(2) *Marktführer*

Die Wettbewerbsfähigkeit eines Versicherungsmaklers könnte aber dann beeinträchtigt sein, wenn nicht nur ein Einzelfall betroffen wäre, sondern der Versicherungsmakler sein Leistungsangebot für die von ihm hauptsächlich anvisierte Zielgruppe mit weitgehend homogenem Risikoprofil einschränken bzw. umstellen müsste. Das Versicherungsangebot des Marktführers hat der Versicherungsmakler nach § 60 Abs. 1 S. 1 VVG grundsätzlich bei seiner Vorauswahl zu berücksichtigen. Bietet der Marktführer für eine bestimmte Zielgruppe, die eine weitgehend homogene Bedarfsstruktur besitzt, zudem regelmäßig die optimalste Versicherungsleistung an, wäre der Versicherungsmakler – nach dem hier ermittelten Auslegungsergebnis für § 60 Abs. 1 S. 1 VVG – auch zur Empfehlung des Marktführers verpflichtet.

Will dieser marktführende Versicherer jedoch nicht mit dem Versicherungsmakler zusammenarbeiten, obwohl er generell seine Versicherungsprodukte (auch) über Versicherungsmakler vertreibt, käme es jedenfalls nun darauf an, ob der Versicherungsmakler seine Versicherer und Vertragsauswahl nach § 60 Abs. 1 S. 1 VVG bzw. als treuhänderähnlicher Sachwalter beschränken dürfte. In dieser Fallkonstellation wäre jedoch eine ständige und systematische Beschränkung der Beratungsgrundlage für eine gesamte Zielgruppe erforderlich, so dass bereits keine Ausnahme im Einzelfall gemäß § 60 Abs. 1 S. 2 VVG vorläge.[1261] Eine unzulässige Beschränkung der Beratungsgrundlage wäre damit aus Sicht des Versicherungsmaklers auch keine zumutbare Ausweichmöglichkeit nach § 20 Abs. 1 GWB. Die Zurückweisung des Versicherungsmaklers durch den Versicherer könnte unter diesen Bedingungen tatsächlich die Wettbewerbsfähigkeit des betroffenen Versicherungsmaklers beeinträchtigen und damit seine Abängigkeit vom Versicherer begründen.

Der kartellrechtliche Abhängigkeitstatbestand wäre in der beschriebenen Fallkonstellation nach Sinn und Zweck des GWB allerdings nur erfüllt, wenn dem Versicherungsmakler entsprechend den allgemeinen Grundsätzen zur sortimentsbedingten Abhängigkeit auch sonst keine ausreichenden und zumutbaren Ausweichmöglichkeiten auf dem relevanten Versicherungsvertriebsmarkt zur Verfügung stehen. Der relevante Versicherungsvertriebsmarkt wird – wie

1261 Vgl. dazu Viertes Kapitel D. II. 3. a) aa) (2).

oben erörtert – regelmäßig jedoch sehr weit und nicht akzessorisch zum Versicherungsmarkt abzugrenzen sein, da es hierbei wesentlich auf die Fähigkeit der Versicherungsmakler ankommt, auf die Vermittlung bzw. den Vertrieb anderer Versicherungsprodukte auszuweichen.[1262] Wesentliches Abgrenzungskriterium ist danach die Angebotsumstellungsflexibilität der Versicherungsmakler, die insbesondere durch die Spezialisierung und das zur Vermittlung erforderliche Know-how beeinflusst wird.[1263] Bestehen danach weitere Ausweichmöglichkeiten für den Versicherungsmakler, sind diese bei der Untersuchung einer potentiellen Abhängigkeit im Sinne von § 20 Abs. 1 GWB zu berücksichtigen. Abhängigkeit von dem Versicherer, der für die gesamte Zielgruppe eines Versicherungsmaklers zwar den optimalsten Versicherungsschutz anbietet, würde dann nicht vorliegen, wenn der Versicherungsmakler ohne eine Beeinträchtigung seiner Wettbewerbsfähigkeit auf die Vermittlung anderer Versicherungsprodukte ausweichen könnte.

(3) *Spezielle Maklerdeckungskonzepte*

Dasselbe gilt insbesondere für spezielle Maklerdeckungskonzepte, deren Konditionen und Preis sich in der Regel vom Marktdurchschnitt abheben und die deshalb wirtschaftlich effizienter und günstiger als konkurrierende Standardprodukte sind. Spezielle Maklerdeckungskonzepte können aufgrund von Exklusivvereinbarungen mit dem Versicherer regelmäßig nur von dem Versicherungsmakler vermittelt werden, der das Konzept entwickelt hat. Drittmakler sind meist nicht in der Lage, Versicherungsschutz nach Maßgabe des Deckungskonzeptes mit dem Versicherer zu vereinbaren und an ihre Kunden zu vermitteln.[1264] Wäre der Drittmakler nach § 60 Abs. 1 S. 1 VVG sowie aufgrund seiner Sachwalterstellung verpflichtet, ein spezielles Maklerdeckungskonzept in seine Beratungsgrundlage einzubeziehen, würde ein Produktvergleich häufig ergeben, dass das Deckungskonzept gegenüber allgemein zugänglichen Standardangeboten den optimalsten Versicherungsschutz bietet. Allerding hat die Auslegung von § 60 Abs. 1 S. 1 VVG gezeigt, dass Versicherungsmakler generell nicht verpflichtet sind, Versicherungsangebote in ihre Beratungsgrundlage einzubeziehen, die ausschließlich über konkurrierende Vertriebswege abgesetzt werden.[1265] Dieses Auslegungsergebnis kann auf den Vertrieb spezieller Maklerdeckungskonzepte übertragen werden, denn Drittmakler sind von deren Vertrieb ebenfalls von vornherein ausgeschlossen, so dass ein Versicherungskunde nicht erwarten kann, dass sie diese in ihre Beratungsgrundlage einbeziehen.

1262 Viertes Kapitel B. III. 3. b).
1263 Viertes Kapitel B. III. 3. b) aa).
1264 Vgl. dazu Viertes Kapitel D. II. 1.
1265 Viertes Kapitel D. II. 3. a) aa) (2).

ee) Zusammenfassung

Der wettbewerbliche Verhaltensspielraum von Versicherungsmaklern auf dem Versicherungsvertriebsmarkt wird wesentlich von der normierten Hauptpflicht zur objektiven und ausgewogenen Marktuntersuchung als Voraussetzung für die Bildung einer hinreichenden Beratungsgrundlage und der Pflicht zur Empfehlung des am besten geeigneten Versicherungsvertrages aus dieser Vorauswahl beeinflusst. Versicherungsmakler sind aufgrund dessen jedoch nicht von allen Versicherern nach § 20 Abs. 1 GWB abhängig. Um ihrer Pflicht aus § 60 Abs. 1 S. 1 VVG nachzukommen und ihrer Sachwalterstellung gerecht werden zu können, sind sie nicht darauf angewiesen, jeden Versicherungsvertrag, der am Markt verfügbar ist und den sie in ihre Beratungsgrundlage einbeziehen müssen, auch vermitteln zu können. Der Versicherungsmakler schuldet dem Versicherungsnehmer als zentrale Hauptpflicht die Empfehlung eines konkreten, bedarfsgerechten Versicherungsvertrages und nicht die Zurverfügungstellung eines *„Produktkorbes"*, aus dem der Versicherungsnehmer selbst eine Auswahl treffen kann.

Nur im Einzelfall können die Pflichten zur Bildung einer hinreichenden Beratungsgrundlage und Empfehlung des am besten geeigneten Versicherungsvertrages kartellrechtliche Implikationen erzeugen. Für eine solche Fallkonstellation wäre jedoch vorauszusetzen, dass sich der Versicherungsmakler auf eine bestimmte Zielgruppe mit weitgehend homogenem Bedarf spezialisiert hat und nur eine begrenzte Zahl an Versicherungsangeboten in diesem Segment vorhanden ist, die gegen Courtage vermittelt werden kann. Zudem wäre vorauszusetzen, dass der Versicherungsmakler schwerwiegende Wettbewerbsnachteile hinzunehmen hätte, wenn er auf diese Zielgruppe verzichtet und sein Angebot auf die Vermittlung anderer Versicherungsprodukte umstellen müsste. Abhängigkeit kann dann von dem Versicherer bestehen, der den Bedarf der gesamten Zielgruppe am besten abdeckt und den er deshalb empfehlen müsste. Dies gilt in der Regel nicht für exklusive Maklerdeckungskonzepte.

c) Alternative Bezugsquellen

Weiterhin ist zu prüfen, ob dem Versicherungsmakler alternative Bezugsquellen für eine Vertriebskooperation zur Verfügung stehen. Denn Abhängigkeit kann entfallen, wenn für das betroffene Unternehmen in der Vertriebsorganisation des Normadressaten andere Bezugsquellen zugänglich sind.[1266] Erforderlich ist hierbei, dass der Bezug über diese alternativen Quellen zu im Wesentlichen den gleichen Bedingungen und Voraussetzungen erfolgen kann wie ein Direktbezug.[1267]

1266 BGH GRUR 1988, 640 (641) – Reparaturbetrieb; Bechthold/Bosch, GWB, § 20, Rn. 12.

1267 OLG Karlsruhe WuW/E DE-R 2213 (2215) – BGB-Kommentar; Bechthold/Bosch, GWB, § 20, Rn. 12.

aa) Maklerpools als Ausweichmöglichkeit

Horizontale Kooperationen von Versicherungsmaklern in Maklerpools oder Maklerverbünde dienen insbesondere kleineren Versicherungsmaklern dazu, ihre akquirierten Versicherungsanträge zu bündeln und beim Versicherer einreichen zu können.[1268] Maklerpools und Maklerverbünden könnten deshalb kartellrechtlich den Charakter von Einkaufsgemeinschaften besitzen.[1269] Fraglich ist, ob sie aus Sicht der Versicherungsmakler mithin eine alternative Bezugsquelle bzw. eine Ausweichmöglichkeit zu einer direkten Vertriebsvereinbarung mit dem Versicherer darstellen.

bb) Gleichwertigkeit des Bezugs über einen Maklerpool

Maklerpools können das Sortiment eines Versicherungsmaklers grundsätzlich um Produkte erweitern, zu denen der Makler selbst keinen Zugang erhält.[1270] Geschätzt 80 % der Versicherungsmakler reichen Anträge bei Versicherern über Maklerpools oder Verbünde ein.[1271] Danach spricht einiges dafür, dass sich eine gewisse Gleichwertigkeit zwischen der direkten Vertriebskooperation mit einem Versicherer und einer Poolanbindung am Markt durchgesetzt hat. Der Zugang zu den Produkten eines Versicherers bzw. dessen Vertrieb über einen Maklerpool würde dann eine zumutbare Ausweichmöglichkeit für den Versicherungsmakler darstellen, der keine eigene Vertriebsvereinbarung mit einem Versicherer schließen kann. Der *Bezug* wäre auch zu im Wesentlichen gleichen Bedingungen möglich. So können Kosten, die durch eine Poolanbindung beim Versicherungsmakler entstehen, durch höhere Courtagen, die der Pool mit Versicherungsgesellschaften aushandelt, kompensiert werden.

Gleichwohl stehen Maklerpools in der Kritik, intransparent zu sein und von den Interessen der Produktgeber geleitet zu werden.[1272] Daraus können sich verschiedene Risiken für den Versicherungsmakler ergeben, was einer generellen Gleichwertigkeit mit einer Direktanbindung widersprechen würde. Die Beurteilung, ob eine Vertriebskooperation mit einem Maklerpool eine zumutbare Ausweichmöglichkeit für einen potentiell abhängigen Versicherungsmakler darstellt, kann jedoch nur anhand der konkreten Umstände im Einzelfall nachgewiesen werden.

cc) Kein Verstoß der Maklerkooperation gegen das Kartellverbot

Eine direkte Vertriebskooperation mit einem Versicherer ist nur dann mit einer Poolanbindung gleichwertig, wenn die Kooperation von Versicherungsmaklern in einem Maklerpool nicht gegen das Kartellverbot aus Art. 101 Abs. 1 AEUV,

---

1268 Vgl. Zweites Kapitel C. III. 3. a).
1269 Dreher/Hoffmann/Kling, a.a.O., S. 248, Rn. 60.
1270 Schmidt, a.a.O., S. 235.
1271 Vgl. nur Baumann/Beenken/Sandkühler, HdB-Maklermanagement, S. 172.
1272 Vgl. ausführlich Zweites Kapitel C. III. 3. d).

§ 1 GWB verstößt. Gründen eigenständige Maklerunternehmen einen Maklerpool, ist die selbständige Tätigkeit dieser Maklerpools am Markt grundsätzlich kartellrechtlich unbedenklich; fusionskontrollrechtliche Anmeldepflichten bleiben gegebenenfalls zu beachten.[1273] Unter Maklerpools können aber auch Kooperationen selbständiger Maklerunternehmen zusammengefasst werden. Der Maklerpool hat dann bzw. insoweit den Charakter einer Servicegesellschaft für die dort kooperierenden Versicherungsmakler.[1274]

Die gemeinsame Nutzung von Marktuntersuchungen und Unterlagen zur Beratungsdokumentation, die gemeinsame Teilnahme an Schulungen, die einheitliche Überprüfung der Policierung, Nutzung von Werbung und Abrechnungssystemen von Versicherungsmaklern im Rahmen der Poolkooperation führt in der Regel nicht zu einer Vereinheitlichung wettbewerbsrelevanter Geschäftspraktiken, so dass ein Kartellrechtsverstoß insoweit nicht vorliegt.[1275] Zudem sind diese Kooperationsformen wohl auch freistellungsfähig, weil sie in erster Linie dem Zweck der Rationalisierung wirtschaftlicher Vorgänge kleiner und mittlerer Unternehmen dienen.[1276] Soweit der Maklerpool dem Zweck dient, akquirierte Versicherungsanträge zu bündeln und beim Versicherer einzureichen, besitzt der Maklerpool kartellrechtlich den Charakter einer Einkaufsgemeinschaft.[1277] Dies ist kartellrechtlich ebenfalls nicht zu beanstanden, wenn die am Maklerpool beteiligten Versicherungsmakler ohne den Pool nicht in der Lage wären, ihre Leistung am Markt anzubieten, denn erst durch die Bündelung ihrer Anträge im Pool kann Wettbewerb entstehen.[1278] Ihre Zusammenarbeit beschränkt den Wettbewerb deshalb zumindest solange nicht, wie sie sich im Rahmen des Erforderlichen bewegt.[1279]

Wird dieser Rahmen jedoch überschritten, ist fraglich, wie *„Einkaufsvereinbarungen"* in Maklerpools den Wettbewerb, sowohl in horizontaler als auch in vertikaler Hinsicht, beschränken könnten.[1280] Die Regeln zu Einkaufsvereinbarungen können hier freilich nur entsprechend herangezogen werden, weil Versicherungsmakler Intermediäre und keine Eigenhändler sind. Nach den Horizontalleitlinien der Kommission können von gemeinsamen Einkaufsregelungen grundsätzlich zwei Märkte betroffen sein: Die unmittelbar von der gemeinsamen Einkaufsregelung betroffenen Märkte (Einkaufsmärkte) und die nachgelagerten Märkte,

---

1273 Dreher/Hoffmann/Kling, a.a.O., Rn. 60; Stancke, VersR 2009, 1168 (1177).

1274 Dreher/Hoffmann/Kling, a.a.O., S. 248, Rn. 60; vgl. ausführlich Zweites Kapitel C. III. 3 b).

1275 Stancke, VersR 2009, 1168 (1176 f.).

1276 Stancke, VersR 2009, 1168 (1177).

1277 Dreher/Hoffmann/Kling, a.a.O., S. 248, Rn. 60.

1278 Stancke, VersR 2009, 1168 (1177); Dreher/Hoffmann/Kling, a.a.O., S. 248, Rn. 60.

1279 Dreher/Hoffmann/Kling, a.a.O., S. 248, Rn. 60.

1280 Dreher/Hoffmann/Kling, a.a.O., S. 248, Rn. 61 ff.; allgemein zu Einkaufsgemeinschaften vgl. EU Kommission, Leitlinien zur Anwendbarkeit von Art. 101 AEUV auf Vereinbarungen über horizontale Zusammenarbeit (Horizontalleitlinien), ABl. EU 2011 Nr. C 11, S. 1, Rn. 195.

auf denen die Parteien der gemeinsamen Einkaufsregelung als Verkäufer tätig sind (Verkaufsmärkte).[1281] Erzeugt eine gemeinsame Einkaufsregelung auf dem jeweils relevanten Markt Marktmacht, besteht die Wahrscheinlichkeit, dass sie wettbewerbsbeschränkende Auswirkungen i.S.v. Art. 101 Abs. 1 AEUV hat. Eine absolute Schwelle, bei deren Überschreiten die Kommission hiervon ausgeht, existiert allerdings nicht.[1282] In den meisten Fällen hält es die Kommission jedoch für unwahrscheinlich, dass Marktmacht besteht, wenn die Parteien der gemeinsamen Einkaufsregelung sowohl auf den Einkaufsmärkten als auch auf den Verkaufsmärkten einen gemeinsamen Marktanteil von nicht mehr als 15 % besitzen. Liegt der gemeinsame Anteil an beiden Märkten jedoch nicht über 15 %, so ist es wahrscheinlich, dass die Freistellungsvoraussetzungen nach Art. 101 Abs. 3 AEUV[1283] erfüllt sind.

Nach diesen Grundsätzen wäre zunächst ein gemeinsamer Marktanteil sowohl auf den *„Einkaufsmärkten"* als auch auf den *„Verkaufsmärkten"* der am Maklerpool beteiligten Versicherungsmakler von mehr als 15 % erforderlich.[1284] Zur Ermittlung des Wettbewerbsdrucks, den Einkäufer ausüben, sind nach der Kommission die Alternativen der Anbieter maßgeblich.[1285] Für die Bestimmung der Marktanteile auf den *„Einkaufsmärkten"* käme es danach auf die Ausweichmöglichkeiten der Versicherer gegenüber den im Pool kooperierenden Versicherungsmaklern an.[1286] Die Bedeutung der Versicherungsmakler ist im Verhältnis zu den übrigen Versicherungsvertriebsformen jedoch gering,[1287] so dass den Versicherern beim Absatz ihrer Versicherungsprodukte in der Regel eine Vielzahl an Ausweichmöglichkeiten zur Verfügung steht.[1288]

Dreher/Hoffmann/Kling weisen jedoch zu Recht darauf hin, dass dies nur gilt, wenn die Marktgegenseite alle Versicherer erfasst, d.h. die Marktabgrenzung unabhängig davon ist, für welchen Vertriebsweg sich der Versicherer entschieden hat. Es gebe schließlich auch Versicherer, die ihre Produkte (fast) ausschließlich über Versicherungsmakler absetzten (sogenannte *Maklerversicherer*). Ihre Umstellungsmöglichkeiten auf andere Vertriebsformen seien begrenzt, weil der Aufbau eines neuen Vertriebssystems zu aufwändig wäre, so dass viel dafür spreche, dass aufgrund der verschiedenen Anbietergruppen verschiedene *„Nachfrage- bzw. Einkaufsmärkte"* bestehen. Zudem gebe es insbesondere im Industriekundengeschäft Risiken, für die fast ausschließlich Versicherungsmakler Deckung beschaffen.[1289]

1281 Horizontal-Leitlinien a.a.O., Rn. 197.
1282 Horizontal-Leitlinien a.a.O., Rn. 208.
1283 Ausführlich zu den Freistellungsvoraussetzungen im Hinblick auf Exklusivvereinbarungen in Maklerdeckungskonzepten vgl. Viertes Kapitel E. II. 3. m.w.N.
1284 Vgl. Dreher/Hoffmann/Kling, a.a.O., S. 248, Rn. 65.
1285 Horizontal-Leitlinie a.a.O., Rn. 198.
1286 Dreher/Hoffmann/Kling, a.a.O., S. 248, Rn. 62.
1287 Vgl. zu den Marktanteilen im Vertrieb Zweites Kapitel B. III. 2.
1288 Dreher/Hoffmann/Kling, a.a.O., S. 248, Rn. 62.
1289 Dreher/Hoffmann/Kling, a.a.O., S. 248, Rn. 62.

Die Kommission hat bisher offen gelassen, ob eine vertriebswegbezogene Abgrenzung des Versicherungsvertriebsmarktes erforderlich ist.[1290] Dies kann aber auch dahinstehen, wenn man wie *Dreher/Hoffmann/Kling* zutreffend davon ausgeht, dass auch im Fall eines höheren Marktanteils eines Maklerpools wettbewerbsbeschränkende Auswirkungen die Ausnahme sein werden. Denn zum einen bestehe auf Seiten der Versicherer eine erhebliche Gegenmacht, zum anderen sei bei den derzeitigen Marktverhältnissen kaum vorstellbar, dass die Gefahr einer Marktverschließung für konkurrierende Pools als *„Einkäufer"* entstehe. Ferner sei eine Vereinheitlichung der Konditionen für Versicherungsprodukte auf den *„Verkaufsmärkten"* jedenfalls deshalb nicht zu befürchten, weil diese im Einvernehmen mit den verhandlungsstarken Versicherungsunternehmen festgelegt werden müssten.[1291]

Der gemeinsame *„Einkauf"* von Versicherungsmaklern über Pools kann aber infolge einer Vereinheitlichung der Provisionen zu einer Vereinheitlichung der Preise für die Versicherungsprodukte führen.[1292] Denn wenn alle am Maklerpool beteiligten Versicherungsmakler einheitliche Courtagesätze erhalten, die vom Versicherer in die Versicherungsprämien eingepreist werden, könnten sich bei gleichbleibenden Nettopreisen die Bruttopreise bzw. die Versicherungsprämien für die Versicherungsnehmer vereinheitlichen, solange die Versicherungsnehmer aufgrund des Provisionsabgabeverbotes keine Möglichkeit haben über Courtageanteile des Versicherungsmaklers zu verhandeln.[1293]

Hinzu kommt, dass anders als bei herkömmlichen Einkaufsgemeinschaften, bei denen eine Kosteneinsparung für die Einkäufer erzielt werden soll, Maklerpools an einer Kosteneinsparung nur im Hinblick auf den Nettopreis der Versicherungsprämie interessiert sind.[1294] Zwar werden durch den gemeinsamen Einkauf, wie auch bei sonstigen Einkaufsgemeinschaften, Transaktionskosten für die Versicherungsmakler gesenkt, diese Vorteile können Versicherungsmakler aufgrund des Provisionsabgabeverbotes aber nicht, jedenfalls nicht ohne die Mitwirkung des Versicherers, an die Versicherungsnehmer weiterleiten.[1295] Eine Weiterleitung von Kostenvorteilen wäre dem Pool nur dadurch möglich, dass er niedrigere Courtagesätze mit den Versicherern vereinbart, so dass sich die von den Versicherungsnehmern zu zahlende Bruttoprämie reduziert.[1296] Die Funktion eines Maklerpools

---

1290 Vgl. insbesondere das Verfahren Marsh&McLennan/Sedgwick, Viertes Kapitel B. III. 2. a) bb).

1291 Dreher/Hoffmann/Kling, a.a.O., S. 248, Rn. 62 f.

1292 Ähnlich Dreher/Hoffmann/Kling, a.a.O., S. 248, Rn. 64, 65 a.E.

1293 Ähhnlich Dreher/Hoffmann/Kling, a.a.O., S. 248, Rn. 64 bzgl. der Vereinheitlichung von Provisionen; vgl. zum Provisionsabgabeverbot Erstes Kapitel B. IV 2. und Viertes Kapitel B. III. 1. d) dd).

1294 Dreher/Hoffmann/Kling, a.a.O., S. 249, Rn. 65.

1295 Dreher/Hoffmann/Kling, a.a.O., S. 249, Rn. 65.

1296 Dreher/Hoffmann/Kling, a.a.O., S. 249, Rn. 65.

ist jedoch in erster Linie, die Verhandlungsposition gegenüber den Versicherern zu stärken, um höhere Courtagen durchzusetzen.[1297] Diese Überlegungen sind derzeit gleichwohl hypothetisch, da kurzfristig wohl nicht zu erwarten ist, dass ein Maklerpool die oben genannten Marktanteilsschwellen überschreitet.

dd) Zwischenergebnis

Maklerpools können aus Sicht der Versicherungsmakler grundsätzlich eine zumutbare Alternative zu einer direkten Vertriebskooperation mit dem Versicherer darstellen. Die Kooperation der Versicherungsmakler in einem Maklerpool darf aber nicht das Kartellverbot aus Art. 101 Abs. 1 AEUV, § 1 GWB verletzen. Solange die am Maklerpool beteiligten Unternehmen sowohl aufseiten der Versicherer als auch aufseiten der Versicherungsnehmer einen gemeinsamen Marktanteil von 15 % nicht überschreiten, was derzeit nicht zu erwarten ist, sind die Kooperationen jedoch grundsätzlich unbedenklich.[1298]

III. Zusammenfassung

Die meisten im Vermittlerregister eingetragenen Versicherungsmakler erzielen nur geringe Umsätze und können daher unproblematisch kleine oder mittelständische Unternehmen im Sinne von § 20 Abs. 1 GWB sein. Etwas anderes kann allerdings für sehr große, internationale Maklerfirmen gelten, die vor allem im Industriekundengeschäft tätig sind, wie z.B. *Aon Jauch & Hübener* oder *Marsh*, und Provisionserlöse von über 100 Mio. EUR erzielen.

Unternehmensbedingte Abhängigkeit eines Versicherungsmaklers von einem Versicherer besteht in der Regel nicht. Zum einen kann die Festlegung eines Versicherungsmaklers auf die exklusive Vertriebskooperation mit nur einem Versicherer bereits grundsätzlich versicherungs- und gewerberechtlich unzulässig sein. Zum anderen kommt in dem zulässigen Fall der Spezialisierung auf den Vertrieb exklusiver Deckungskonzepte eines Versicherers eine unternehmensbedingte Abhängigkeit des Versicherungsmaklers praktisch nicht in Betracht. Wettbewerbsbeschränkungen bestehen in diesen Fällen vorwiegend zulasten der Versicherer, denn Versicherungsmakler schützen den wirtschaftlichen Wert ihrer Deckungskonzepte durch eine Vielzahl an Vereinbarungen, die bewirken, dass nur sie – und keine Dritten – Versicherungsprodukte nach Maßgabe des Deckungskonzepts vermitteln können. Die Aufgabe der Geschäftsbeziehung mit dem Versicherungsmakler, der das Maklerdeckungskonzept entwickelt hat, wäre daher in erster Linie für den Versicherer wirtschaftlich nachteilig. Sollte ein Versicherungsmakler ausnamsweise doch auf die Zusammenarbeit mit einem bestimmten Versicherer für

1297 Vgl. Zweites Kapitel C. III. 3. a).
1298 Dreher/Hoffmann/Kling, a.a.O., S. 249, Rn. 65.

sein Deckungskonzept angewiesen sein, kann ein Fall der selbstverschuldeten Abhängigkeit vorliegen.

Eine sortimentsbedingte Abhängigkeit wird häufig deshalb nicht vorliegen, weil Versicherungsmakler regelmäßig in der Lage sind, auf eine Vielzahl an Produkten anderer Versicherer auszuweichen. Die Abhängigkeit eines Drittmaklers vom Angebot spezieller Maklerdeckungskonzepte scheidet danach aus, solange dem Versicherungsmakler die Vermittlung von Standardprodukten als Ausweichmöglichkeit offen steht.

Eine Abhängigkeit des Versicherungsmaklers von einem Versicherer kann aber aufgrund der gesetzlich normierten Maklerpflichten (§ 60 Abs. 1 S. 1 VVG) sowie dem von der Rechtsprechung geprägten Leitbild vom treuhänderähnlichen Sachwalter im Einzelfall in Betracht kommen. Der wettbewerbliche Verhaltensspielraum von Versicherungsmaklern wird erheblich vom Vermittlerrecht, insbesondere der Hauptpflicht zur objektiven und ausgewogenen Marktuntersuchung, der Pflicht zur Bildung einer hinreichenden Beratungsgrundlage und der Pflicht zur Empfehlung des am besten geeigneten Versicherungsvertrages aus der ermittelten Vorauswahl beeinflusst. Ein Versicherungsmakler ist aufgrund dessen zwar nicht von jedem einzelnen Versicherer, den er bei seiner Marktuntersuchung berücksichtigen muss und in seine Beratungsgrundlage einzubeziehen hat, abhängig, denn seine Maklerpflicht ist die Empfehlung bzw. Vermittlung eines konkreten, bedarfsgerechten Versicherungsvertrages und nicht die Bereitstellung eines repräsentativen *„Produktkorbes"* entsprechend seiner Beratungsgrundlage, aus dem der Versicherungsnehmer selbst eine Auswahl treffen kann. Allerdings können im Einzelfall im Bereich des Vertriebs von Spezialversicherungen die Maklerpflichten zu einer kartellrechtlich relevante Abhängigkeit führen. Ein solcher Fall ist beispielsweise denkbar, wenn sich ein Versicherungsmakler auf eine bestimmte Zielgruppe mit weitgehend homogenem Bedarf spezialisiert hat und der beste Versicherungsschutz für diese Zielgruppe nur von einem bestimmten Versicherer befriedigt wird. Stehen ihm dann keine weiteren Ausweichmöglichkeiten offen, d.h. könnte er nur unter Hinnahme schwerwiegender Wettbewerbsnachteile auf die Vermittlung anderer Versicherungsprodukte, gegebenenfalls auch anderer Zielgruppen, ausweichen, kann eine Abhängigkeit i.S.d. GWB vorliegen.

Die Vertriebskooperation mit einem Maklerpool, der den Zugang zu den Produkten des Versicherers, von dem der Makler abhängig ist, ermöglicht, kann aus Sicht des Versicherungsmaklers regelmäßig eine zumutbare Ausweichmöglichkeit darstellen, denn die Gleichwertigkeit mit einer direkten Vertriebskooperation liegt in der Regel vor.

E. Behinderung und Diskriminierung

Die Ablehnung des Abschlusses einer Vertriebsvereinbarung mit einem Versicherungsmakler durch einen marktstarken Versicherer müsste zudem eine unbillige Behinderung oder sachlich nicht gerechtfertigte Ungleichbehandlung im Sinne von § 19 Abs. 2 Nr. 1 GWB darstellen. Die ordentliche Kündigung einer

Vertriebsvereinbarung stellt grundsätzlich keinen Missbrauch von Marktmacht dar.[1299] Dies gilt nur dann nicht, wenn der Versicherer das Vertragsverhältnis mit dem Versicherungsmakler aus Gründen beendet, aus denen er den Abschluss nicht hätte ablehnen dürfen, ohne damit gegen das Behinderungs- und Diskriminierungsverbot aus § 19 Abs. 2 Nr. 1 GWB zu verstoßen.[1300]

Die Tatbestände des Diskriminierungs- und Behinderungsverbots[1301] überschneiden sich teilweise und lassen sich nicht immer scharf voneinander trennen, wofür im Hinblick auf die gleichen Rechtsfolgen aber auch keine Notwendigkeit besteht.[1302]

I. Unbillige Behinderung

Unter Behinderung nach § 19 Abs. 2 Nr. 1 GWB ist jedes Verhalten zu verstehen, das die Wettbewerbsmöglichkeiten eines anderen Unternehmens beeinträchtigt.[1303] Der Behinderungsbegriff ist weit auszulegen und zunächst wertneutral; d.h. es wird weder ein bestimmtes Ausmaß der Beeinträchtigung noch der Einsatz wettbewerbsfremder oder wettbewerbsfeindlicher Mittel vorausgesetzt.[1304] Eine Bewertung des Verhaltens findet erst bei der Prüfung der Unbilligkeit im Rahmen der Interessenabwägung statt. Die Behinderung muss sich zudem tatsächlich realisiert haben, die bloße Eignung eines Verhaltens hierzu genügt noch nicht.[1305]

1. Behinderung

Unumstritten ist, dass eine Lieferverweigerung im Vertikalverhältnis eine Diskriminierung oder Behinderung nach § 19 Abs. 2 Nr. 1 GWB darstellen kann.[1306] Unter dem Begriff der Liefersperre werden alle Arten der Abschlussverweigerung

---

1299 OLG München, Urteil vom 10.6.2010, Az. U (K) 5651/09, Rn. 28, juris; allgemein BGH GRUR 2003, 893 (894) – Schülertransporte.

1300 OLG München, Urteil vom 10.6.2010, Az. U (K) 5651/09, Rn. 28, juris; allgemein BGH GRUR 2003, 893 (894) m.w.N. – Schülertransporte.

1301 Das Diskriminierungs- und Behinderungsverbot gemäß § 19 Abs. 2 Nr. 1 GWB ist auf alle Normadressaten des § 20 Abs. 1 GWB anwendbar; es ergeben sich keine Besonderheiten gegenüber der Anwendung auf marktbeherrschende Unternehmen, vgl. Nothdurft in Langen/Bunte, GWB, § 20, Rn. 76.

1302 Vgl. nur Loewenheim in Loewenheim/Meessen/Riesenkampff, GWB, § 19, Rn. 15 m.w.N.

1303 Nothdurft in Langen/Bunte, GWB, § 19, Rn. 99; Bechthold/Bosch, GWB, § 19; Rn. 8; Loewenheim in Loewenheim/Meessen/Riesenkampff, GWB, § 19, Rn. 16 m.w.N.

1304 Nothdurft in Langen/Bunte, GWB, § 19, Rn. 99; Westermann in MüKo-GWB; § 19, Rn. 42; Loewenheim in Loewenheim/Meessen/Riesenkampff, GWB, § 19, Rn. 16 m.w.N.

1305 Westermann in MüKo-GWB; § 19, Rn. 41; Markert in Immenga/Mestmäcker, GWB, § 19, Rn. 104; a.A. Nothdurft in Langen/Bunte, GWB, § 19, Rn. 200.

1306 Nothdurft in Langen/Bunte, GWB, § 19, Rn. 290.

durch Anbieter von Waren oder gewerblichen Leistungen zusammengefasst: Es kann sich danach sowohl um die einseitige Beendigung bestehender Geschäftsbeziehungen durch den Anbieter und die damit verbundene Ablehnung handeln als auch um die Weigerung, eine neue Geschäftsbeziehung zu einem Unternehmen zu begründen, mit dem bisher keine Geschäftsbeziehung bestand.[1307]

Eine Bezugsverweigerung marktmächtiger Nachfrager kann ebenfalls eine unbillige Behinderung darstellen. Die Bewertung dieses Verhaltens erfolgt jedoch nach anderen Grundsätzen als die Bewertung der Lieferverweigerung marktmächtiger Anbieter, da sich die Ausgangssituationen aus Wettbewerbssicht unterscheiden.[1308] Anbieter verfolgen im Wettbewerb generell das Interesse, ihre Produkte an möglichst viele Nachfrager zu liefern und deshalb alle Belieferungswünsche ihrer Kunden zu erfüllen.[1309] Ein Nachfrager hat hingegen regelmäßig kein Interesse, seine Nachfrage bei möglichst vielen Anbietern zu decken.[1310] Für ihn sind Preis und Qualität der von ihm nachgefragten Güter und Dienstleistungen maßgeblich, so dass er seinen Bedarf regemäßig beim besten Anbieter decken wird.[1311] Marktbeherrschenden oder marktstarken Nachfragern ist im Rahmen der Interessenabwägung daher das *„Recht zur optimalen Deckung des eigenen Bedarfs"* grundsätzlich nicht zu verwehren.[1312]

Die Nichtaufnahme eines Versicherungsmaklers als Vertriebs- bzw. Kooperationspartner in das Absatzsystem eines Versicherers stellt eine Bezugsverweigerung der Versicherungsvertriebsleistung dar. Die grundsätzlich unterschiedliche Interessenlage von Nachfragern und Anbietern ist mithin im Rahmen der Interessenabwägung zu berücksichtigen.

2. *Unbilligkeit*

Ob die Behinderung anderer Unternehmen im Wettbewerb als unbillig und gleichermaßen deren ungleiche Behandlung als sachlich nicht gerechtfertigt zu beurteilen ist, ist nach der ständigen Rechtsprechung des Bundesgerichtshofes durch eine Abwägung der Interessen der Beteiligten unter Berücksichtigung der auf die Freiheit des Wettbewerbs gerichteten Zielsetzung des GWB sowie der Wertungen des europäischen Kartellrechts zu entscheiden.[1313] Die Struktur

1307 Markert in Immenga/Mestmäcker, GWB, § 19, Rn. 145.
1308 Nothdurft in Langen/Bunte, GWB, § 19, Rn. 314.
1309 Nothdurft in Langen/Bunte, GWB, § 19, Rn. 314.
1310 Nothdurft in Langen/Bunte, GWB, § 19, Rn. 314; Westermann in MüKo-GWB, § 19, Rn. 78.
1311 Nothdurft in Langen/Bunte, GWB, § 19, Rn. 314; Westermann in MüKo-GWB, § 19, Rn. 78.
1312 Nothdurft in Langen/Bunte, GWB, § 19, Rn. 314; Westermann in MüKo-GWB, § 19, Rn. 78; Markert in Immenga/Mestmäcker, GWB, § 19, Rn. 205.
1313 Vgl. nur BGH GRUR 1976, 206 (208) – Rossignol; BGH GRUR 1999, 276 (277) – Depotkosmetik; Markert in Immenga/Mestmäcker, GWB, § 19 Rn. 124 ff.; Loewenheim in Loewenheim/Meessen/Riesenkampff, GWB, § 19, Rn. 18 m.w.N.

der Interessenabwägung ist in den Fällen der Bezugs- und Lieferverweigerung gleich.[1314] Die berücksichtigungsfähigen Interessen sind zunächst gegenüberzustellen und zu gewichten und anschließend eine einzelfallbezogene Abwägung vorzunehmen.[1315] Bereits aus dieser Abwägung kann sich ergeben, dass die Interessen einer Seite überwiegen.[1316] Ein endgültiges Ergebnis kann aber erst nach einer Einbeziehung der auf die Freiheit des Wettbewerbs gerichteten Zielsetzung des GWB einschließlich der Wertungen und Zielsetzungen des europäischen Wettbewerbsrechts ermittelt werden, wobei diese normative Bewertung häufig schon bei der Abwägung der Individualinteressen zu berücksichtigen ist, um diese überhaupt gewichten zu können.[1317]

a) Berechtigte Interessen der Versicherer

Zugunsten des behindernden Normadressaten sind grundsätzlich alle von der Rechtsordnung gebilligten Interessen berücksichtigungsfähig.[1318] Zu diesen Interessen gehört vor allem das Interesse eines Unternehmens, sein eigenes Bezugs- und Absatzsystem frei zu gestalten, denn § 19 Abs. 2 Nr. 1 GWB hindert ein Unternehmen grundsätzlich nicht daran, sein Vertriebssystem nach eigenem Ermessen so zu gestalten, wie es dies für richtig und wirtschaftlich sinnvoll hält.[1319] Dies schließt auch eine Umgestaltung zum Nachteil einzelner Nachfrager nicht aus, sofern hierfür ein sachlich berechtigtes Interesse besteht und die Handlungsfreiheit des benachteiligten Unternehmens nicht unangemessen beeinträchtigt wird.[1320] Das Interesse an der freien Gestaltung des Vertriebssystems wird begrenzt durch die Abwägung mit den Interessen anderer Beteiligter und die Berücksichtigung der Zielsetzungen des GWB, wobei es nicht darauf ankommt, ob das Verhalten des Normadressaten nach objektiven Maßstäben kaufmännisch vernünftig oder betriebswirtschaftlich sinnvoll ist, denn darüber entscheidet der Markt und nicht § 19 Abs. 2 Nr. 1 GWB.[1321] Berücksichtigung können aber nur solche Interessen finden, die nicht gegen gesetzliche Vorschriften und die in ihnen enthaltenen

---

1314 Nothdurft in Langen/Bunte, § 19, Rn. 316.

1315 OLG München WuW/E DE-R 2978 (2986) – Visa-Bargeldabhebung; Loewenheim in Loewenheim /Meessen/Riesenkampff, GWB, § 19, Rn. 22.

1316 Loewenheim in Loewenheim/Meessen/Riesenkampff, GWB, § 19, Rn. 22.

1317 Loewenheim in Loewenheim/Meessen/Riesenkampff, GWB, § 19, Rn. 22.

1318 Loewenheim in Loewenheim/Meessen/Riesenkampff, GWB, § 19, Rn. 20; Markert in Immenga/Mestmäcker, GWB, § 19 Rn. 126 m.w.N.

1319 St. Rspr. vgl. nur BGH NJW 2012, 2110 (2112) – Werbeanzeigen; BGH NJW-RR 1987, 929 (930 f.) – Belieferungsunwürdige Verkaufsstätten II m.w.N.; Loewenheim in Loewenheim/Meessen/Riesenkampff, GWB, § 19, Rn. 20 m.w.N.

1320 BGH ZUM 1998, 656 (658) – Bahnhofsbuchhandel; OLG München, Urteil vom 10.06.2010, Az. U (K) 5651/09, Rn. 35, juris.

1321 Loewenheim in Loewenheim/Meessen/Riesenkampff, GWB, § 19, Rn. 20; Markert in Immenga/Mestmäcker, GWB, § 19 Rn. 126 m.w.N.

Wertungen verstoßen,[1322] insbesondere sind dabei die vom Kartellrecht gezogenen Grenzen zu beachten.[1323] So kann beispielsweise eine Vertriebsumstellung nicht mit dem Interesse eines Herstellers gerechtfertigt werden, das Preisbindungsverbot zu umgehen.[1324]

Nach diesen Grundsätzen muss in erster Linie das Interesse des Versicherers, sein Vertriebssystem nach seinen eigenen Vorstellungen und wirtschaftlichen Erfordernissen gestalten zu können, Berücksichtigung finden.[1325]

b) Berechtigte Interessen der Versicherungsmakler

Zugunsten des behinderten Unternehmens sind grundsätzlich nur solche Interessen berücksichtigungsfähig, die auf die freie Betätigungsmöglichkeit im Wettbewerb zielen, da § 19 Abs. 2 Nr. 1 GWB Marktteilnehmer nur in ihren wettbewerblichen Handlungsmöglichkeiten vor dem Einfluss marktbeherrschender Unternehmen schützt; insofern ist der Kreis der berücksichtigungsfähigen Interessen hier enger.[1326] Nicht abwägungsfähig sind außerwettbewerbliche Interessen (wirtschaftlicher oder außerwirtschaftlicher Art), insbesondere ermöglicht § 19 Abs. 2 Nr. 1 GWB keinen struktur- oder sozialpolitischen Bestandsschutz für kleine und mittlere Unternehmen.[1327] Wie auf Seiten des Normadressaten sind auch hier keine Interessen berücksichtigungsfähig, die gegen gesetzliche Vorschriften oder die in ihnen enthaltenen Wertungen verstoßen.[1328] Berücksichtigungsfähig ist danach vor allem das Interesse an der freien Betätigungsmöglichkeit im Wettbewerb, insbesondere am freien Zugang zum Markt.[1329] Berücksichtigungsfähig ist zudem das Interesse, in der Chancengleichheit im Wettbewerb mit anderen

---

1322 St. Rspr. vgl. nur BGH WuW/E DE-R 357 – Feuerwehrgeräte; BGH GRUR 1996, 808 (811) – Pay-TV-Durchleitung; Loewenheim/Meessen/Riesenkampff, GWB, § 19, Rn. 20 m.w.N.

1323 BGH NJW 2012, 2110 (2112) – Werbeanzeigen; Loewenheim in Loewenheim/Meessen/Riesenkampff, GWB, § 19, Rn. 20.

1324 BGH WuW/E BGH 2238 (3346) – EH Partner; Markert in Immenga/Mestmäcker, GWB, § 19 Rn. 126; Westermann in MüKo-GWB, § 19, Rn. 60; Bechthold/Bosch, § 19, Rn. 26

1325 OLG München, Urteil vom 10.6.2010, Az. U (K) 5651/09, Rn. 28, 37, juris; so auch Schwintowski in Bruck/Möller, VVG, § 59, Rn. 122; Stancke, VersR 2012, 1346 (1349)

1326 Loewenheim/Meessen/Riesenkampff, GWB, § 19, Rn. 21; Markert in Immenga/Mestmäcker § 19 GWB Rn. 127.

1327 BGH WuW/E BGH 2491 (2495) – Opel-Blitz; BGH ZUM 1998, 656 (658) – Bahnhofsbuchhandel; Loewenheim/Meessen/Riesenkampff, GWB, § 19, Rn. 21; Markert in Immenga/Mestmäcker, § 19, GWB, Rn. 127.

1328 Loewenheim/Meessen/Riesenkampff, GWB, § 19, Rn. 21; Markert in Immenga/Mestmäcker, § 19, GWB, Rn. 128; Nothdurft in Langen/Bunte, § 19 GWB, Rn. 221 m.w.N.

1329 Loewenheim/Meessen/Riesenkampff, GWB, § 19, Rn. 21 m.w.N.

Unternehmen nicht behindert zu werden.[1330] Die Freiheit des behinderten Unternehmens in der Wahl seiner Vertriebswege ist ebenfalls berücksichtigungsfähig.[1331]

Das Interesse eines Versicherungsmaklers am Zugang zum Vertriebssystem des Versicherers ist danach in die Interessenabwägung einzubeziehen. Dies gilt insbesondere dann, wenn sich für den Versicherungsmakler die Ablehnung wie eine Marktzugangssperre auswirkt oder die Zurückweisung seine Chancen im Wettbewerb mit anderen Versicherungsmaklern beeinträchtigt. Beschränkungen der Verhaltensspielräume des Versicherungsmaklers, die sich aus dem in § 34d GewO verankerten Grundsatz der Polarisierung ergeben,[1332] sind im Rahmen der Interessensabwägung soweit zu berücksichtigen, wie ein Versicherungsvermittler die Freiheit besitzt, als gewerblicher Versicherungsmakler tätig zu sein und nicht auf die Möglichkeit einer gebundenen Absatztätigkeit verwiesen werden kann.

c) Abwägung

Eine Interessensabwägung kann grundsätzlich nur einzelfallbezogen erfolgen. Im Folgenden werden daher die in der Rechtsprechung und in der Literatur allgemein anerkannten Abwägungsgrundsätze dargestellt und auf mögliche Einzelfallumstände eingegangen.

aa) Angemessene Umstellungsfrist

Das Interesse an der Vertriebsgestaltungsfreiheit des Normadressaten tritt grundsätzlich schon dann nicht hinter dem Belieferungs- bzw. Bezugsinteresse eines Vertriebspartners zurück, wenn letzterem durch ausreichend lange Kündigungsfristen eine angemessene Umstellungsfrist gewährt wird; dies gilt auch dann, wenn der Vertriebspartner seine Tätigkeit als Absatzmittler für den Normadressaten nicht mehr oder nur noch unter nicht mehr wettbewerbsfähigen Bedingungen ausüben kann.[1333] Wie lang eine angemessenen Umstellungsfrist zu sein hat, kann nur im Einzelfall beurteilt werden. Das Bundeskartellamt hielt beispielsweise eine Umstellungsfrist von einem halben Jahr für Reisevermittler vom Brutto- zum Nettoabsatzsystem der Lufthansa im Jahr 2003 für ausreichend.[1334]

Ein Versicherer, der seine Vertriebsvereinbarung (Courtagevereinbarung) mit einem Versicherungsmakler kündigt, verhält sich danach nicht unbillig, wenn er dem Versicherungsmakler eine Umstellungsfrist gewährt, die es ihm ermöglicht, die notwendigen unternehmerischen Entscheidungen zu treffen und umzusetzen. Stellt ein Versicherer seinen Vertrieb um, kann er daher dazu verpflichtet sein,

1330 Loewenheim/Meessen/Riesenkampff, GWB, § 19, Rn. 21 m.w.N.
1331 BGH WuW/E BGH 1027 (1032) – Sportartikelmesse II; Loewenheim/Meessen/Riesenkampff, GWB, § 19, Rn. 21 m.w.N.
1332 Vgl. Zweites Kapitel B. II. 3.
1333 St. Rspr. vgl. nur BGH NJW 2012, 2110 (2113) – Werbeanzeigen.
1334 BKartA, Tätigkeitsbericht 2003/2004, BT-Drucks. 15/5790, S. 156.

einem Versicherungsmakler, der bisher Zugang zu seinem Vertriebssystem hatte, eine ausreichend lange Kündigungsfrist einzuräumen. Das Interesse des Versicherungsmaklers an der Fortsetzung der Vertriebskooperation muss dann hinter dem Interesse des Versicherers an der Vertriebsgestaltungsfreiheit zurücktreten. Ausgehend von der Angemessenheit einer sechsmonatigen Umstellungsfrist für Reisevermittler kann für den Versicherungsmakler ebenfalls eine Kündigungsfrist von sechs Monaten angemessen sein. Häufig könnte allerdings eine deutlich kürzere Umstellungsfrist für den Versicherungsmakler angemessen sein. In Courtagevereinbarungen regeln die Parteien meist, dass diese fristlos und ohne Angabe von Gründen gekündigt werden können.[1335] Bei einer derartigen Kündigungsregelung ist das Vertrauen des Versicherungsmaklers in den Bestand der Vertriebsvereinbarung grundsätzlich geringer zu bewerten, so dass eine kürzere Umstellungsfrist als sechs Monate durchaus gerechtfertigt wäre.

Etwas anderes kann aber dann gelten, wenn die vom Normadressaten beabsichtigte Vertriebsumstellung ihm ein Monopol auf einem nachgelagerten Markt verschafft, auf dem bisher von ihm unabhängige Unternehmen auf Grund eigener, erheblicher Wertschöpfung ein eigenes Leistungsergebnis anbieten, für das die bisher vom Normadressaten bezogene Ware oder Dienstleistung Voraussetzung ist.[1336] Ein solcher Fall kann nach der Rechtsprechung beispielsweise dann vorliegen, wenn ein Hersteller freie Werkstätten nicht (mehr) mit Ersatzteilen beliefert, weil er den gesamten Ersatzteilvertrieb und alle Reparaturleistungen für seine Produkte selbst übernehmen will. Die Vertriebsbeschränkung ist dann darauf ausgerichtet, dem Hersteller ein Monopol (auch) auf dem Markt für Wartungs- und Reparaturleistungen zu verschaffen, was mit der auf die Freiheit des Wettbewerbs gerichteten Zielsetzung des GWB unvereinbar wäre.[1337] Ein Versicherer müsste danach mit seiner Vertriebsumstellung beabsichtigen, eine Monopolstellung auf dem weiten Markt für Versicherungsvertriebs- bzw. vermittlungsleistungen zu erlangen. Eine Vertriebsumstellung ist in der Regel dann nicht unbillig, wenn bisweilen nur ein Versicherungsmaker in der Lage ist, das Versicherungsprodukt zu vertreiben.[1338]

bb) Gleichbehandlung von Versicherungsmaklern

Ein berücksichtigungsfähiges Interesse des Versicherers an der Aufkündigung einer Vertriebskooperation mit einem Versicherungsmakler besteht nach der Entscheidung des Oberlandesgerichts München dann, wenn der Versicherer exklusiv nur mit einem Versicherungsmakler zusammenarbeitet und befürchten

1335 Vgl. Erstes Kapitel B. I. 1. a).

1336 BGH WuW/E DE-R 357 (359) – Feuerwehrgeräte; BGH NJW 2012, 2110 (2113) – Werbeanzeigen.

1337 BGH WuW/E DE-R 357 (359) – Feuerwehrgeräte; BGH NJW 2012, 2110 (2113) – Werbeanzeigen.

1338 Dazu gleich OLG München, Urteil vom 10.6.2010, Az. U (K) 5651/09, Rn. 37 zum Sachgrund der Ungleichbehandlung.

muss, andere Versicherungsmakler würden unter Hinweis auf dessen Sonderstellung eine Gleichbehandlung beanspruchen.[1339] Die Entscheidung des Versicherers, das Vertriebsabkommen mit dem Versicherungsmakler aufzukündigen, ist dann ebenso wie die Grundentscheidung, den Vertrieb künftig ausschließlich mittels Handelsvertretern zu organisieren, von seinem unternehmerischen Freiraum gedeckt.[1340] Ein schützenswertes Interesse des Versicherungsmaklers an der Gleichbehandlung mit anderen Versicherungsmaklern (Chancengleichheit) besteht insofern nicht.

cc) Kein alternatives Angebot von Nettotarifen

Der Kartellsenat des Oberlandesgerichts München verneinte eine unbillige Behinderung bzw. sachlich nicht gerechtfertigte Ungleichbehandlung einer Versicherungsmaklerin durch die Kündigung ihrer Courtagevereinbarung unter Verweis darauf, dass der Versicherungsmaklerin weiterhin von der Versicherung (bzw. ihrer Tochtergesellschaft) gestattet wurde, die streitgegenständlichen Versicherungsverträge zu vermitteln, jedoch ohne hierfür eine Courtage zu erhalten. Die Handlungsfreiheit der Versicherungsmaklerin werde deshalb nicht unangemessen beeinträchtigt.[1341]

Dem kann nach hier vertretener Ansicht nicht gefolgt werden. Dies zeigen die vom Bundeskartellamt entwickelten Grundsätze im Fall der Lufthansa, als diese ihren Flugscheinvertrieb von einem Brutto- zu einem Nettoabsatzsystem umstellte. Das Bundeskartellamt hielt die Vertriebsumstellung der Lufthansa gerade deshalb nicht für unbillig, weil die Reisevermittler von der Lufthansa in die Lage versetzt wurden, künftig selbst Serviceentgelte von den Reisekunden für ihre Dienste zu erheben:[1342]

> *„Soweit die Leistungen darin bestehen, Kunden zu beraten und Flugscheine bereitzustellen, steht den Reisebüros die Möglichkeit offen, von den Kunden Service-Entgelte zu erheben. Indem Lufthansa für ihren Eigenvertrieb einen Zuschlag von 30 bzw. 45 Euro auf den Netto-Flugscheinpreis erhebt, wird den Reisebüros auch wirtschaftlich eine Preisspanne für das eigene Service-Entgelt eröffnet. Zudem führt die Möglichkeit der freien Preisgestaltung für Vermittlungsleistungen zu mehr Transparenz und (Preis-)Wettbewerb unter den Reisebüros. Die Frage eines Missbrauchs würde sich neu stellen, wenn Lufthansa den Eigenvertrieb zu Nettopreisen durchführen und dadurch die Möglichkeit der Reisebüros, eigene Service-Entgelte durchzusetzen, faktisch einschränken würde.“*

1339 OLG München, Urteil vom 10.6.2010, Az. U (K) 5651/09, Rn. 37, juris; so grundsätzlich vgl. nur BGH ZUM 1998, 656 (658) – Bahnhofsbuchhandel.
1340 OLG München, Urteil vom 10.6.2010, Az. U (K) 5651/09, Rn. 37, juris.
1341 OLG München, Urteil vom 10.6.2010, Az. U (K) 5651/09, Rn. 37, juris.
1342 BKartA, Tätigkeitsbericht 2003/2004, BT-Drucks. 15/5790, S. 156.

Anders als bei der Umstellung der Lufthansa, steht einem Versicherungsmakler, dessen Courtagevereinbarung vom Versicherer gekündigt wurde, regelmäßig keine Möglichkeit offen, ein Entgelt vom Versicherungsnehmer für die Vermittlung eines Bruttotarifs zu verlangen. Die Ursachen sind sowohl rechtlicher als auch tatsächlicher Natur. Versicherungsprodukte, die von Versicherern als Bruttotarife angeboten werden, stehen den Vermittlern in der Regel nicht (auch) als Nettotarife zur Verfügung.[1343] Kann der Versicherungsmakler die Versicherungsprodukte aber nicht als Nettotarife vermitteln, sondern nur als Bruttotarife, ist kein wettbewerbsfähiger Spielraum vorhanden, der ihm die Erhebung von eigenen Entgelten beim Versicherungsnehmer ermöglicht. Aus Sicht der Versicherungsnehmer ist es kaum wirtschaftlich, für die Vermittlung eines Bruttotarifes neben den in die Prämie einkalkulierten Abschlusskosten auch ein Maklerhonorar zu zahlen. Einen Anspruch gegen den Versicherer auf das Angebot des Versicherungsproduktes als Nettotarif besitzt der Versicherungsmakler nicht,[1344] auch nicht mittelbar nach dem Durchleitungsgebot in § 48c VAG.[1345] Ohne die Mitwirkung des Versicherers ist die Honorarvermittlung von Versicherungsprodukten damit nur begrenzt möglich. Einem Versicherungsmakler stünde somit nach dem Ausschluss aus dem Vertriebssystem eines Versicherers, der seine Versicherungsprodukte ausschließlich als Bruttotarife anbietet, regelmäßig keine Möglichkeit offen, für seine Leistung ein Entgelt zu erheben. Versicherungsmakler sind deshalb auf die Vergütung ihrer Dienstleistung durch den Versicherer bei der Vermittlung von Bruttotarifen angewiesen. Die vom Oberlandesgericht München anerkannte Ausweichmöglichkeit bestünde faktisch darin, dass der Versicherungsmakler seine Vermittlung unentgeltlich erbringt. Bei einer auf die Freiheit des Wettbewerbs gerichteten Zielsetzung des GWB stellt eine solche Ausweichmöglichkeit jedoch keine zumutbare Handlungsoption dar.

ee) Vormalige Tätigkeit als Ausschließlichkeitsvertreter

Es gilt der Grundsatz, dass niemand – auch nicht ein Marktbeherrscher – verpflichtet ist, einen Wettbewerber zum eigenen Schaden zu fördern.[1346] Nach der Rechtsprechung des Bundesgerichtshofs hat deshalb ein ausgeschiedener Handelsvertreter gegen seinen früheren Geschäftsherrn nur ausnahmsweise und unter besonderen Umständen einen Anspruch auf Weiterbelieferung mit Ersatzteilen – zumindest für eine angemessene Übergangszeit.[1347] Grundsätzlich sei die Weiterbelieferung dem ehemaligen Geschäftsherrn jedoch nicht zumutbar, wenn er dadurch gezwungen wäre, zu seinem eigenen Nachteil dem ehemaligen

1343 Vgl. zum geringen Nettotarifangebot deutscher Versicherungsunternehmen Beenken/Wende, IVK 1/2016, S. 8.

1344 Ausführlich dazu Icha, S. 469 ff.

1345 Vgl. ausführlich Erstes Kapitel B. IV. 2. a).

1346 St. Rspr. vgl. nur BGH GRUR 1989, 701 (702) – Frankiermaschinen; OLG Düsseldorf NZKart 2014, 35.

1347 BGH GRUR 1989, 701 – Frankiermaschinen.

Handelsvertreter Wettbewerbsvorteile im Neugeschäft mit Konkurrenzprodukten zu verschaffen.[1348] Denn kann der Handelsvertreter aufgrund der Weiterbelieferung seine alten Geschäftskunden weiterhin betreuen, d.h. bei ihnen Wartungs- und Instandsetzungsarbeiten vornehmen, so hat er auch die Möglichkeit, bei erforderlich werdenden Neuanschaffungen die nunmehr von ihm vertriebenen Konkurrenzprodukte zu verkaufen.[1349] Ohne das Vorliegen besonderer Umstände, wie beispielsweise eine langjährige Geschäftsbeziehung, spielt es dann auch keine Rolle, wenn der ehemalige Handelsvertreter auf eine Weiterbelieferung durch den Normadressaten dringend angewiesen und ohne diese in seiner wirtschaftlichen Existenz bedroht wäre.[1350] Hat nicht der Geschäftsherr, sondern der Handelsvertreter selbst den Handelsvertretervertrag gekündigt, ist dessen Schutzbedürftigkeit und Schutzwürdigkeit zudem geringer zu beurteilen.[1351]

War ein Versicherungsmakler zuvor als Ausschließlichkeitsvertreter des Versicherers tätig, wäre dem Versicherer eine Fortsetzung der Vertriebskooperation danach dann nicht zuzumuten, wenn er den Absatz von Konkurrenzprodukten im Neugeschäft zum eigenen Nachteil fördern würde. Dem Versicherer könnten beispielsweise Nachteile durch einen *Maklereinbruch* seines ehemaligen Ausschließlichkeitsvertreters in alte Kundenbestände entstehen.[1352] Hier wäre zudem zu berücksichtigen, dass ein Versicherungsmakler, der seinen vormaligen Agentur- bzw. Handelsvertretervertrag selbst gekündigt hat, um in den Maklerstatus zu wechseln, weniger schutzbedürftig ist.

3. Zwischenergebnis

Eine Abwägung der Interessen zwischen Versicherer und Versicherungsmakler wird in der Regel ergeben, dass das Interesse des Versicherers an der freien Gestaltung seines Vertriebssystems das Interesse des Versicherungsmaklers am Zugang zum Vertriebssystem des Versicherers überwiegt.

II. Diskriminierung

Diskriminierung im Sinne des GWB ist die unmittelbare oder mittelbare Ungleichbehandlung gleichartiger Unternehmen ohne sachlich gerechtfertigten Grund.

1348 BGH GRUR 1989, 701 (702 f.) – Frankiermaschinen; OLG Düsseldorf NZKart 2014, 35 (36).
1349 BGH GRUR 1989, 701 (702) – Frankiermaschinen.
1350 BGH GRUR 1989, 701 (703)– Frankiermaschinen; OLG Düsseldorf NZKart 2014, 35 (36).
1351 OLG Düsseldorf NZKart 2014, 35 (36).
1352 Vgl. zur Unzumutbarkeit eines Korrespondenzverlangens des Versicherungsnehmers, wenn der Makler vormals als Ausschließlichkeitsvertreter für den Versicherer tätig war, BGH VersR 2013, 841 (843); OLG Bamberg VersR 1993, 1146 (1149).

1. Gleichartige Unternehmen

An das Tatbestandsmerkmal der Gleichartigkeit sind nach ständiger Rechtsprechung keine allzu hohen Anforderungen zu stellen; es reicht, wenn die zu vergleichenden Unternehmen im Verhältnis zum Normadressaten im Wesentlichen die gleiche unternehmerische Tätigkeit ausüben und entsprechend ihrer wirtschaftlichen Funktion die gleichen Aufgaben erfüllen (z.B. Einzelhandel, Großhandel, Produktion).[1353] Das moderne Wirtschaftsleben erzeugt vielfältige Erscheinungsformen, so dass der Begriff der Gleichartigkeit keine vollständige Identität aller in Betracht kommenden Merkmale voraussetzt.[1354]

Vertriebsorganisationen wie Ausschließlichkeits- und Mehrfachagenten erfüllen bei einer groben Sichtung ihrer Aufgaben dieselbe Funktion für die Versicherungsvertragsparteien wie ein Versicherungsmakler;[1355] sie führen Angebot und Nachfrage nach Versicherungsleistungen auf dem Versicherungsmarkt zusammen, bieten Beratungsleistungen an und erhalten hierfür eine Courtage bzw. Provision vom Versicherer.[1356] Als Absatzmittler für Versicherungsprodukte befinden sie sich insoweit auf derselben *Handelsstufe*. Dennoch bilden sie nach hier vertretener und im Folgenden dargestellter Ansicht keine relevante Bezugsgruppe für die Prüfung des Diskriminierungstatbestands.[1357]

a) Unternehmenseigene Vertriebsorganisationen

Die zum Vergleich herangezogenen Unternehmen müssen *„andere"* Unternehmen als der Normadressat sein.[1358] Dies ist dann nicht der Fall, wenn die Vergleichsunternehmen mit dem Normadressaten eine unternehmerische Einheit bilden.[1359] In den Vertrieb des Normadressaten eingeschaltete Tochtergesellschaften stellen gegenüber eigenständigen Absatzmittlern grundsätzlich keine gleichartigen Unternehmen i. S. des § 19 Abs. 2 Nr. 1 GWB dar.[1360] Danach scheiden Vertriebsorganisationen als Vergleichsobjekt aus, die Tochterunternehmen der Versicherer

---

1353 Vgl. nur BGH NJW 2012, 2110 (2111) – Werbeanzeigen; BGH NJW-RR 2003, 834 (835) – Vorleistungspflicht; Bechtold, GWB, § 19 Rn. 37; Loewenheim in Loewenheim/Meessen/Riesenkampff, GWB, § 19, Rn. 43 m.w.N.

1354 Loewenheim in Loewenheim/Meessen/Riesenkampff, GWB, § 19, Rn. 43.

1355 OLG München, Urteil vom 10.06.2010, Az. U (K) 5651/09, Rn. 29, juris.

1356 Vgl. dazu Zweites Kapitel B. II. 2.

1357 A.A. OLG München, Urteil vom 10.06.2010, Az. U (K) 5651/09, Rn. 29, juris; Schwintowski, VUR 2010, 433 (435).

1358 Loewenheim in Loewenheim/Meessen/Riesenkampff, GWB, § 19, Rn. 43.

1359 BGH NJW 2012, 2110 (2111) – Werbeanzeigen; Nothdurft in Langen/Bunte, GWB, § 19, Rn. 210 ff.; Bechthold/Bosch, GWB, § 19, Rn. 37; Loewenheim in Loewenheim/Meessen/Riesenkampff, GWB, § 19, Rn. 43.

1360 BGH NJW 2012, 2110 (2111) – Werbeanzeigen; Bechthold/Bosch, GWB, § 19, Rn. 37; Loewenheim in Loewenheim/Meessen/Riesenkampff, GWB, § 19, Rn. 43; ausführlich dazu Nothdurft in Langen/Bunte, GWB, § 19, Rn. 210 ff. m.w.N.

sind. Sie bilden mit dem Versicherer eine wirtschaftliche Einheit und sind daher schon keine *„anderen“* Unternehmen.

b) Ausschließlichkeitsvermittler

Selbständige Ausschließlichkeitsvertreter, die nicht im Eigentum des Versicherers stehen, sind ebenfalls nicht mit Versicherungsmaklern gleichartig. Nach der Rechtsprechung des Bundesgerichtshofes sind Handelsvertreter, die im Namen und auf Rechnung des Normadressaten Produkte vermitteln, ohne dass der Normadressat unmittelbar eine Beteiligung an dem Unternehmen hält, nicht mit unabhängigen Absatzmittlern gleichartig, die im eigenen Namen und auf eigene Rechnung tätig werden.[1361] Im Hinblick auf die von ihnen vermittelten Geschäfte sind (typische) Handelsvertreter ein in die Betriebsorganisation ihres Geschäftsherrn eingegliedertes Hilfsorgan und bilden insoweit eine wirtschaftliche Einheit mit diesem.[1362] Alle Risiken aus dem vermittelten Absatzgeschäft treffen den Geschäftsherrn, weshalb der Vertrieb über Handelsvertreter wirtschaftlich und funktional dem Direktvertrieb über Tochtergesellschaften entspricht.[1363]

Versicherungsvertreter sind Handelsvertreter i.S.v. § 89 HGB. Das finanzielle und geschäftliche Risiko des vermittelten Versicherungsvertrages trägt der Versicherer. In Agenturverträgen werden ihre Handlungsspielräume in sachlicher, persönlicher und räumlicher Hinsicht weitgehend geregelt und durch Wettbewerbsverbote beschränkt.[1364] Versicherungsvertreter sind echte Handelsvertreter im Sinne der Vertikal-Leitlinien, wenn sie keine Risiken aus marktspezifischen Investitionen tragen, z.B. Investitionen in spezielle Software für die Vermittlung von Versicherungspolicen.[1365] Wirtschaftlich und funktional betrachtet steht der Vertrieb von Ausschließlichkeitsvertretern daher dem Direktvertrieb einer Tochtergesellschaft gleich. Zwar trägt auch der Versicherungsmakler in der Regel keinerlei Risiken aus dem vermittelten Versicherungsvertrag,[1366] er unterscheidet sich also diesbezüglich nicht vom Versicherungsvertreter. Jedoch ist der Versicherungsmakler als Auftragnehmer des Versicherungsnehmers nicht in das Vertriebssystem des Versicherers eingegliedert und kann deshalb bei einer funktionalen Betrachtungsweise auch keine wirtschaftliche Einheit mit diesem bilden. Die Kommission hatte im Rahmen ihrer Sektorenuntersuchung ähnlich festgestellt, dass eine Betrachtungsweise, wonach Versicherungsmakler funktional wie *„agents“* der Versicherer agierten,

---

1361 BGH NJW 2012, 2110 (2111) – Werbeanzeigen.
1362 BGH NJW 2012, 2110 (2111) – Werbeanzeigen.
1363 BGH NJW 2012, 2110 (2111) – Werbeanzeigen m.w.N.
1364 Vgl. Zweites Kapitel B. II. 1.
1365 Vgl. Rn. 16 Vertikal-Leitlinien, ABl. EU vom 19.5.2010, L 130/1, wie hier Stauber, NZKart 2015, 423 (426); ausführlich zum Meinungsstand, Lau, a.a.O., S. 252 ff. m.w.N.
1366 Schaloske, VersR 2008, 734 (740); Stancke, VersR 2009, 1168 (1172).

„evidently incompatible“ sei, mit der Folge, dass auf Versicherungsmakler das Handelsvertreterprivileg der Vertikal-Leitlinien[1367] keine Anwendung findet.[1368]

c) *Mehrfirmenvertreter*

Eine andere Beurteilung könnte im Hinblick auf echte Mehrfirmenvertreter in Betracht kommen, die anders als Ausschließlichkeitsvermittler und unechte Mehrfirmenvermittler keinem Wettbewerbsverbot unterliegen und daher wie der Versicherungsmakler konkurrierende Versicherungsprodukte vermitteln können.[1369]

Der Mehrfachvertreter ist verpflichtet, im Interesse der Kunden eine echte Auswahlentscheidung zwischen verschiedenen Anbietern zu treffen.[1370] Er nimmt eine *„Zwitterstellung“* ein, weil er bei der Auswahl des Versicherers im Interesse des Versicherungsnehmers handelt[1371] und wie ein Makler zu behandeln ist, während er bei der Beantragung des ausgewählten Versicherungsvertrages einem Versicherungsvertreter des Versicherers gleichsteht.[1372] Der echte Mehrfirmenvertreter muss für das konkrete Risiko des Versicherungsnehmers Versicherungsschutz nach dessen Wünschen und Bedürfnissen vermitteln und darauf hinwirken, dass der Versicherungsnehmer den Versicherer auswählt, dessen Produkt seinen Wünschen und Bedürfnissen am besten entspricht.[1373]

Vom Versicherungsmakler unterscheidet sich der Mehrfirmenvertreter dennoch. Denn auch der echte Mehrfirmenvertreter handelt im Auftrag des Versicherers und hat ihm gegenüber eine Tätigkeitspflicht. Eine Tätigkeit für den Versicherer gehört hingegen nicht zum Leitbild des Versicherungsmaklers,[1374] er steht im Lager der Versicherungskunden. Der echte Mehrfirmenvertreter kann zudem unter den gleichen Voraussetzungen wie der Ausschließlichkeitsvertreter mit dem Versicherer eine wirtschaftliche Einheit bilden; auf sein Tätigwerden für verschiedene, konkurrierende Auftraggeber kommt es dabei nicht an.[1375] Echte Mehrfirmenvertreter

---

1367 Kommission, Leitlinien für vertikale Beschränkungen (Vertikal-Leitlinien), ABl. EU vom 19.5.2010, C 130/1.

1368 Kommission, Sektorenuntersuchung Unternehmensversicherungen, Arbeitspapier, SEC(2007) 1231, S. 38.

1369 So Schwintowski, VUR 2010, 433 (435).

1370 Reiff in MüKo-VVG, Vorb. zu §§ 59 bis 68, Rn. 12 und § 61, Rn. 19; Tschersich, r+s 2012, 53 (55).

1371 Reiff in MüKo-VVG, Vor §§ 59 bis 68, Rn. 12 und § 61, Rn. 19; Tschersich, r+s 2012, 53 (55).

1372 OLG München VersR 2011, 1254 (1255); Tschersich, r+s 2012, 53 (55).

1373 Reiff in MüKo-VVG, § 61, Rn. 19.

1374 BGH GRUR 2016, 820.

1375 Überzeugend zur (Ir-)Relevanz der Mehrfirmenvertretung für die Stellung als echter Handelsvertreter vgl. Stauber NZKart 2015, 423 (428 f.) m.w.N.

sind daher keine mit dem Versicherungsmakler vergleichbaren Unternehmen i.S.v. § 19 Abs. 2 Nr. 1 GWB.[1376]

d) Zwischenergebnis

Die relevante Bezugsgruppe für die Prüfung des Diskriminierungstatbestands bilden ausschließlich andere Versicherungsmakler.[1377] Ausschließlichkeitsvertreter und Mehrfachvertreter sind nicht mit Versicherungsmaklern gleichartig, weil sie vom Versicherer beauftragt werden und in dessen Lager stehen. Tragen sie keine Risiken aus marktspezifischen Investitionen, bilden sie mit den Versicherern als Geschäftsherren eine wirtschaftliche Einheit und sind bereits keine *„anderen"* Unternehmen i.S.v. § 19 Abs. 2 Nr. 1 GWB.

2. Sachlicher Grund

Sachliche Gründe können die eine Ablehnung des Versicherungsmaklers im Einzelfall rechtfertigen.

a) Selektiver Vertrieb

Dem Normadressaten steht es frei, sein Vertriebssystem in qualitativer und quantitativer Hinsicht selektiv auszugestalten.[1378] Erfordert das betreffende Produkt aufgrund seiner Beschaffenheit einen selektiven Vertrieb, d.h. kann die Qualität und der richtige Gebrauch des Produkts nur durch ein selektives Vertriebssystem gewährleistet werden, sind die mit dem selektiven Vertriebssystem unvermeidbar einhergehenden Beschränkungen zur Verbesserung des Wettbewerbs hinzunehmen.[1379] Die Rechtfertigung entfällt hier nur, wenn der Normadressat die Zielsetzung der Wettbewerbsverbesserung verlässt, indem er die Zulassung zu seinem Vertriebssystem beispielsweise an Bedingungen knüpft, die zur Erreichung der Wettbewerbsverbesserungen nicht notwendig sind.[1380] Qualitativ und quantitativ selektive Vertriebssysteme, die nach Art. 101 Abs. 3 AEUV i.V.m. mit der

---

1376 A.A. Schwintowski, VUR 2010, 433 (435).

1377 A.A. OLG München, Urteil vom 10.06.2010, Az. U (K) 5651/09, Rn. 29, juris; Schwintowski, VUR 2010, 433 (435).

1378 St. Rspr. vgl. nur BGH, GRUR 1981, 767 (769) – Belieferungsunwürdige Verkaufsstätten I; BGH, NJW-RR 1987, 929 (931) m.w.N. – Belieferungsunwürdige Verkaufsstätten II.

1379 OLG Frankfurt a.M. MMR 2016, 634 (635); zur Voraussetzung der Erforderlichkeit vgl. auch Nr. 176 Vertikal-Leitlinien, 2010/C 130/01.

1380 BGH GRUR 1999, 276 (277) – Depotkosmetik; OLG Frankfurt a.M. MMR 2016, 634 (635).

Vertikal-GVO freigestellt sind, sind zudem wegen der Wertungen des europäischen Kartellrechts schutzwürdig.[1381]

aa) Qualitative Selektion

Nach der Rechtsprechung und Aufsichtspraxis haben qualitativ selektive Vertriebssysteme grundsätzlich keinen wettbewerbsbeschränkenden Charakter, wenn sie drei Voraussetzungen erfüllen: Erstens, die qualitativen Kriterien sind mit Rücksicht auf die Eigenschaften der vertriebenen Ware zur Wahrung ihrer Qualität und zur Gewährleistung ihres richtigen Gebrauchs erforderlich. Zweitens, die Kriterien werden einheitlich und diskriminierungsfrei angewendet und drittens, sie gehen nicht über das erforderliche Maß hinaus.[1382] Genügt ein Vertriebssystem diesen Anforderungen, muss das auf eine vollständige Belieferung gerichtete Interesse eines Händlers, der die Vorgaben des Vertriebssystems nicht erfüllt, zurücktreten.[1383] Im Umkehrschluss bedeutet dies, wer die Selektivkriterien erfüllt, muss vom Normadressaten zum Vertriebssystem zugelassen werden.[1384] Erfüllt ein Versicherungsmakler die danach zulässigen qualitativen Anforderungen eines Versicherers für die Aufnahme in sein Vertriebssystem nicht, liegt keine kartellrechtliche Diskriminierung vor.

bb) Quantitative Selektion

Bei der quantitativen Selektion nimmt der Normadressat eine zahlenmäßige Auswahl vor.[1385] Auch eine quantitative Selektion kann schutzwürdig sein.[1386] Sie ist in der Regel erlaubt, wenn nach Art. 3 Abs. 1 der Vertikal-GVO weder der Marktanteil des Lieferanten noch der Marktanteil des Abnehmers 30 % übersteigt und die nach Art. 4 und 5 der Vertikal-GVO unzulässigen Klauseln nicht verwendet werden.[1387] Auf dem Erstversicherungsmarkt überschreitet in der Regel kein Versicherer die Marktanteilsschwelle von 30 %; eine Ausnahme könnten Spezialversicherer bilden; auch auf dem weltweiten Rückversicherungsmarkt werden diese Grenzen wohl nur im Einzelfall überschritten.[1388] Ausgehend von diesen Marktverhältnissen und mangels Datenmaterials zum hier sachlich relevanten Nachfragemarkt für

---

1381 Vgl. Wertungen BGH GRUR 1999, 276 (277) – Depotkosmetik; Bechthold/Bosch, § 19, Rn. 25 m.w.N.

1382 Vertikal-Leitlinien, 2010/C 130/01, Rn. 175; EUGH GRUR 2012, 844, Rn. 41 – Pierre Fabre; Nr. 175; BGH GRUR 1999, 276 (277) – Depotkosmetik; OLG Frankfurt a.M. MMR 2016, 634 (635) m.w.N.

1383 BGH, NJW-RR 1987, 929 (931) – Belieferungsunwürdige Verkaufsstätten II.

1384 Vgl. nur BGH NJW-RR 2006, 689 (690) – Qualitative Selektion; Bechthold/Bosch, GWB, § 19, Rn. 25.

1385 Loewenheim/Meessen/Riesenkampff, GWB, § 19, Rn. 55.

1386 Bechthold/Bosch, GWB, § 19, Rn. 25.

1387 Loewenheim/Meessen/Riesenkampff, GWB, § 19, Rn. 55.

1388 Vgl. zum statistischen Zahlenmaterial Viertes Kapitel C.

Versicherungsvertriebsleistungen, darf gleichwohl angenommen werden, dass die Marktanteilsschwelle nicht überschritten wird und somit die Freistellungsvoraussetzungen in der Regel vorliegen.

cc) Mindestumsatzanforderungen für Versicherungsmakler

Grundsätzlich stellt es nach der Rechtsprechung keine unzulässige Diskriminierung dar, wenn ein Unternehmen nur Vertriebspartner akzeptieren will, die einen festgelegten Mindestumsatz nachweisen können.[1389] Der Unternehmer hat ein berechtigtes Interesse daran, dass sein Vertriebspartner sich für den Absatz seiner Produkte einsetzt.[1390] Wenn der Vertriebspartner (maßvolle) Mindestumsätze nicht erreicht, so ist das ein Zeichen dafür, dass es entweder an dem mit Recht erwarteten Einsatz des Geschäftspartners mangelt, oder dass er grundsätzlich umsatzschwach ist und daher als leistungsfähiger Vertragspartner nicht geeignet ist.[1391] Die Umsatzschwellen dürfen allerdings nicht unüberwindlich oder unzumutbar hoch sein.[1392]

Mindestumsatzanforderungen, die ein Versicherer als Selektionskriterium für den Zugang zu seinem Vertriebssystem gegenüber Versicherungsmaklern anwendet, können die Ungleichbehandlung eines Versicherungsmaklers gegenüber anderen Versicherungsmaklern aufgrund der statusrechtlich besonderen Stellung des Versicherungsmaklers im Lager des Versicherungsnehmers jedoch nicht rechtfertigen. Ein derart gelagertes Interesse des Versicherers ist nicht berücksichtigungsfähig, denn der Versicherungsmakler hat den Versicherungsnehmer auf der Grundlage einer objektiven und ausgewogenen Marktuntersuchung zu beraten (§ 60 Abs. 1 S. 1 VVG), d.h. sich unabhängig von den Absatzinteressen der Versicherer bei seiner Auswahl und Empfehlung zu verhalten. Die Einflussnahme des Versicherers auf die Unabhängigkeit des Versicherungsmaklers durch die Vorgabe von Mindestumsätzen kann zu haftungs- und statusrechtlichen Konsequenzen für den Versicherungsmakler führen und ist daher grundsätzlich zu missbilligen.[1393]

Etwas anderes kann dann gelten, wenn der Versicherer vom Versicherungsmakler nur einen absoluten Mindestumsatz verlangt, d.h. wenn er nicht erwartet, dass der Versicherungsmakler mindestens einen bestimmten Bruchteil seines Neugeschäfts an ihn vermittelt, sondern nur eine gewisse Geschäftsgröße nachweist. Die Umsatzanforderung brächten in diesem Fall nur die berechtigte Erwartung des Versicherers zum Ausdruck, mit einem leistungsfähigen Geschäftspartner eine

1389 Westermann in MüKo-GWB, § 19, Rn. 56; Markert in Immenga/Mestmäcker, GWB, § 19, Rn. 155 mit Rechtsprechungsnachweisen zu Mindestumsatzanforderungen als zulässiges qualitatives Selektionskriterium; vgl. für Reisevermittler vgl. OLG Stuttgart NJW-RR 1988, 1508.

1390 OLG Stuttgart NJW-RR 1988, 1508.

1391 OLG Stuttgart NJW-RR 1988, 1508.

1392 OLG Stuttgart NJW-RR 1988, 1508.

1393 Vgl. zu den Konsequenzen bei statuswidrigem Verhalten Zweites Kapitel B. II. 3. b).

Vertragsbeziehung eingehen zu wollen.[1394] Niedrigere Courtagesätze für kleine C und D Versicherungsmakler als für große Versicherungsvertriebseinheiten sind danach grundsätzlich gerechtfertigt.

Weiterhin ist nach der Rechtsprechung zu prüfen, ob ein verhältnismäßig milderes Mittel als die endgültige Nichtaufnahme in das Vertriebssystem dem Normadressaten zur Verfügung steht, wie beispielsweise eine zeitlich befristete Sperre bis zum Erreichen des absoluten Geschäftsumsatzes oder geringere Provisionssätze.[1395] Allerdings wären Abschläge von der Courtage des Versicherungsmaklers dann kein gleich geeignetes milderes Mittel, wenn sich der Versicherer bei deutlichen Abschlägen dem Vorwurf der Diskriminierung aussetzen würde.[1396] Zudem würde die Leistungsfähigkeit umsatzschwacher Versicherungsmakler durch Abschläge noch mehr geschwächt, was dem berechtigten Interesse des Unternehmers an einem wirtschaftlich gesunden Vertragspartner zuwiderlaufen würde.[1397]

dd) Zusammenfassung

Wenn ein Versicherer einen Versicherungsmakler ablehnt, der die Voraussetzungen seines schützenswerten, qualitativ selektiven Vertriebssystems nicht erfüllt, liegt eine sachlich gerechtfertigte Ungleichbehandlung vor. Ein qualitativ selektives Vertriebssystems ist schützenswert, wenn vom Versicherer sachgerechte, angemessene und zumutbare Selektionskriterien diskriminierungsfrei angewendet werden. Mindestumsatzanforderungen, die ein Versicherer als Selektionskriterium für den Zugang zu seinem Vertriebssystem anwendet, können die Ungleichbehandlung eines Versicherungsmaklers gegenüber anderen Versicherungsmaklern jedoch nicht rechtfertigen. Verlangt der Versicherer hingegen nur eine gewisse absolute Geschäftsgröße vom Maklerunternehmen, ist diese Bedingung ein zulässiges Differenzierungskriterium. Die Ungleichbehandlung eines Versicherungsmaklers aufgrund eines quantitativ selektiven Vertriebssystems eines Versicherers wird in der Regel ebenfalls sachlich gerechtfertigt sein, weil davon ausgegangen werden kann, dass bei den gegebenen Marktverhältnissen die Freistellungsvoraussetzungen nach Art. 101 Abs. 3 AEUV i.V.m. mit der Vertikal-GVO erfüllt sind. Einseitige, behindernde oder diskriminierende Verhaltensweisen, die nicht Folge des schutzwürdigen Vertriebssystems selbst sind, sondern auf einer missbräuchlichen Ausnutzung der freigestellten Vereinbarung beruhen, können jedoch weiterhin nach §§ 19 Abs. 2 Nr. 1, 20 Abs. 1 GWB verboten sein.[1398]

1394 So zu Mindestumsatzvorgaben für Reisevermittler OLG Stuttgart NJW-RR 1988, 1508.

1395 So OLG Stuttgart NJW-RR 1988, 1508 zu Provisionssätzen für Reisevermittler.

1396 So OLG Stuttgart NJW-RR 1988, 1508 zu Provisionssätzen für Reisevermittler.

1397 So OLG Stuttgart NJW-RR 1988, 1508 zu Provisionssätzen für Reisevermittler.

1398 Emmerich in MüKo-GWB, § 19, Rn. 58 m.w.N.

b) Persönliche Gründe

Persönliche Gründe für eine Geschäftsverweigerung erkennt die Rechtsprechung an, wenn dadurch die für ein Vertragsverhältnis notwendige Vertrauensbasis zerstört ist,[1399] z.B. durch Androhung geschäftsschädigender Maßnahmen,[1400] durch gegen den Normadressaten gerichtete strafbare Handlungen,[1401] durch massive *„Anschwärzung"* bei Kunden[1402] oder durch eine schwerwiegende Verletzung von Vertragspflichten,[1403] wie die Nichtbezahlung von Verbindlichkeiten.[1404] Die Geschäftsverweigerung darf aber auch bei Vorliegen der genannten Gründe kein unverhältnismäßiges Mittel sein.[1405] Die von der Rechtsprechung anerkannten wichtigen Gründe, die den Versicherer zur Kündigung einer Courtagevereinbarung nach § 626 BGB berechtigen und die Ablehnung einer weiteren Korrespondenz rechtfertigen,[1406] können hier entsprechend herangezogen werden.

aa) Schwerwiegende Verletzung von Vertragspflichten

Einem Versicherer ist die Zusammenarbeit mit einem Versicherungsmakler dann nicht mehr zumutbar, wenn der Versicherungsmakler in der Vergangenheit Zahlungen von Versicherungskunden ohne Befugnis zum Direktinkasso erhalten und diese nicht an den Versicherer weitergeleitet hat.[1407]

bb) Weigerung der Vereinbarung von Compliance-Mindeststandards

Die Ablehnung eines Versicherungsmaklers könnte auch dann gerechtfertigt sein, wenn der Versicherungsmakler im Rahmen der Vertriebskooperation die Compliance-Vorschriften des Versicherers nicht akzeptieren will oder keine gleich geeigneten eigenen Compliance-Regeln besitzt. So sind beispielsweise Mitgliedsunternehmen des Gesamtverbandes der Deutschen Versicherungswirtschaft (GDV) verpflichtet, nur mit Vertriebspartnern zusammenzuarbeiten, die die Grundsätze des GDV Verhaltenskodexes als Mindeststandards anerkennen und praktizieren.[1408]

1399 BGH Urteil vom 13.6.1978, Az. KZR 14/77, BeckRS 1978, 31177097 – BMW-Direkthändler III.
1400 BGH GRUR 1976, 206 (209) – Rossignol.
1401 BGH GRUR 1976, 600 (602) – Augenoptiker.
1402 BGH GRUR 1980, 125 (128) – Modellbauartikel II.
1403 BGH Urteil vom 13.6.1978, Az. KZR 14/77, BeckRS 1978, 31177097 – BMW-Direkthändler III.
1404 Loewenheim in Loewenheim/Meessen/Riesenkampff, GWB, § 19, Rn. 57 m.w.N.
1405 St. Rspr. vgl. nur BGH GRUR 1976, 600 (602) – Augenoptiker; Loewenheim in Loewenheim/Meessen/Riesenkampff, GWB, § 19, Rn. 57; Markert in Immenga/Mestmäcker, § 19, Rn. 167, Fn. 504 m.w.N.
1406 Drittes Kapitel A. II. 1.
1407 Vgl. OLG München VersR 2012, 991, 1. Ls.
1408 Ziffer 11 Verhaltenskodex des GDV a.a.O.

Ein Versicherer, der sich als GDV-Mitgliedunternehmen dem Kodex unterworfen hat, hat grundsätzlich ein berechtigtes Interesse an der Durchsetzung der durch den Kodex errichteten Mindeststandards.[1409] Dieses Interesse des Versicherers würde das Interesse des Versicherungsmaklers an einer Vertriebskooperation jedoch nur dann überwiegen, wenn Compliance-Mindeststandards unverzichtbar für eine vertrauensvolle Zusammenarbeit zwischen den Parteien sind. Die Anforderungen an einen wichtigen persönlichen Grund für eine Ungleichbehandlung sind hoch. Der Umstand, dass der Versicherungsmakler über keine eigenen Compliance-Regeln verfügt oder sich weigert, diejenigen des Versicherungsunternehmens für sich verbindlich anzuerkennen, wird daher regelmäßig nicht ausreichen, um die Zusammenarbeit aus wichtigem Grund für unzumutbar zu halten.[1410]

cc) Fehlende Gewerbeerlaubnis

Ein sachlicher Grund, der die Ablehnung eines Maklers in jedem Fall rechtfertigt, liegt vor, wenn der Versicherungsmakler nicht oder nicht mehr über die zum Vertrieb für Versicherungsprodukte erforderliche gewerberechtliche Erlaubnis verfügt.[1411] Versicherer dürfen nach § 48 Abs. 1 VAG nicht mit Versicherungsmaklern zusammenarbeiten, die ohne eine Gewerbeerlaubnis nach § 34 d Abs. 1 GewO tätig sind.

c) Zusammenfassung

Hat sich ein marktstarker Versicherer für den Vertrieb seiner Versicherungsprodukte durch Versicherungsmakler entschieden, so müssen sachliche Gründe vorliegen, die die Ungleichbehandlung eines abhängigen Versicherungsmaklers rechtfertigen. Gerechtfertigt ist die Ablehnung eines abhängigen Versicherungsmaklers, der die qualitativen Selektionskriterien, die ein Versicherer im Rahmen seines Vertriebssystem einheitlich praktiziert, nicht erfüllt. Auch ein quantitativ selektiv ausgestaltetes Vertriebssystem kann nach der Vertikal-GVO i.V.m. Art. 101 Abs. 3 AEUV wettbewerbsrechtlich unbedenklich sein und damit eine Ungleichbehandlung sachlich rechtfertigen. Kein zulässiges Selektionskriterium stellt aufgrund der besonderen Stellung des Versicherungsmaklers als Sachwalter seiner Kunden und den damit verbundenen Pflichten die Vorgabe von Mindestumsätzen dar. Die Vorgabe einer absoluten Geschäftsgröße ist hingegen ein zulässiges Selektionskriterium.

Persönliche Gründe können die Ablehnung eines Versicherungsmaklers ebenfalls sachlich rechtfertigen, wenn die für eine Vertriebsvereinbarung notwendige Vertrauensbasis durch diese zerstören wurde. Ein schwerwiegender

---

1409 Reusch, VersR 2015, 1197 (1203).

1410 Vgl. zur Korrespondenzpflicht Reusch, VersR 2015, 1197 (1203).

1411 Vgl. zur Korrespondenzpflicht LG München II, Urteil vom 16.5.2013, Az. 4 HK O 5253/12, Rn. 58 ff., juris.

Vertrauensbruch läge z.B. dann vor, wenn der Versicherungsmakler vereinnahmte Kundengelder verabredungswidrig nicht an den Versicherer weiterleitet. Der Versicherer wäre ebenfalls zur Ablehnung berechtigt, wenn der Versicherungsmakler nicht oder nicht mehr über eine gültige Gewerbeerlaubnis verfügt.

3. Freistellung von Maklerdeckungskonzepten

Die Weigerung eines Versicherers, Drittmaklern den Vertrieb von Versicherungsverträgen nach Maßgabe eines Deckungskonzepts, das ein anderer Versicherungsmakler entwickelt hat, zu überlassen, ist grundsätzlich gerechtfertigt.[1412] Denn die Anwendung von §§ 19 Abs. 2 Nr. 1, 20 Abs. 1 GWB scheidet aus, soweit die Ablehnung Dritter auf exklusiv eingeräumten Vertriebsrechten beruht, die nicht gegen das Kartellverbot nach Art. 101 Abs. 1 AEUV, § 1 GWB verstoßen oder von diesem nach Art. 101 Abs. 1 AEUV, § 2 GWB freigestellt werden können.[1413] Die Wertungen des europäischen Kartellrechts müssen im Rahmen der Interessenabwägung bei der Missbrauchskontrolle generell Berücksichtigung finden.[1414]

Alleinbezugs- und Alleinvertriebsabreden werden von Art. 3 Abs. 1 Vertikal-GVO nach Maßgabe des Marktanteilskriteriums freigestellt. Eine Freistellung kommt danach in Betracht, wenn der Anteil des Anbieters an dem relevanten Markt, auf dem er die Vertragswaren oder Dienstleistungen anbietet, und der Anteil des Abnehmers an dem relevanten Markt, auf dem er die Vertragswaren oder -dienstleistungen bezieht, jeweils nicht mehr als 30 % beträgt. Exklusivvereinbarung zwischen Versicherern und Versicherungsmaklern sind – ausgehend von den häufig niedrigen Marktanteilen der Parteien auf den Versicherungs- und Versicherungsvertriebsmärkten – daher regelmäßig freistellungsfähig.[1415] Höhere Marktanteile könnten nur auf engen Märkten im Bereich des Vertriebs von Spezialrisiken vorliegen.[1416] Dann käme es auf die Möglichkeit der Einzelfreistellung an. Eine Einzelfreistellung wettbewerbsbeschränkender Maßnahmen kommt nach § 2 Abs. 1 GWB und Art. 101 Abs. 3 AEUV in Betracht, wenn diese mit Effizienzgewinnen verbunden ist, die Verbraucher angemessen an diesen Effizienzgewinnen beteiligt werden, die Wettbewerbsbeschränkung für die Verwirklichung dieser Ziele unerlässlich ist und den Parteien nicht die Möglichkeit eröffnet wird, für einen wesentlichen Teil der betreffenden Waren oder Dienstleistungen den Wettbewerb auszuschalten.[1417] Exklusivbindungen im Rahmen von Maklerdeckungskonzepten stärken die Vertriebskraft der Versicherer und Versicherungsmakler, vereinfachen die Vertragsadministration, erzeugen Einsparungen bei Akquisitions- und

1412 Wie hier Stancke, VersR 2012, 1346 (1348 f.).
1413 Vgl. zum selektiven Vertrieb Viertes Kapitel E. II. 2. a).
1414 BGH GRUR 1999, 276 (277) – Depotkosmetik; Bechthold/Bosch, § 19, Rn. 25 m.w.N.
1415 Wie hier Stancke, VersR 2012, 1346 (1348).
1416 Stancke, VersR 2012, 1346 (1348).
1417 Stancke, VersR 2012, 1346 (1348 f.) m.w.N.

Bestandsbetreuungskosten und führen zu einer Verbesserung der Versicherungsvertragskonditionen für die Versicherungsnehmer.[1418] Zudem vereinfachen sie die Abwicklung über und Nachfragebündelung durch den Versicherungsmakler, so dass den Versicherungsnehmern besonders attraktive Produkte angeboten werden können. Sie seien deshalb auch bei Marktanteilen oberhalb von 30 % in der Regel freistellungsfähig.[1419] Es ist jedoch zu beachten, dass ab einem Marktanteil von 50 % eine Einzelfreistellung nach Art. 101 Abs. 3 AEUV regelmäßig nicht mehr möglich ist.[1420] Ausgeschlossen ist die Freistellung in jedem Fall ab einem Marktanteil von 80 %.[1421] Eine Einzelfreistellung für Exklusivbindungen im Rahmen von Maklerdeckungskonzepten wäre danach unwahrscheinlich, wenn die Beteiligten Marktanteile in Höhe von mehr als 50 % erreichen.[1422]

4. Zusammenfassung

Die relevante Bezugsgruppe für die Prüfung des Diskriminierungstatbestands bilden ausschließlich andere Versicherungsmakler. Ausschließlichkeitsvertreter und Mehrfachvertreter sind nicht mit Versicherungsmaklern gleichartig. Eine Ungleichbehandlung von Versicherungsmaklern ist sachlich gerechtfertigt, wenn sie darauf beruht, dass der Versicherer ein schützenswertes selektives Vertriebssystem praktiziert. Die Vorgabe von Mindestumsätzen für den Versicherungsmakler ist jedoch kein schützenswertes Selektionskriterium, anders als die Voraussetzung einer gewissen absoluten Geschäftsgröße für eine Zusammenarbeit. Zudem können persönliche Sachgründe die Ablehnung eines Versicherungsmaklers durch den Versicherer rechtfertigen, wie insbesondere das Fehlen einer gültigen Gewerbeerlaubnis oder ein schwerwiegender Vertrauensbruch, beispielsweise durch die Nichtweiterleitung von Kundengeldern. Ferner ist die Weigerung eines Versicherers, Drittmaklern den Vertrieb von Versicherungsverträgen nach Maßgabe eines Deckungskonzepts, das ein anderer Versicherungsmakler entwickelt hat, zu überlassen, grundsätzlich gerechtfertigt, da die Exklusivrechte in der Regel nicht gegen das Kartellverbot nach Art. 101 Abs. 1 AEUV, § 1 GWB verstoßen oder jedenfalls von diesem nach Art. 101 Abs. 1 AEUV, § 2 GWB freigestellt werden können.

1418 Stancke, VersR 2012, 1346 (1349).

1419 Stancke, VersR 2012, 1346 (1349).

1420 Vgl. Kommission vom 22.12.1976, ABl. 1977 Nr. L 16/8, S. 12 – Gerofabriek; Weiß in Calliess/Ruffert, AEUV, Art. 101 (ex-Art. 81 EGV), Rn. 166.

1421 Vgl. nur Weiß in Calliess/Ruffert, AEUV, Art. 101 (ex-Art. 81 EGV), Rn. 166 m.N. zur Spruchpraxis des EuGH und der Kommission ausgehend von einem Marktanteil in Höhe von 80 %.

1422 Stancke, VersR 2012, 1346 (1348 f.).

III. Drittmarktbehinderung

§ 19 Abs. 1 GWB erfasst auch Beeinträchtigungen von Wettbewerbsverhältnissen auf einem Drittmarkt, auf dem der Normadressat selbst nicht marktbeherrschend ist, wenn ein hinreichender Kausalzusammenhang zwischen der marktbeherrschenden Stellung und dem missbilligten Verhalten oder seiner wettbewerbsbeeinträchtigenden Wirkung auf dem Drittmarkt besteht.[1423] Ein Fall der kartellrechtswidrigen Drittmarktbehinderung kommt aber nur unter engen Voraussetzungen in Betracht. Der zivilrechtliche Rechtsschutz wurde von der Rechtsprechung bisweilen nur gewährt, wenn das betroffene Unternehmen auch auf dem beherrschten Markt tätig war.[1424] Mittlerweile bestehen gleichwohl Zweifel an der Erforderlichkeit dieser Voraussetzung. Es liegen zum einen Anhaltspunkte dafür vor, dass die neuere Rechtsprechung des Bundesgerichtshofs hiervon abweicht,[1425] zum anderen wird vertreten, dass seit der Zusammenführung von § 20 Abs. 1 GWB a.F. und § 19 Abs. 4 Nr. 1 GWB a.F. auf diese Voraussetzung verzichtet werden kann.[1426]

Ein auf dem Versicherungsmarkt marktbeherrschender Versicherer könnte danach einen Versicherungsmakler durch den Ausschluss aus seinem Vertriebssystem auf dem Versicherungsvertriebsmarkt, auf dem er nicht marktbeherrschend ist, behindern. Der Versicherungsmakler ist als reiner Intermediär nicht auf dem Versicherungsmarkt tätig, so dass jedenfalls die Voraussetzungen nach der Rechtsprechung für eine kartellrechtswidrige Drittmarktbehinderung nicht vorliegen. Eine weitere Auseinandersetzung mit der Drittmarktproblematik kann dahinstehen, weil zum einen davon ausgegangen werden darf, dass kein Versicherer auf dem Versicherungsmarkt derzeit marktbeherrschend ist,[1427] zum anderen stellt sich die Drittmarktproblematik hier schon deshalb nicht, weil sich Versicherer und Versicherungsmakler auf dem Versicherungsvertriebsmarkt jedenfalls (auch) als Anbieter und Nachfrager von Versicherungsvertriebsleistungen in einem Vertikalverhältnis unmittelbar gegenüberstehen.[1428]

1423 Vgl. nur BGH GRUR 20014, 259 (260) – Strom und Telefon II.

1424 BGH NJW 1988, 1069 (1070) – Sonderungsverfahren; BGH GRUR 2003, 257 (258) – Wertgutscheine für Asylbewerber.

1425 Ausdrücklich offen gelassen BGH GRUR 20014, 259 (261) – Strom und Telefon II; BGH GRUR 2004, 706 (707) – Der Oberhammer; OLG Düsseldorf, Urteil vom 5.6.2008, Az. VI 2 U (Kart) 7/07, 2 U (Kart) 7/07, Rn. 57, juris – Installateurverzeichnis.

1426 Vgl. dazu insgesamt nur Markert in Immenga/Mestmäcker, GWB, § 19, Rn. 99 m.w.N., u.a. unter Verweis auf die Gesetzesbegründung zur 8. GWB-Novelle, BT-Drucks. 17/9852, S. 20 (23).

1427 Vgl. Viertes Kapitel C.

1428 Viertes Kapitel B. III. 3. a).

IV. Zusammenfassung

Ob eine unbillige Behinderung oder eine ungerechtfertigte Diskriminierung vorliegt, wenn ein Versicherer die entgeltliche Zusammenarbeit mit einem abhängigen Versicherungsmakler bzw. dessen Aufnahme in sein Vertriebssystem ablehnt, muss im konkreten Einzelfall beurteilt werden. Gleichwohl hat die Untersuchung gezeigt, dass die Nichtaufnahme eines abhängigen Versicherungsmaklers in das Vertriebssystem eines Versicherers in der Regel weder eine unbillige Behinderung noch eine sachlich ungerechtfertigte Ungleichbehandlung darstellen wird. Das Interesse des Versicherers an der freien Gestaltung seines Vertriebssystems wird regelmäßig das Interesse des Versicherungsmaklers am Zugang zum Vertriebssystem des Versicherers überwiegen. Zudem können Sachgründe die Ungleichbehandlung von Versicherungsmaklern rechtfertigen. Eine sachlich gerechtfertigte Ungleichbehandlung liegt insbesondere vor, wenn ein Versicherer einen Versicherungsmakler ablehnt, der die Voraussetzungen seines schützenswerten selektiven Vertriebssystems nicht erfüllt. Weiterhin sind persönliche Gründe geeignet die Zurückweisung eines Versicherungsmaklers sachlich zu rechtfertigen. Dies gilt vor allem dann, wenn die für eine Vertriebsvereinbarung notwendige Vertrauensbasis vom Versicherungsmakler zerstört wurde oder der Versicherungsmakler nicht (mehr) über die notwendige Gewerbeerlaubnis nach § 34d GewO verfügt. Ferner wird auch eine kartellrechtswidrige Drittmarktbehinderung nicht in Betracht kommen.

F. Rechtsfolge

Ein Verstoß gegen das kartellrechtliche Diskriminierungs- und Behinderungsverbot ist mit verwaltungs-, bußgeld- und zivilrechtlichen Rechtsfolgen verbunden.

I. Kartellbehördliche Maßnahmen

Die nach § 48 Abs. 2 GWB zuständige Kartellbehörde kann bei einem Verstoß gegen § 19 GWB von den in den §§ 32 ff. GWB geregelten Befugnissen Gebrauch machen. Im Falle der Nichtaufnahme von Geschäftsbeziehungen hat die Kartellbehörde insbesondere die Möglichkeit zur Auferlegung einer positiven Verhaltenspflicht nach § 32 Abs. 2 GWB. Die Kartellbehörde muss sich dabei aber darauf beschränken, die unternehmerische Grundsatzentscheidung über die Nichtaufnahme von Geschäftsbeziehungen zu korrigieren und die Einzelheiten der Beziehung den Verhandlungen und der Einigung der Parteien zu überlassen.[1429]

Die Einleitung und Durchführung eines Verfahrens nach § 32 Abs. 2 GWB im Einzelfall sowie der Erlass einer Verfügung im Falle der Erfüllung der

1429 BVerfG GRUR 2001, 266 (267) – Importarzneimittel; BGH NJW 2013, 1095 (1097) – Fährhaften Puttgarden II; Wolf in MüKo-GWB, § 19, Rn. 203.

Tatbestandsvoraussetzungen stehen im pflichtgemäßen Ermessen der Kartellbehörde. Eine Handlungspflicht der Kartellbehörde gegenüber dem durch das kartellrechtswidrige Verhalten geschädigten Dritten besteht damit nicht.[1430] Die Behörden sollen dem öffentlichen Interesse dienen, d.h. in erster Linie bei Systembehinderungen und Diskriminierungen, von denen eine Vielzahl von Unternehmen betroffen sind, einschreiten, nicht aber privatrechtliche Ansprüche durchsetzen, die der Geschädigte selbst verfolgen kann.[1431] Die Kartellbehörde kann ihre Entscheidung, in einem bestimmten Einzelfall kein Verfahren einzuleiten, deshalb darauf stützen, dass der Betroffene sein Interesse selbst auf dem Zivilrechtsweg durchsetzen kann, und sich dieser Anspruch hinsichtlich der Voraussetzungen und des Inhalts mit einer im Verwaltungsverfahren vorgesehenen Maßnahme deckt.[1432]

Vorsätzliche oder fahrlässige Verstöße gegen § 19 Abs. 2 Nr. 1 GWB stellen nach § 81 Abs. 2 Nr. 1 GWB zudem eine Ordnungswidrigkeit dar, die mit einer Geldbuße von bis zu 1 Mio. Euro geahndet wird (§ 81 Abs. 4 S. 1 GWB). Die Anwendung des Ordnungswidrigkeitstatbestandes kommt aber nur in Ausnahmefällen in Betracht.[1433]

II. Zivilrechtliche Ansprüche

Ein Verstoß gegen das Behinderungs- und Diskriminierungsverbot nach § 19 Abs. 2 Nr. 1 GWB kann gemäß § 33 Abs. 1 und 3 GWB zivilrechtliche Schadensersatz-, Unterlassungs-, und Beseitigungsansprüche auslösen. Zudem begründet der Verstoß gegen eine auf § 19 GWB gestützte, gegebenenfalls zuvor ergangene Verfügung der Kartellbehörde einen zivilrechtlichen Anspruch.

1. Kontrahierungszwang

Nach ständiger Rechtsprechung kann sich in Einzelfällen aus dem Anspruch aus § 33 i. V. m. § 19 Abs. 2 Nr. 1 GWB mittelbar ein Anspruch auf Vertragsschluss ergeben, insbesondere auf Belieferung oder Abnahme von Waren oder Leistungen.[1434] In der Regel gewährt die Rechtsprechung diesen Anspruch als Schadensersatzanspruch.[1435] Ein Schadensersatzanspruch setzt Verschulden des Normadressaten

1430 St. Rspr. BGH NVwZ 1984, 265 (266) – Internord.

1431 BGH NVwZ 1984, 265 (266)– Internord; Markert in Immenga/Mestmäcker, GWB, § 19, Rn. 220 m.w.N.

1432 BGH NVwZ 1984, 265 (266)– Internord; Markert in Immenga/Mestmäcker, GWB, § 19, Rn. 220 m.w.N.

1433 Dazu Markert in Immenga/Mestmäcker, GWB, § 19, Rn. 225.

1434 St. Rspr. vgl. nur BGH GRUR 1976, 206 (209) – Rossignol; BGH GRUR 1980, 125 (128 f.) – Modellbauartikel II; Loewenheim in Loewenheim/Meessen/Riesenkampff, GWB, § 19, Rn. 117, Fn. 469 m.w.N.

1435 Vgl. nur BGHZ 49, 90 (98 f.) – Jägermeister; BGH GRUR 1999, 276 (278) – Depotkosmetik; Loewenheim/Meessen/Riesenkampff, GWB, § 19, Rn. 117 m.w.N.

voraus, das aber bereits dann anzunehmen ist, wenn der Normadressat bei gebotener Prüfung hätte erkennen können, dass keine Gründe zur Liefer- bzw. Abschlussverweigerung vorlagen.[1436] Ein Abschlusszwang kann sich nach der Rechtsprechung aber auch aus dem Unterlassungsanspruch ergeben, der ein Verschulden nicht voraussetzt.[1437]

Danach könnte ein vom Versicherer – unter den oben dargestellten, engen Voraussetzungen – diskriminierter Versicherungsmakler vom Versicherer entweder als Schadensersatz- oder als Unterlassungsanspruch die Gleichbehandlung mit anderen Versicherungsmaklern, die die Versicherungsprodukte des Versicherers gegen Courtagezahlung vermitteln können, vom Versicherer verlangen. Im Falle einer gegen das Diskriminierungsverbot verstoßenden Kündigung der Courtagevereinbarung kann der Versicherungsmakler die Fortsetzung der Vertriebskooperation vom Versicherer verlangen. Die einer bestehenden Kontrahierungspflicht widersprechende Kündigung ist nach § 134 BGB unwirksam.[1438]

2. *Prozessuale Durchsetzbarkeit*

Bei der zivilrechtlichen Durchsetzung eines kartellrechtlichen Schadensersatz- oder Unterlassungsanspruches sind folgende Punkte prozessual zu berücksichtigen.

a) Aktivlegitimation

Materiell-rechtlich anspruchsberechtigt sowie klagebefugt ist nach § 33 Abs. 1 GWB der Betroffene. § 33 Abs. 1 S. 3 GWB bestimmt, dass betroffen ist, wer als Mitbewerber oder sonstiger Marktteilnehmer durch den Verstoß beeinträchtigt wurde. Kleine und mittlere Versicherungsmakler können von einer diskriminierenden Nichtaufnahme in das Vertriebssystem eines Versicherers betroffen sein und wären dementsprechend aktiv legitimiert. Die Beseitigung bzw. Unterlassung einer Diskriminierung könnten unter den Voraussetzungen des § 33 Abs. 2 GWB überdies auch Interessenverbände von Versicherungsmaklern verlangen.

b) Klageart

Schadensersatzansprüche können für in der Vergangenheit liegende Verstöße durch Leistungsklage und durch Feststellungsklage geltend gemacht werden.[1439]

1436 BGH GRUR 1976, 206 (209) – Rossignol; BGH GRUR1979, 792 (793) – Modellbauartikel I; Loewenheim in Loewenheim/Meessen/Riesenkampff, GWB, § 19, Rn. 117.

1437 BGH GRUR 1976, 206 (209) – Rossignol; Markert in Immenga/Mestmäcker, GWB, § 19, Rn. 228; Loewenheim in Loewenheim/Meessen/Riesenkampff, GWB, § 19, Rn. 117 m.w.N.

1438 OLG München, Urteil vom 10.6.2010, Az. U (K) 5651/09, Rn. 25, juris; allgemein BGH GRUR 2003, 893 (894) – Schülertransporte.

1439 Vgl. auch Markert in Immenga/Mestmäcker, GWB, § 19, Rn. 229.

Das für eine Feststellungsklage erforderliche Feststellungsinteresse besteht gemäß § 256 ZPO, wenn der konkrete Umfang des Schadens noch nicht überschaubar ist.[1440] Auf diese Weise kann bei Fortdauer des Verstoßes ein noch entstehender künftiger Schaden erfasst werden.[1441] Eine Leistungsklage auf die Vornahme einer konkreten Handlung kommt nur in Betracht, wenn das kartellrechtswidrige Verhalten auf andere Weise nicht vermieden werden kann.[1442] Wird die Zulassung als Vertragspartner, der Abschluss eines Vertrages oder eine bestimmte Gestaltung eines bestehenden Vertragsverhältnisses begehrt, muss der begehrte Vertrag inhaltlich hinreichend bestimmt sein.[1443] Nach der Rechtsprechung muss der Kläger mit seinem Leistungsantrag auf Belieferung die Annahme eines konkreten Kaufangebots verlangen, das die zu liefernde Ware nach Gegenstand und Zahl genau bestimmt.[1444] Dies führt in der Praxis dazu, dass ein Belieferungsanspruch meist nicht dursetzbar ist.[1445] Daher kommt der Klage auf Feststellung einer Lieferverpflichtung zu üblichen oder vergleichbaren Bedingungen die größere praktische Bedeutung zu.[1446] Sie soll deshalb zulässig sein, trotz der Möglichkeit Leistungsklage zu erheben.[1447]

Hat der Versicherer danach eine Vertriebsvereinbarung, d.h. insbesondere ein Courtageabkommen mit dem Versicherungsmakler gekündigt, kann auf die Feststellung geklagt werden, dass die Vertriebsvereinbarung nicht durch die Kündigung des Versicherers beendet wurde, sondern zu unveränderten Bedingungen fortbesteht, soweit eine Kontrahierungspflicht besteht.[1448] Hat keine Vertriebsvereinbarung zwischen den Parteien zuvor bestanden, kann der Klageantrag auf die Feststellung gerichtet werden, dass der Versicherer verpflichtet ist, den Versicherungsmakler nach den bei ihm jeweils gültigen üblichen Courtagesätzen mit anderen Versicherungsmaklern gleich zu behandeln.[1449] Eine Leistungsklage kann im Einzelfall nach der höchstrichterlichen Rechtsprechung in Betracht kommen, wenn das Vermittlungsangebot an den Versicherer im Hinblick auf ein bestimmtes Versicherungsgeschäft hinreichend konkretisiert werden kann und soll.

1440 BGH GRUR 1981, 767 (768) – Belieferungsunwürdige Verkaufsstätten I; Markert in Immenga/Mestmäcker, GWB, § 19, Rn. 229.

1441 KG WuW/E OLG 2010 (201) – Rote Liste.

1442 BVerfG GRUR 2001, 266 (267 f.) – Importarzneimittel; BGH GRUR 2006, 608 (609), Rn. 15 – Hinweis auf konkurrierende Schilderpräger; Markert in Immenga/Mestmäcker, GWB, § 19, Rn. 230.

1443 St. Rspr. vgl. nur BGH, NJW 1985, 2135 (2136) – Technics.; Markert in Immenga/Mestmäcker, GWB, § 19 Rn. 230 m.w.N.

1444 BGH GRUR 1981, 917 – Sportschuhe; BGH, NJW 1985, 2135 (2136) – Technics.

1445 Markert in Immenga/Mestmäcker, GWB, § 19 Rn. 230 m.w.N.

1446 Markert in Immenga/Mestmäcker, GWB, § 19 Rn. 231.

1447 St. Rspr. vgl. nur BGH GRUR 1979, 560 – Normende; BGH GRUR 1981, 767 (768) – Belieferungsunwürdige Verkaufsstätten I.

1448 Vgl. OLG München, Urteil vom 10.6.2010, Az. U (K) 5651/09, Rn. 25, juris.

1449 Vgl. OLG München, Urteil vom 10.6.2010, Az. U (K) 5651/09, Rn. 25, juris.

c) *Einstweiliger Rechtsschutz*

Ansprüche nach § 33 Abs. 1 i. V. m. § 20 Abs. 1 GWB können grundsätzlich auch im einstweiligen Rechtsschutz geltend gemacht werden.[1450] Das einstweilige Rechtsschutzverfahren ist gemäß § 935 ZPO zulässig, wenn zu besorgen ist, dass durch eine Veränderung des bestehenden Zustandes die Verwirklichung des Rechts einer Partei vereitelt oder wesentlich erschwert werden könnte. Die Durchsetzung von Belieferungsansprüchen kann im einstweiligen Rechtsschutz aber nur verlangt werden, wenn dem Antragsteller ohne die sofortige Belieferung erhebliche Wettbewerbsnachteile drohen.[1451]

d) *Darlegungs- und Beweislast*

Das Unternehmen, das behindert oder ungleich behandelt worden zu sein behauptet, trägt die Darlegungs- und Beweislast für das Vorliegen der Normadressatenvoraussetzungen des Anspruchsgegners,[1452] d.h. es hat die maßgebenden Wettbewerbsverhältnisse wie z.B. das Bestehen einer Abhängigkeit vom Normadressaten zu belegen. Ferner trägt es die Darlegungs- und Beweislast dafür, dass einem gleichartigen Unternehmen üblicherweise der Geschäftsverkehr zugänglich ist bzw. dafür, dass eine unterschiedliche Behandlung im Vergleich zu diesem Unternehmen besteht oder eine Behinderung vorliegt.[1453] Für die sachliche Rechtfertigung eines Verstoßes gegen § 20 Abs. 1 GWB ist hingegen der in Anspruch genommene Normadressat darlegungs- und beweispflichtig.[1454] Für die Unbilligkeit einer Behinderung ist grundsätzlich der Anspruchsteller insoweit darlegungs- und beweispflichtig als diese Tatsache seinem eigenen Wissenskreis angehört.[1455] Nach den allgemeinen Grundsätzen des Anscheinsbeweises ist ausnahmsweise der behindernde Normadressat darlegungs- und beweispflichtig, wenn es sich um Tatsachen handelt, die in seinem Geschäftsbereich, d.h. außerhalb des Wissenskreises des behinderten Unternehmens liegen, und deren Aufklärung diesem deshalb ohne weiteres möglich und zumutbar ist.[1456]

1450 St. Rspr. vgl. KG WuW/E OLG 4628 (4629) – Gong; Markert in Immenga/Mestmäcker, GWB, § 19, Rn. 232 m.w.N.

1451 Markert in Immenga/Mestmäcker, GWB, § 19, Rn. 232 m.w.N.

1452 St. Rspr. vgl. nur BGH GRUR 1986, 397 (399) – Abwehrblatt II; BGH NJW-RR 2000, 1286 (1288) – Designer-Polstermöbel.

1453 Vgl. BGH GRUR 1969, 159 (162) – Rinderbesamung II; BGH GRUR 1986, 397 – Abwehrblatt II; BGH GRUR 1997, 774 (776) – Stromeinspeisung II; BGH NJW-RR 2000, 1286 (1288) – Designer-Polstermöbel; Immenga/Mestmäcker, GWB, § 19, Rn. 233.

1454 St. Rspr. vgl. nur BGH NJW-RR 1991, 825 – Zuckerrübenanlieferungsrecht.

1455 St. Rspr. vgl. nur BGH GRUR 1969, 159 (162) – Rinderbesamung II; BGH GRUR 1986, 397 (401) – Abwehrblatt II.

1456 BGH GRUR 1992, 191 (194) – Amtsanzeiger; BGH GRUR 1997, 774 (776) – Stromeinspeisung II; Markert in Immenga/Mestmäcker, GWB, § 19, Rn. 233.

Der Versicherungsmakler, der die Feststellung einer Diskriminierung durch den Versicherer verlangt, trägt danach eine weitreichende Darlegungs- und Beweislast. Der Versicherer hat allein die sachliche Rechtfertigung einer Ungleichbehandlung zu beweisen und ist nur ausnahmsweise darlegungs- und beweispflichtig hinsichtlich Tatsachen, die in seinem Geschäftsbereich, und damit außerhalb des Wissens des behinderten Maklers liegen, und deren Aufklärung dem Versicherer deshalb ohne weiteres möglich und zumutbar ist. Das Prozessrisiko eines auf Schadensersatz klagenden Versicherungsmaklers wird demnach regelmäßig hoch sein.

e) Zuständiges Gericht

Die örtliche Zuständigkeit folgt aus § 32 ZPO, denn Verstöße gegen § 20 Abs. 1 GWB sind unerlaubte Handlungen. Zuständig ist das Gericht in dem Bezirk, in dem die unerlaubte Handlung begangen wurde. Begehungsort ist der Ort, an dem der diskriminierende Normadressat die Handlung vorgenommen hat und der Ort, an dem der wettbewerbsbeeinträchtigende Erfolg des behindernden oder diskriminierenden Verhaltens eingetreten ist.[1457] Ein diskriminierter Versicherungsmakler kann danach entscheiden, an welchem der beiden Orte er Klage erhebt. Gem. § 87 GWB sind für zivilrechtliche Klagen bei Verstößen gegen § 20 Abs. 1 GWB ausschließlich die Landgerichte zuständig, ohne Rücksicht auf den Wert des Streitgegenstands.

G. Konkurrenzen

Ein Anspruch des Versicherungsmaklers auf Zugang zum Vertriebssystem eines Versicherers kommt regelmäßig auch nicht nach einer anderen Anspruchsgrundlagen in Betracht.

I. § 33 Abs. 1, 3 GWB i. V. m. Art. 101 AEUV

Vereinzelt wird vertreten, dass im Falle einer diskriminierenden Handhabung eines selektiven Vertriebssystem ein Kontrahierungsanspruch nicht nur nach §§ 19 Abs. 2 Nr. 1, 20 Abs. 2 GWB i. V. m. § 33 Abs. 1, 3 GWB besteht, sondern auch nach § 33 Abs. 1, 3 GWB i. V. m. Art. 101 AEUV gerechtfertigt sei.[1458] Aufgrund der rechtlichen Besonderheit des selektiven Vertriebs könne ein diskriminierter Vertriebsmittler einen Belieferungsanspruch bzw. den Abschluss einer Vertriebsvereinbarung, wie sie mit anderen Vertriebsmittlern des Vertriebssystems geschlossen wurde, dann im Wege der Leistungsklage durchsetzten. Ein solcher Anspruch könne – anders als ein Leistungsantrag auf die zukünftige Belieferung nach §§ 19 Abs. 2 Nr. 1, 20 Abs. 2 GWB i. V. m. § 33 Abs. 1, 3 GWB, der die zu liefernden Waren nach Gegenstand und Zahl genau bestimmen müsste – die

1457 Markert in Immenga/Mestmäcker, GWB, § 19, Rn. 234 m.w.N.
1458 Emde, NZKart 2013, 355 (358); Rheinländer, WRP 2007, 501.

Anforderungen nach § 253 ZPO unproblematisch erfüllen.[1459] Mit Rechtskraft des Urteils würde dann die zur Erfüllung der Verpflichtung notwendige Willenserklärung des Normadressaten gemäß § 894 ZPO fingiert.[1460] Ein solcher Anspruch wird von der wohl herrschenden Meinung jedoch verneint.[1461] Eine Auseinandersetzung mit dem Diskussionsstand soll im Rahmen der Arbeit nicht erfolgen, weil die aus dem Streit resultierenden Konsequenzen im Wesentlichen prozessualer Natur sind und damit nicht den Gegenstand der Untersuchung bilden.

II. Verweigerung des Zugangs zu wesentlichen Infrastruktureinrichtungen, § 19 Abs. 1 Nr. 4 GWB

Der Tatbestand des § 19 Abs. 2 Nr. 4 GWB ist für die hier untersuchte Fallkonstellation ebenfalls nicht einschlägig. Ein Versicherer weigert sich nicht, einem Versicherungsmakler Zugang zu einem eigenen physischen oder virtuellen Netz oder einer eigenen anderen Infrastruktureinrichtung zu gewähren, sondern lehnt es ab, dem Versicherungsmakler für die Vermittlung von Versicherungsverträgen Courtage zu zahlen bzw. den Makler in sein Vertriebssystem aufzunehmen.[1462] Zwar können auch Vertriebsnetze *„Netze"* im Sinn der Vorschrift sein,[1463] § 19 Abs. 2 Nr. 4 GWB erfasst aber nicht die klassische Lieferverweigerung.[1464] Die Ablehnung des Zugangs zum Vertriebssystem eines Versicherers fällt damit nicht unter den Tatbestand des § 19 Abs. 2 Nr. 4 GWB.[1465]

III. Behinderung kleiner und mittlerer Wettbewerber nach § 20 Abs. 3 GWB

Nach § 20 Abs. 3 S. 1 GWB dürfen Unternehmen mit gegenüber kleinen und mittleren Wettbewerbern überlegener Marktmacht ihre Marktmacht nicht dazu ausnutzen, solche Wettbewerber unmittelbar oder mittelbar unbillig zu behindern. § 20 Abs. 3 S. 1 GWB enthält danach ein Behinderungsverbot, das im Horizontalverhältnis, d.h. zwischen Wettbewerbern, Anwendung findet. Mit der Einbeziehung dieser Unternehmen wollte der Gesetzgeber eine Schutzlücke schließen, die er darin sah, dass (horizontale) Konkurrentenbehinderungen nur bei absoluter Marktmacht gegenüber allen Wettbewerbern (§ 19 Abs. 1 GWB) erfasst war, nicht

---

1459 Rheinländer, WRP 2007, 501 (503); Emde, NZKart 2013, 355 (358) m.w.N.
1460 Rheinländer, WRP 2007, 501 (503); Emde, NZKart 2013, 355 (358).
1461 BGH GRUR 1999, 276 (277 f.) – Depotkosmetik; OLG Düsseldorf WuW DE-R 1480; a.A. OLG München WuW/E OLG 5659 (5662); Rheinländer, WRP 2007, 501; Emde, NZKart 2013, 355 m.w.N.
1462 OLG München, Urteil vom 10.6.2010, Az. U (K) 5651/09, Rn. 29, juris.
1463 Vgl. nur Bechthold/Bosch, GWB, § 19, Rn. 69.
1464 Nothdurft in Langen/Bunte, GWB, § 19, Rn. 343.
1465 OLG München, Urteil vom 10.06.2010, Az. U (K) 5651/09, Rn. 29, juris.

aber im Falle der Ausnutzung eines vertikalen Abhängigkeitsverhältnisses durch einen Konkurrenten gegenüber seinen Mitbewerbern.[1466]

Die praktische Bedeutung von § 20 Abs. 3 S. 1 GWB ist jedoch gering, wenn ein Verhalten beurteilt werden soll – wie die hier untersuchte Geschäftsverweigerung des Versicherers – das primär das zu kleinen und mittelständischen Unternehmen bestehende Vertikalverhältnis betrifft.[1467] In diesen Fallkonstellationen sind die behinderten kleinen und mittleren Wettbewerber nach § 20 Abs. 3 S. 1 GWB in der Regel zugleich von dem betreffenden Normadressaten im Vertikalverhältnis abhängig, so dass die Behinderung auch nach § 20 Abs. 1 i. V. m. § 19 Abs. 2 Nr. 1 GWB verboten wäre.[1468] Nach der Systematik des GWB sind jedoch kartellbehördliche und zivilrechtliche Eingriffe, die ausschließlich auf ein Vertikalverhältnis gerichtet sind, nur nach § 20 Abs. 1 GWB und § 19 Abs. 2 Nr. 1 GWB gestattet.[1469]

IV. Behinderung von Mitbewerbern nach § 4 Nr. 4 UWG

Angesichts der Gleichheit der angesprochenen Kundenkreise können Versicherungsunternehmen und Versicherungsmakler beim Vertrieb von Versicherungsprodukten und der Betreuung von Versicherungsnehmern auch im Sinne des Lauterkeitsrechts miteinander im Wettbewerb stehen.[1470] Wer einen Mitbewerber gezielt behindert, handelt nach § 4 Nr. 4 UWG (§ 4 Nr. 10 UWG a.F.) unlauter. Die Vorschrift des UWG kann grundsätzlich neben § 19 Abs. 2 Nr. 1 GWB auf diskriminierende und behindernde Verhaltensweisen zur Anwendung kommen.[1471] Zivilrechtliche Ansprüche nach dem UWG sind jedoch in den Fällen ausgeschlossen, in denen der Vorwurf der Unlauterkeit allein auf die Verletzung einer kartellrechtlichen Vorschrift gestützt wird.[1472] Die Rechtswidrigkeit eines behindernden oder

---

1466 Beschlussempfehlung des Ausschusses für Wirtschaft, BT-Drucks. 8/3690, S. 29; Gesetzesbegründung zur 5. GWB Novelle, BT-Drucks. 11/4610, S. 22 f. (zu Art. 1 Nr. 9b); Markert in Immenga/Mestmäcker, GWB, § 20, Rn. 64.

1467 BGH WuW/E DE-R 829, (833f, Rn. 46) – Freie Tankstellen; Markert in Immenga/Mestmäcker, GWB, § 20, Rn. 86.

1468 OLG Düsseldorf WuW/E DE-R 829, (833f, Rn. 46) – Freie Tankstellen II; Markert in Immenga/Mestmäcker, GWB, § 20, Rn. 86.

1469 OLG Düsseldorf WuW/E DE-R 829, (833f, Rn. 46) – Freie Tankstellen II; Markert in Immenga/Mestmäcker, GWB, § 20, Rn. 86.

1470 Hinsichtlich der Betreuung der Versicherten so OLG Hamm, Urteil vom 18.11.2014, Az. I 4 U 90/14, 4 U 90/14, juris; OLG Nürnberg, Urteil vom 30.6.2015, Az. 3 U 2086/14 (juris); zum Vertrieb vgl. OGH Beschl. vom 15.12.2008, Az. 4Ob193/08y, abrufbar unter: https://www.ris.bka.gvomat, m.w.N., Stand: 16.12.2017

1471 BGH GRUR 1986, 397 (399) – Abwehrblatt II; BGH NJW 1988, 772 (773) – Krankentransporte; BGH GRUR 1992, 191 (194) – Amtsanzeiger; Markert in Immenga/Mestmäcker, GWB, § 19, Rn. 240.

1472 BGH WuW/E DE-R 1779, Rn. 24 – Probeabonnement; Markert in Immenga/Mestmäcker, GWB, § 19, Rn. 241.

diskriminierenden Verhaltens nach § 4 Nr. 4 UWG begründet zugleich die Unbilligkeit bzw. das Fehlen der sachlichen Rechtfertigung i. S. v. § 19 Abs. 2 Nr. 1 GWB.[1473] Umgekehrt folgt aus der Ablehnung eines Verstoßes gegen § 19 Abs. 2 Nr. 1 GWB sowie § 20 Abs. 1 GWB auf Grund einer umfassenden Interessensabwägung in aller Regel auch, dass das in Betracht stehende, behindernde oder differenzierende Verhalten nicht unlauter im Sinne des UWG sein kann.[1474] Fehlt es an einer Tatbestandsvoraussetzung nach dem GWB, insbesondere derjenigen der Marktmacht, so kann das Verhalten nach § 3 Abs. 1, 4 UWG allerdings dann unzulässig sein, wenn zusätzliche unlauterkeitsbegründende Umstände vorliegen, die im Rahmen der kartellrechtlichen Überprüfung nicht berücksichtigt werden, deren Berücksichtigung aber auch nicht nach dem Kartellrecht ausgeschlossen ist.[1475] Ein Anspruch des Versicherungsmaklers nach dem UWG liegt im Falle der Geschäftsverweigerung durch den Versicherer, ohne dass weitere unlauterkeitsbegründende Umstände hinzutreten, mithin nicht vor.

V. § 315 Abs. 3 BGB und § 826 BGB

Die wettbewerbsrelevante Ablehnung eines Kontrahenten kann grundsätzlich auch eine unerlaubte Handlung darstellen, aus der sich für den Schädiger eine Abschlusspflicht ergeben kann.[1476] Diesen Grundsatz hatte die Rechtsprechung für § 826 BGB entwickelt.[1477] § 826 BGB wurde jedoch durch das Kartellrecht weitgehend verdrängt, sofern – wie hier – Rechtsbeziehungen zwischen Unternehmen betroffen sind.[1478] Gleiches gilt für einen auf § 315 Abs. 3 BGB gestützten Anspruch auf Gleichbehandlung.[1479]

H. Exkurs: Gleichbehandlung hinsichtlich der Auskunft über Produktinformationen

Eine objektive und ausgewogene Marktuntersuchung als Voraussetzung für die Ermittlung einer hinreichenden Zahl von Angeboten kann der Versicherungsmakler

1473 Markert in Immenga/Mestmäcker, GWB, § 19, Rn. 241.
1474 BGH GRUR 1986, 397 (399) – Abwehrblatt II; BGH NJW 1988, 772 (773) – Krankentransporte; BGH GRUR 1992, 191 (194) – Amtsanzeiger; Markert in Immenga/Mestmäcker, GWB, § 19, Rn. 242, m.w.N.
1475 Vgl. so BGH GRUR 1995, 690 (692) – Hitlisten-Platten; ähnlich schon BGH GRUR 1986, 397 (399) – Abwehrblatt II; Ohly in Ohly/Sosnitza, UWG, § 4, Rn. 10/15; Köhler WRP 2005, 645 (647).
1476 Ellenberger in Palandt, BGB, Einf. v. § 145, Rn. 7; Markert in Immenga/Mestmäcker, GWB, § 19, Rn. 242.
1477 RGE 115, 258; RGE 148, 334.
1478 Ellenberger in Palandt, BGB, Einf. v. § 145, Rn. 7; Markert in Immenga/Mestmäcker, GWB, § 19, Rn. 242.
1479 Vgl. nur Markert in Immenga/Mestmäcker, GWB, § 19, Rn. 242, m.w.N.

gleichwohl nur leisten, wenn ihm die für die Untersuchung notwendigen Produktinformationen zugänglich sind. Abhängig von den Marktverhältnissen, hat der Versicherungsmakler sämtliche Versicherungsangebote zu berücksichtigen oder jedenfalls eine qualitative Vorauswahl der bedeutsamsten Versicherer und Versicherungsangebote zu treffen.[1480] Um die verfügbaren und Versicherungsmaklern grundsätzlich zugänglichen Versicherungsprodukte quantitativ und qualitativ beurteilen und vergleichen zu können, benötigt der Versicherungsmakler Auskünfte zu den Versicherungs- und Tarifbedingungen, wenn er nicht im Einzelfall seine Beratungsgrundlage auf eine eingeschränkte Versicherer und Produktauswahl beschränkt. In der Ungleichbehandlung bei der Auskunft über Produktinformationen kann daher eine kartellrechtswidrige Handlung liegen.

I. Markt für Versicherungsproduktinformationen

Nach § 19 Abs. 2 Nr. 1 GWB können Informationen einen eigenständigen Markt bilden.[1481] Voraussetzung dafür ist, dass sie selbständig nachgefragt werden, denn Waren oder Dienstleistungen bilden nur dann keinen sachlichen Markt, wenn sie lediglich in wirtschaftlicher oder technisch-funktioneller Verbindung mit der primär nachgefragten Hauptsache oder -leistung stehen.[1482] Eine selbständige Nachfrage nach Produkt- und Tarifinformationen von Versicherern besteht jedenfalls deshalb, weil Servicegesellschaften existieren, die sich auf die Bereitstellung von Produktinformationen an Versicherungsmakler, insbesondere durch Vergleichssoftware, spezialisiert haben. Ob aber auch aus der maßgeblichen Sicht der Versicherungsmakler – die in erster Linie am Vertrieb der Versicherungsprodukte interessiert sind – eine selbständige Nachfrage nach Produktinformation existiert, oder ob die Bereitstellung von Produktinformation aus Maklersicht nur eine unselbständige Ressource für die Erbringung von Vertriebsleistungen darstellt, soll hier aufgrund des kursorischen Prüfungscharakters offen bleiben.

II. Marktbeherrschung durch Versicherer

Marktbeherrschend ist ein Versicherer als Anbieter auf dem Markt für Produkt- und Tarifinformationen, wenn nach dem Bedarfsmarktkonzept aus Sicht der Abnehmer keine funktionelle Austauschbarkeit mit den Produktinformationen anderer Versicherer besteht. Die funktionelle Austauschbarkeit kann aus Sicht der Versicherungsmakler grundsätzlich eingeschränkt sein, denn hat ein Versicherungsmakler keinen Zugang zu ausreichenden Informationen über Versicherungsprodukte, die ihm eine objektive und ausgewogene Marktuntersuchung ermöglichen, kann er

1480 Viertes Kapitel D. II. 3. a) bb).

1481 Vgl. z.B. Programminformationen für Programmzeitschriften, OLG Hamburg ZUM-RD 1997, 393; EuGH GRUR Int. 1995, 490 – Magill.

1482 OLG Düsseldorf, Beschluss vom 9.1.2015, Az. VI Kart 1/14 (V), BeckRS 2015, 03467, Rn. 21.

seiner Pflicht aus § 60 Abs. 1 S. 1 VVG sowie seiner Funktion als treuhänderähnlicher Sachwalter des Versicherungskunden nicht gerecht werden.

Ist der Versicherungsmakler danach zur Erfüllung seiner Pflichten auf die Produktinformationen aller Versicherer angewiesen, die grundsätzlich mit Versicherungsmaklern zusammenarbeiten, und kann ihm nur jeder einzelne Versicherer die Informationen verschaffen, existiert jeweils kein anderer Anbieter aus Sicht des Versicherungsmaklers, auf den er hierzu ausweichen könnte. Jeder einzelne Versicherer wäre dann im Hinblick auf seine Produktinformationen marktbeherrschend. Der Versicherungsmakler kann aber auch, vergleichbar mit einem Vollsortimentler, von den Produktinformationen aller Versicherer zusammen abhängig sein, wenn alle Versicherer, die Versicherungsmaklern regelmäßig Courtage zahlen, als Anbieter von Informationen in einen gemeinsamen Markt einzubeziehen sind. Letztere, weite Marktabgrenzung ist im Hinblick auf die in der Praxis existierenden alternativen Bezugsquellen für die Informationsbeschaffung für Versicherungsmakler vorzugswürdig.

III. Alternative Bezugsquellen

Wird das Informationsbegehren eines Versicherungsmaklers vom Versicherer abgelehnt, könnte der Versicherungsmakler zur Informationsbeschaffung auch auf Maklerverbände, Maklerpools, Maklerverbünde[1483] oder sonstige Dienstleister, die insbesondere Vergleichssoftware für Versicherungsmakler anbieten, ausweichen. Die Frage nach zumutbaren Ausweichmöglichkeiten stellt sich jedoch nur bei § 20 Abs. 1 GWB, nicht hingegen bei § 19 Abs. 2 Nr. 1 GWB.[1484] Die Regelung des § 19 Abs. 2 Nr. 1 GWB wäre sinnlos, wenn das marktbeherrschende Unternehmen auf seine eigenen Abnehmer verweisen dürfte.[1485] Es kommt daher maßgeblich auf die Marktabgrenzung an (Marktbeherrschung oder Abhängigkeit als Vollsortimentler), ob Maklerverbände, Maklerpools, Maklerverbünde oder sonstige Dienstleister als Ausweichmöglichkeit berücksichtigt werden müssen.

IV. Diskriminierung oder unbillige Behinderung eines Versicherungsmaklers

Die Produktinformationen des Versicherers müssen gleichartigen Unternehmen zugänglich sein. Dies ist der Fall, wenn der Versicherer grundsätzlich mit Versicherungsmaklern zusammenarbeitet. Die Weigerung des Versicherers, seine Produktinformationen dem Versicherungsmakler zu überlassen, muss den betroffenen Versicherungsmakler zudem unbillig behindern oder eine unterschiedliche

---

1483 Vgl. Zweites Kapitel C. III.

1484 Vgl. OLG Hamburg ZUM-RD 1997, 393.

1485 Vgl. OLG Hamburg ZUM-RD 1997, 393.

Behandlung im Vergleich zu anderen Versicherungsmaklern darstellen, die sachlich nicht gerechtfertigt ist.

Bei der Interessensabwägung ist jedenfalls das Interesse des Versicherungsmaklers, Produktinformationen vom Versicherer zu erhalten, um seiner vom Leitbild des Versicherungsmaklers als Sachwalter der Versicherungsnehmer geprägten Pflicht zur objektiven Marktuntersuchung und Bildung einer hinreichenden Beratungsgrundlage nachkommen zu können, beachtlich. Die Pflicht stellt eine selbständige, schadensersatzbegründende Vertragspflicht dar.[1486] Ein Versicherungsmakler, der nicht in der Lage ist, die Marktverhältnisse zu überblicken, würde sich im Falle der Aufnahme von Vermittlungstätigkeiten einem latenten Haftungsrisiko und einer daraus resultierenden Bedrohung seiner wirtschaftlichen Existenz aussetzen. Um ein Haftungsrisiko diesbezüglich zu vermeiden, müsste er seine Beratungsgrundlage nach § 60 Abs. 1 S. 2 VVG beschränken können. Die Beschränkung der Beratungsgrundlage ist jedoch nur im Einzelfall möglich.[1487] Ein Versicherungsmakler, der ständig und systematisch eine Beschränkung seiner Beratungsgrundlage vereinbart, entfernt sich von dem in §§ 59 Abs. 3, 60 Abs. 1 VVG enthaltenen Leitbild so stark, dass es sich bei seiner Tätigkeit nicht mehr um eine Versicherungsmaklertätigkeit handelt und der Widerruf seiner Maklererlaubnis in Betracht kommt.[1488]

Zudem ist nicht auszuschließen, dass ein Versicherungsmakler, der seine Kunden vor jedem Vertragsabschluss auf eine eingeschränkte Versicherer- und Vertragsauswahl hinweist, mit finanziellen Einbußen zu rechnen hat. Versicherungskunden erwarten gerade von einem unabhängigen Versicherungsmakler eine objektive und ausgewogene Untersuchung des verfügbaren Marktangebotes. Kann ein Versicherungsmakler dies nicht leisten, hat er einen Wettbewerbsnachteil gegenüber anderen Versicherungsmaklern. Der Versicherungsmakler würde zudem ein entscheidendes Abgrenzungsmerkmal zum Versicherungsvertreter verlieren. Aus Kundensicht bestünde kein Grund, die Beratung durch einen Versicherungsmakler, der seine Empfehlung auf eine eingeschränkte Versicherer- und Vertragsauswahl stützt, einer Beratung durch einen (Mehrfach-) Vertreter vorzuziehen.

Die bloße Informationsbereitstellung wird für den Versicherer andererseits häufig keine unzumutbare Belastung darstellen. Eine Interessensabwägung kann dann ergeben, dass das Interesse des Versicherers an der freien Auswahl derer, denen er Informationen über seine Produkte und Tarife zur Verfügung stellen will, hinter das Interesse des Versicherungsmaklers an der Wahrnehmung seiner Berufspflicht zur ausgewogenen und objektiven Marktuntersuchung zurücktritt, soweit dies für eine wirksame Teilnahme des Versicherungsmaklers am Wettbewerb erforderlich ist.

1486 Wie hier Schmidt, a.a.O., S. 231; im Ergebnis auch LG Itzehoe VuR 2011, 312, Rn. 22.
1487 Vgl. Viertes Kapitel D. II. 3. a) aa) (2).
1488 Dörner in Prölss/Martin, VVG, § 60, Rn. 12; Reiff, VersR 2007, 724.

V. Zwischenergebnis

Ein Versicherungsmakler kann von einem Versicherer, der grundsätzlich mit Versicherungsmaklern zusammenarbeitet, nach kursorischer Prüfung der Tatbestandsvoraussetzungen der §§ 19 Abs. 2 Nr. 1, 20 Abs. 1 GWB die Bereitstellung von Produktinformationen verlangen, soweit er diese für eine ausgewogene und objektive Marktuntersuchung benötigt und die erforderlichen Informationen weder bei Maklerverbänden, Maklerpools, Maklerverbünden oder sonstigen Servicedienstleistern beschaffen kann.

I. Zusammenfassung

Die Weigerung eines Versicherers, einen Versicherungsmakler in sein Vertriebssystem aufzunehmen, wird den Tatbestand der Diskriminierung oder unbilligen Behinderung gemäß §§ 19 Abs. 1, 2 Nr. 1, 20 Abs. 1 GWB, Art. 102 S. 2 lit. c) AEUV nur ausnahmsweise erfüllen und einen Anspruch nach § 33 Abs. 1, 3 GWB begründen.

Der sachlich und räumlich relevante Markt ist der Versicherungsvertriebsmarkt. Er ist nicht akzessorisch zum Versicherungsmarkt abzugrenzen. Der Marktanteil eines Versicherers auf dem Versicherungsmarkt kann daher auch keinen Aufschluss darüber geben, welche Marktstellung der Versicherer auf dem Versicherungsvertriebsmarkt als Nachfrager von Vertriebsleistungen von Versicherungsmaklern einnimmt. Maßgeblich ist bei der Abgrenzung des Nachfragemarkts für Versicherungsvertriebsleistungen die Angebotssubstituierbarkeit der Versicherungsmakler, d.h. ihre Möglichkeiten auf andere Versicherer als Nachfrager von Versicherungsvertriebsleistungen auszuweichen. Versicherungsmakler sind in der Regel in der Lage, eine breitere Palette an Versicherungsprodukten zu vertreiben, als ein Versicherer anbieten kann, weshalb der Markt für den Vertrieb von Versicherungsprodukten häufig weiter abzugrenzen sein wird als der Versicherungsmarkt. Die marktbeherrschende Stellung eines Versicherers als Nachfrager von Versicherungsvertriebsleistungen ist danach regelmäßig nicht zu erwarten. Eine Segmentierung in kleinere Teilmärkte kommt aber dann in Betracht, wenn besonderes Know-how oder eine Spezialisierung für die Beratung und Vermittlung bestimmter Versicherungsprodukte erforderlich sind, um wirksam am Wettbewerb teilnehmen zu können. Zudem sind die Vorschriften der GewO und des VAG bei der Marktabgrenzung zu berücksichtigen, weil eine fehlende Erlaubnis für den Vertrieb bestimmter Produkte – ob aufseiten des Versicherers oder aufseiten des Versicherungsmaklers – die Ausweichmöglichkeiten des Versicherungsmaklers einschränkt.

Ein Versicherungsmakler ist nur im Ausnahmefall von der Vertriebskooperation mit einem Versicherer gemäß § 20 Abs. 1 GWB abhängig. Der wettbewerbliche Verhaltensspielraum eines Versicherungsmaklers wird zwar erheblich von seiner Hauptpflicht zur objektiven und ausgewogenen Marktuntersuchung und Auswahl einer hinreichenden Beratungsgrundlage sowie der Pflicht zur Empfehlung des am besten geeigneten Versicherungsvertrages aus der getroffenen Vorauswahl gemäß § 60 Abs. 1 S. 1 VVG sowie dem Leitbild des treuhänderähnlichen Sachwalters beschränkt, kartellrechtliche Implikationen, im Sinne einer Pflicht zum Führen eines *(gesetzlich) normierten Sortiments*, werden von den Pflichten jedoch im Regelfall nicht erzeugt. Eine Konstellation, in der aufgrund der Maklerpflichten Abhängigkeit entstehen kann, ist allerdings denkbar, wenn sich der Versicherungsmakler auf eine bestimmte Zielgruppe mit weitgehend homogenem Bedarf spezialisiert hat und für diese Zielgruppe nur eine begrenzte Anzahl an Versicherungsangeboten zur Auswahl bzw. generell zur Vermittlung gegen Courtagezahlung verfügbar ist. Außerdem müsste der Versicherer als potentieller Normadressat den Bedarf der Zielgruppe am besten befriedigen. Letztlich kommt es aber auch hier darauf an, dass der Versicherungsmakler nur unter Hinnahme schwerwiegender Wettbewerbsnachteile auf die Vermittlung anderer Versicherungsprodukte für andere Versicherungsrisiken ausweichen kann. Maklerpools sind als Ausweichmöglichkeiten einzubeziehen.

Liegt Abhängigkeit ausnahmsweise vor, muss die Ablehnung des Abschlusses oder die Kündigung einer Vertriebs- bzw. Courtagevereinbarung zudem unsachlich oder unbillig gewesen sein. Diese Beurteilung erfordert eine Abwägung der Interessen von Versicherer und Versicherungsmakler. Die Interessensabwägung wird dabei regelmäßig ergeben, dass das Interesse des Versicherers an der freien Gestaltung seines Vertriebssystems das Interesse des Versicherungsmaklers am Zugang zum Vertriebssystem überwiegt.

Eine kursorische Prüfung hat gleichwohl ergeben, dass ein Versicherungsmakler von einem Versicherer, der grundsätzlich mit Versicherungsmaklern zusammenarbeitet, die Bereitstellung von Tarif- und Produktinformationen verlangen kann, soweit diese für eine ausgewogene und objektive Marktuntersuchung durch den Versicherungsmakler unverzichtbar sind und er die notwendigen Informationen weder bei Maklerverbänden, Maklerpools, Maklerverbünden oder sonstigen Servicedienstleistern beschaffen kann.

Fünftes Kapitel: Wesentliche Ergebnisse und Ausblick

A. Wesentliche Ergebnisse

Die Untersuchung hat gezeigt, dass der Vertriebsgestaltungsfreiheit von Versicherern bei der Zusammenarbeit mit Versicherungsmaklern kaum Grenzen gesetzt sind. Einschränkungen bestehen nur in wenigen Ausnahmekonstellationen.

Grundsätzlich kann sich ein Versicherer nicht einseitig durch die Kündigung einer ausdrücklich oder konkludent getroffenen Courtagevereinbarung mit dem Versicherungsmakler von seiner Pflicht zur Courtagezahlung für die vom Versicherungsmakler selbst vermittelten Versicherungsverträge lösen. Aus dem Doppelrechtsverhältnis des Versicherungsmaklers zum Versicherer einerseits und zum Versicherungsnehmer andererseits folgt eine Beschränkung der Kündigungsmöglichkeiten des Versicherers im Sinne von § 626 BGB. Nur bei Vorliegen eines wichtigen Grundes, der dem Versicherer erst nach Abschluss des Versicherungsvertrags bekannt geworden ist und ihm die Fortführung einer Zusammenarbeit unzumutbar macht, wird der Versicherer von seiner Pflicht zur Courtagezahlung frei. Dabei erlischt die Pflicht zur Zahlung eines Betreuungsentgelts *ex nunc*; die Pflicht zur Zahlung eines in der Folgecourtage gegebenenfalls noch enthaltenen Vermittlungsanteils erlischt aber nur, soweit der Anspruch auf den Vermittlungsanteil erst in der Zukunft entsteht.

Übernimmt ein Versicherungsmakler die Verwaltung und Betreuung eines nicht selbst vermittelten Versicherungsvertrags, steht es dem Versicherer hingegen ausnahmslos frei, zu entscheiden, ob er die Betreuungs- und Beratungsdienste des übernehmenden Versicherungsmaklers auch vergüten will. Trotz der Pflicht des Versicherers, einen vom Versicherungsnehmer beauftragten Versicherungsmakler grundsätzlich zu akzeptieren, besteht darüber hinaus keine *„maklerrelevante Nebenpflicht"* des Versicherers, Courtage an diesen für nicht selbst vermittelte Versicherungsverträge zu zahlen, denn der Versicherer hat auch insoweit ein berechtigtes Interesse an der freien Gestaltung seines Vertriebssystems.

Der Versicherer ist dem Versicherungsmakler auch nur ausnahmsweise zur Rücksichtnahme verpflichtet, wenn ihm dieser den Abschluss eines Versicherungsvertrages anträgt. Voraussetzung dafür ist nach den allgemeinen zivilrechtlichen Grundsätzen, dass der Versicherer dem Versicherungsmakler den Abschluss des Versicherungsvertrages und eine damit verbundene Courtagezahlung als sicher in Aussicht stellt. In einem solchen Fall hätte er den Versicherungsmakler so rechtzeitig über die Aufgabe seines Abschlusswillens zu informieren, dass dieser keine weiteren unnötigen Maßnahmen und Aufwendungen in Erwartung einer Courtagezahlung für die erfolgreiche Versicherungsvermittlung tätigt. Eine Verletzung dieser Rücksichtnahmepflicht kann einen Schadensersatzanspruch für frustrierte Aufwendungen gegen den Versicherer begründen. Eine Rücksichtnahmepflicht gegenüber dem Versicherungsmakler besteht jedoch nicht schon deshalb, weil ein gesetzlich angeordneter Abschlusszwang nach dem AGG oder Pflichtversicherungsrecht für den Versicherer besteht. Der Abschlusszwang nach dem AGG (als Sekundäranspruch) und Pflichtversicherungsrecht schützt die Interessen der Versicherten in fest umrissenen Tatbeständen, nicht das Courtageinteresse des Versicherungsmaklers, der den Vertrag dem Versicherten vermittelt.

Das kartellrechtliche Diskriminierungs- und Behinderungsverbot nach §§ 19 Abs. 2 Nr. 1, 20 Abs. 1 GWB vermag die Vertriebsgestaltungsfreiheit der Versicherer ebenfalls nur in Ausnahmefällen zu begrenzen. Versicherer werden in der Regel weder marktbeherrschend noch marktstark als Nachfrager auf dem Markt für Versicherungsvertriebsleistungen sein. Dies liegt unter anderem daran, dass der relevante Nachfragemarkt regelmäßig sehr weit abzugrenzen sein wird, da Versicherungsmakler als Anbieter von Versicherungsvertriebsleistung in fast allen Versicherungssparten über fachspezifische Produkt- und Beratungsgrundkenntnisse verfügen. Ein unterscheidbares Vertriebsleistungsangebot, das einen eigenständigen sachlichen Markt bilden kann, liegt nur dann vor, wenn Versicherungsmakler ein besonderes Know-how oder eine Spezialisierung für die Beratung und Vermittlung von Versicherungsprodukten benötigen, um wirksam am Wettbewerb teilnehmen zu können. Relative Marktmacht eines Versicherers wird in der Regel ausscheiden, weil ein Versicherungsmakler zumeist auf eine Vielzahl an Versicherern als Nachfrager von Vertriebsleistungen ausweichen kann. Ferner erzeugen die Maklerpflichten nach § 60 Abs. 1 S. 1 VVG sowie dem von der Rechtsprechung geprägte Leitbild vom treuhänderähnlichen Sachwalter grundsätzlich kein Abhängigkeitsverhältnis zwischen Versicherungsmakler und Versicherer. Das Interesse des Versicherers an der freien Gestaltung seines Vertriebssystems überwiegt zudem häufig das Interesse des Versicherungsmaklers am Zugang zum Vertriebssystem. Eine kursorische Prüfung ergab allerdings, dass ein Versicherungsmakler von einem Versicherer, der grundsätzlich mit Versicherungsmaklern zusammenarbeitet, die Bereitstellung von Produktinformationen verlangen kann, soweit der Versicherungsmakler diese Informationen für eine ausgewogene und objektive Marktuntersuchung benötigt und sie weder bei Maklerverbänden, Maklerpools, Maklerverbünden noch bei sonstigen Servicedienstleistern beschaffen kann.

B. Ausblick

Mit dem Gesetz zur Umsetzung der IDD wurde nicht nur die Vertriebsgestaltungsfreiheit sondern auch die Verhandlungshoheit der Versicherer auf dem Versicherungsvertriebsmarkt weiter gestärkt.[1489] Versicherer können durch ihre Tarif- und Vertriebspolitik im Rahmen der Vermittlung von Bruttotarifen in nicht unerheblichem Umfang Einfluss auf das Beratungsverhalten von Versicherungsmaklern

1489 Ähnlich Brömmelmeyer, VUR 2017, 1 (2).

nehmen. Spielräume, sich dieser Einflussnahmemöglichkeit zu entziehen, bestehen für Versicherungsmakler bei einem geringen Nettotarifangebot und dem nunmehr gesetzlich geregelten Provisionsabgabeverbot kaum. Der vergütungsinduzierte Interessenkonflikt,[1490] in dem sich der Versicherungsmakler aufgrund seiner besonderen Stellung unvermeidlich befindet, wird dadurch zulasten der Versicherten manifestiert.

„Der Bundesregierung fehlt der Mut, für Provisionstransparenz auf der Basis von Nettotarifen zu sorgen"[1491] – so die vor diesem Hintergrund nachvollziehbare Kritik *Brömmelmeyers.* Allerdings ist in der versicherungsökonomischen Forschung bislang noch nicht geklärt, ob das geringe Angebot an Nettotarifen auf eine fehlende Nachfrage seitens der Kunden oder auf fehlendes Interesse der Versicherer an einer Aufgabe der Verhandlungshoheit über die Vermittlervergütungen zurückzuführen ist.[1492] Bezieht man die historische Entwicklung der Maklervergütung ein, könnte hier ersteres als Ursache ausgemacht werden, denn ursprünglich zahlten die Versicherungsnehmer die Courtage des Maklers. Erst durch die Zunahme von Wettbewerbern auf dem Versicherungsmarkt wurde das Versicherungsangebot größer und potentielle Versicherungsnehmer waren nicht mehr bereit, die Courtage zu tragen.[1493] Dass heute allein der Versicherer die Maklercourtage zahlt, ist damit eine natürliche Folge des *„Spiels von Angebot und Nachfrage"*.[1494] Ausgehend vom danach hypothetisch geringen Interesse der Versicherungsnehmer Versicherungsmaklern selbst ein Honorar zu zahlen, wären gesetzliche Vorgaben für ein breiteres Angebot an Nettotarifen in ihrer Wirkung beschränkt. Gleichwohl muss sich zeigen, ob sich das Ziel des Gesetzgebers, die Marktchancen der Honorarvermittlung durch die Einführung eines neuen Beratertyps zu fördern, erreichen lässt, bei einem gleichbleibend hohen Anteil an Bruttotarifangeboten auf dem Markt. Denn schließlich spielte die Beratung durch Versicherungsberater als Alternative zum provisionsorientierten bzw. courtagebasierten Vertrieb durch etablierte Vertriebsformen wie dem Versicherungsmakler bisher kaum eine Rolle. Eine gesetzgeberische Förderung der Honorarvermittlung durch Versicherungsmakler – sei es durch eine Verpflichtung der Versicherer zum Nettotarifangebot oder eine Streichung des Provisionsabgabeverbotes – erscheint deshalb aussichtsreicher.[1495]

1490 Zum vergütungsinduzierten Interessenkonflikt ausführlich Icha, a.a.O., S. 175 ff.; Schafstädt, a.a.O., S. 233.
1491 Brömmelmeyer, VUR 2017, 1 (2).
1492 Beenken/Wende, IVK 2016, S. 22.
1493 Dazu Baumann, a.a.O., S. 285.
1494 Gauer, a.a.O., S. 68; Baumann, a.a.O., S. 285.
1495 Vgl. auch Köhne, ZfV 2017, 121 (124 ff.).

Literaturverzeichnis

Abraham, Nils: Informations- und Beratungspflichten des Versicherungsvermittlers nach dem Vorschlag der Kommission zur Reform des Versicherungsvertragsrechts, VersR 2005, 43

Adjemian, Artin/*Denning,* Walter Dening/*Klopp,* Heide/*Kürn,* Thomas/*Moraht,* Mona/*Neuhäuser,* Julia: Versicherungsvermittler: Erlaubnis und Registrierung nach § 34 d GewO, GewArch 2009, 137

Armbrüster, Christian: Bedeutung des Allgemeinen Gleichbehandlungsgesetzes für private Versicherungsverträge, VersR 2006, 1298

-Kontrahierungszwang im Allgemeinen Gleichbehandlungsgesetz?, NJW 2007, 1494

Armbrüster, Christian/*Baumann,* Frank: Aktuelle Rechtsfragen der Beratungspflichten von Versicherern und Vermittlern (§§ 6, 61 VVG), Karlsruhe 2009

Armstrong, Mark: Competition in two-sided markets, 2006, RAND Journal of Economics 37(3), S. 668–691

Baumann, Frank: Versicherungsvermittlung durch Versicherungsmakler, Münsteraner Reihe 44, Karlsruhe 1998

Baumann, Frank/*Beenken,* Matthias/*Sandkühler,* Hans-Ludger: Handbuch Maklermanagement, 2. Auflage, Freiburg, 2013 und 1. Auflage, Freiburg 2010

Baumbach, Adolf/*Hopt,* Klaus: Kommentar zum Handelsgesetzbuch, 37. Auflage, München 2016

Bechtold, Rainer/*Bosch,* Wolfgang: Gesetz gegen Wettbewerbsbeschränkungen (§§ 1–96, 130, 131), Kommentar, 8. Auflage, München 2015

Beckmann, Roland Michael/*Matusche-Beckmann,* Annemarie: Versicherungsrechts-Handbuch, 3. Auflage, München 2015

Beenken, Mathias/*Radtke,* Michael: Betriebswirtschaftliche Konsequenzen eines Systemwechsels in der Vergütung von Versicherungsvermittlern, Studie für den Bundesverband Deutscher Versicherungskaufleute e.V., Bonn/Dortmund 2013

Beenken, Matthias/*Brühl,* Bernhard/*Wende,* Sabine: Mangel an Honorartarifen kollidiert mit gesetzlichem Auftrag des Maklers, VW 2011, 200

Beenken, Matthias: Versicherungsvertrieb, Absatz von Versicherungen durch Versicherer und Vermittler in Theorie und Praxis, Karlsrihe 2017

-Der Markt der Versicherungsvermittlung unter veränderten rechtlichen Rahmenbedingungen: unter besonderer Berücksichtigung von Sourcingstrategien des Versicherungsvermittlerbetriebs, Karlsruhe 2010

Beenken, Matthias/*Wende*, Sabine: Nettotarifangebot deutscher Versicherungsunternehmen, Mitteilungen 1/2016 des Instituts für Versicherungswissenschaft an der Universität zu Köln v. 19.1.2016 (IVK 1/2016)

Beenken, Matthias/*Brühl*, Bernhard/*Schroeder*, Nina/*Wende*, Sabine: Versicherungsvermittlung und -beratung gegen Honorar – Begriffsabgrenzung und Status quo, Mitteilungen 1/2012 des Instituts für Versicherungswissenschaft an der Universität zu Köln vom 9.1.2012 (IVK 1/2012)

Beenken, Matthias/*Sandkühler*, Hand-Ludger: Das neue Versicherungsvermittlergesetz, Die Anpassung an die EU-Versicherungsvermittler-Richtlinie, München 2007

Böckmann, Julius/*Ostendorf*, Patrik: Probleme für Versicherungsvermittler bei ihrer Statusbestimmung als Vertreter oder Makler und den daraus resultierenden Informationspflichten nach dem neuen Recht, VersR 2009, 154

Boesen, Arnold: Die rechtliche Zulässigkeit der Einschaltung von Versicherungsmaklern in das Verfahren zur Vergabe von Versicherungsleistungen, VersR 2000, 1063

Bonacker, Eva: Anmerkung zu OLG München, Urteil vom 10.06.2010 – U (K) 5651/09, GRUR-Prax 2011, 21

Bornkamm, Joachim/*Montag*, Frank/*Säcker*, Franz Jürgen: Münchener Kommentar, Europäisches und Deutsches Wettbewerbsrecht, Kartellrecht, Missbrauchs- und Fusionskontrolle, Band 1, Europäisches Wettbewerbsrecht, 2. Auflage, München 2015

-Band 2, Gesetz gegen Wettbewerbsbeschränkungen (GWB), §§ 1–96, 130, 131, 2. Auflage, München 2015

Böttcher-Völker, Silke: Best Advice im Versicherungsrecht: eine rechtsvergleichende Untersuchung des deutschen, französischen und US-amerikanischen Versicherungsrechts, Versicherungswissenschaftliche Studien 39, Baden Baden 2010

Brinker, Ingo/*Schädle*, Anne: Kartellrechtliche Marktabgrenzung in der Versicherungswirtschaft, VersR 2004, 673

Brinker, Ingo/*Siegert*, Reinhard: Rechtssicherheit für Regulierungsabkommen, VersR 2006, 30

Brömmelmeyer, Christoph: Honorar-Versicherungsberater ante portas!, VUR 2017, 1

Bruck, Ernst: Das Privatversicherungsrecht, Mannheim 1930

Bruck, Ernst/*Möller*, Hans: Kommentar zum Versicherungsvertragsgesetz und zu den allgemeinen Versicherungsbedingungen unter Einschluß des Versicherungsvermittlerrechts, Band 1: §§ 1- 48 und Versicherungsvermittlerrecht, 8. Auflage, Berlin 1961

-VVG – Großkommentar zum Versicherungsvertragsgesetz, Band 2: Allgemeiner Teil §§ 33–73 VVG, 9. Auflage, Berlin 2010

Brunotte, Sabine: Die fetten Jahre sind vorbei, Versicherungsmagazin 8/2011, 16

Bundesanstalt für Finanzdienstleistungsaufsicht (BaFin): Temmen, Olaf, Das Sondervergütungs- und Provisionsabgabeverbot aus Sicht der BaFin, BaFin Journal 10/2017, 21

-Kohleick, Dorothee/Gerold, Ursula/Werner, Guido/Gierse, Ulrich, Versicherungsanlageprodukte – Neue Regeln ab 2018: Anwendungsbereich im deutschen Markt, BaFin Journal 8/2017, 34

-Temmen, Olaf, Versicherungsvertrieb, Auswirkungen des geplanten Umsetzungsgesetzes auf die Aufsicht, BaFin Journal 3/2017, 21 ff.

-Statistik Erstversicherungsunternehmen und Pensionsfonds, 2015, abrufbar unter: https://www.bafin.de/DE/PublikationenDaten/Statistiken/Erstversicherung/erstversicherung_artikel.html

-Statistik Rückversicherungsunternehmen 2016/2017, abrufbar unter: https://www.bafin.de/SharedDocs/Downloads/DE/Statistik/Rueckversicherer/dl_st_16_17_rueckv_tab_pdf_va.pdf?__blob=publicationFile&v=3

-Rundschreiben 10/2014 (VA) vom 23.12.2014, Zusammenarbeit mit Versicherungsvermittlern, Risikomanagement im Vertrieb, GZ: VA 35-I 4105–2014/0049

-Temmen, Olaf, Incentives im Vertrieb – Empfehlungen der BaFin für einen besseren Verbraucherschutz, BaFin Journal 10/2013, 9

-BaFin, Jahresbericht 2012

-Mitteilung der Aufhebung des Rundschreibens 5/1995 des ehemaligen BAV, GF: VA 21 – A – 2007/0107, 22.2.2008

Bundesaufsichtsamt für das Versicherungswesen (BAV): Anordnung und Verwaltungsgrundsätze vom 5.9.1996, VerBAV 1996, 222

-Rundschreiben 5/95, VerBAV 1995, 366

-Rundschreiben 2/78, VerBAV 1978, 131

-Rundschreiben 3/61, VerBAV 1961, 38

Bundesverband Deutscher Versicherungsmakler e.V. (VDVM): Code of Conduct, abrufbar unter: http://www.vdvm.de

Bunte, Hermann Josef: Die Angriffe gegen das Regionalprinzip der Sparkassen im Lichte des BGH-Urteils vom 6.10.2015, WM 2016, 905

-Regulierungsabkommen zwischen Leistungserbringern und Versicherungsunternehmen auf dem Prüfstand des Kartellrechts, VersR 1997, 1429

Bunte, Hermann-Josef/*Stancke*, Fabian: Leitfaden Versicherungskartellrecht, 3. Auflage, Karlsruhe 2011

Bürkle, Jürgen: Compliance in Versicherungsunternehmen, rechtliche Anforderungen und praktische Umsetzung, 2. Auflage, München 2015

Calliess, Christian/*Ruffert*, Matthias: EUV/AEUV, 5. Auflagen, München 2016

CHARTA Börse für Versicherungen AG: Studie Marktanteile der Versicherer im Vertriebskanal Versicherungsmakler, Düsseldorf 2009

Conreder, Christian/*Schild*, Ulrike: Provisionsabgabeverbot: Fintech darf Provision an Kunden weitergeben, jM 2016, 366

Cornelissen, Julia Corinna: Die gewerberechtliche Erlaubnis zur Versicherungsvermittlung und – beratung unter besonderer Berücksichtigung des Polarisationsprinzips, Karlsruhe 2016

Deckers, Sven: Die Abgrenzung des Versicherungsvertreters vom Versicherungsmakler, Karlsruhe 2003

Dehner, Walter: Die Entwicklung des Maklerrechts seit 1994, NJW 1997, 18

Deutschen Industrie- und Handelskammertages (DIHK): Statistiken Vermittlerverzeichnis, Eingetragene Versicherungsvermittler, abrufbar unter: http://www.dihk.de/themenfelder/recht-steuern/oeffentliches-wirtschaftsrecht/versicherungsvermittlung-anlageberatung/zahlen-und-fakten

Dewenter Ralf/*Haucap*, Justus: Wettbewerb als Aufgabe und Problem auf Medienmärkten: Fallstudien aus Sicht der „Theorie zweiseitiger Märkte", Diskussionspapier Nr. 78 April 2008, Helmut-Schmidt-Universität der Bundeswehr Hamburg, Fächergruppe Volkswirtschaftslehre, Hamburg 2008

Dewenter, Ralf/*Rösch*, Jürgen/*Terschüren*, Anna: Abgrenzung zweiseitiger Märkte am Beispiel von Internetsuchmaschinen, NZKart 2014, 387

Drees, Holger/*Koch*, Robert/*Nell*, Martin: Aktuelle Probleme des Versicherungsvertrags- und Vermittlerrechts, Karlsruhe 2010

Dreher, Meinrad: Die europa- und verfassungsrechtliche Beurteilung des Provisionsabgabeverbots in der Lebensversicherung, VersR 2001, 1

-Versicherungsdienstleistungen und Vergaberecht VersR 2000, 666

-Die Versicherung als Rechtsprodukt, Tübingen 1991

Dreher, Meinrad/*Hoffmann*, Jens/*Kling*: Michael, Kartell- und Wettbewerbsrecht der Versicherungsunternehmen, 2. Auflage, München 2015

Ebenroth, Carsten Thomas/*Boujong*, Karlheinz/*Joost*, Detlev/*Strohn*, Lutz: Handelsgesetzbuch, Band 1: §§ 1 – 342e, 3. Auflage, München 2014,

-Handelsgesetzbuch, Band 2: §§ 343 – 475 h, Transportrecht, Bank- und Börsenrecht, 3. Auflage, München 2015

Emde, Raimond: Anspruch von Vertriebsmittlern auf Zugang zum Vertriebssystem eines Unternehmers – Kontrahierungsanspruch, Belieferungsanspruch und ihr Verhältnis zum Schadenersatzanspruch, NZKart 2013, 355

-Der Ausgleichsanspruch des Versicherungs- und des Bausparvertreters, VersR 2013, 1333

-BB-Rechtsprechungs- und Literaturreport zum Vertriebsrecht, BB 2011, 2755

Enke, Sarina: Die Zulässigkeit der Honorarberatung durch den Versicherungsmakler, Frankfurt a.M., 2013

European Insurance an Occupational Pensions Authority (EIOPA): Consultation Paper on Technical Advice on possible delegated acts concerning the Insurance Distribution Directive, abrufbar unter: https://eiopa.europa.eu/Publications/Consultations/EIOPA-CP-16-006_Consultation_Paper_on_IDD_delegated_acts.pdf

Evers, Jürgen: Pools für Wettbewerbsverstöße von Maklern sind haftbar, Wer Vorteile arbeitsteiliger Organisation in Anspruch nimmt, hat damit verbundene Risiken zu tragen, VW 2015, 59

-Zielgruppenorientierung – Erfolg in der Nische, VersicherungsJournal Extrablatt, Nr. 4/2009, 22

Evers, Jürgen/*Eikelmann*, Daniela: Alte Hasen & Co.: Nun geht es an deren Bestände, VW 2009, 863

Evers, Jürgen/*Friele*, Reinholdt: Beratungspflichten des Versicherers und Korrespondenzpflicht, VW 2009, 199

-Haftungsdach oder Servicegesellschaft?, VW 2009, 58

Farny, Dieter: Erfolgsfaktoren der Versicherungsmakler vor dem Hintergrund der Entwicklung auf den nationalen und internationalen Versicherungsmärkten, ZfV 1993, 339

-Der Versicherungsmakler im Privatkundengeschäft, in Beiträge über den Versicherungsmakler, Ewald Lahno gewidmet, S. 79, Hamburg 1993

-Versicherungsbetriebslehre, 5. Auflage, Karlsruhe 2011

Farny, Dieter/*Helten*, Elmar/*Koch*, Peter/*Schmidt*, Reimer: Handwörterbuch der Versicherung, Karlsruhe 1988

Fetzer, Udo: Das neue Recht für Versicherungsvermittler – Teil 3, jurisPR-VersR 5/2007

Flume, Werner: Allgemeiner Teil des Bürgerlichen Rechts, Band 2: Das Rechtsgeschäft, Berlin 1992

Focht, Uwe: Einfluss von Maklern und Wettbewerb auf Industrieversicherungsmärkten – Eine Analyse unter besonderer Berücksichtigung von Vergütungssystemen, Marktstrukturen und Kollusionsanreizen, Hamburger Reihe, Reihe B Wirtschaftswissenschaft, Karlsruhe 2009

Focht, Uwe/*Richter*, Andreas/*Schiller*, Jörg: Intermediation and (Mis-)Matching in Insurance Markets – Who Should Pay the Insurance Broker?, The Journal of Risk and Insurance Vol. 80, No. 2, June 2013, S. 329

Freund, Heinz-Joachim: Kartellrechtlicher Anspruch auf Nettopolice?, Zum Preisbindungsverbot in der Versicherungsvermittlung, VersR 2014, 1289

Fürstenwerth, Jörg Freiherr Frank von/*Weiß*, Alfons: VersicherungsAlphabet, 10. Auflage, Karlsruhe 2001

Gauer, Wilhelm: Der Versicherungsmakler und seine Stellung in der Versicherungswirtschaft, Weissenburg (Bayern) 1951

Gebert, Yvonne/*Erdmann*, Kay Uwe/*Beenken*, Matthias: Praxishandbuch Vermitt_ lerrecht, Karlsruhe 2013

Gesamtverband der Deutschen Versicherungswirtschaft e.V. (GDV): Statistisches Taschenbuch 2017, Berlin 2017

-Mitteilung vom 28.9.2016, EIOPA-Vorschlag bringt faktisches Provisionsverbot, abrufbar unter: http://www.gdv.de/2016/09/eiopa-vorschlag-bringt-faktisches-provisionsverbot/

-Mitteilung vom 25.2.2015, Vertriebsvielfalt braucht klare Regeln, abrufbar unter: http://www.gdv.de/2015/02/vertriebsvielfalt-braucht-klare-regeln/

-Verhaltenskodex, abrufbar unter: http://www.gdv.de/wp-content/uploads/2012/11/GDV-Verhaltenskodex-Vertrieb-2012n.pdf

-Rundschreiben vom 22.2.1988 (M-Tgb-Nr. 27/88), VW 1988, 783

Görner, Andre: Die Marktabgrenzung im Versicherungskartellrecht am Beispiel der Berufshaftpflichtversicherungen, ZVersWiss 2005, 739

Graf von Westphalen, Friedrich: Die Provisionsverzichtsklausel im Spannungsverhältnis zum Ausgleichsanspruch des Versicherungsvertreters, DB 2003, 2319

Habermayr, Josef: Pflicht für Versicherungsunternehmen zur Zusammenarbeit mit einem Makler, ZfV 1987, 113

Habschick, Marco/*Evers*, Jan: Anforderungen an Finanzvermittler – mehr Qualität, bessere Entscheidungen, Studie im Auftrag des Bundesministeriums für Ernährung, Landwirtschaft und Verbraucherschutz, Hamburg 2008

Hegert, Stefanie: Warum Versicherer mit einigen Maklern nicht zusammenarbeiten wollen, in: WirtschaftsWoche vom 21.3.2009

Heiss, Helmut: Europäischer Versicherungsvertrag – Initiativstellungnahme des Europäischen Wirtschafts- und Sozialausschusses verabschiedet, VersR 2005, 1

Heukamp, Wessel/*Stepanek*, Bettina: Das Provisionsabgabeverbot soll Gesetz werden – Was bringt die geplante Verankerung der umstrittenen Regelung im VAG?, VersR 2017, 193

Hilker, Claudia: Welchen Maklerpool wählen?, VW 2003, 1854

Hoffmann, Jens: Versicherungsgemeinschaften nach europäischem Kartellrecht, eine Untersuchung unter Geltung der Verordnung (EU) Nr. 267 / 2010, Köln 2015

Homburg, Armin: Legitimität des öffentlichen Versicherungswesens in der Bundesrepublik Deutschland, Münster 2004

Honsell, Heinrich: Berliner Kommentar zum Versicherungsvertragsgesetz: Kommentar zum deutschen und österreichischen VVG, Berlin 1999

Hopt, Klaus J.: ECLR Interessenwahrung und Interessenkonflikte im Aktien-, Bank- und Berufsrecht, ZGR 2004, 1

Höra, Knut: Münchener Anwaltshandbuch Versicherungsrecht, 4. Auflage, München 2017

Hösker, Carsten: Maklerbedingungen und AGB-Recht, VersR 2011, 29

Icha, Aline: Die Nettopolice, Chancen und Herausforderungen für Versicherungsunternehmen, Versicherungsvermittler und Versicherungsnehmer, Karlsruhe 2014

Immenga, Ullrich/*Mestmäcker*, Ernst-Joachim/*Körber*, Torsten: Wettbewerbsrecht, Band 2/Teil 1 GWB: §§ 1–96, 130, 131, Kommentar zum Deutschen Kartellrecht, 5. Auflage, München 2014

Jabornegg, Peter: Der Provisionsanspruch des Versicherungsmaklers, VersRdsch. 1988, 273

Jacob, Markus: Versicherungsvermittlung durch Banken und Sparkassen sowie im Strukturvertrieb, VersR 2007, 1164

Karle, Nina: Zum Maklerwechsel und zu den Folgen für die Courtageansprüche, VersR 2001, 825

Kehder, Christiane: Konzepte und Methoden der Marktabgrenzung und ihre Anwendung auf zweiseitigen Märkten, Baden-Baden 2013

Keil, Christoph: Die Ausschließlichkeit – Reflexe der Makler, VW 1991, 711

-Für wen verwaltet der Versicherungsmakler die Verträge?, VW 1995, 66

Kerst, Andrea/*Mack*, Kevin: Kartellrechtliche Zulässigkeit der Gebührenabkommen zwischen Rechtsschutzversicherungsunternehmen und Rechtsanwälten, VersR 2005, 479

Kirscht, Ute: Versicherungskartellrecht, Problemfelder im Lichte der Europäisierung, Karlsruhe 2003

Klinge, Johann: Das Provisionsabgabeverbot in der Lebensversicherung, VuR 2008, 125

Knospe, Jörg: Direktversicherer tun sich noch immer schwer, VW 2007, 1513

Koch, Peter: Der Versicherungsmakler im neuen Vermittlerrecht, VW 2007, 248

Köhler, Helmut: Zur Konkurrenz lauterkeitsrechtlicher und kartellrechtlicher Normen, WRP 2005, 645

Köhler, Helmut/*Bornkamm*, Joachim: UWG Kommentar, 35. Auflage, München 2017

Köhne, Thomas: Stärkung der Honorarberatung nur durch Stärkung des Maklerstatus', ZfV 2017, 121

Krauß, Harald: Die Vergütung des Versicherungsmaklers im Rahmen internationaler Entwicklungen, Karlsruhe 2009

Kumpan, Christoph: Der Interessenkonflikt im Deutschen Privatrecht, Eine Untersuchung der Fremdinteressenwahrung und Unabhängigkeit, 2014 Tübingen

Landmann, Robert v./*Rohmer*, Gustav: Gewerbeordnung und ergänzende Vorschriften, Band 1, Loseblatt-Kommentar, 77. Ergänzungslieferung, München Stand 10/2017

Langen, Eugen/*Bunte*, Hermann-Josef: Kartellrecht Kommentar, Band 1: Deutsches Kartellrecht, 12. Auflage, Köln 2014

-Kartellrecht Kommentar, Band 2: Europäisches Kartellrecht, 12. Auflage, Köln 2014

Langheid, Theo/*Rixecker*, Roland: Versicherungsvertragsgesetz: VVG, mit Einführungsgesetz und VVG-Informationspflichtenverordnung, 5. Auflage, München 2016

Langheid, Theo/*Wandt*, Manfred: Münchener Kommentar zum Versicherungsvertragsgesetz, Band 1: §§ 1–99, VVG-InfoV, 2. Auflage, München, 2016.

Larenz, Egon: Sozialtypisches Verhalten als Verpflichtungsgrund, DRiZ 1958, 245

Lau, Boris: Das Wettbewerbsverbot in Versicherungsagenturverträgen, Eine kartellrechtliche Untersuchung, Versicherungsrechtliche Studien Band 79, Frankfurt am Main, 2010

Loewenheim, Ulrich/*Meessen*, Karl M./*Riesenkampff*, Alexander/*Kersting*, Christian/*Meyer-Lindemann*, Hans Jürgen: Kartellrecht Kommentar, 3. Auflage, München 2016

Looschelder, Dirk/*Pohlmann*, Petra: VVG Versicherungsvertragsgesetzt Kommentar, 3. Auflage, Köln 2016

Luchetta, Giacomo: Is the Google Platform a Two-Sided Market?, Journal of Competition Law & Economics 2014, 10 (1), S. 185

Maleri, Rudolf: Grundzüge der Dienstleistungsproduktion, Berlin u.a. 1973

Mansel, Heinz-Peter/*Beckmann*, Roland Michael/*Matusche-Beckmann*, Annemarie: Weitsicht in Versicherung und Wirtschaft, Gedächtnisschrift für Ulrich Hübner, Heidelberg 2012

Marfeldt, Holger: Die Unabhängigkeit des Maklers – ein hohes Gut ist in Gefahr!, VW 2010, 773

Martinek, Michael/*Oechsler*, Jürgen: Die EG-kartellrechtliche Stellung der deutschen Versicherungsvermittler, Karlsruhe 1993

Martinek, Michael/*Semler*, Franz-Jörg/*Flohr*, Eckhard: Handbuch des Vertriebsrechts, 4. Auflage, München 2016

Matusche, Annemarie: Pflichten und Haftung des Versicherungsmaklers, 4. Auflage, Karlsruhe 1995

Meixner, Oliver/*Steinbeck*, René: Allgemeines Versicherungsvertragsrecht, 2. Auflage, München 2011

Meyer, Claus-Peter: Verwirrung um Provisionsabgabeverbot, VersicherungsJournal vom 31.7.2017, abrufbar unter: http://vjournal.de/-129555

-So wird das Provisionsabgabeverbot überwacht, VersicherungsJournal vom 23.8.2017, abrufbar unter: http://vjournal.de/-129745

Michaelis, Stephan/*Reichow*, Jens: Die Abschaffung des Provisionsabgabeverbots, ZfV 2012, 469.

Mischg, Erwin: Der Courtageanspruch des Versicherungsmaklers nach österreichischem Recht, VersR 1989, 321

Möller, Mirko: Anmerkung zu AG Dortmund, Urteil vom 07.05.2014, Az. 421 C 136/14, FD-VersR 2014, 359869

Müller-Stein, Jörg: Ausgleichsanspruch gem. § 89 b HGB nach Bestandsübertragungen aufgrund erteilter Maklerauftráge?, VersR 1990, 561

Odendahl, Peter: Der Courtageanspruch des Versicherungsmaklers – Problemfälle – Die optimale Courtagezusage, ZfV 1993, 390

Oetker, Hartmut: Kommentar zum Handelsgesetzbuch (HGB), 5. Auflage, München 2017

Ohly, Ansgar/Sosnitza, Olaf: Gesetz gegen den unlauteren Wettbewerb: UWG, 6. Auflage, München 2014

Palandt, Heinrich: Bürgerliches Gesetzbuch, 76. Auflage, München 2017

Prölss, Erich R.: Versicherungsaufsichtsgesetz mit Europäischem Gemeinschaftsrecht und Recht der Bundesländer, 12. Auflage, München 2005

Prölss, Jürgen/*Martin*, Anton: Versicherungsvertragsgesetz: VVG mit Nebengesetzen, Vermittlerrecht und Allgemeinen Versicherungsbedingungen, 29. Auflage, München 2015, 28. Auflage, München 2010 (zitiert 28. Auflage (2010)) und 27. Auflage, München 2004 (zitiert 27. Auflage (2004)

Rebmann, Kurt/*Säcker*, Franz/*Rixecker*, Roland *(Hrsg.)*: Münchener Kommentar zum Bürgerlichen Gesetzbuch, Band 1: Allgemeiner Teil §§ 1–240, ProstG, AGG, 7. Auflage, München 2015

-Münchener Kommentar zum Bürgerlichen Gesetzbuch, Band 2: Schuldrecht Allgemeiner Teil, 7. Auflage, München 2016,

-Münchener Kommentar zum Bürgerlichen Gesetzbuch, Band 5: Schuldrecht Besonderer Teil III §§ 705–853, Partnerschaftsgesellschaftsgesetz, Produkthaftungsgesetz, 7. Auflage, München 2017

Reiff, Peter: Anmerkung zu BGH Urteil vom 12.3.2014 – IV ZR 295/13, VersR 2014, 571

-Anmerkung zu BGH Urteil vom 29.05.2013 – IV ZR 165/12, LMK 2013, 349402

-Die Vermittlung von Nettopolicen durch Versicherungsvertreter, VersR 2012, 645

-Das Gesetz zur Neuregelung des Vermittlerrechts, VersR 2007, 717

-Die Auswirkung der Versicherungsvermittlerrichtlinie auf die Kreditwirtschaft, WM 2006, 1701

Reiff, Peter/*Köhne*, Thomas: Der Regierungsentwurf zur Umsetzung der Richtlinie (EU) 2016/97 (IDD) aus rechtlicher und ökonomischer Sicht, VersR 2017, 649

Reusch, Peter: Der Verhaltenskodex des GDV für den Vertrieb von Versicherungsprodukten, VersR 2015, 1197

Rheinländer, Peter: Schadensersatz bei diskriminierender Lieferverweigerung – Klage auf Zulassung zum Vertriebssystem bei Verstoß gegen Art. 81 EGV, WRP 2007, 501

Rochet, Jean-Charles/*Tirole*, Jean: Two-sided markets: a progress report, RAND Journal of Economics, 2006, 37(3), S. 645–667

-Platform competition in two-sided markets, Journal of the European Economic Association, 2003, No. (4), S. 990–1029

Rüffer, Wilfried/*Halbach*, Dirk/*Schimikowski*, Peter: Versicherungsvertragsgesetz, 3. Auflage, Baden-Baden 2015

Ruttloff, Marc: Gewerberechtliche Zulässigkeit der Honorarberatung durch Versicherungsmakler unter Berücksichtigung des neuen Versicherungsvermittlerrechts; GewA 2009, 59

Saller, Michael: Verstößt das Provisionsabgabeverbot für Lebensversicherungen gegen Wettbewerbsrecht?, VersR 2010, 1249

Sandkühler, Hans-Ludger: Zur Zusammenarbeit von Maklerpools und Mehrfachvertretern, AssCompact 2009, 82

Schafstädt, Christian: Das Spannungsverhältnis zwischen Provisionsberatung und Honorarberatung im Versicherungsmarkt, Eine rechtsvergleichende und – ökonomische Analyse, Karlsruhe 2015

Schaloske, Henning: Das Recht der sogenannten offenen Mitversicherung, Karlsruhe 2007

-Offene Mitversicherung und Kartellverbot, VersR 2008, 734

Schmidt, Johannes: Beratungsgrundlage und Empfehlungspflicht beim Vertrieb von Finanzprodukten, Karlsruhe 2011

Schmidt, Karsten: Münchener Kommentar zum Handelsgesetzbuch, Band 1: Erstes Buch Handelsstand §§ 1–104 a, 4. Auflage, München 2016,

-Münchener Kommentar zum Handelsgesetzbuch, Band 5: Viertes Buch Handelsgeschäfte, 3. Auflage, München 2013

Schoenfeld, Christian/*Kalis*, Bernhard: Rechtliche Rahmenbedingungen des Gesundheitsmanagements in der Privaten Krankenversicherung, VersR 2001, 1325

Schönleiter, Ulrich: Das neue Recht für Versicherungsvermittler, GewArch 2007, 265

Schroeder, Nina: Die Vergütung von Versicherungsmaklern, Hamburg 2015

Schulz, Andreas: Der Strukturvertrieb von Versicherungen, Köln 2010

Schulz, Philipp: Der Versicherungsmakler im Doppelrechtsverhältnis, Frankfurt am Main 2015

Schwintowski, Hans-Peter/*Brömmelmeyer*, Christoph: Praxiskommentar zum Versicherungsvertragsrecht, 3. Auflage, Münster 2017

Schwintowski, Hans-Peter: Honorarberatung durch Versicherungsvermittler – Paradigmenwechsel durch VVG und RDG, VersR 2009, 1333

-Anmerkung zur Entscheidung des OLG München Urteil vom 10.06.2010, Az. U (K) 5651/09, VuR 2010, 433

-Anmerkung zur Entscheidung des VG Frankfurt vom 24.10.2011, Az. 9 K 105/11.F, VuR 2012, 239

-Provisionsabgabe: Zivilrechtlich erlaubt – verwaltungsrechtlich (zurzeit) auch, ZfV 2014, 576 fortgesetzt 636

-Anmerkung zu BGH, Urteil vom 12.3.2014, Az. IV ZR 295/13, NJW 2014, 1658 (1662)

-Das Konzept der kundeninduzierten Prämienreduktion im neuen Vermittlerrecht Teil I und Teil II, ZfV 2017, 714 und 740

Sieg, Karl: Entwicklungslinien des Versicherungsvermittlerrechts, ZfV 1982, 143

-Vertrieb und Vermittlung von Versicherungen aus rechtlicher Sicht, ZfV 1988, 263

-Der Bereicherungsanspruch des Versicherers gegen seinen Vermittler, VersR 1993, 1198

Sonnenberg, Marcus: Vertriebskostentransparenz bei Versicherungsprodukten, eine juristisch-ökonomische Untersuchung unter Berücksichtigung rechtsvergleichender Aspekte, Karlsruhe 2013

Spielberger, Dieter: Versicherungsmakler und Rechtsberatungsgesetz, VersR 1984, 1013

Stancke, Fabian: Vorsicht beim Informationsaustausch!, Mitversicherungslösungen in der kartellrechtlichen Praxis, VW 2004, 1458

-Versicherungsvertrieb und Kartellrecht, VersR 2009, 1164

-Maklerdeckungskonzepte – kartell-, lauterkeits- und versicherungsrechtliche Implikationen, VersR 2012, 1346

-Schadensmanagement im Spannungsfeld zwischen Moral- Hazard-Problematik und Kartellrecht, Das Konzept des wirtschaftlichen Nachfragers bei Preisbindungen in Rahmenabkommen mit Schadensbeseitigern, VersR 2014, 1043

Stauber, Peter: Neues zum „echten“ Handelsvertreter, NZKart 2015, 423

Stiftung Warentest: Finanztest, Zeitschrift, Ausgabe 11/2009

Teichmann, Johannes: Anmerkung zur Entscheidung des OLG Düsseldorf vom 22.12.2011, Az. 16 U 133/10, Zur Abgrenzung des Handelsmaklers vom Handelsvertreter, ZVertriebsR 2012, 111

Thomas, Philipp: Angelsächsische Makler starten mit hohen Gewinnen in das Geschäftsjahr 2012, VW 2012, 798

-Bedrängnis durch Provisionsraub, Der britische Markt erlebt eine Konsolidierung in Richtung abhängiger Franchiseberater, VW 2014, 46.

Thomas, Stefan/*Dreher*, Meinrad: Der Kautionsversicherungsvertrag im System des Privatversicherungsrechts, VersR 2007, 731

Thume, Karl-Heinz: Der Provisionsanspruch des Handelsvertreters: Grenzen der Vertragsgestaltung, BB 2012, 975 (980).

Towers Watson: Vertriebswege-Survey zur Kranken(voll)versicherung vom 17. Dezember 2014, Ergebnisse abrufbar unter: http://www.towerswatson.com/de-DE/Press/2014/12/Vertriebswege-Survey-zur-Krankenversicherung-Ruckgang-im-PKV-Neugeschaft-fordert-Branche-heraus

Traub, Wolfgang: Marktfunktion und Dienstleistung des Versicherungsmaklers, Karlsruhe 1995

Trinkhaus, Hans: Provision und Abfindung der Versicherungsvermittler, Handbuch der Versicherungsvermittlung, Band 1, 1955

Tschersich, Herbert: Rechtsfragen der vorvertraglichen Anzeigepflichtverletzung und der vertraglichen Obliegenheiten, Schwerpunkt: Die Hinweispflichten des Versicherers, r+s 2012, 53

Umhau, Gerd: Vergütungssystemen für die Versicherungsvermittlung im Wandel, Karlsruhe 2003

Unger, Brigitte: Die Versicherungsvermittlung im Wirkungsfeld des Aufsichts- und Wettbewerbsrechts, Mannheim 1986.

Wagner, Fred: Mehr oder weniger transparent, VW 2013, 24

Waldstein, Hans: Der Versicherungsmakler, Berlin, Leipzig 1928

Weiss, Wieland: Vertrieb und Vermittlung von Versicherungen aus der Sicht der betriebswirtschaftlichen Theorie, ZVersWiss 1988, 217

Werber, Manfred: Zur Rechtsstellung des Versicherungsmaklers in heutiger Zeit, VW 1988, 1159

-„Best advice“ und die Sachwalterhaftung des Versicherungsmaklers, VersR 1992, 917

-Von der Unabhängigkeit eines Versicherungsmaklers im „Doppelrechtsverhältnis“, in Beiträge über den Versicherungsmakler, Ewald Lahno gewidmet, S. 185, Hamburg 1993

-Der Versicherungsmakler im Vergaberecht, VersR 2001, 1313

-Beratungspflichten und Haftungsbeschränkung, VersR 2010, 553

-Voraussetzungen und Probleme einer Zurechnung von Maklerfehlern gegenüber dem Versicherer, VersR 2014, 412

Wichert, Björn: Pools müssen transparenter werden, Interview mit Rainer M. Jacobus, Vorstandsvorsitzender der Ideal Versicherung, Versicherungsjournal vom 31.5.2011, abrufbar unter: http://vjournal.de/-108215

-Warum Vermittler die Zusammenarbeit mit einem Pool beenden, zur Asscompact-Marktstudie Pools/Dienstleister 2015, Versicherungsjournal vom 29.7.2015, abrufbar unter: http://vjournal.de/-123014

Wiedemann, Gerhard/*de Bonett*, Georg-Klaus: Handbuch des Kartellrechts, 3. Auflage, München 2016

Wilting, Frank: Nochmals: Pflicht für Versicherungsunternehmen zur Zusammenarbeit mit einem Makler, ZfV 1987, 271

Winter, Gerrit: Das Provisionsabgabeverbot in der Lebensversicherung – Grenzen und zivilrechtliche Auswirkungen, VersR 2002, 1055

Zinnert, Mario: Recht und Praxis des Versicherungsmaklers, Karlsruhe 2008

-Zulässige Zusendung von Werbematerial an von einem Makler vertretenen VN ohne Bezug zu bestehenden Versicherungsverträgen, VersR 2005, 359

HAFTUNGS- UND VERSICHERUNGSRECHT

Rechtliche Probleme der vertraglichen und außervertraglichen Haftung sowie des Versicherungsrechts

Herausgegeben von Prof. Dr. Christoph Brömmelmeyer, Prof. Dr. Dr. h.c. mult. Erwin Deutsch, Prof. Dr. Hans-Peter Schwintowski und Prof. Dr. Jochen Taupitz

Band 1 Jochen Taupitz: Zivilrechtliche Haftung bei Kreditkartenmißbrauch. 1995.

Band 2 Sabine Scheiper: Der Versicherungsmakler. Aufgabe und Vergütungssystem im Wandel. 1996.

Band 3 Thomas Kritter: Der Ausschluß des Arztes von der Rechnungserstattung in der privaten Krankenversicherung. 2000.

Band 4 Torsten Kretschmer: Die zeitliche Abgrenzung des Versicherungsschutzes in der Allgemeinen Haftpflichtversicherung. Unter besonderer Berücksichtigung des AGB-Gesetzes und internationaler Deckungskonzepte. 2002.

Band 5 Seok-Chan Yoon: Die Gefährdungshaftung für moderne Techniken. Zugleich eine Stellungnahme zum neuen Schadensersatzrecht. 2002.

Band 6 Wolfram Irmer: Sekundärrechtsschutz und Schadensersatz im Vergaberecht. Die Notwendigkeit der Neuordnung des Primär- und Sekundärrechtsschutzes im Vergaberecht. 2004.

Band 7 Tabea Quiring: Die Dritthaftung von Sachverständigen. Nach der Schuldrechtsreform und der Neuregelung des § 839 a BGB. 2006.

Band 8 Jana Kossak: Rechtsfolgen eines Verstoßes gegen das Benachteiligungsverbot im Allgemeinen Zivilrechtsverkehr. Eine Untersuchung des § 21 AGG unter besonderer Berücksichtigung des europäischen Sanktionensystems. 2009.

Band 9 Susann Rochlitz: Arbeitszeitkonten in der (Alters-)Vorsorge. Rechtliche Perspektiven nach der Flexi II-Reform. 2011.

Band 10 Mirja Sauerland: Die Harmonisierung des kollektiven Verbraucherrechtsschutzes in der EU. Eine Analyse bezüglich der Kompetenz der Europäischen Union zur Schaffung von einheitlichen auf Leistung gerichteten Kollektivklagemechanismen. 2012.

Band 11 Jan Mittelstädt: Der Kapitalisierungsanspruch des Verletzten gemäß § 843 Abs. 3 BGB. Eine rechtsdogmatische Untersuchung zur materiellen und prozessualen Durchsetzung des Kapitalisierungsanspruches. 2014.

Band 12 Mareike Keller: Ein Konzept zur Umsetzung der Ausgleichsfunktion bei der Bemessung des Schmerzensgeldes. 2014.

Band 13 Jörg Büchner: Neue Entwicklungen und alte Probleme in der Berufsunfähigkeitsversicherung nach der VVG-Reform. Unter besonderer Berücksichtigung des aktuellen Bedingungsmarktes. 2015.

Band 14 Friedrich Anselm Wagner: Haftungsfragen bei Unfällen zwischen Radsportlern. Zugleich eine Untersuchung zu relativen Schutzpflichten und der Struktur des § 823 Abs. 1 BGB. 2016.

Band 15 Claudia Fechner: Schutzlücken im System effektiven Rechtsschutzes bei der Durchsetzung von Schadensersatzansprüchen. 2016.

Band 16 Britta Netzband: Der Courtageanspruch des Versicherungsmaklers. Grenzen der Vertriebsgestaltungsfreiheit der Versicherer unter besonderer Berücksichtigung des kartellrechtlichen Diskriminierungs- und Behinderungsverbots. 2019.

www.peterlang.com

www.ingramcontent.com/pod-product-compliance
Ingram Content Group UK Ltd.
Pitfield, Milton Keynes, MK11 3LW, UK
UKHW021839290926
8980IPUK00005B/548

9 783631 74682